# 중국외교정책
정책·과정·전망

# China in World Politics
Policies, Processes, Prospects

Second Edition

Judith F. Kornberg & John R. Faust 지음

이진영, 민병오, 조혜경 옮김

2008

명인문화사

**중국외교정책:** 정책·과정·전망

1쇄 펴낸 날 | 2008년 6월 25일

지은이 | Judith F. Kornberg & John R. Faust
옮긴이 | 이진영, 민병오, 조혜경
펴낸이 | 박선영

편 집 | 김유경
표 지 | 조수연
주 관 | 국제지역연구소
펴낸곳 | 명인문화사

등 록 | 제2005-77호(2005.11.10)
주 소 | 서울시 송파구 석촌동 58-24 미주빌딩 2층
이메일 | myunginbooks@hanmail.net
전 화 | 02-416-3059
팩 스 | 02-417-3095

ISBN | 978-89-92803-06-9
가 격 | 22,000원
ⓒ 명인문화사

• 잘못된 책은 바꾸어 드립니다.

## China in World Politics

### Policies, Processes, and Prospects, 2nd edition.

Judith F. Kornberg and John R. Faust

Copyright ⓒ 2005 Lynne Rienner Publishers, Inc.
This edition is published by arrangement with Lynne Rienner Publishers, Inc.

Korean Edition ⓒ 2008 by Myung In Publishers

# 역자 서문

우리에게 중국은 무엇인가? 처음 중국외교정책을 가르친 것이 10년 전인 1999년 1학기였다. 당시 수교한지 7년이 지나 한국 기업의 중국 진출은 가속도를 내고 있었지만, 중국에 대한 이해는 여전히 기초적인 단계였다. 특히, 중국에 대한 좀 더 심화된 이해와 분석이 필요한 대외관계 및 외교정책에 대한 부분은 적절한 교재도 없이 거의 걸음마 단계였다. 반면 중국은 급속하게 변모하였고, 국제정치에서 점차 중요한 역할을 하는 존재로 부상하고 있었다.

장쩌민의 2000년 유엔 밀레니엄 정상회의 외교정책 발언과 현 총서기인 후진타오에 의한 '평화적으로 대국화한다(和平崛起)'는 선언은 중국 대외관계의 변화를 알리는 상징이었다. 그러나 이러한 중국의 대외관계의 변화 속에 국내 중국외교정책에 대한 서적들은 이러한 변화를 반영하지도 못했을 뿐만 아니라, 심층적으로 서구와 중국의 시각을 균형적으로 소개하는 것도 드물었다. 더욱이 중국 연구자는 소장 학자를 중심으로 증가하기 시작하였으나, 대학에서 그리고 사회의 일반 지식층이 읽고 이해할 종합적인 중국외교정책에 대한 책은 여전히 부족하였던 것이다.

그러다 우연한 기회에 *China in World Politics*, 2nd edition 책을 접하게 되었고, 이 책이 현재 한국에서 중국외교정책을 이해할 수 있는 가장 적합한 책이라는 생각이 들었다. 그리고 이 책이라면 중국을 배우고 있는 학문 후속세대들에게 좋은 교과서가 될 것이며, 중국과 관련된 일을 하는 일반인들에게도 좋은 참고 서적이 될 수 있겠다는 생각을 했다.

이 책은 무엇보다도 간결한 문체, 그리고 과거와 현재를 넘나들면서도 중국외교정책 성립의 근간을 제시하는 구성의 돋보임, 다른 교재에서 흔히 간과하지만 중국외교정책 이해에 있어 중요 요소인 경제 및 다자관계가 포함된 것 등이 큰 장점이다. 또한 저자들도 지적하듯, 독자가 외교정책결정자의 입장에서 여러 대안을 검토해볼 수 있도록 하는 구조와, 토론 주제를 통해 심화된 사고를 기를 수 있도록 한 점도 뛰어나다. 그러나 무엇보다도 중요한 이 책의 공헌은 가장 최근(2004년 상반기)까지의 중국의 변화를 분석하였고, 그것을 통해 현재의 중국외교정책을 이해할 수 있는 시각을 제시해주고 있다는 점이다.

　한국에게 중국은 제1의 무역국이자 제1의 투자국이며, 양국의 인적교류는 연간 400만 명을 넘어서고 있다. 중국의 인접국가로, 남북이 분단된 한반도에서, 우리와 밀접한 관계로 변모하고 있는 중국과 중국외교정책에 대한 이해는 필수적이며, 중국의 대외관계 변화는 지구상 어느 나라보다도 우리의 미래를 좌우할 요소이다.

　세 명의 번역자가 원문을 번역하고 교정하였지만 여전히 부족한 부분이 있을 수 있음을 밝혀둔다. 변변치 못한 실력으로 혹시 원문의 뜻이 제대로 전달되지 못할까 하는 두려움도 든다. 끝으로 이 책을 추천해 주신 국가정보대학원의 김계동 교수님과 번역하는데 있어 여러 가지로 도움을 주신 명인문화사의 편집진께 감사의 마음을 전한다.

베이징 올림픽 개막을 앞두고<br>
2008년 6월<br>
번역진 대표 이진영

# 차 례

**서 론** 　1

　새로운 이데올로기　3
　대중화제국　3
　칼 마르크스에 대한 아담 스미스의 승리　5
　소련제국의 붕괴　6
　중미관계　7
　탈냉전시대 중국과 주변국가　8
　글로벌 레짐　10
　21세기를 위한 대안적 시나리오들　11

**1　21세기 새로운 이데올로기**　13

　중국적 세계질서　13
　냉전체제　18
　중화인민공화국　19
　신 세계질서의 기원　23
　신 세계질서에서 중국의 목표　25
　21세기의 정책 대안　26
　추천문헌　34

**2　중국의 정치와 이데올로기**　37

　중국의 전통적인 국제관계　37
　천명(天命)과 공산당　39

민족주의, 영토회복주의 그리고 중국의 소수민족   47
영토회복주의의 해결: 홍콩과 대만   51
인권과 정치적 자유   58
분권화의 문제: 제국, 연방, 혹은 무정부 상태?   67
권력승계 문제와 중국정치의 미래   74
정책대안   79
토의주제   82
추천문헌   83

## 3  칼 마르크스에 대한 아담 스미스의 승리   89

신경제학: 덩샤오핑과 개방   90
기술, 시장, 교육: 서구식 혹은 일본식 모델?   95
농촌지역의 경제혁명: 중국 시골의 삶   101
합작사업과 경제특구   107
경제 자유주의, 정치적 자유, 인권: 어떤 관계?   112
정책대안   119
토의주제   124
추천문헌   125

## 4  중국과 러시아   129

전통적 경쟁관계: 중국 청나라와 러시아 로마노프 왕조   129
혁명 관계: 볼세비키와 중국 공산주의자   131
두 공산주의 초강대국   134
브레즈네프 독트린   138
고르바초프와 중소관계   141
공산주의의 종식   145
4개 근대화 대(對) 글라스노스트와 페레스트로이카   147
21세기 러시아와 중국   151
중앙아시아를 어떻게 다룰 것인가?   156
정책 대안   160

토의주제　164
　　추천문헌　165

## 5　중국과 미국　　　　　　　　　　　　　　　　　171

　　역사적 배경　171
　　제2차 세계대전　174
　　냉전시대　177
　　레이건 행정부　189
　　탈냉전시대　191
　　정책대안　205
　　토의주제　211
　　추천문헌　212

## 6　중국과 아시아 이웃국가들　　　　　　　　　　219

　　남북한 문제　222
　　동남아시아 국가와 사이좋게 지내기　231
　　동남아시아의 세력균형　241
　　정책대안　249
　　토의주제　253
　　추천문헌　254

## 7　중국과 일본　　　　　　　　　　　　　　　　　257

　　일본: 협력 혹은 경쟁?　259
　　무역과 투자　263
　　중일 협력의 가능성　267
　　일본의 안보역할에 대한 중국의 인식　275
　　21세기에 과거 끌어내기　281
　　갈림길에 선 중국과 일본　283
　　정책대안　284
　　토의주제　286

추천문헌　　286

## 8  중국과 글로벌 레짐　　289

평화공존　289
중국, 유엔, 새로운 시대의 집단안보　293
군비통제 혹은 군비경쟁? 중국의 대안　302
국제금융: 국제통화기금과 세계은행　309
국제무역: 개방 혹은 폐쇄 체제　315
환경에 대한 대처　320
정책대안　328
토의주제　335
추천문헌　336

## 9  대안적 시나리오들　　339

국제 안보 체제 등장 속에서 중국의 역할　340
지역 세력으로서의 중국　342
중국과 제3세계　345
중국과 신 세계질서: 문제와 해결　351
정책대안　356
토의주제　358
추천문헌　359

최혜국대우 지위 연표　　363
약　어　　367
추천 웹사이트　　369
찾아보기　　371
이 책에 대하여　　378
번역진 소개　　379

# 표, 도표 차례

## ■ 표

| | | |
|---|---|---|
| 표 3.1 | 중국과 인도의 빈곤율 비교 | 94 |
| 표 3.2 | 중국본토 이외지역의 중국인 | 100 |
| 표 3.3 | 중국의 비국유부문 경제, 1989~1998년 | 111 |
| 표 4.1 | 중국과 러시아의 관계 정상화 1992~2003년 | 159 |
| 표 5.1 | 1981~1990년 미국의 대중국 무기판매 | 191 |
| 표 5.2 | 1993년도 중국산 수입물품에 대한 최혜국대우와 일반 관세율 적용 실례 | 196 |
| 표 5.3 | 1997~2003년 중국의 대미 무역 | 209 |
| 표 5.4 | 2003년도 미국의 대중국 수출 상위 품목 | 209 |
| 표 6.1 | 1999년도 아세안-중국의 수출 및 수입 | 234 |
| 표 6.2 | 중국과 인도의 발전지표, 1998~2002년 | 247 |
| 표 7.1 | 5대 군사비 지출국, 2003년 | 260 |
| 표 7.2 | 일본의 중국으로부터 상품별 수입, 1994년~200년 | 265 |
| 표 7.3 | 일본의 대중국 상품별 수입, 1994년~2001년 | 266 |
| 표 7.4 | 일본의 대중국 공식 개발지원, 1980년~2001년 | 268 |
| 표 8.1 | 중국의 유엔 평화유지활동 참여 | 301 |
| 표 8.2 | 중국과 국제통화기금의 자금거래 1984년~1992년 | 311 |
| 표 8.3 | 중국에 대한 세계은행 차관, 1981년~2003년 | 314 |
| 표 8.4 | 해외직접투자에 가장 매력적인 국가 | 318 |
| 표 8.5 | 중국의 인구, 1950년~2050년 | 325 |

## ■ 도표

| | | |
|---|---|---|
| 도표 7.1 | 동아시아의 군사비 지출, 1994년~2003년 | 277 |
| 도표 8.1 | 중국의 농업 수출과 수입, 1992년~2000년 | 317 |

# 서 론

21세기 들어 첫 10년을 보건대, 정치지도자나 연구자 혹은 국제정치학자들에게 익숙한 세계차원의 권력구조는 더 이상 지배적인 영향력을 행사하지 못하고 있다. 이 책을 통하여 우리는 20세기 말에서 21세기 초반에 새롭게 등장한 국제체제가 중국의 지도자들에게 어떠한 새로운 기회와 위험을 야기하고 있는지를 베이징에 있는 정책결정자들을 통해 알아볼 것이다. 서구 제국주의가 300년 전에 중국의 해안에 도달한 이래 외부세계는 중국의 정책 선택에 큰 영향을 끼쳐왔다. 이어지는 장들에서 우리는 중국이 지금 세계무대에서 주요한 역할을 맡아가고 있는지 – 지역 및 세계적 차원에서 발생하는 사건에 영향을 미치고 있는지 – 혹은 주로 자신들의 국경 너머에서 일어나는 사건에 대해 반응만 하는 수준에 계속해서 머무를 것인지의 여부를 살펴볼 것이다.

이런 맥락에서 마르크스주의와 레닌주의는 중국 내에서 그 자체가 목표였다기보다는 오히려 1949년 마오쩌둥(毛澤東)의 승리를 전후하여 중국 지도자들에게 보다 근본적인 목표를 달성하려는 수단이 아니었는지에 대해 논의할 것이다. 이를테면 외국 제국주의로부터의 해방, 중화민족의 통일, 효과적인 정치권력의 창출(인민에 의한 통치가 아니라 인민을 위한 통치), 질서와 안정의 확립, 그리고 4개 현대화(농업, 공업, 과학기술, 군사력)를 통한 국가의 위신 제고 및 복지 증진 등이 보다 더 근본적인 목표였다.

우리는 또한 서구에서뿐 아니라 동유럽과 구소련, 그리고 대다수의 제3

세계에서 그랬듯이 중국에서도 종국적으로 아담 스미스가 칼 마르크스에게 승리하였는지를 알아볼 것이다. 비록 중국에서 경제시장이 발전하면 사상의 자유뿐만 아니라 개인적 자유 및 정치적 자유가 뒤따르는 것은 단지 시간의 문제라고 많은 중국 전문가들이 예측하고 있지만, 우리는 중국의 최근 동향과 변화를 살펴보고 중국지도자들이 선택할 수 있는 여러 가능한 대안들을 제시하여, 독자들 스스로 중국의 미래에 대해 판단하도록 할 것이다. 예를 들어 이런 선택지들 중에는 중국의 전통을 보존하고 사회주의적 가치와 관행을 유지하면서, 이에 시장 투자, 생산, 재화의 분배를 결합하는 것이 있을 수 있다. 장기적으로는 중국에서 개인의 자유와 대중의 정치참여가 승리할 수 있을지 모르지만, 그렇다고 하여 이것이 가까운 미래에 실행 가능한 정책 대안이 될 수 있을까? 이런 방향의 추론은 서구에서 이 같은 관행이 수세기에 걸친 시장경제 발전, 과학과 기술의 승리, 대중 소비주의의 등장, 그리고 기초 교육과 읽고 쓰는 능력의 보편적 향상 등이 있은 이후에야 등장했다는 점을 고려하고 있다. 서양에서 성인의 보통 선거권과 개인의 권리 등은 (미국의) 독립선언이나 프랑스 혁명과 함께 성취된 것이 아니다. 심지어 오늘날에도 베이징의 지도자들은 대다수의 서방국가들이 정치적 자유나 개인의 권리 뿐 아니라 국민의 안전과 안보, 인간다운 생활의 영위, 제대로 된 일자리 및 의료보장 같은 경제사회적 필요의 제공 등에 있어서도 기본적인 결함을 지니고 있다고 주장할지도 모른다. 한 걸음 더 나아가 베이징의 지도자들은 인류의 번영을 달성하기 위한 많은 마르크스주의적 처방이 믿음을 잃었지만, 제1세계나 제3세계에 대한 마르크스주의적 비판들의 대부분이 오늘날에도 여전히 유효하다고 주장할 수 있다. 베이징의 시각에서 볼 때, 제1세계의 많은 나라들, 제3세계의 대부분의 나라들, 그리고 동유럽과 구소련의 많은 국가들이 서구의 정책모델을 채택하여 정치, 경제, 사회적으로 바람직하지 않은 결과를 초래하였기 때문에 중국이 번영을 이루기 위한 방법과 관련하여 서구의 정책을 그대로 답습하는 것 보다 더 좋은 방식이 있을 수 있다고 주장하는 것은 비합리적인 것인가? 각 장에서 우리는 독자들을 중국 정책결정자들의 역할에 위치시켜서 서로 다른 정책 선택들이 가져올 수 있는 위기와 기회를 점검하도록 할 것이다. 정책적 문제점들과 각각의 정책 선택을 뒷받침해 주는 데이터를 살펴본 후, 각 장의 마지막 부분에서 우리는 미래에 대한 전망과 관련하여 여러 질문을 던질 것이며, 학습의 심화를 위한 읽을거리들을 추천할 것이다.

## ■ 새로운 이데올로기

최근 중국이 선택한 정책을 이해하기 위해 제1장에서 우리는 1949년 중화인민공화국의 설립으로부터 공산주의의 종언을 거쳐 21세기 초반의 불확실한 시기에 이르는 기간 동안 베이징이 추진한 정책의 놀랄 만한 변화·발전에 대해 살펴볼 것이다. 1949년부터 베를린장벽의 붕괴와 천안문 학생 시위로 정점에 이르렀던 1989년까지 중국의 정책에는 굴곡이 많았지만, 그럼에도 불구하고 우리는 이 기간 동안 중국의 정책에 지속성이 있었다는 점을 지적할 것이다. 그 지속성은 중국의 전통적 가치들[천명(天命)과 중화제국(the Mandate of Heaven and the Middle Kingdom)]을 결합하고 이에 대한 대중의 지지를 동원하여 인민에게 자신의 지배를 정당화하려 했던 중국공산당(CCP)의 지속적인 노력 등을 의미한다. 우리는 중국공산당이 어떻게 대중적 열망에 호소했는지를 살펴볼 것이다. 중국인민의 대중적 열망은 중국민족주의, 외세의 배격, 안보와 안정과 질서, 그리고 4개 현대화 등이었다. 그리고 최근 세계차원의 권력구조가 중국의 정책 선택에 어떠한 영향을 미치고 있는지를 살펴보면서 제1장의 결론을 맺으려한다.

## ■ 대중화제국

베이징의 외교정책 선택에 영향을 미치는 국내적 결정요인들을 이해하기 위해 제2장에서는 중국 내부의 몇 가지 중요한 변화와 이러한 변화가 어떠한 방식으로 베이징의 행동을 제한하거나 촉진하는지를 살펴볼 것이다. 우리는 또한 이런 변수들을 소련과 동유럽에서 공산주의가 붕괴되던 1989년에서 1991년의 주요한 기간 동안 정책 결정자들에게 영향을 미쳤던 주요 요인들과 비교해봄으로써 어떤 조건들이 얼마나 유사하였는지 혹은 상이하였는지를 살펴볼 것이다.

우리는 중국공산당이 자신들의 통치를 합리화하기 위해 '천명(天命)'과 같은 전통적 가치들을 어느 정도 이용하였는지를 검토할 것이다. 또한 공산당의 지배에 대한 도전 및 자신들의 권력에 대한 이런 위협에 대해 공산당이 어떻게 대처했는지를 알아볼 것이다. 중국공산당의 절대적인 지배를 유지하기 위한 베이징 지도자들의 향후 선택을 살펴보면서, 고르바초프(Mikhail Gorbachev)의 글라스노스트 정책(표현의 자유)과 페레스트로이카 정책(정치와 경제 제도 및 기구의 재구조화)이 중국 지도자에게 어느 정도로 실행 가능한 정책적 선택이 될 수 있을지 고찰할 것이다. 우리는 향후 중국공산당이 계속해서 정치권력을 유지할 수 있을지 여부에 대해 논의할 것이다. 또한 우리는 공산당이 계속적인 권력 유지에 성공하기 위해 필요한 정책적 선택이 무엇인지에 대해 논의할 것이다.

통치 기간 동안 중국공산당은 중국 민족주의와 당 정책의 지속성을 강조하여 왔다. 이런 정책들은 베이징의 통치력을 강화하고 대만, 홍콩 그리고 티베트 같은 변방 지역에 대한 통제를 강화기 위해 고안되었으며, 이는 대중이 단결하여 중화문명의 공동의 가치를 지지했던 중화제국에 대한 고전적인 호소에 기초하고 있다. 우리는 그런 호소가 앞으로도 대중의 지지를 하나로 이끌 수 있을지에 대해 논의할 것이다.

제2장을 마치면서 중국 지도자들에 대해 살펴볼 것이다. 처음 제3세대까지의 지도자 대부분은 노쇠하여 더 이상 중국의 운명을 지배할 수 없다. 그러나 통치 기간 중 그들은 마치 체스 게임의 두 경쟁자처럼 미래 지도자를 선택하는 데 있어 균형을 유지하였고, 이를 통해 미래의 선택지들을 보존해 두었다. 일부 지도자는 보다 개방정책에 경도되어 있었고, 반면 다른 지도자

들은 외부세계로부터 중국의 문화와 전통을 보존하면서 동시에 중국공산당의 절대적 지배를 유지할 수 있는 방법을 찾으려 하였다. 비록 제4세대가 확고하게 권력을 장악하고 있는 것 같지만, 우리는 그들이 권력을 유지하기 위해서는 불가피하게 경쟁해야만 하는 내부의 정치세력들에 대해서도 고려할 필요가 있다.

## ■ 칼 마르크스에 대한 아담 스미스의 승리

1978년 이후 중국의 개방정책을 다룰 제3장에서 우리는 20세기 세계의 주요 행위자들의 모든 행위를 통틀어 가장 중요한 정치적, 사회적, 경제적 전략들을 살펴볼 것이다. 1985년 고르바초프가 신사고를 선언하기 거의 10년 전에 중국의 원로지도자 덩샤오핑(鄧小平)은 경제적, 사회적, 정치적 혁명을 시작하였고, 이것은 중국사회에 근본적 변화를 가져왔을 뿐 아니라, 공산주의 진영 다른나라의 혁명적 변화를 불러일으킨 주요 자극제로 작용하였다.

  우리는 덩샤오핑이 권력을 장악하던 시기 중국의 내부 상황, 특히 문화혁명의 종결과 함께 중국사회의 거의 모든 부분이 경험한 극도의 안도감에 대해 살펴볼 것이다. 그 다음에 우리는 중국의 역사를 바꾼 새로운 지도자의 혁명적 결정을 검토할 것이다. 이러한 결정은 중요하기 때문에 우리는 덩샤오핑의 사고를 매우 자세하게 검토할 것이다. 우리는 덩샤오핑이 시행한 국내 개혁과 새로운 대외 개방을 살펴 볼 것이다. 이 모든 것은 4개 현대화를 통해 중국인민의 생활수준을 향상시키고, 동시에 국내의 안정과 중국사회에서 중국공산당의 주도적 역할을 유지하기 위한 방안이었다. 이러한 변화와 더불어 우리는 교수, 학생, 여행자들의 전례 없는 교류 수치가 보여주는 바와 같이 외부 세계가 얼마나 중국의 새로운 이미지에 매료되었는지를 살펴볼 것이다. 이와 함께 자본주의자들은 중국의 유리한 투자조건과 10억이 넘는 중국인들의 잠재적 시장에서 우위를 점하기 위해 서로 경쟁하고 있다. 다음으로 우리는 1989년 대학생들의 천안문 시위사태 이후 개방정책에 대한 중국의 재고를 살펴볼 것이다. 우리는 천안문 이후 어떠한 발전이 덩샤오핑의 이전 개혁을 지속하게 하였으며, 또한 새로운 변화를 추동하였는지에 대해 논의할 것이다. 우리는 위로부터의 중앙통제가 적어도 당분간은 거의 손상되지 않고 남아있다 할지라도, 베이징의 지도자들이 사실상 이미 마르크스주의 경제이론의 기본원칙을 포기한 것이 아닌가에 대하여 논의할 것이다.

## ■ 소련제국의 붕괴

외교정책에 있어서 중국의 선택을 이해하려면 반세기 동안 지속된 동서대결의 냉전시대에 두 공산주의 강대국 관계가 어떻게 변화했는지에 대해 이해할 필요가 있다. 제4장에서 우리는 두 나라간 협력과 갈등이 시작되고 끝난 이유에 초점을 두고 중소관계 및 중러관계를 살펴볼 것이다. 1990년대 까지만 해도 중국정부가 대체로 소련정부의 외교정책에 대응하기만 하였고, 1949년부터 1976년까지 중국에서 일어났던 마오쩌둥의 급진적 변혁을 소련이 신뢰하지 않았지만, 그럼에도 불구하고 중국이 끝까지 소련과의 주종관계를 인정하지 않았던 이유를 살펴볼 것이다. 또한 동유럽에 '철의 장막'이 수립되었을 때, 그리고 소련에서 공산당 지도자가 권력을 상실했을 때, 중국이 이러한 사태들을 어떻게 인식했는지에 대해서 살펴볼 것이다. 아울러 동유럽에서 공산정권이 붕괴되는 사태를, 그리고 그 후 1991년 크리스마스에 고르바초프가 권좌에서 물러나면서 공산주의 종주국 소련에서조차 공산정권이 붕괴되는 사태를 중국이 어쩔 수 없이 그냥 쳐다보기만 했어야 했던 이유에 대해서 논의할 것이다. 이 과정 중에 국경분쟁은 감소했고, 관계정상화의 전제조건으로 중국이 요구했던 소련의 아프가니스탄으로부터 철수, 베트남에 대해 캄보디아로부터 철수하라는 소련의 압력 행사, 중국과 베트남 국경에 배치된 소련군의 감축 등은 모스

쿠바 당국에 의하여 수용되었다. 또한 고르바초프, 옐친, 푸틴 집권기 동안 중소관계의 발전과정을 살펴볼 것이다.

제4장의 마지막 부분에서 우리는 중국처럼 마르크스주의 및 공산주의 제도를 폐기하고 있는 신생독립공화국들과 중국의 관계에 대해서 살펴볼 것이다. 오늘날 체제전환 과정 중에 있는 중국과 구소련제국의 일원이었던 독립공화국들 양측 모두 국교정상화와 관계증진을 추구하고 있다. 그러나 안보문제 및 영향력 문제를 비롯하여 이들 국가 사이에 발생할 수 있는 많은 문제들에 대한 적절한 해답을 아직 찾지 못하고 있다. 우리는 향후 가능성이 높은 발전방향에 대해서 직접 언급하기 보다는 중국 지도자들이 선택할 수 있는 몇 개의 대안을 검토할 것이다. 우리는 중국 지도자들이 직면하고 있는 상대적 위험과 기회를 살펴볼 것이며, 특히 과거 소련제국의 일부분이었던 중앙아시아 지역에서 일어나고 있는 중요한 변화에 초점을 두고 이 문제를 논의할 것이다.

## 중미관계

냉전시기 동안 다른 어떤 국가보다도 미국의 아시아 외교정책이 중국의 외교정책결정에 지대한 영향을 미쳤다. 하지만 제5장에서 중미관계를 살펴볼 때 우리는 소련이 중미관계에 있어서 중요한 역할을 수행했다는 사실을 알게 될 것이다. 냉전 후반, 안보문제에 있어서 중국에게는 미국보다도 소련이 더 중요한 관심대상이었다. 왜냐하면 미군이 베트남으로부터 철수한 반면에 소련은 브레즈네프 집권기 동안 극동지역, 서남아시아, 동남아시아 지역에 걸쳐서 군사력을 증강했기 때문이다.

우리는 중미관계의 단계별 변화를 논의하면서 중국정부와 미국정부가 냉전시대 동안 일어난 거의 모든 대결을 피할 수 있게 했을지도 모르는 외교정책을 추구할 수 있었는지의 여부에 대해 살펴볼 것이다. 모든 경우에 있어서 우리는 중국과 미국 양측이 어떻게 위기사태를 초래했고, 또한 어떻게 대응했는지에 대해 살펴볼 것이다. 또한 1970년대 우호적 감정을 가졌던 평화공존의 시기는 닉슨(Richard Nixon)과 키신저(Henry Kissenger)가 있었기에 가능했다고 흔히 평가되지만, 우리는 마오쩌둥 역시 중미관계의 정상화에 결정적 역할을 했다는 점을 살펴볼 것이다. 1978년 중국이 개방정책을 시작하면서 일본, 홍콩, 대만, 한국, 여러 서유럽 국가들에 대해서도 대외개방을 하자, 중미관계는 보다 더 복잡한 양상으로 변화하였다.

또한 우리는 중국과 미국 양국이 경제 및 무역관계에 치중하였고, 여기에 국가이익을 둘러싼 심각한 갈등 및 타협이 동반되었다는 사실을 살펴볼 것이다. 우리는 인권문제 및 시위학생들에 대한 중국정부의 탄압이 중미관계에 미친 영향에 대해서 조심스럽게 논의할 것이다.

그러나 중국 및 미국 국내의 다른 여러 요인들 또한 두 나라의 정치, 경제, 안보관계에 영향을 미쳐왔다. 이 요인들은 두 나라가 국경을 넘어서 서로 상호의존하게 만들었으며, 협력을 지지하는 사람들과 위협의 사용을 지지하는 사람들이 생겨났다.

## ■ 탈냉전시대 중국과 주변국가

1980년대 중국의 개방정책에 있어서 어느 아시아 국가보다 미국이 더 큰 역할을 했을지 몰라도, 오늘날 중국과 주변의 아시아 국가들은 투자와 무역 등 경제분야에 있어서 갈수록 더욱 더 상호의존적이 되고 있다. 아시아에서 러시아와 미국의 군사주둔이 감소한 이후 이 지역에는 안정적인 세력균형 체제가 결여되어 있다. 안보협력 측면보다는 경제협력 측면에서 훨씬 더 진전을 보이고 있는 지역 체제에 대응하고자 하는 중국정부의 (경제, 정치, 테러리즘, 안보의 측면에서) 외교정책에 이러한 흐름이 어떠한 영향을 미쳤을 지에 대해서 제6장에서 살펴볼 것이다. 즉, 비록 경제관계와 안보관계가 상호의존적이고, 투자와 교역이 아시아 국가들 사이에 존재하는 갈등관계를 완화시킬지도 모르지만, 현재 힘의 공백 상태에 놓인

아시아 지역에는 잠재적으로 강대국간 경쟁이 등장할 가능성이 상존한다. 중일관계가 중요하기 때문에 우리는 이 주제를 제7장에서 별도로 다룰 것이다. 하지만 제6장에서도 특정 쟁점과 관련하여 일본과 중국이 아시아의 이웃국가들과 어떤 관계를 맺고 있는지 살펴볼 것이다.

오랫동안 지속된 한반도의 긴장과 적대관계 해소는 중국, 북한, 한국, 일본, 러시아 등 동북아시아 지역 모든 국가들에게 있어서 공동 관심사이다. 한중관계가 진전되면서 오늘날 대만은 패배자가 되었으며, 반면에 미국을 비롯하여 서방세계 국가들은 대체로 이 지역 국가들의 관계정상화를 통해 입장이 나아졌다.

동남아시아에 대한 중국의 외교정책은 위험과 기회를 동시에 맞이하고 있다. 중국의 근대화 정책 추진 초기단계에서 중국과 아세안(ASEAN, 동남아시아국가연합) 국가들 사이의 무역관계는 중국의 한국, 일본, 대만, 홍콩과의 관계에 비해서 매우 제한적이었다. 또한 이 지역 내 안보협력관계는 거의 존재하지 않았다. 동남아시아 국가 전역에 걸쳐 거주하고 있는 많은 중국 화교들은 중국과 이들 나라의 관계 증진에 있어서 기회일 수도 있고, 동시에 위험일 수 있다. 아세안 국가들은 동남아시아에 있어서 미국과 러시아의 영향력 약화에 따른 일본과 중국의 영향력 증대를 우려하고 있다. 동시에 아세안 국가들은 일본과 중국을 포함하여 아시아의 모든 국가들과의 관계 증진을 도모하고 있으며, 중국은 이 지역 경제레짐 및 안보레짐의 형성에 대한 공식 지지선언을 통해 이들 국가의 움직임에 화답하고 있다.

중국 정부의 정책결정자는 서남아시아에서 또 다른 쟁점에 직면하고 있다. 냉전 종식 이후 오랜 기간, 미국, 러시아, 중국 등은 파키스탄과 인도 사이의 갈등을 비롯하여 이 지역에서의 적대관계를 줄이고자 노력하고 있으며, 갈수록 파키스탄이 더욱 더 불안정해지고 있는 상황에서 전통적인 동맹 라인은 변화하고 있다. 그럼에도 불구하고 중국은 이 지역의 질서 혹은 핵무기를 포함한 군사력 증강에 있어서 결정적 역할을 담당할 수 있는 나라이다.

이 지역 세력균형체제에 대한 중국의 영향력과 함께 중국과 인도 사이의 적대 및 협력관계에 대해 의문을 가질 수 있다. 두 나라는 세계에서 가장 많은 인구를 가졌으며, 또한 두 나라 모두 근대화 과정 중에 있다. 두 나라 모두 국가소유 및 국가통제 경제로부터 이윤추구의 시장경제로 바뀌고 있다. 하지만 인도는 자신들이 의회정부, 연방제도, 지역정부의 자율성을 상당 수준 보장하는 지방분권화 등이 혼합된 세계에서 가장 큰 민주주의 국가임을 자랑하고 있다. 그러나 중국에서와 같이 심각한 인권침해뿐만 아니라 사회적, 경제적, 정치적 불만이 존재해 왔다. 중국과 인도 두 나라의 가장 큰 과제는 사회적 안정 및 근대화를 이루고, 인구 증가율의 둔화 없이는 어떤 것도 달성할 수 없다는 사실을 깨닫는 것이다. 적어도 겉으로는 중국과 인도 사이의 관계는 향상되고 있는 것으로 보인다. 아시아의 두 거인국가의 국제관계가 향후 지역안정 및 세계평화에 매우 큰 영향을 미칠 것이다.

오늘날 중국의 서부국경에 접한 중앙아시아 지역 신생독립공화국들은 향후 불안정해질 가능성이 있다. 중국 정부는 대체로 이슬람 국가인 이 국가들을 조심스럽게 지켜보면서 기다리는 입장을 취하고 있다. 역사적으로 면적은 매우 넓지만 인구는 많지 않은 중국의 서부지역인 신쟝(新疆) 지방 사람들과 중앙아시아 사람들은 문화적 경제적으로 매우 긴밀한 유대관계를 갖고 있다. 중국 정부는 사회적 불안정, 이슬람 분리주의, 테러주의 등을 우려하고 있으며, 이러한 우려가 중국과 중앙아시아 주변국가의 관계를 특징지운다.

### ■ 글로벌 레짐

국제정치의 최대 논쟁거리 중 하나는 탈냉전 시대에 등장하고 있는 글로벌 레짐에서 미래 중국의 역할이다. 레짐은 행위의 규칙들(혹은 규칙들의 부재)로 구성되며, 이러한 규칙들은 국가간 상호의존이 확대될수록 국가의 행동을 일정방향으로 이끈다. 국제무역 및 금융과 같은 특정한 형태의 거래행위에서 이러한 규칙은 광범위한 협력 및 규범화된 행위의 체제를 형성하고 있다. 반면에 지역분쟁, 군비경쟁, 무기 거래와 같은 다른 상호작용 영역에서 현재의 글로벌 체제는 협력을 위한 효과적인 규칙이 부족하며, 일부의 국가만이 이러한 영역에서 보다 효과적인 레짐을 요구하고 있는 상태이다.

상호의존 및 확대되는 상호작용과 관련하여 등장하는 이러한 모든 영역에서 글로벌 협력의 필요성이 점차적으로 확실해지고 있다. 그러나 중국의 지도자들은 전통적으로 국가주권의 원칙을 강조해왔으며, 경제, 안보, 혹은 환경문제에 관한 중국의 다른 나라와의 상호작용은 다자적이라기보다는 양자적이었다. 그러나 이후에 살펴보겠지만, 특히 어떤 행위의 규칙이 채택되어야 하는지에 대한 유엔 내부의 일반적인 합의가 존재하는 경우, 심지어 중국조차도 이러한 문제를 해결하는데 보다 협조하는 방향으로 점진적으로 입장을 바꾸고 있음을 암시하는 징후들이 나타나고 있다. 등장하고 있는 글로벌 레짐과 관련하여 베이징의 지도자들은 자신의 과거 정책(입장표명의 거부, 실질적 저항, 혹은 협력에 대한 주저)과 보다 큰 지도자 역할 사이에서 선택을 내려야만 한다.

## ■ 21세기를 위한 대안적 시나리오들

오늘날 중국은 교차로에 서 있으며, 마르크스 이데올로기가 대부분 신뢰를 상실한 탈냉전시대에 중국의 정체성은 불확실하다. 중국 내부에는 변화가 일어나고 있고, 중국은 유라시아 대륙의 구공산권 국가들의 경우보다 더 빠르고 더 성공적으로 시장경제체제로 전환되고 있다. 1989년에서 1990년의 기간을 제외하고 1978년 개혁이 시작된 이래 중국의 GNP는 매년 9% 정도씩 성장하고 있는데, 이는 서방 경제(1985년 이래 심각한 도전에 직면한 일본을 포함한)보다 훨씬 더 빠른 성장이다.

이 책의 마지막 장은 이런 최근의 경제적 성공에도 불구하고 중국인민과 지도자들이 그들의 미래 역할을 명확하게 할 수 없는 여러 이유들을 살펴볼 것이다. 중국 내부에는 정체성의 위기가 심각하다. 국제 공산주의의 붕괴로 인해 외부 세계를 보는 베이징의 시각 대부분이 바뀌었으며, 천안문 사건은 질서의 근간을 흔드는 것으로, 중국공산당의 지배에 대한 심각한 도전이었다. 심지어는 민족주의를 비롯한 어떤 새로운 이데올로기도 중국이 자신의 국내적·국제적 정체성을 명확히 하는 데 도움이 되지 못하고 있다.

중국의 국제 안보체제에서의 현재 역할을 논의할 때, 우리는 중국지도자들이 주권과 다른 국가의 내정 불간섭을 강조하는 웨스트팔리아 체제를 세계 어느 누구보다도 가장 강력하게 지지하고 있음을 알게 될 것이다. 현재까지 중국은 유럽에서 등장한 것과 같은 지역차원에서의 집단협력기구를 형성하자는 다자적 노력에 대하여 반대하여 왔다. 중국의 미래에 대하여 논의하면서 우리는 지금의 정책을 지속하는 데 따르는 베이징의 위기와 기회를 요약할 것이다. 우리는 또한 국내 정책 뿐 아니라 지역차원 및 세계차원에서 새로운 영역을 개척하는 데 있어 중국이 취할 수 있는 선택들도 살펴볼 것이며, 중국이 21세기에 등장하는 글로벌 레짐에 조화롭게 참여하도록 해 줄 선택에 대해서도 알아볼 것이다.

# 1
# 21세기 새로운 이데올로기

여러 바다 변경 너머에 사는 그대, 오오! 왕이여, 그럼에도 불구하고 우리 문명의 혜택을 함께 하려는 그대의 겸손한 희망에 움직여서, 그대의 외교문서를 공손하게 품고 온 사신을 보냈도다. 그대의 사신은 바다를 건너, 짐의 탄신일을 축하하기 위해 우리 조정에 와서 조공을 바치었도다. 그대 국민 중 하나를 짐의 천조(天朝:천상의 조정)에 보내 그대 국가와 중국과의 무역을 관리하고자 하는 그대의 간청에 대해 (답하노라). 그대의 이러한 희망은 짐의 황실의 모든 법도에 어긋나며, 받아들여질 수 없다. …우리 황실의 장엄한 덕(德)은 하늘 아래 모든 국가에 퍼져있고, 모든 나라의 왕들은 땅과 바다를 통해 값비싼 조공을 바치노라. … 짐의 의향을 존중하고, 장래에 더 큰 헌신과 충성을 바치는 것이 오오! 그대 왕의 당연한 의무이다. 짐의 황실에 완전히 복종함으로써, 그대 국가의 평화와 번영은 앞으로 보장될 것이다.

— 치엔룽(乾隆帝) 황제가 영국의 조지3세에게
보낸 비공식문서로부터 발췌

## ■ 중국적 세계질서

중국인들은 수세기 동안 자신의 국가를 자연 질서와 세계 질서의 중심인 중화제국이라 불렀다. 선사시대부터 1911년까지, 중국의 황제들은 천명을 받아 통치하였다. 천명이란 통치자의 정직함이 백성에 대해 도덕적 지도력을 행사하는데 충분한지를 결정하는 자연의 힘이다. 비도덕적인 행위나 부패, 또는 하늘에 반하는 여타 행위에 의해 천명을 잃을 때, 자연의 힘은 홍수,

지진 혹은 가뭄 같은 자연재해를 통해 그 불쾌함을 표출하였다. 이러한 상황이 발생하면, 중국 백성들은 왕조의 변화가 임박하였음을 알곤 했다. 중국 지도자들은 서유럽이나 미국의 지도자들이 그랬던 것처럼 인민과의 사회적 계약이나 다른 정치체와의 헌법적 관계에 기초하여 통치하지 않았다. 중국 통치자들은 하늘의 아들(天子)이었다.

중국은 하늘과 땅, 두 질서의 중심이었다. 중국 황제에게 정기적으로 선물과 함께 사절을 보내는(朝貢) 한국이나 베트남같은 나라들에 둘러싸여, 이러한 조공제도가 중화민족의 문명의 우월성을 입증하는 것이라 중국인들은 믿었다. 중국과 한국, 중국과 베트남과의 관계는 무정부 상태인 국제체제에서 주권국가간의 관계라든지 혹은 식민모국과 식민지 사이의 관계와는 다른 것이었다. 중국을 둘러싼 나라들은 중국인이 아니라는 이유로 열등한 존재로 여겨졌다. 인접국의 엘리트들은 중국에 조공 여행하는 과정에서 중화문명을 직접 경험하였고, 중화문명의 도입을 통해서만 이웃 민족들은 오랑캐가 아닌 다른 무엇으로 인정을 받을 수 있었다.

1405년에서 1433년 사이 중국선단이 중동과 아프리카를 항해한 일곱 차례의 탐험을 제외하면, 중국은 외부 세계에 대한 정보를 구하려 하지 않았다. 중국은 외부와 전쟁을 하지도 무역을 하지도 않았으며, 중화문명의 우월성을 인정하는 한에서 외국인을 환영하였다. 몽골(1279~1367)이나 만주(1644~1911)인처럼 중국을 침략하여 그들의 왕조를 세운 이민족들은 빠르게 중국화(漢化) 하였다. 이들은 중화문명의 우월성을 받아들이도록 강요되었다. 중국은 오늘날 고립주의 외교정책이라고 불리는 것을 쉽게 실천할 수 있었다. 하늘 아래 모든 것을 중화제국의 내부에서 찾을 수 있었다.

서구 세계는 중화제국에 대한 중국의 개념을 이해할 수 없었다. 영국인, 러시아인, 그리고 나머지 유럽과 미국이 중국을 발견하고, 18세기부터 자유로운 접근과 자유 무역을 요구하였다. 중국은 유럽과 미국 사람들이 원하는 차와 향료, 비단과 자기를 가지고 있었지만, 중국인들은 외국으로부터 어떤 것을 구매하려는 특별한 욕구가 없었다. 그리고 중국 황제에게는 외국군주가 보낸 사절을 동등하게 대접해야 한다는 생각은 더욱 이치에 맞지 않는 것이었다. 청 황실은 중국에 거주하고 있는 서양인들이 중국화하지 않는다면, 중국에 머물러서는 안된다고 생각했다. 따라서 외교관계를 수립하고, 외교관을 교환하자는 유럽의 요구는 반복해서 거부되었다.

중국인들은 국제체제에서 주권국가들이 권력을 둘러싸고 이전투구하는(jockeying) 서양의 체제를 이해할 수 없었다. 서양인들은 자연의 힘에 의해 형성된 정치체계인 중국의 체제를 이해하지 못했다. 그 결과는 각각 자신의 우월성을 확신하는 두 문명 사이의 전투였다. 중국인들에게는 불행하게도, 19세기에 서양 국가들은 중국에 비해 더 역동적이었고 더 강력한 힘을 가지고 있었다. 분쟁의 결과, 중국은 더 이상 천명에 의한 통치를 실행할 수 없었을 뿐 아니라, 서양 세력이 지배했던 국제체제에서 하나의 주권국가도 아니었다. 20세기 초가 되자, 중국에서 서구 열강은 청황실의 잔존세력과 동등하거나 그들보다 우세한 정치적·군사적·경제적 힘을 행사하고 있었다.

## 불평등조약

19세기 말에 중국 황제 치엔룽은 소수의 외국 상인들이 광조우(廣州) 근교에 계절적 근거지를 만드는 것을 허용하였는데, 외국 상인들은 거기에서 홍이라고 불린 13개의 공인된 중국 상인집단과 무역하는 것을 허락받았다. 외국 상인들은 중국제 비단, 자기, 차 그리고 그릇 등을 사기 시작하였다. 중국인들은 외국의 모피, 백단향, 인삼 등을 샀다. 무역수지는 중국에 유리하였다. 영국은 무역적자를 해소하기 위해 중국인들에게 아편을 팔기 시작하였다. 1840년에 무역수지는 다시금 서양에 유리해졌다.

중국인들과 중국 경제에 미치는 아편의 부정적인 영향에 대한 고민에 빠진 중국 황제와 그의 신하들은 아편의 경작, 수입, 흡연을 금지하였다. 그러나 황제와 그의 측근들은 너무 약해서 그들이 정한 규제를 강요하지 못하였다. 1839년, 중국 관리가 외국인 창고를 봉쇄하고 2만 개의 아편 상자를 내놓도록 상인들에게 강요하자, 영국은 이를 응징하기 위한 군사적 출병을 감행하였다. 아편전쟁이 발발했고, 우월한 영국군이 가볍게 승리하였다.

평화의 대가로 중국 황제는 홍콩 섬을 영국에 할양하고 다섯 곳의 항구를 개방하는 불평등조약에 서명하도록 강요받았다. 개항장(treaty port)은 유럽의 항구도시를 본 뜬 것으로, 외국인을 위한 특별지역에는 중국인을 고용한 창고, 상점, 식당과 주택을 포함하고 있었다. 외국인 거주지에서, 후에는 중국 전역에서 외국 국적자는 중국 법률이 아니라 모국법의 적용을 받았는데, 이는 국제법에서 치외법권으로 알려진 원칙으로, 주로 외교관에게만 허용되는 권리였다. 개항장이 제공하는 특혜 때문에 모든 서양 세력은 개항장 설립을 원했다. 마침내 80개가 넘는 개항장이 만들어졌다.

심지어는 공식적으로 자신의 개항장을 갖고 있지 않던 미국조차도 다른 서구 열강과 그들의 국민들이 향유하고 있던 모든 권리와 특권을 요구하였다. 그래서 최혜국대우(MFN: most-favored-nation)라는 국제적 원칙이 확립되었는데, 최혜국대우란 체약국 간에 그들의 국내 시장에서와 동등한 대우를 보장하는 조약으로, 관세와 무역에 관한 일반 협정(GATT)의 기초이기도 하다. 중국과 미국은 최혜국대우 조항과 조건을 둘러싸고 대립하였다. 오랫동안, 미 의회는 중국이 그들의 인권 상황을 개선하지 않으면, 최혜국대우를 연장하는 것을 무효화하려고 시도하였다.

## 자유무역

중국에 대한 아편 수출의 통제권 확립을 위해 전개된 아편 전쟁은 자유무역을 옹호하는 서양의 승리로 끝났다. 서양 열강들은 자유무역이 특전이라기보다는 권리라고 믿었기 때문에 자유무역은 정의로운 것이라고 여겼다. 아편에 대한 혐오에도 불구하고, 미국의 아담스(John Quincy Adams) 대통령은 '그리스도교적인 지침'인 자유무역을 지키기 위한 정의의 전쟁을 한 영국을 찬양하였다. 첫 번째 불평등조약이 체결된 1840년 이후, 서구 세력은 중국의 연해지역과 대외 무역을 점점 더 지배하였다.

중국의 입장에서 자유무역은 외세의 지배확산을 의미했다. 중국 황제는 조공을 받는 대신 자신의 땅에 침입한 외국 세력에게 사실상 조공을 바치는 신세가 되었다. 외국의 군사력에 의해 단번에 끝날 수 있는 운명에 처한 청 황실의 마지막 황제와 황후는 자신의 지배를 연장하고자 외세에 협력하였으나, 청 황실은 마침내 천명을 상실하였다.

## 중국 민족주의

중국인들이 자신들의 땅에 외국인들이 존재하는 것에 분개하였으며, 이와 함께 근대적 형태의 민족주의가 발전하기 시작하였다. 중국의 세계에서의 위치를 전통적인 중화제국의 맥락에서 보는 대신에, 경제적 부와 힘을 가진 국가를 건설하려는 민족주의 운동이 19세기 말에 시작되었다. 부와 힘이 있다면, 중국은 더 이상 외세에 의해 좌우되지는 않을 것이다.

초기의 민족주의적 정서는 중국 사회의 모든 계층에 분명하게 나타났으며, 모든 집단이 '주권적 권리의 회복'을 구호로 내걸었다. 범죄조직과 연관된 비밀결사인 의화단(義和團, the Boxers)은 외세에 반대하는 농촌의 향신 계급과 반서양 지향의 관리들과 결합하였다. 1900년 의화단 사건은 외국 군대의 도움으로 진압되었는데, 그 과정에서 약 250명의 외국인이 살해되었다. 도시의 지식 계층과 상인계급은 좀 더 신중한 접근을 시도하였는데, 그들은 자식들을 일본으로 보내 어떻게 아시아 국가가 서양세력을 물리칠 수 있었는지를 배우도록 하였다. 1905년 도쿄에서 중국의 개혁파들은 민족주의자로 이루어진 국민당의 전신이 되는 비밀혁명단을 조직하였다. 청 정부마저도 개혁을 시도였으나, 그 시도는 너무 미약하고, 늦은 것이었다. 1911년에 청 왕조는 붕괴되었고, 통치권은 새로운 세대에게 넘겨졌다.

1919년 5월 4일은 근대 중국 민족주의의 결정적인 고비였다. 제1차 세계대전 종전 후 체결된 조약에 항의하면서 중국에서 반외세, 반일 시위가 시작되었다. 프랑스의 베르사유 궁에서 만난 유럽 열강은 중국 내의 독일 조차지를 중국에 돌려주는 대신 일본에 넘겨주기로 하였다. 5·4운동을 이끌었던 학생과 지식인들은 제1차 세계대전의 승전국들에게 중국에 대한 모욕을 중단할 것을 요구하였다. 5·4운동은 중국을 강화하고, 외세를 몰아내기 위해 헌신적으로 싸우는 많은 정치조직을 탄생시켰다.

중국공산당(CCP: Chinese Communist Party)은 5·4운동에 그 뿌리를 둔 정치 조직으로, 소련의 도움으로 1921년 창립되었다. 초기 공산주의 지도자들은 중국에서 강력한 민족주의 운동을 발전시킨다는 목표 아래 사실상 국민당(Kuomintang Party)과 협력하였다. 그러나 두 정당은 강력하고, 민족주의적 중국의 미래상과 관련하여 서로 상반된 견해를 가지고 있었으며, 그들의 합작은 단지 1920년대 중반까지만 유지되었다. 1930년대 말부터 1940년대 말까지의 시기를 거치며 국민당의 민족주의보다 공산당의 민족주의가 중국인민들에게 더 호소력을 갖게 되었다. 마오쩌둥(毛澤東)의 지도 하에, 공산당은 당당한 독립국가 건설에 대한 중국인민들의 열망을 이용하여 제2차 세계대전 중의 항일 투쟁 기간 내내 지지자를 규합하였다. 국민당이 아니라 공산당이 진정으로 일본 침략자에 맞서 싸우고 있다는 대중의 인식은 1945년에서 1949년까지의 내전에서 국민당에 대해 공산당이 승리하는데 결정적인 역할을 하였다. 1949년 10월 1일 마오쩌둥이 중화인민공화국(中華人民共和國, People's Republic of China)의 수립을 선포했을 때, 최우선 목표 중 하나는 외세의 영향으로부터 독립적인 민족국가를 건설하는 것이었다.

## ■ 냉전체제

중화인민공화국은 역사에서 알려진 것과는 전혀 다른 새로운 외부 환경 속에서 탄생하였다. 자신들뿐 아니라 다른 모든 나라들도 파멸시킬 수 있을 만큼 강력한 핵무기로 무장한 두 초강대국이 세계체제를 지배하였다. 두 초강대국은 자신들에게 너무나 큰 희생이 뒤따르는 세계전쟁을 방지하기 위해 안정된 양극 균형체제를 창조할 목적으로 세계체제를 지배한 것이 아니었다. 오히려 초강대국들은 전통적인 세력 경쟁에 이데올로기를 더하였다. 공산주의 대 자본주의의 대결이 국제 안보의 쟁점이 되었다. 역사상 처음으로 경제제도의 차이가 세계체제를 결정짓게 되었다.

　냉전 시기의 체제경쟁은 한 국가의 존망을 결정지을 정도의 위험성을 갖는 중대 사안이었고, 따라서 크고 작음에 상관없이 대다수의 국가는 어느 한 초강대국의 진영에 합류해야 할 필요성을 강하게 느꼈다. 두 동맹체제의 한 쪽에 속함으로써 안보 우산이 제공되었지만, 그 대가로 행위의 독립성이 제한되었다. 반대편 동맹체제에 속해 있는 국가와 외교 및 무역 관계를 유지하는 나라는 거의 없었다. 세계는 두 편으로 나누어졌고, 모든 국가의 행위는 동맹체제의 중심으로부터 명령을 받아 이루어졌다.

　소련과 미국 사이에 양극적 세력균형은 안정적으로 유지되어 냉전이 전쟁으로 비화되는 것을 막을 수 있었다. 그러나 두 동맹체제에서의 변화는 주변부의 경쟁을 통해 일어났다. 두 초강대국은 베트남, 앙골라, 한국, 모잠비크, 그리고 세계 각지에서 대리전을 전개하였고, 이에 따라 아프리카와 아시아의 많은 국가들이 냉전의 주요 피해를 겪었다. 냉전은 두 초강대국뿐 아니라, 양국이 획득하기 위해 애쓰고, 때로는 서로 쟁취하기 위해 싸웠던 예속국들에도 상당한 비용을 초래하였다.

## ■ 중화인민공화국

마오쩌둥과 1949년에서 1976년까지 대부분의 기간 동안 총리와 외교부장을 역임한 저우언라이(周恩來)는 냉전에 의해 만들어진 세계체제에서 중국의 안보를 증진하고 중국의 자율성을 유지할 방법을 찾았다. 중국 지도자들은 항상 중국을 세계체제의 독립적인 주요 행위자로 인식하였다. 비록

> 베이징이 중국 대외정책의 원칙으로 내세우는 '평화공존 5원칙'은 다음과 같다.
> 1. 주권과 영토보전 존중
> 2. 상호불가침
> 3. 상호 내정 불간섭
> 4. 평등 호혜
> 5. 평화 공존

어떤 때는 미국의, 다른 때는 소련의, 그리고 가끔씩은 미소 양국의 위협을 받기는 했지만, 그들 자신이 제2차 세계대전 이후에 미국이나 소련에 예속되어 있다고 생각한 적은 한 번도 없었다. 마오쩌둥과 저우언라이의 외교정책 목표는 다음과 같다. "중국 지도자들은 통상적으로 국제정치를 강대국 간의 패권경쟁으로 보았고, 외부로부터의 위협에 대항하여 중국의 안보와 주권을 유지하는 것이 부동의 관심사였다. 국제적인 행위에 있어 높은 수준의 독립성과 주도권을 유지할 수 있는 방법을 찾았고, 중국을 두 초강대국 보다는 제3세계의 발전도상국과 같은 곳에 위치시키는 경향이 있었다."[1]

마오쩌둥과 저우언라이 모두 과거 불평등조약의 시대를 너무도 잘 기억하고 있었기 때문에, 자율성과 중국의 주권에 대한 열렬한 방어는 중화인민공화국 외교정책의 기본적인 요소가 되었다.

## 안보

중국 지도자들이 자율성을 간절히 열망하였지만, 전 세계 인구의 거의 1/4을 가진 지역의 대국이 냉전의 양극체제에서 오랫동안 고립된 채 남아 있을 수는 없었다. 1949년에서 1960년까지 마오쩌둥은 소련 측에 대한 '한 편으론 기울기' 정책으로 중국을 인도하였다. 독립적인 태도를 유지하기 위해 노력하고 중국의 주권과 관련된 문제에 대해서는 매우 민감하게 반응하였지만, 마오는 안보의 필요성과 이데올로기의 유사성이 소련과 중국의 우호적 관계에 도움을 줄 것이라 믿었다. 주권, 안보, 그리고 이데올로기에 대한 논쟁으로 중소관계가 결렬되었을 때, 중국은 1960년대 내내 진정한 자율성을 위해 노력하였다. 소련과의 국경분쟁은 마오쩌둥과 저우언라이로 하여금 다른 한 쪽 즉, 미국에 기울도록 하였다. 미중 관계는 소련과의 관계보다 현저하게 좋았으며, 워싱턴은 미중 관계를 모스크바에 대한 유리한 협상카드로 사용하였다. 1949년에서 1991년까지 베이징은 어떤 때는 모스크바에, 다른 때는 워싱턴에 기울었는데, 이러한 특별한 관계는 전술적인 이해에 기초한 것이었을 뿐, 항구적인 동맹이라고 인식될 만한 단계로 나아간 것은 결코 아니었다.2) 오히려 마오쩌둥과 저우언라이는 초강대국의 틈바구니에서 자국의 안보를 증대하고자 했으며, 일정한 성공을 거두었다.

## 자율성

냉전 시기 중국 외교정책에서 불변의 요소는 중국의 독립을 유지하고 강화하는데 필요한 정도로만 양극체제에 참여하려는 욕망이었다. 한 쪽에 기울다가 다른 쪽에 기울기도 하고, 제3세계에서 친구를 찾기도 하였지만, 지속적인 안보 과제는 중국의 주권을 빼앗기지 않고 유지하는 것이었다.

전체적으로 볼 때 중국은 성공하였다. 1950년대 중반 소련의 지도자 흐루시초프(Nikita Khrushchev)는 중국의 완전한 주권에 대한 요구를 인정하기 시작하였고, 스탈린이 마오쩌둥으로부터 빼앗은 영토와 경제적 이권을 중국에 되돌려 주었다. 그러나 중국이 국제체제에서 독립적 지위를 지키기 위해 비장의 카드, 즉 핵능력을 개발하려고 하자, 흐루시초프는 초조해졌다. 비록 두 공산주의 국가 사이에 이데올로기적 갈등이 존재하더라도, 흐루시초프는 주권을 가진 공산국가로서 중국을 수용할 수 있었다. 그러나 소련 국경에 핵을 가진 이웃이 있는 것은 받아들일 수 없었으며, 그 결과는 중국과 소련 관계의 완전한 단절이었다.

다른 한 쪽에 기댐으로써, 중국은 베이징이 정한 국경의 불가침성에 대해 미국의 인정을 받아내는데 성공하였다. 1972년 닉슨(Richard Nixon) 대통령이 중국을 방문하여 서명한 상하이 공동 선언에서 미국은 대만 섬이 중국의 일부이며, 대륙과 대만의 통일은 중국 내정 문제라고 인정하였다.

미국이 우방인 대만 국민당 정부의 안전보장에 대한 책임을 포기한 것은 공산 중국에게는 승리로 여겨졌다. 불평등조약과 외세의 지배로 점철된 과거 역사의 흔적은 중화인민공화국에게 유리한 방향으로 제거되었다. 완고함과 외교적 기술을 결합하여 중국은 자국 영토의 불가침성에 대한 국제적 존중을 얻어냈다.

## 제3세계와의 우호관계

비록 중국이 냉전 시대의 양극적 국제체제에서 진정으로 독립적인 행동을 취하는 데 제약을 받긴 했지만, 중국의 지도자들은 탈식민시대에도 여전히 정체성을 찾기 위해 분투하는 제3세계 국가들로부터 우방을 얻고, 이들에게 중국이 제3세계의 모델로서 기능할 수 있다고 믿었다. 그래서 저우언라이는 '비동맹 운동'을 주창한 28개 다른 국가와 연대하기 위해 1955년 인도네시아 반둥을 방문하였다. 중소관계가 긴밀하지는 않더라도 우호적이었고, 미국과의 친선관계를 상상하기 어려웠던 시기에, 제3세계 국가들과의 우호관계를 증진하는 것은 중국이 외부세계에 도달할 수 있는 유일한 방법이었다. 인도네시아 같은 일부 나라에서 중국의 우애는 공산주의 반군활동을 지원하는 형태로 나타났다. 탄자니아 같은 나라에서는 경제 원조와 기술 지도의 형태로 나타났다. 인도와 같은 일부 제3세계 국가들은 친구가 아니라 적이 되었다. 그러나 1950년대부터 1972년까지, 중국은 소련과 미국의 영향권 외곽에서 중국의 역할을 정의하려고 노력하였으며, 냉전 시대에 비동맹을 추구하였던 많은 국가들과의 관계가 그 기반이 되었다.

1971년 중화인민공화국의 유엔 가입 이전, 베이징은 중국의 안보문제가 의제가 되었을 경우에만 국제 사회에 관여하였다. 1971년 마침내 중국이 유엔 안전보장이사회(안보리)의 상임이사국이 된 후에, 제3세계와 관련한 중국의 입장은 변화되었다. 이제 중국은 제3세계의 요구에 대한 지지자일뿐 아니라, 제3세계 비동맹 국가들이 그들의 힘을 가장 효과적으로 사용할 수 있는 유엔 체제에서 강력한 세력이 된 것이다. 제3세계 국가들은 수적인 우세를 이용하여 유엔총회에서 초강대국과 그들의 동맹국들을 투표로 이길 수 있었다. 그러나 안보리에서 제3세계의 목소리를 내기 위해, 이들 국가들은 중국에 기댈 수밖에 없었다.

중화인민공화국은 자동적으로 제3세계 운동의 지도국이 되었고, 유엔에서 중국의 성명서들은 항상 이런 입장을 의식적으로 반영하였다. 그러나 안전보장이사회에 포함됨으로써, 중국은 또한 국제체제의 강대국이 되었으며, 유엔에서 중국의 투표는 제3세계 혁명 세력과 중국을 동일시했던 중화인민공화국의 수사법에 배치되는 신중함을 반영하였다.

1949년에서 1991년까지 냉전 시기에 중국 역할의 변화를 살펴보면, 베이징이 내세우는 가치들이 서로 충돌하는 것을 볼 수 있다. 국제체제의 다른 모든 행위자와 마찬가지로, 중국의 지도자들은 외부의 안보 위협에 대한 인식의 변화, 그리고 세력과 영향력을 키우기 위한 잠재적 기회들 사이에서 균형을 유지하려고 노력하였고, 그러한 노력은 종종 모순된 결과를 낳았다. 냉전체제는 중국이 자신을 지키고 다른 나라의 지지를 얻을 수 있는 창조적인 방법을 찾도록 만들었다. 중국이 내린 해법은 필요하다면 초강대국의 어느 한 쪽에 기대고, 고립되었을 때에는 제3세계의 비위를 맞추고, 중국에게 이득이 된다면 강대국으로 행동하면서, 국제체제를 최대한 유용한 방향으로 활용하는 것이었다.

## ■ 신 세계질서의 기원

냉전적 세계질서의 종식은 중국 지도자들에게 완전히 새로운 외교정책 및 안보 쟁점들을 제시하였다. 1985년 고르바초프가 소련 공산당 서기장이 된 이후, 1989년 동유럽에서 공산주의 체제가 붕괴될 때까지, 중국공산당 지도자들은 점점 더 동요되었다. 중국 지도자들은 고르바초프가 추진한 소련 공산당 재편 시도를 성급하고 계획성이 없어, 다른 공산주의 체제에 나쁜 선례를 남기는 것으로 여겼다. 베를린 장벽이 무너지고, 독일 통일이 빠르게 추진되자 중국의 지도자들은 고르바초프의 개혁 정책에 대한 그들의 의혹이 정당했음을 느끼게 되었다. 그러나 중국 지도자들은 이런 변화가 남아있는 전세계 공산당에 무엇을 의미하는가를 둘러싸고 초조해졌다. 중국의 공식적 대응을 둘러싸고 많은 열띤 토론이 이루어졌고, 중도파가 우세하여 중화인민공화국은 동유럽의 새로운 체제를 인정하였다. 중국의 지도자들에게 이데올로기는 그들 자신을 유럽의 변화로부터 고립시킬 만큼 그렇게 강력한 요인은 아니었다.

그러나 소련의 붕괴는 완전히 달랐다. 지구상의 모든 공산주의 체제의 원조가 몰락하고, 여전히 중화인민공화국의 정치적 신화로 여겨지는 이데올로기가 믿음을 상실하였을 뿐 아니라, 그 결과 완전히 새로운 국제 및 지역 안보 구도가 대두하였다. 국제체제는 더 이상 양극체제가 아니었다. 대신 하나의 초강대국이 지배하면서, 유럽연합과 일본 같은 여러 지역세력이 점차로 중요해지는 구조였다. 중국 역시 동아시아의 미래 안보구도에 영향을 주는 잠재적인 지역세력으로 변화하였다. 탈냉전 시기에 국제체제가 새로운 모양을 갖추어 나가면서 다극체제의 형태가 나타날 수도 있다.

중국은 어떻게 반응하였는가? 인민일보에 따르면, "지금 세계에는 세 가지의 큰 조류가 명확히 존재한다. (1) 소련의 해체 및 걸프 전쟁의 결과로 미국이 유일한 초강대국으로 등장한 것, (2) 정치, 경제, 그리고 기술 변화에 의해 다극적 세계가 등장한 것, (3) 민족, 종교, 영토적 분쟁을 수반하는 민족주의의 부활"이 그것이다.[3] 전 세계인구의 1/4을 차지하여 강력한 군사력과 빠르게 성장하는 경제를 가진 중국은 일극체제가 다극체제로 이행하는 과정에서 힘과 영향력을 증대하게 될 것이다. 그러나 민족 분쟁과 경제적 문제점을 가지고 있는 구소련 공화국에 둘러싸여 있고, 스스로도 영토회복 캠페인을 벌이고 있는 중국은 민족주의적 분쟁과 그에 결부된 국내외의 안보위협에 다시 휘말릴 수도 있다. 구소련 지역의 국경에서, 그리고 한반도에서, 혹은 대만과의 관계가 격화된다면, 중국은 중앙아시아, 동아시아, 혹은 남아시아에서 군사행동에 연루될 수 있다. 탈냉전 시기에 동아시아에서 중국의 안보 이익을 지키는 것은 냉전 시대보다 무한정 복잡한 선택 대안들 가운데 어느 하나를 선택하여야 하는 어려움을 수반할 것이다.

## ■ 신 세계질서에서 중국의 목표

분쟁을 방지하기 위해 외교와 위협을 결합하여 사용하는 '경찰력'으로서 평화를 유지해 나가건, 목표를 달성하기 위해 군사력을 사용하건 간에 중국은 의심할 바 없이 동아시아의 안보구조가 형성되는데 점차 강력한 역할을 할 것이다. 베이징의 여러 성명들, 특히 남아시아와 동남아시아에 대한 '매력 공격(charm offensive)'은 아래의 측면을 포함한 새로운 세계질서를 구축하기 위한 중국의 평화적 의도와 바람을 강조하고 있다.

1. 크건 작건, 강하건 약하건, 부유하건 가난하건, 모든 나라들은 동등한 주권을 가진 국제사회의 일원으로서, 세계의 관심사를 협의하고 해결하는데 동등한 권한을 가지고 참가할 자격이 있으며, 큰 나라가 작은 나라를 위협하거나, 강한 나라가 약한 나라위에 군림하거나, 또는 부유한 나라가 가난한 나라를 억압하는 것은 배격되어야 한다.
2. 모든 나라는 자신이 처한 특별한 조건에 따라, 사회, 정치, 경제체제와 발전과정을 독자적으로 선택할 권리를 갖는다. 어떠한 나라도 다른 나라의 내정에 간섭하지 말아야 하며, 자신의 가치나 이데올로기 혹은 발전과정을 다른 국가에게 강요해서도 안된다.
3. 국제관계에서 주권과 영토적 일체성에 대해 상호 존중해야만 한다. 어떤 구실로도 다른 나라의 영토를 침략하거나 병합해서는 안된다. 국제분쟁은 전쟁은 말할 것도 없고, 무력의 사용 혹은 무력을 통한 위협보다는 평화적 협상을 통해 공평하고 공정한 방법으로 해결되어야 한다.
4. 세계 모든 나라의 공동 발전과 번영을 달성하기 위해, 국가 간 경제교류는 평등과 상호 이익에 기초하여 수행되어야 하고, 정의로운 국제경제 관계가 확립되어야 하며, 원조는 어떠한 정치적 조건 없이 제공

되어야 한다. 세계 경제가 점점 국제화되면서, 여러 국가의 경제는 점점 더 상호 연관되고 있다. 만약 제3세계 국가들의 경제가 계속해서 저개발 상태에 머물러 있게 된다면, 이는 선진국의 경제 발전을 촉진하지 못하며, 진정한 세계의 평화와 안정을 보장하지도 못할 것이다.4)

중국의 공식적인 정책에 따르면, 세계의 모든 인민이 함께 노력하고, 유엔헌장을 준수한다면 평화와 번영이 도래한다고 한다. 그러나 국제체제의 다른 국가들과 마찬가지로, 중국의 외교정책 목표는 제한되어 있고, 자기이익을 추구하고 있다. 안보, 경제적, 군사적 힘과 영향력을 키우는 것이 다음 세대 중국 지도자들의 관심사일 것이다. 중국이 국제체제에 대한 자신의 광범위한 처방과 21세기 초에 자신이 내려야 할 정책적 선택을 어떻게 조화시키느냐에 따라 중국의 지위가 결정될 것이다. 이는 또한 국제체제의 안정에도 영향을 줄 것이다. 비록 중국이 현재 단지 지역세력이지만, 현 세기에 점차로 그 중요성이 높아지고 있는 지역체제의 중심에 위치한 거대하고 강력한 국가이기 때문이다.

## ■ 21세기의 정책 대안

21세기 중국 외교정책의 가장 주요한 목표는 경제와 무역을 발전시키고 첨단 기술을 획득할 수 있도록 정치적인 우호관계와 안정적인 국제 환경을 공고히 하는 것이다.5) 그러나 안보적 쟁점은 이러한 경제 목표와 충돌할 수 있다. 중국의 지도자들은 안보 목표가 경제 목표를 대체할 것인지, 대체한다면 그것이 어떤 경우일 것인지 판단해야 할 것이다. 그들의 선택은 동아시아와 세계에 심대한 영향을 끼칠 것이다.

### 대안 1: 민족주의 대 공산주의

공식적으로 중국을 제외한다면 공산주의 이데올로기는 전세계적으로 신뢰를 상실하였다. 비록 중국공산당이 중국은 사회주의로 그리고 그 다음에 공산주의로 나아가고 있다고 주장하지만, 실제로는 중국을 자본주의로 이끌고 있는 것처럼 보인다. 그 결과, 중국 인민 중 많은 사람들이 혁명에 대해 더 이상 관심이 없으며 오히려 돈을 버는데 흥미가 있다. 공산주의는 바깥에서 신뢰를 잃었고, 중국에서도 거의 신뢰받지 못한다. 중국공산당이 지도적 역할을 지속하기 위해서는 공산주의 이외의 다른 이데올로기를 통해 인민의 지지를 구하여만 한다. 중국공산당 통치를 정당화하는 원칙으로 민족주의가 공산주의를 대체하였다. 처음에 마오쩌둥이 인민들의 민족적 자부심에 호소하여 승리를 이끌어 내었기에, 당 원칙의 훼손 없이도 민족주의가 교의로 채택될 수 있다.

그러나 민족주의적인 정서를 고취시키는 것은 위험할 수 있고, 심지어는 처음에 민족주의의 깃발을 든 자에게 손해를 입힐 수도 있다. 유고슬라비아가 한 예이다. 아마도 더 적합한 사례는 러시아에서 민족주의의 부활이다. 러시아의 민족주의는 주변국들에게 공포를 주었고, 과거 소련의 위성국이었던 동유럽 국가들이 북대서양조약기구(NATO: North Atlantic Treaty Organization)에 가입하게 만들었다. 만약 나토 확장의 결과, 자국이 포위되었다는 러시아인들의 인식이 커진다면, 미래의 러시아 정부는 군사적으로 대응하려 할지 모른다.

계속되는 통치를 정당화할 새로운 정치적 신화를 만들어내려는 중국공산당 지도부의 시도는 중국과 이웃 국가들에 어려운 과제를 안겨주고 있다. 중국 역사와 문명의 위대함과 그 위대함을 계승하기 위한 중국공산당의 노력을 강조함으로써 민족주의가 긍정적으로 사용될 수 있다. 그러나 중국공산당이 이미 많은 부분에서 지지를 잃고, 인민의 관심에서도 멀어진 상황에서, 중국공산당의 깃발 뒤에서 중국 인민을 통일시키고, 동기를 부여하는 요소로 이용될 수 있을만한 종류의 민족주의는 선동적인 형태 밖에 없다. 만약 중국공산당이 자신을 주장하기 위해 이런 방식을 채택한다면, 중국의 이웃 국가들은 점차 위협받는다고 느낄 것이고, 동아시아의 안보는 위험에 처할 것이다.

## 대안 2: 민족주의 대 영토회복주의

중국은 대만과 통일 이외에 어떤 다른 대안을 고려하는 것을 허용하지 않았고, 중국공산당은 대만과의 통일을 자신과 동일시하여 왔다. 다른 어떤 사태도 당과 그 지도자들의 정통성을 무너트릴 수 있다. 만약 대만 지도자들이 대만의 보다 독립적인 지위를 추구한다면, 중국 지도자들은 대만과의 통일을 위해 군사적 수단을 사용하려는 유혹에 빠질지 모른다.

중국은 또한 남중국해의 여러 도서에 대한 지배를 추구하는데, 이는 주로 이 지역의 석유 매장 가능성 때문이다. 이 섬들에 대하여 베트남과 필리핀도 영유권을 주장하고 있다. 남중국해 섬들의 영유권을 둘러싼 논란은 공개적인 전쟁으로 쉽게 비화될 소지가 있다고 많은 이들은 믿고 있다. 2002년 중국이 이 지역의 영유권에 대한 논의에 동의하기 전에는 다른 해결 방법들, 가령 이 지역에 대한 공동 지배라든지 혹은 경쟁하는 국가들 사이에서 섬들을 나눈다든지 하는 방법들은 거부되었다. 남중국해는 오랫동안 국제적 '분쟁의 위험지대'였고, 21세기에도 여전히 그런 것 같다.

중국이 영토 분쟁을 어떻게 해결하느냐 하는 것이 중국의 국제적인 신용도와 동아시아에서 지역 세력으로 중국의 위상에 커다란 영향을 미칠 것이다. 만약 중국이 강경한 정치적 수단이나, 이보다 더 위험스러운 군사적인 행동에 의존한다면, 이는 중국의 경제와 국제사회에서의 지위, 그리고 유엔 안전보장이사회에서 평화의 심판관으로서 중국의 신용도에 해가 될 것이다. 그러나 중국은 무력이나 강제를 사용하지 않으면서도, 홍콩이나 대만 그리고 남중국해에 대한 영향력을 효과적으로 확대하는 외교적 방법을 사용할 수도 있다. 21세기 초반, 중국은 두 가지 방법을 모두 적용하는 것 같다. 홍콩 정치에 대한 접근이나, 2004년 대만 선거에 대한 반응이 강경한 것이라면, 동남아, 인도 그리고 중앙아시아에서는 온건한 방법이 사용되었다. 중국이 이러한 두 가지 접근을 계속 유지할 수 있을지, 아니면 민족주의적인 신조를 달성하기 위해 무력에 호소해야만 할지는 시간이 지나야만 알 수 있을 것이다.

## 대안 3: 레닌주의 대 서방 민주주의 및 시민적 권리

민족주의에 대한 강력한 지지 다음으로, 중국 지도자들의 마음속에 가장 강하게 남아있는 가치는 중국의 위대함을 부활시키고 인민의 번영을 증진시키는데 중국공산당이 최고의 적임자라는 믿음이다. 동유럽과 소련, 그리고 천안문 시위와 같은 사건은 중국공산당 지도자들에게 어떤 수단을 써서라도 당의 천명을 유지하는 것이 필수적이라는 판단을 강화시켰다. 역설적이게도 공산당이 질서, 안정, 그리고 위로부터의 효과적인 통치 같은 유교적 가치를 가장 잘 실현할 수 있다는 것에 당의 모든 파벌들이 동의하였다.

- 보수파건, 중도파건 혹은 개혁파건 중국공산당의 지도자들은 중화민족과 인민의 번영을 위해서는 경제성장, 그리고 공산주의가 전통적으로 인권이라고 정의하는 사회적 권리가 필요하다고 믿는다. 사회적 권리에는 근대화, 생활수준 향상, 일할 권리, 교육, 그리고 음식, 보건, 주거, 의복 같은 생활필수품의 지급 등이 포함된다.
- 비록 전체주의적인 사상통제와 극단적인 억압은 점차 사라지고 있지만, 중국공산당은 미국 시민들이 양도할 수 없는 권리라고 생각하는 미국의 헌법과 권리장전에 구체화되어 있는 정치적, 시민적 권리에 관한 조항들을 부정한다. 그러한 조항은 의사표현의 자유, 회합의 자유, 종교의 자유, 언론의 자유, 공정한 사법체계, 임의 구속이나 잔인하고 비정상적인 형벌로부터의 자유 등을 포함하며 대다수의 미국 시민들이 대의민주주의의 필수적인 요체로 여기는 것들이다.

중국의 지도자들은 권위주의적인 통치체제는 유지하면서, 레닌주의의 전체주의적 특징을 대부분 제거하였다. 문제는 중국의 지도자들이 공산당의 계속되는 통치에 필수적인 인민의 지지를 일정한 형태의 민주화가 아니라 권위주의를 통해 유지할 수 있느냐 하는 것이다. 만약 나머지 공산국가가 본보기로 삼는다면 당 지도자들은 장기적으로는 중국 인민들이 시민적, 정치적 권리의 대체물로서 사회적 권리가 제공되는 현실을 받아들이지 않을 것이라는 점을 발견할 것이다.

### 대안 4 : 마르크스주의 대 자본주의

빠른 근대화와 연평균 9% 이상의 국민총생산 성장률을 기록하고 있는 중국 경제의 발전은 자본주의적 개혁을 도입함으로써 이루어진 것이다. 여기에는 시장, 농촌 개체호(個體戶: 가족을 단위로 하는 생산체 - 역자주), 대부분 정부나 당의 통제에서 독립적인 농민 조합, 그리고 외국 기업과의 합작투자가 포함된다. 중국 지도자들은 이러한 발전을 '중국 특색을 가진 사회주의'라고 부르고 있지만, 서구인들은 이를 자본주의라고 부른다. 동시에 중국 지도자들은 공공부문의 유지를 강력하게 지지하는데, 이는 중국이 사실상 이중 경제체제를 가지고 있다는 것을 의미한다. 대규모 공공부문과 민간 부문의 공존은 여러 가지 문제를 야기하였지만 중국 지도자들은 가능한 최상의 것, 즉 사회주의와 자본주의 각각의 나쁜 점은 빼고 좋은 면만을 채택하기를 희망하기 때문에 이중 경제를 지지한다. 대규모의 공공부문을 유지하는 것은 여러 가지 이유에서 중국공산당에게 정치적으로 유리하다.

- 공기업은 당의 권력과 부의 주요 원천이다. 특히 지방과 지역 차원에서 민간 부문이 성장하고 있지만, 공공부문의 존재로 인해 당은 계속해서 영향력을 행사할 수 있을 것이다. 왜냐하면 공공부문에서 제공되는 기본적 재화나 서비스에 접근할 수 없다면, 민간 기업은 생존하거나 번영할 수 없기 때문이다.
- 현재나 미래나 중국은 자본, 재원, 에너지, 교통, 그리고 물, 목재, 철광석 같은 기본 자원의 부족과 같은 심각한 경제적 병목 현상에 직면할 것이다. 거의 모든 은행 및 금융 서비스, 공공설비, 에너지, 교통, 원자재 그리고 용수공급 같은 주요 산업 부문에 대한 당의 통제는 공산당과 정부가 이런 부문의 병목 현상을 해결하는데 영향력을 행사할 수 있게 할 것이다.
- 중국의 관점에서 보면, 많은 공공 기업 및 공공 서비스뿐만 아니라

강력한 규제권한을 갖는 이중 경제체제는 미국과 같이 고도로 개인주의적이고 자본주의적인 사회에서 발견되는 심각한 문제들과 불평등을 피하는 데 도움을 줄 수 있다.

그러나 1980년대 이후 많은 경제적 성공에도 불구하고, 장기적으로 중국 지도자들은 이중 경제를 통제할 수 없을 것이다. 한 유력한 반체제 인사는 중국공산당이 실패할 것이라고 예측한다.

> 중국에서 출현할 것은 이런 여러 가지 힘들의 혼합이다. 그러나 그것은 이 정권이 원치 않는 종류의 혼합이다. 경제적 자유와 정치적 속박은 혼합될 수 없다. 공산주의와 자본주의는 완전히 달라서, 아무도 그 둘이 합쳐질 수 있다고는 오래 믿지 않을 것이다. 결국에는 중국식 길이라는 것이 있겠지만, 그 길은 민주주의와 자유로 이어지는 다른 길일 따름이다. 중국의 인민은 서구적 언어와 정치철학으로 얘기하지 않는다. 그러나 그들은 그들의 번영을 위해 가장 잘 봉사할 정치 및 경제체제가 무엇인지 안다.[6]

## 대안 5: 농촌 이익 대 도시 이익

중국 공산 혁명은 농민 혁명이었기 때문에, 세계의 다른 공산혁명과 달랐다. 1990년대 인구의 1/3 이상인 8억 명이 넘는 중국인이 농촌 지역에 살았다. 중국을 21세기에 성공적이고 강력한 국가로 이끌기 위해, 중국의 정책결정자들은 농촌의 번영과 추가적인 발전에 더 주의를 기울여야만 한다.

- 당이 천 명을 유지하려면, 대다수의 당간부와 군인, 그리고 빠르게 발전하는 경제에 인적자원을 지속적으로 공급하는 농촌 대중의 지지를 유지할 수 있는 방법을 찾아야 할 것이다. 1억 명이 넘는 농민들이 급격히 성장하는 도시로 이주함에 따라 농촌 대중은 농촌뿐 아니라 도시의 인적자원을 공급하는 데에도 주요 역할을 하고 있다.
- 실업과 범죄를 포함한 기타 문제를 야기하면서 도시로의 이주가 계속되고 있지만, 여전히 농촌에서는 수백만의 노동 가능 연령의 여성과 남성이 실업상태이거나 불완전 고용상태에 있다. 이는 거대한 궁핍과 고통을 야기하고 있다.

- 중국의 지도자들은 농촌과 도시, 그리고 양질의 농토 대부분을 포함하는 연해지역과 내륙 섬들 사이의 심각한 불평등을 극복하기 위해 더 큰 노력을 기울여야만 한다. 불평등은 특히 여성에 대한 교육 및 취업의 기회, 보건 수준, 소비제품의 질(중국 전역에서 급격하게 증가하는 요구인), 오락, 그리고 적절한 영양섭취와 같은 인간의 기본적인 요구와 관련된다. 이러한 불평등은 농촌과 도시에서 생활양식의 격차가 확대되는 원인이기도 하다.

특히 새로운 서비스의 창출과 소비재의 구입가능성에서 나타나는 이러한 격차를 극복하려면, 중국 지도자들은 화교들이 농촌에 투자하도록 더 많은 유인책을 제공해야만 할 것이다. 화교들이 서양인이나 다른 외국인들보다 농촌 지역을 포함해서 중국의 조건에 대한 적응능력이 높기 때문에, 화교들은 연해지역의 경제특구를 넘어 광범위한 내륙의 중심지역으로 보다 잘 이동할 수 있다. 내륙지역의 발전은 21세기 중국의 미래를 결정지을 것이다. 베이징이 홍콩인과 대만인들을 어떻게 대우하는가는, 특히 농촌지역을 포함하여 중국에 대한 외국인 투자의 대부분을 제공하고 있는 5,500만 화교들의 미래 중국에 대한 공헌에 큰 영향을 미칠 수 있다. 베이징이 중국의 농민층을 어떻게 관리하는가는 중국공산당의 수명에 심대한 영향을 끼칠 것이다.

## 대안 6: 동맹 대 비동맹과 영광스러운 고립

탈냉전 시대에 중국의 가장 어려운 정책적 선택 가운데 일부는 중국의 내정에 대한 외부의 간섭을 피하려는 중국 지도자들의 노력과 연관된다. 동시에 그들은 국내적으로 중국의 이익을 증진시키는 것뿐 아니라 대외적으로 중국의 영향력을 강화하기 위해서도, 변화하는 글로벌 정치-안보 및 경제체제를 이용하려 할 것이다. 중국 지도자들은 이론적으로는 아닐지라도, 실질적으로 탈냉전 시대 국제관계를 설명하는데 가장 영향력이 큰 구조적 현실주의의 원칙을 따르고 있다.[7] 전통적 현실주의자들이 국가의 의도를 의심을 가지고 보는 반면, 때로는 신현실주의자로도 불리는 구조적 현실주의자들은 국가의 의도에 대해 사전에 판단을 내리지 않는다. 대신에 그들은 계속 변화하는 지정학적 체제에서 국가들은 끊임없이 자신의 의도와 능력을 재평가한다고 믿는다. 이러한 변화가 국가 자신의 긴요한 이익에 어떠한 영향을 미칠 수 있는지를 평가한 후에, 모든 국가들은 위험을 최소화하고, 기회를 극대화하는 정책적 선택을 내린다. 이것은 동맹, 비동맹, 혹은 고립을 통해 나타난다. 다음 사항들은 21세기 중국의 미래 동맹관계를 분명히 하는 데 도움을 줄 수 있을 것이다.

- 중국이 가까운 미래에 직면할 주요 외부 위협은 감소하고 있는 것으로 보인다. 그리고 중국 내부의 취약성, 그리고 경제성장 및 발전에 대한 일차적 강조로 인해 중국의 주요 관심을 국내적 문제에서 벗어나게 할 외부 사건에 대한 개입 가능성은 거의 존재하지 않는다.
- 세계적 차원에서, 베이징은 떠오르는 세계열강으로 대우받기를 바랄 것이다. 그러나 중국의 지도자들은 중국보다 더 부유하고 강력한 다른 국가들이 국제적인 정치-안보, 인종-민족, 경제, 그리고 환경 문제 해결을 위한 대부분의 비용을 부담하기를 기대하고 있다. 논리적으로, 만약 중국의 GNP가 매년 9% 이상 성장한다면, 베이징은 21세기에 더 많은 세계적인 책임을 떠맡을 수 있다.
- 중국은 여러 방식을 통해 외부의 도움을 구할 것이나, 어떤 한 국가, 특히 미국이나 일본에 의존하는 것은 피하려고 노력할 것이다. 유럽이나 화교 투자자들과 함께 한국과 같은 다른 아시아 국가의 투자자들은 중국이 외부 세계와의 관계에서 더 큰 영향력을 행사하는데 도움이 될 것이다.
- 중국의 개방정책은 무역이나 투자에 있어서 자본주의 국가와 구 공산권 국가 가운데 어느 한 쪽을 선호하지 않으며, 이데올로기적으로나 정치적으로 중립을 유지하고 있다. 본질적으로 자본주의적인 세계은행(World Bank)이나 국제통화기금(IMF: International Monetary Fund)과 같은 글로벌 레짐 또한 주요한 지원의 원천으로 간주되고 있다.
- 비확산조약(NPT)이나 미사일기술통제체제(MTCR)같은 글로벌 안보 레짐은 무기수출과 마찬가지로 실용적 관점에서 검토될 것이다. 베

이징은 계속해서 미국과 같은 국가들의 바람이나, 유엔 대다수 회원국들의 바람이 아니라 중국이 인식하는 국가이익에 따라 이러한 안보레짐들과 다른 나라들의 무기 수출, 그리고 자신들의 무기 수출을 평가할 것이다.

20세기 내내 외부의 위협과 이러한 위협에 대처하는 수단의 제한에 직면하여 중국의 지도자들은 때로는 하나의 열강, 혹은 열강집단과의 동맹을 추구하여 왔고, 또 어떤 경우에는 동맹관계에 얽히는 것을 피하려 하였다. 이데올로기적인 유사성은 국가이익에 비해서는 부차적인 것이었다. 냉전 초기에 중국은 미국에 반대하여 소련 편에 서고, 곧이어 동·서양 진영으로부터 고립적인 정책을 취하다가, 소련에 대항하여 미국과 한 편이 되고, 마침내 1990년대에는 모든 열강들과 우호적이지만 의존적이지 않은 관계를 맺었던 중국의 행태를 보면 그러하다. 그러나 탈냉전 시기에 지정학적 구조의 변화에 따라, 중국의 중요한 안보과제는 다른 국가들과 연대하여 특히 아시아 지역에서 어떤 한 국가나 국가집단이 군사적, 경제적으로 국제체제를 지배하는 것을 막는 일이 될 것이다. 중국은 다극적 국제체제와 아시아의 분절화된 권력체제에서 어떻게 주요한 세력 중개인이 될 수 있는지를 파악해야 할 것이다.

## ■ 추천문헌

Barnett, A. Doak. *China and the Major Powers in East Asia*. Washington, D.C.: Brookings Institution, 1977.
Choudhury, Golam W. *China in World Affairs: The Foreign Policy of the PRC Since 1970*. Boulder, Colo.: Westview, 1979.
Garver, John W., *Foreign Relations of the People's Republic of China*. Englewood Cliffs, N.J.: Prentice Hall, 1993.
Harding, Harry. *China's Foreign Relations in the 1980s*. New Haven, Conn.: Yale University Press, 1984.
Huntington, Samuel P., *The Clash of Civilizations and the Remaking of World Order*. New York: Touchstone Books, 1997.

Kegley, Charles W., Jr., and Gregory Raymond. *A Multipolar Peace? Great-Power Politics in the Twenty-First Century*. New York: St. Martin's Press, 1994.
Kim, Samuel S., ed. *China and the World: Chinese Foreign Policy Faces the New Millennium*. Boulder, Colo.: Westview, 1998.
_____. *China, the United Nations, and World Order*. Princeton, N.J.: Princeton University Press, 1979.
Lampton, David, ed. *The Making of Chinese Foreign and Security Policy in the Era of Reform, 1978-2000*. Stanford: Stanford University Press, 2001.
Nelsen, Harvey W. *Power and Insecurity: Beijing, Moscow, and Washington, 1949-1988*. Boulder, Colo.: Lynne Rienner, 1989.
Ogden, Suzanne, ed. *China. 5th ed*. Guildford, Conn.: Dushkin, 1993.
Shih, Chih-yu. *China's Just World: The Morality of Chinese Foreign Policy*. Boulder, Colo.: Lynne Rienner, 1992.
Zhao, Suisheng, and Jonathan Pollack. *Chinese Foreign Policy: Pragmatism and Strategic Behavior*. Armonk, N. Y.: M. E. Sharpe, 2003.

## ■ 주

1) Harry Harding, "China's Changing Roles in the Contemporary World," in Harry Harding, ed., *China's Foreign Relations in the 1980s* (New Haven, Conn.: Yale University Press, 1984), p. 214.
2) 1990년대 다극체제의 등장에 대한 분석이나 지금의 체제와 이전의 지정학적 권력 구조에 대한 상세한 비교는 다음을 보라. Charles W. Kegley Jr. and Gregory Raymond, *A Multipolar Peace? Great-Power Politics in the Twenty-First Century* (New York: St. Martin's Press, 1994).
3) 웨인 버트의 "Chinese Policies and U.S. Interests in Southeast Asia," *Asian Survey* 23, no. 3 (March 1993), p. 319에서 인용함.
4) 유엔에 파견된 중국 외교기구(재국제연합 중국판사처)가 1992년 1월 발표한 언론보도문, "China's Position on Certain International Issues," pp. 14-15.
5) Bert, "Chinese Policies."
6) Liu Binyan, "Civilization Grafting: No Culture Is an Island," *Foreign Affairs* 72, no. 4 (September-October 1993), p. 21.
7) 구조적 현실주의에 대한 주요 연구는 Kenneth N. Waltz, *Theory of International Relations* (Reading, Mass.: Addison-Wesley, 1979)이다. 또한 Waltz가 쓴 아래 책의 한 장인 "Realist Thought and Neorealist Theory in the Evolution of International Relations," in Robert L. Rothstein, ed., *The Evolution of International*

*Relations* (Columbia: University of South Carolina Press, 1991), pp. 21-38을 보라.

# 중국의 정치와
# 이데올로기

지금 중국에 가장 필요한 것은 무엇일까? 24년간 진행된 '개혁과 개방'의 성과는 눈부시지만, 여전히 많은 문제에 직면해 있다. 그 문제 중에는 극단적으로 도전적인 것도 많다. 법치(法治)에 대한 부적절한 이해, 날마다 늘어나는 정치적 부패, 쌓여만 가는 악성 채권, 가진 자와 못 가진 자 사이에 벌어지는 간극, 농촌의 가난, 더욱 악화되는 환경 파괴 등이 그것이다. 그렇지만 우리가 직면한 가장 크고 기본적인 문제는, 이 땅의 모든 계층 사람들의 꿈인 민주주의를 만들어내는 정치체제의 개혁이다. 간략하게 말하면, 중국이 직면한 문제의 대부분은 국내문제이다.

- 마리청(馬立誠, 청년보[靑年報] 및 공산당 공식기관지 인민일보[人民日報] 논설위원)[1]

## ■ 중국의 전통적인 국제관계

고대 중국 역사를 살펴봄으로써 오늘날 중국의 대외관계를 잘 이해할 수 있다. 수천 년간 중국은 세계에서 가장 부유하고, 가장 발전되었으며, 강력한 문명을 가진 나라 중 하나였다. 그러나 지나친 자부심과 자신의 외부세계에 대한 무지 때문에, 중국의 통치자들은 16세기 네덜란드와 포르투갈부터 시작하여, 나중에는 영국, 프랑스, 독일, 러시아를 비롯한 서구열강의 식민주의와 제국주의의 침략에 잘 대비하지 못하였다.

시안(西安: 내륙에 위치한 중국 고대의 수도)과 나중에는 베이징(北京)에서의 강력한 통치 기간 동안, 중국의 왕조들은 서쪽으로는 티베트와 중앙아시아로, 동남쪽으로는 오늘날 인도차이나로 불리는 지역까지 영향력을 확대하였다. 그러나 지역의 군벌들이 서로 싸우거나 중앙정부에 반기를 들어 쇠약해졌을 때에는 그 힘이 축소되었다. 유럽의 열강들은 중국 내부의 갈등과 취약함을 틈타 해안지역에 식민지를 구축하였는데, 마카오(포르투갈), 홍콩(영국) 그리고 동쪽의 산동반도(독일)가 그것이다. 19세기 후반기에는 일본이 전통적으로 중국의 영토였던 동중국해에 있는 대만을 비롯한 작은 섬들을 지배하게 되었다. 중국의 왕조들은 과거 중국의 영향력 하에 있었던 시베리아로부터 태평양에 이르는 지역도 19세기에 러시아 짜르에게 정복당하는 수모를 겪어야만 했다.

바다멀리에서 군함을 앞세우고 중국에 왔던 유럽의 침략주의자들과는 달리, 중국 고대의 통치자들은 문화적 영향력과 복종이라는 방법을 사용하여 외부세계로 자신들의 영향력을 확대하였다. 강력한 왕조시대에는 마치 유럽의 봉건왕조 시대에 영주가 군주에게 충성심을 표시하듯, 멀리 있는 국가의 군주들은 선물과 진상품과 함께 시안과 베이징에 사신을 보내곤 했다. 동남아에서 중국의 영향력은 근대와 마찬가지로 고대에도 중국인 이민에 기초하였는데, 중국 화교들은 동남아 많은 지역에서 상업, 금융, 무역의 중추적 역할을 하였다.

대부분의 아시아 지역으로 한자를 비롯한 중국문화가 퍼져나갔던 고대 중국문명의 영광을 기억하는 20세기의 중국인들은 서구 제국주의자와 일본의 침략에 깊은 상처를 받았다. 이들 침략자들은 중국문화를 거의 존중하지 않았으며, 중국의 연안지역에 정치, 군사, 경제적 영향력을 행사하려 하였다. 현대 중국 인구의 93%를 차지하는, 종족적 인종적으로 한족(漢族)이라고 알려진 중국 대중들에게 강력한 호소력을 발휘하고 있는 근대 중국 민족주의는 외국 '귀신'들에 항의하는 운동으로서 그 힘을 얻었다. 남중국의 광둥성(廣東省)이나 푸젠성(福建省)은 1840년대 아편전쟁 시기에 영국에 대해 저항 운동을 일으켰으나, 오히려 이 지역에 대한 영국의 침투가 확산되는 추가적인 수모를 겪었다. 영국은 이 시기에 홍콩에 대한 지배권을 확립하였고, 20세기에 들어서면서 신계지(New Territories, 주룽반도의 국경지역 북쪽에 위치한 740평방 킬로미터의 신계지는 1898년 제2 북경조약에 의해 99년간 영국에 조차된 지역임 - 역자 주)로 알려진 홍콩 인접 지역을 99년간 영국에게 넘겨주는 조차 조약에 서명할 것을 중국에 강요하였다.

중국의 대중들은 왕조질서를 무너트리는 1911년 민족주의 혁명(신해혁명 - 역자 주)을 지지하였고, 외국의 지배와 굴욕으로부터 중국을 해방하는 수단으로 강력한 근대국가의 수립을 열망하였다. 같은 해, 새로운 중화민국의 건국을 돕기 위해 외국으로부터 쑨원(孫文)이 중국으로 돌아왔으며 근대 중국의 건국자로 인정받았다. 쑨원은 '삼민주의'로 알려진 세 개의 목표를 동시에 추진하였으나, 그의 생전에 이 목표가 이루어지는 것을 보지는 못하였다. 첫째, 쑨원은 중국민족을 단결시키고, 외국의 압제에서 중국민족을 해방시키기 위해 민족적 자부심의 고양을 원하였다. 둘째, 쑨원은 그의 다른 목표들을 이루기 위한 대중의 참여를 이끄는데 필요하다고 여겨지는 근대적 민주제도를 수립하고자 하였다. 셋째, 쑨원은 교육과 기술 그리고 사회복지의 향상을 통해 중국의 근대화를 이루고자 하였다. 쑨원은 그의 말년에 다른 민족주의 지도자들과 긴밀하게 협력하면서 민족통일과 근대화에 대한 자신의 이상을 그들과 공유하였다. 하지만 아시아의 위대한 민족으로서 걸맞은 역할을 하도록 중국을 재건하고자 하는 정치적 전략(정치적 근대화의 형태)에서 쑨원과 그의 동료들은 차이를 보였다.

## ■ 천명(天命)과 공산당

### 초기 공산당과 장정(Long March)

중국공산당(CCP)은 러시아의 볼셰비키혁명이 일어난 지 4년 후인 1921년에 설립되었다. 모스크바의 지시에 의해, 신생 공산당은 러시아에서 혁명가로 훈련을 받은 국민당의 장제스(蔣介石)와 협력하였다. 그러나 1927년 장제스는 공산당에 대한 태도를 바꾸어, 공산당의 도시 기반을 소탕하였고, 그 결과 공산당 잔당은 지방으로 도망갈 수밖에 없었다. 1923년 공산당에 가입한 마오쩌둥(毛澤東)과 충직한 공산당원들은 1931년에 처음으로 중국 남부의 산으로 둘러싸인 안전한 곳에 중화소비에트공화국(Chinese Soviet Republic)을 수립했다. 장제스의 군대가 공산당의 근거지를 공격하려하자, 마오쩌둥과 소수의 열성 공산주의자들은 중국 북서부의 옌안(延安)으로 철수하였다. 1934년 중국 내륙의 수천 마일을 관통한 이 어려운 행군은 대장정(大長征)으로 알려졌으며, 대장정은 중국 인민의 지지를 얻은 공산당이 모든 난관을 극복할 수 있었음을 보여주는 중국 공산주의의 신화로 자리잡았다. 대장정을 통해 마오쩌둥은 도시에 기반을 둔 공산당 내 다른 경쟁자들을 물리치고 지도력을 확립하였다. 마오쩌둥의 전략과 전술은 소련에서 볼셰비키들이 실천했던 마르크스·레닌주의 체계와 다른 독특성을 지니고 있었다. 농민의 지원에 기반을 둔 마오쩌둥의 독특한 체계는 20세기의 혁명이론과 실천에 크게 공헌하였으며, 중국공산당이 국민당과 일본침략자에 대해 궁극적으로 승리를 하는데 기여하였다.

## 대중노선과 농촌혁명

마오쩌둥은 정통 마르크스주의를 포기하고, 불가피하게 농촌에 근거를 둔 농민혁명을 선호하였다. 공산당은 선택의 여지가 별로 없었는데, 왜냐하면 도시의 공산주의자들 대부분은 국민당에 의해 제거되었기 때문이다. 농민을 강탈하고 자신들의 권력 경쟁에 농민을 이용했던 전통적인 군벌들과는 달리, 마오쩌둥과 그의 추종자들은 농민과 함께 일하고 추수를 도왔으며, 지주계급으로부터 토지에 대한 지배권 획득을 위한 투쟁을 도왔다. 마오쩌둥은 당 간부와 농민과의 관계를 '대중노선'으로 규정하였는데, 당 간부는 농민에게서 배우고, 당의 교의에 기초하여 농민의 의견을 다듬었으며, 공산당의 이데올로기를 통해 굴절된 인민의 의지를 반영하여 당의 정책으로 발전시켰다. 중국농민에게 있어, 지도자들이 자신들의 의견을 듣는 것은 전례가 없는 경험이었다.

옌안의 마오쩌둥과 초기의 소수 추종자들은 농민을 공산당과 인민해방군에 충원하여 세를 넓혀갔다. 마오쩌둥은 또한 중국 민족주의에 호소하여 세를 넓혔다. 많은 사람들이 국민당보다는 공산당이 항일에 헌신적이라고 믿었다. 애국심을 보여주고자, 도시의 많은 지식인들이 공산주의 운동에 참여하러 옌안으로 오기 시작하였다.

일본이 패망한 이후, 마오쩌둥과 장제스가 중국의 지배를 놓고 투쟁을 하였으며, 농민과 애국심에 호소하는 마오쩌둥의 전략이 승리하게 되었다. 농촌에서 거의 지지를 얻지 못하고, 도시에 숨어있던 국민당은 마오쩌둥의 농촌에 근거를 둔 혁명세력을 당해낼 수 없었다. 군사적으로 인민해방군은 국민당에게서 노획한 미군 무기를 제외하고는 근대적인 군사장비를 보유하지 못했다. 대신 대중의 지지와 순수한 의지만으로 승리하였다.

1949년 대륙에서 공산당이 최종적으로 승리하고 국민당이 대만으로 철수하면서, 마오쩌둥의 공산주의자들은 인민으로부터 새로운 천명을 얻었다. 1949년 10월 1일, 예전에 황제와 황후의 거처였던 자금성 외벽에 마오쩌둥의 초상이 승리 속에 걸렸으며, 인민들은 중화인민공화국의 성립을 축하하였다. 청나라를 무너트린 1911년의 혁명에서 시작한 근대 중국의 통일은 마침내 대단원의 막을 내렸다. 새로운 정권, 인민의 정권이 천명을 거머쥔 것이다.

## 한국전쟁

새로운 정권은 오래지 않아 첫 번째 시험에 직면했다. 1950년 6월 25일, 북한군이 남한을 공격하였다. 곧이어 유엔의 깃발아래 미군이 한반도에 상륙하고, 북쪽으로 진격하기 시작하였다. 마오쩌둥을 비롯한 중국 지도자들은 미군을 이끄는 맥아더(Douglas MacArthur) 장군이 압록강으로 진격하겠다고 하자 불안해했다. 마오쩌둥은 어떻게 대응할지 고민하였다. 그렇지만 결론적으로 마오쩌둥은 있을지 모르는 침략으로부터 신생 중국을 보호하기 위해 '의용군'을 보내 북한군과 같이 싸우기로 결정하였다. 그 후 3년 동안 중국은 전사(戰死) 및 동사(凍死)로 인해 큰 손실을 감내해야 했지만, 한국전쟁을 교착 상태에 빠뜨리는 데 성공하였다. 1953년 정전협정에서 유엔군은 38선 이남(실제로 휴전선을 38선이 아니라 휴전시의 전선이었다. - 역자 주)에 머무는데 동의하였고, 그 결과 중국의 동북지방은 안전해졌다.

비록 한국전쟁이 중국의 취약한 경제를 심각하게 위축시켰지만, 항미원조(抗美援朝: 미국에 대항하고 조선을 돕자)를 통해 얻은 인민의 애국적인 지지는 당의 권력을 공고히 하였고, 중국 사회에서 당의 지배권을 확대하는 데 기여하였다. 미국이 국제적으로 경제 제재를 가하고, 소련이 원조를 매우 적게 제공하였기 때문에, 중국공산당은 스스로의 힘으로 대중을 동원하여 새로운 사회간접자본을 만들고, 산업기지를 세웠다. 1949년 이전에 중국에 존재했던 근대적인 산업시설과 교통체계, 통신체계 등은 연안에 집중되어 있었고, 항일전쟁과 국공내전을 거치면서 파괴되어 있는 상황이었다.

대중동원은 여러 방식으로 이루어졌는데, 가장 중요한 것은 토지개혁이었다. 지주제도에 기초한 옛 체계는 무너지고, 농민들은 당의 감독 하에 농촌의 집단농장이나 농업생산대에서 일하게 되었다. 농장에서 일하는 것 이외에도, 농민들은 도로를 건설하거나, 수로를 확장하거나, 소규모 공장에서 일하거나, 혹은 다른 사회간접자본 건설임무를 잔여시간에 수행하였다. 소련 스타일의 빠른 근대화 과정 속에 대규모 산업화에 자본을 대고자 인민의 생활수준은 희생되었다. 인민들의 희생에 보답하고자, 당은 모든 중국인들에게 보건, 충분한 음식, 그리고 향상된 교육 기회를 약속하였다. 농촌에서는 생산단위에, 도시에서는 노동단위에 지급된 이런 평등적인 혜택은 '철밥통'(iron rice bowl, 깨지지 않는 밥통 - 역자 주)으로 알려지게 되었다. 초기 소련이 그러했듯이, 인민들은 지금의 희생이 자식들을 위한 더 좋은 미래를 만드는 것이라고 주입받았다. 국가 사회주의 시대의 희생이 미래 공산사회 시대의 더 나은 생활수준을 가져다줄 것이라고 공산주의 지도자들은 말하였다.

## 백화제방(百花齊放)

1957년, 언제나 참을성이 부족했던 마오쩌둥은 사회주의를 이루려는 당의 노력과 속도에 불만족스러웠다. 당에 대한 모든 공개적인 비판을 침묵시키라는 레닌주의의 기본원칙을 잠정적으로 포기하고, 마오쩌둥은 인민대중에게, 특히 지식인에게 중국의 상황을 개선하려면 무엇이 필요한지 말해보라고 요구하였다. 많은 중국인들이 마오쩌둥의 요구에 응해, 현존하는 당의 정책과 제도에 대해 비판의 목소리를 높였는데, 이를 백화제방(백가지 꽃을 피게 하라)이라 한다. 공식적으로 허용된 1년 동안의 비판 기간이 지난 후, 마오쩌둥은 입장을 바꾸어 말하길 자신의 화단에는 제거해야 할 잡초가 있다고 하였다. 거리낌 없이 이야기했던 지식인들은 처벌을 받았으며, 그들의 이력에 오점으로 남아서 문화혁명 기간 동안 그들을 괴롭혔다.

백화제방을 통해 마오는 두 가지 목표를 이루었다. 하나는, 공산주의 정권에 완전히 찬동하지 않는 사람들이 드러난 것이다. 다른 하나는, 사회주의와 공산주의로 향한 이성적이고, 계획적인 길을 선호하는 당원들을 공격하도록 대중의 비판을 조작할 수 있었던 것이다. 소련 스타일의 발전을 선호하는 당원들에게 밀려날까 두려웠던 마오쩌둥은 그들의 권위를 축소할 방법을 찾았다. 그는 성공했지만 큰 대가를 치러야만 했다. 더 이상 지식인들은 공산당의 정책에 대해 비판의 목소리를 높이지 않았다. 또한, 지식인들의 침묵은 경제발전과 산업화를 진전시키는 데 필요한 자유로운 사상의 교류를 막게 되었다.

## 대약진운동

백화제방 운동의 실패 후, 마오쩌둥은 중국에 고유한 새로운 형태의 사회·경제적 시도에 인민대중을 동원하여 중국 혁명의 여세를 되찾으려고 하였다. 1958년 집단농장제도는 폐지되었고, 현급 규모의 대규모 인민공사가 설립되었다. 인민공사 안에서는 자원, 용역 그리고 심지어는 요리 같은 가사도 완전히 공유되었다. 농촌 지역의 산업화를 촉진시키기 위해 모든 농촌의 뒷마당에 용광로가 건설되었다. 또한 댐과 수리시설이 손으로 건설되었다. 그러나 마오쩌둥이 예상한 것과는 달리, 농촌의 완전한 재조직화가 갑자기 공산주의 사회를 만들어내지는 못하였다. 오히려, 전통적 가족의 부양과 같은 근본적 가치를 선호했던 인민대중은 공동체생활에 나타난 이런 실험을 받아들이려 하지 않았다. 농촌 뒷마당에서 생산한 철강은 품질이 조악하여, 그것을 만들기 위해 녹였던 농기구가 더 가치 있을 정도였다. 수리시설은 중국의 종종 적대적인 기후조건을 견뎌낼 수 없었다. 대약진운동의 실제 결과는 경제적 혼란이었으며, 1958년에서 1961년까지 농업생산성이 급격하게 감소하였다. 대대적인 기근이 발생하였다. 오늘날 공산당 정부는 영양실조로 1,600만 명이 사망하였음을 자인하고 있으며, 다른 이들은 2,000만에서 5,000만 명이 아사했다고 추정한다.[2]

국제사회주의 형제들은(즉, 다른 공산국가들은 - 역자 주) 대약진운동에 크게 놀랐다. 특히 소련은 사회주의의 단계를 뛰어넘어 바로 공산주의 단계로 들어갈 수 있다는 마오쩌둥의 주장에 대해 불쾌감을 표시하였다. 최초의 사회주의 국가인 소련이 여전히 마르크스가 언급한 두 번째 단계로 진입하지도 않았는데, 마오쩌둥은 어떻게 빈곤한 농촌 사회를 두고서 그렇게 주장할 수 있다는 것인가? 많은 중국 공산주의자들 역시 소련인들과 마찬가지로 크게 놀랐으며, 1961년에 마오쩌둥은 인민공사를 포기하고 소련 스타일의 경제계획으로 돌아가야만 했다. 농민들은 농업 집체(集體) 내부에서 생산대로 조직되었고, 당 간부들의 통제를 받았다. 개별 가구에 기초한 일상적 가족생활이 복원되었다.

## 문화혁명

혁명에 대한 자신의 낭만적 견해에 반대하는 것으로 보이는 사람들이 중국

공산당에서 높은 지위를 차지한 이후 몇 년이 지났을 때, 마오쩌둥은 자신이 존경을 받으면서 대접받고 있지만, 아무도 자신의 말을 듣지 않는다고 확신하게 되었다. '위대한 조타수'는 갈수록 이상주의자가 아니라 실용주의자들이 당과 국가의 기구에 침투하고 있음을 걱정하기 시작하였다. 비밀경찰을 동원해 그의 정적이라 여겨지는 자들을 숙청하여 권력을 공고히 했던 스탈린(Joseph Stalin)과는 달리, 마오쩌둥은 독창적인 방법을 동원하였다. 마오쩌둥은 중국의 청년들에게 홍위병이라 불리는 조직에 가입하여, 혁명의 이력에 흠집이 있을 수 있는 당 간부나 정부 관료, 기업 운영자, 교육자 등에 대해 투쟁할 것을 요구하였다.

중국의 젊은이들은 마오쩌둥의 명령에 맹목적으로 복종하면서, 전국을 돌아다니며 마오쩌둥의 정적들을 찾아내어 벌을 주었다. 대다수의 중국의 지도자나, 정부관료, 교육자, 그리고 지식인들은 농촌 벽지에서 변기통이나 돼지 분뇨 등을 치우면서 '재교육'을 받아야했다. 그들을 대신해서 들어선 간부들은 혁명적 열정을 필수적인 요건으로 갖춰야했지만, 학교가 폐쇄되었기 때문에 고등교육을 포함한 어떠한 다른 자질도 요구되지 않았다. 이러한 중국 내부의 새로운 사태에 대해 국제사회는 동의하지 않았으며, 많은 국가가 대사들을 본국으로 소환하는 조치를 취했기 때문에 중국은 급속도로 고립되어 갔다. 오래 걸리지 않아 누가 더 순수한 마오쩌둥의 추종자인가 하는 것을 놓고, 여러 홍위병 그룹들이 총을 쏘아가며 서로 싸우게 되었다. 인민해방군이 이와 비슷한 형태로 쪼개지자, 중국은 분열되어 거의 완전한 혼란상태에 빠졌다. 그러자 마오쩌둥은 질서가 회복되어야 한다고 결정하였다. 그는 인민해방군의 친위대에게 공공질서의 완전한 붕괴를 막아달라고 요청하였다. 그 결과 많은 홍위병들이 더 이상 문제를 일으킬 수 없도록 농촌으로 보내졌으며(하방, 下放 - 역자 주), 거기서 '농민으로부터 배우도록' 강제받았다.

문화혁명이 활발했던 기간은 1966년에서 1969년까지였으며, 그 후 1976년 마오쩌둥이 사망하기 전까지는 좀 더 온건한 형태로 진행되었다. 문화혁명은 중국의 기존 정치, 사회, 경제적 구조를 해체시키고, 이를 거의 작동하지 않았던 구조로 대체시키면서, 중국 역사의 방향을 바꾸었다. 문화혁명은 중국 사회의 거의 모든 부분에 있어서 재앙이었는데, 근대화와 생산을 후퇴시키고, 교육과 과학을 중단시켰으며, 중국을 바깥 세계로부터 더욱 고립시켰다. 그렇지만 아마도 가장 오랫동안 지속된 영향은 공산당의 지도력에 대한 신뢰성과 관련하여 중국 국민들 사이에 냉소주의가 늘어나고 만연하는 결과를 초래한 것이다. 어떠한 정치운동도 사전경고 없이 그 방향이 바뀔 수 있다는 것을 알게 된 많은 중국인들은 오늘날 당의 호소에 귀를 막고 있다.

## 시장사회주의의 대두

마오쩌둥은 말년에 그가 저지른 실수에도 불구하고, 근대적이고 상대적으로 계급이 없으며, 제국주의의 간섭으로부터 자유로운 중국을 창조한 지도자로 항상 기억될 것이다. 만약 대약진운동 이전에 마오쩌둥이 은퇴했다면, 그는 중국 전체 역사를 통해 가장 위대한 지도자 중 하나로 기억될 것이 틀림없다. 실상은 마오쩌둥이 사망한 1976년에도 중국은 여전히 혼란상태에 빠져있었다. 문화혁명을 지지하는 세력이 혁명적 열정보다는 이성적인 계획경제를 선호하는 당 간부들에 대해 투쟁을 전개하면서 혼란이 계속되었다. 마오쩌둥의 미망인과 다른 세 명의 문화혁명 지지자로 이루어진 4인방은 덩샤오핑(鄧小平) 및 그의 지지자들과 국가권력을 놓고 투쟁하였다. 1978년 덩샤오핑이 승리하여, 4개 현대화를 추진하기 시작하였다.

중국의 현대화를 위해 덩샤오핑은 농민들에게 시장 유인요소를 도입했으며, 종국에는 이를 도시경제에도 도입하였다. 덩샤오핑은 농민층의 지지를 얻기 위하여, 농촌에 가구별 생산단위를 만들어 농민들로 하여금 그들이 경작하고 있는 땅을 빌릴 수 있도록 승인하였다. 양곡 생산의 기본적인 기준이 만들어져, 각 가정의 농장은 정해진 가격에 생산 양곡의 일정량을 정부에 매매할 것이 요구되었다. 이 조건만 충족시킨다면 그 외에는 무엇이든 만들어 누구에게든 팔 수 있었다. 동시에 덩샤오핑은 사영(私營)이건 집체(集體)

이건 향진(鄕鎭)기업(향진기업제도는 한국의 읍·면에 해당하는 향진에 소속된 주민들이 중소기업을 형성하여 경영, 생산 및 판매를 자율적으로 결정하는 제도임 - 역자 주)의 수립을 장려하였다. 그는 또한 경제특구를 만들었는데, 이곳에서는 외국기업과의 합작 투자가 가능하였다. 궁극적으로 1억 명이 넘는 농민들이 일자리를 찾아 급속히 성장하는 해안지역으로 이주하였다.

덩샤오핑의 지도 아래, 중국은 궁극적으로는 마오쩌둥이 상상했던 그 어느 것보다 더욱 혁명적일지 모르는 새로운 진로로 들어섰다. 마오쩌둥이 정치의식에 의존했다면, 덩샤오핑은 시장의 유인책을 강조하였다. 마오쩌둥이 자주와 국제체제로부터의 분리를 강조했다면, 덩샤오핑은 중국을 외부 세계에 개방하였다. 그는 국가경제의 근대화가 정권의 가장 중요한 목표라고 믿었다. 만약 인민들의 생활수준이 높아진다면, 국내적으로나 국제적으로 중국공산당이 다시 신뢰를 회복할 수 있다고 덩샤오핑은 믿었다. 정말로 1979년에 상상했던 것보다 더 극적으로 중국인민의 생활수준은 향상되었다. 덩샤오핑 또한 자신의 집권 초기에 상상하지 못했던 한 가지 사실은 점증하는 경제적 번영이 당의 인민에 대한 권력과 통제를 천천히 그렇지만 확실하게 약화시키게 될 것이라는 점이다.

덩샤오핑의 후계자들은 경제발전과 민족주의라는 두 요소에 호소하여 당의 지배력을 유지하려고 했던 덩샤오핑의 정책을 계승하고 있다. 이런 영역에서 그들이 성공하고 있을지라도, 동시에 그들은 경제적 불평등이 증가하고, 중앙의 통제가 약화되며, 불만족이 쉽게 자라날 수 있는 예전보다 통일성이 부족한 잠재적으로 분열적인 중국을 통치하고 있는 것이다.

## ■ 민족주의, 영토회복주의 그리고 중국의 소수민족

### 중화제국의 재건?

덩샤오핑이 경제발전을 그가 추구하는 신중국의 주춧돌로 삼았다면, 천명에 의한 통치권을 새롭게 하기 위해 당이 추구한 대중적인 호소에 있어서 또 다른 기둥은 중국 민족주의의 실현이었다. 모든 중국의 근대 지도자들은 중화제국의 재건을 강조하였는데, 고대에 동아시아 및 동남아시아 지역 대부분은 중화제국의 일부였다. 심지어 1930년대에도 이미 마오쩌둥은 고대 중국의 영광을 재현하려는 비전을 가지고 있었다. 냉전이 종식되면서 초강대국이 약화되어 아시아에 힘의 공백이 생기자, 주류 민족인 한족의 강력한 지지 속에 중국 지도자들은 19세기와 20세기에 외국 침략자들에 의해 빼앗긴 고대 영토의 회복에 관심이 있음을 천명하였다.

내부적 회복 및 공고화, 이에 대한 외부적 열망이 무엇으로 구성되어 있고 서로 어떻게 구분되는 지에 대해 중국지도자들은 서구 지도자들과 다른 견해를 가지고 있다. 영토회복주의라는 현상이 내적인 회복을 넘어서, 대외적으로 극단적인 민족주의적 팽창으로 나아갈 수 있기 때문에, 21세기에 중국인들의 민족주의적 열망이 중국에 인접한 몇 몇 국가에게 위협이 될 가능성이 실제적으로 있다. 정당한 민족주의적 목표는 누가 판단하느냐에 따라 달라진다. 수 세기 동안 제국주의를 시행했던 서구 국가들은 오늘날에 와서는 티베트에 대한 중국의 군사적 점령의 정당성에 대해 의문을 제기하고 있다. 하지만 대만해협 양안의 중국인들 모두 티베트가 불가분 중국의 일부분이라는 점에 동의한다. 또한, 인도차이나 반도의 일부, 남중국해의 섬들, 내몽고뿐만 아니라 외몽고(몽고인민공화국), 러시아령 시베리아의 일부, 홍콩과 마카오의 외국인 거주지, 일본이 관할하고 있는 류큐열도는 모두 중화제국의 일부였으며, 이 지역들에 대한 중국의 종주권이 다시 회복되어야 한다는 데 동의하고 있다. 공산당의 정통성이 약화되면서, 공산당은 중국 지배에 대한 정통성을 강화하기 위해서 점점 더 민족주의적 정서에 크게 의존하는 것 같다. 만약 민족주의가 영토회복주의와 맞물린다면, 그 결과는 중국의 이웃들에게 위험한 양상을 띨 수 있다.

## 중국의 소수민족

중국의 소수민족은 인구의 10% 이하를 차지하는데, 중국 변경을 따라 흩어져 있거나 중국 전역에 산재한 고립된 지역에 살고 있다. 최소한으로 행사되고 있는 소수민족의 통치 권한조차 약화시키기 위해 중국은 티베트나 신장(新疆) 그리고 내몽고 등에 한족의 급속한 이주를 장려해왔다.

티베트에 대한 중국의 통제는 무엇보다 티베트인과 한족사이의 갈등을 국제사회가 알고 있기 때문에 논쟁의 대상이 되고 있다. 1950년대 인민해방군이 티베트의 수도인 라사에 밀고 들어간 이후, 티베트인들의 중국지배에 대한 불만이 증가하였다. 상황이 악화되자, 티베트의 정신적 지도자 달라이 라마(Dalai Lama)는 1959년에 10만 명의 지지자와 함께 인도로 망명하였다. 인도에서 달라이 라마는 전 세계에 티베트인들의 대의를 알리는데 헌신하였으며, 그 결과 노벨 평화상을 수상하였고, 이것을 베이징의 지도자들은 몹시 분하게 여겼다.

티베트인들은 자신들의 국가가 중국으로부터 독립해야하며, 외교권이 어렵다면 적어도 내치에 대한 자치권을 가져야 한다는 입장을 견지하고 있다. 티베트인들은 중국이 무력을 사용하여 자신들의 정체성과 독특한 불교체계를 무너트리려한다고 비난한다. 최근의 한족 이민에 대한 장려는 티베트인들을 그들의 땅에서 이방인으로 만들려는 시도로 받아들여지고 있으며, 망명지의 티베트인들은 중국의 경제발전계획도 대규모 한족 거주민을 숨기기 위한 연막에 불구하다고 비난한다.

중국은 역사적으로 티베트가 중국의 일부라는 입장을 견지하면서, 공산통치에 의해 생활수준의 향상, 더 나은 보건, 더 쉬운 교육에의 접근이 이루어졌다고 주장한다. 중국은 티베트문제가 민족이나 종교 혹은 인권문제 라기보다, 티베트의 소수 전직 지배계급과 종교 지도자들이 농노 노예제의 부활과 종교적 억압을 위해 만든 것이라고 주장한다.[3]

비슷한 과정이 내몽고에서도 일어나고 있는데, 한족 이주민이 토착몽고인들보다 5:1의 비율로 많아졌다. 예전에 소비에트의 위성국이었던 외몽고가 불교의 부흥과 함께 비사회주의 국가로 등장하자, 베이징은 점점 더 신경을 쓰고 있다. 베이징은 울란바토르(외몽고의 수도)의 정권이 내몽고에 있는 반체제인사나 분리주의자들을 지지하는 기지가 될까 걱정하고 있다. 베이징은 몽고 전체에 대한 자신들의 지배권을 반복해서 정당화하고 있다.4) 만약에 외몽고에 대한 중국의 영향력이나 지배의 확대를 정당화하려는 시도가 발생한다면, 전쟁이 일어날 수 있다.

베이징의 지도자들은 신쟝의 위구르인이건 티베트인이건 혹은 공산당의 권위에 도전하는 기타 세력이건, 시민운동인지 분리주의자인지 혹은 테러리스트인지 구분없이 하나로 다루어져야 한다고 생각한다. 티베트에서와 마찬가지로 신쟝에서도 중국은 반체제 인사를 탄압하고 있다.

2001년 9월 11일, 세계무역센터와 미 국방성이 테러리스트의 공격을 받자, 중국은 미국 및 다른 국가들과 함께 테러와의 전쟁에 가담하면서, 신쟝의 위구르 분리주의자들을 중앙아시아의 테러리스트 집단과 동일시하기 시작하였다. 사실상 중국은 국제사회의 국제테러에 대한 대항노력에 편승하여, 서부 중국의 반체제 집단에 대해 더욱 강력한 조치를 취하고 있다. 중국은 또한 신쟝과 아프가니스탄 사이의 국경지역에 군대를 주둔시켜 일체의 외부 지원을 차단하고 있다.

티베트나 다른 서부지역과 마찬가지로, 중국은 다수인구인 한족에게 신쟝에서 직업을 가지도록 권장하고 있다. 중국이 지역민들에 대한 교육과 다른 권리들을 지원하고 있다고 주장하는 사이에 한족은 사실상 도시 지역에서 새롭게 다수민족이 되고 있다. 한족은 정부와 기업에서 대부분의 요직을 차지하고 있다.

중국의 소수민족 지역에서의 주된 목표는 독점적인 정치적 지배를 유지하는 것이다. 구소련과의 국경에 중국의 소수집단과 유사한 민족들과 고집스럽게 이슬람을 믿는 인구를 기반으로 새로운 국가들이 만들어진 것은 베이징을 극도로 불안하게 만들었다. 중국은 강온(당근과 채찍) 양면 작전을 함께 사용할 것 같다. 소수민족 지역은 중화제국으로부터 분리될 수 없고 어떠한 실제적인 정치권력도 행사할 수 없지만, 제한된 범위에서 사회적, 문화적 자유는 향유할 수 있다. 한 자녀 갖기 정책에서의 예외적 조치가 그것이다. 내륙에서 이런 접근방법은 성공적일 가능성이 높다. 중국 서부 지역은 대부분의 자원이 있는 곳이고, 교통, 통신, 경제개발의 진전에 따라 21세기 중국의 새로운 개척지가 될 것이다. 지방의 문화와 소수민족의 권리를 유지하려는 노력에도 불구하고, 지방의 종교적 가치와 언어 등은 미국에서 인디언들이 직면했던 문제와 비슷한 문제에 봉착할 것이다. 중국이 러시아와 중앙아시아 국가들과 함께 이 지역에서 분리주의자 및 테러주의자들을 억압하고 있어, 반란이나 분리 독립 등은 점점 발생 가능성이 낮아질 것이다.

## ■ 영토회복주의의 해결: 홍콩과 대만

중화제국을 재건하는 것은 중국의 홍콩 및 대만 정책에서도 중심적인 사안이다. 홍콩과 대만을 중국과 통일하는 문제는 정치적 쟁점이지, 종족적인 쟁점은 아니다. 사실상 홍콩의 6백만이나 대만의 2천만 거주자는 대부분 한족이다.[5] 많은 사람들이 인접한 중국대륙의 성(省) 사람들과 밀접한 문화적, 가족적 관계를 유지하고 있다. 홍콩이 1997년 중화인민공화국의 일부가 되었을 때, 베이징이 홍콩의 전환을 어떻게 다루는지가 대만이 중국과 합쳐질 것인지, 합쳐진다면 언제 어떻게 합쳐질 것인지를 결정할 것이라고 예측하였다.

홍콩을 중국의 특별행정구로 만들면서, 중국 그리고 영국 역사에서 식민시대는 마침내 종언을 고하였다. 홍콩의 시민들과 지지자들은 덩샤오핑이 언급한 '일국양제(一國兩制)'에 따라 홍콩의 전환이 원만하게 이루어지기를 희망했다. 중국은 홍콩의 외교 및 국방정책만을 통제하고, 홍콩의 경제적, 정치적, 사회적 상태는 50년간 바꾸지 않고 그대로 두기로 하였다.

> 사회주의 체제와 정책은 홍콩 특별행정구에서 시행되지 않으며, 이전의 자본주의 체제와 생활방식은 50년 동안 변화하지 않을 것이다(홍콩기본법 제5조).

하지만 1989년 천안문 사태 이후,

중국과 영국, 그리고 홍콩 내 여러 정당들이 미래에 대한 전망을 다시 평가하기 시작하였다. 영국 식민지 시기 150년 동안 자치에 대한 조항이 없었음에도 불구하고, 영국의 새 총독은 홍콩의 민주주의를 증진시키기 위한 개혁을 제안하였다. 총독의 이런 노력에 대해 베이징은 몹시 격분하여 비난하였고, 예비정부를 수립하겠다고 위협하였다. 관측통들에 따르면, "베이징은 중국의 다른 지역에서 자유선거를 요구하는 움직임을 촉진하는 것을 우려하기 때문에 이러한 조치를 허용할 수 없었다. 자유선거는 공산당의 소멸과 현재 지도자들의 개인적 권력의 상실로 이어질 수 있기 때문이다."[6] 홍콩문제는 민주주의나 인권이 아닌 민족자부심의 문제라고 주장하면서, 베이징은 교묘하게 중국의 민족주의에 호소하였고, 심지어는 천안문 사태 때 공산당에 저항했던 사람들의 지지까지도 얻어내었다.[7]

홍콩의 미래에 대한 견해 차이는 홍콩과 중국 양측 모두에 정치적 경제적으로 광범위한 영향을 미칠 수 있다. 1990년대에 중국에 대한 해외 투자 중 55%는 홍콩으로부터 왔다. 홍콩과 광둥성의 경제는 급속하게 통합되고 있으며, 홍콩의 노동집약적인 산업의 3/4은 홍콩 기업인들에 의해 관리되고 있는 중국 기업들로 이미 이전되었다. 역으로, 홍콩은 중국 남부 전역에 대한 무역 중개와 금융 서비스의 중심이 되었다. 130억 달러가 투자되어, 중국은 이제 홍콩 최대의 투자국이다. 홍콩의 미래에 관한 어떠한 정치적 분쟁도 홍콩과 중국 양쪽 경제 모두를 혼란에 빠트릴 수 있게 된 것이다.

만약 홍콩의 안정과 번영이 위협받는다면, 향후 중국의 미국이나 대만과의 관계 또한 문제가 될 것이다. 미국은 홍콩에 70억 달러 이상을 투자하였다. 홍콩 경제에

> "당신은 홍콩이 영국 통치 하에서 민주적이었다고 생각하느냐? 영국인들이 이에 대해 관심을 가진 적이 있었는가? 미국인들이 관심을 가졌었는가? 그렇지 않았다. 왜 홍콩의 민주화에 대해 이중 가치를 들이대는가?" (뉴욕 타임즈 2004년 4월 28일 A10면에 실린 브래드셔(Keith Brodsher)의 '홍콩에서의 민주주의 제한에 대한 서구의 비판에 중국이 화를 내다' 기사에 인용된 리자오싱(李肇星) 중국외교부장의 발언)

있어 정치적 혹은 경제적인 혼란은 미국의 투자에 영향을 줄 뿐 아니라, 미국 정부, 특히 의회에 영향을 주어 중국에 대한 제재를 야기할 수 있다. 아마도 더 중요한 사실은 홍콩에서의 정치적 경제적 혼란은 대만의 중국대륙과의 통일 가능성에 부정적인 영향을 미칠 것이라는 점이다. '일국양제' 정책의 축소는 대만 정부에 잘못된 신호를 전달하여, 1990년대 초반부터 대만과 중국 양측 사이에 이루어진 경이적인 경제통합 과정을 되돌릴 수 있다.

영국과 중국 정부 사이의 기본법 협정에 규정되어 있는 홍콩 정치에서 시민들의 역할과 관련하여 중국이 갖고 있는 가장 심각한 우려가 21세기 들어 처음 몇 년 동안 표면화 되었다. 2003년 베이징은 홍콩에서 안보에 관한 법을 제정하려고 시도하였는데, 이것은 홍콩주민들의 놀라울 정도로 큰 규모의 격렬한 시위를 촉발하여 법 제정이 철회되었다. 2004년에도 시위자들은 베이징의 기본법 조항 해석에 저항하였는데, 그것은 선거절차의 변경에 대한 승인에 관한 것이었다. 베이징 런민대학(人民大學)의 한 분석가에 따르면, "중국에 있어 이 문제는 법적인 것이 아니다. 또한 홍콩이 민주주의를 향유할 수 있느냐에 대한 문제가 아니다. 문제는 만약 홍콩이 현재 직접선거를 실시한다면, 베이징에 충성하지 않는 사람들을 선출할 가능성이 있다는 것이다. 솔직히 말하면 중국의 지도자들은 이것을 받아들일 준비가 되어 있지 않다."[8] 처음으로 나타나기 시작한 홍콩 주민들의 정치적 역할 증대 요구를 중국이 어떻게 다루는가는 특별행정구의 내부적인 정치, 사회, 경제적인 복지에 영향을 줄 뿐 아니라, 국제사회의 중국에 대한 인식에도 영향을 주는 사안으로, 특히 대만은 이를 주시하고 있다.

## 대만의 미래

1949년 국민당이 대만으로 후퇴하면서 이 섬에는 극적인 변화가 일어났다. 2003년 통계로 대만의 인구는 2,300만으로 세계에서 두 번째로 인구밀도가 높은 곳이다. 1949년 일인당 소득은 150 달러였고, 대외무역 규모는 3억 달러였다. 하지만 2003년에 일인당 소득은 1만 3,000 달러였고, 연간

> "중국 정부의 대만 문제 해결에 대한 기본 입장은 '평화적 통일, 일국양제'이다. 이를 간략하게 요약하면, 평화적 수단에 의한 국가의 통일을 실현하고, 통일된 국가 안에 두 개의 서로 다른 사회 체제, 즉 사회주의와 자본주의가 공존하도록 허락하는 것이다. 사회주의 체제는 중국의 주요 부분에서 시행되고, 자본주의 체제는 대만, 홍콩, 마카오 지역에서 시행될 것이다. 두 개의 서로 다른 체제는 한 쪽이 다른 쪽을 흡수함이 없이 오랫동안 평화적으로 공존할 것이다."(중국 외교부 홈페이지, 2004년 4월 23일)

대외무역은 2,300억 달러를 넘어섰다. 1949년에 대만은 대륙 국민당의 독재 하에 있었다. 2003년에 대만은 거의 모든 수준에서 직접 선거를 실시하였다.

그러나 중국 지도자들의 시각에서 본다면 대만이 대륙과 통일되는 것은 단지 시간문제로 생각된다. 1949년 장제스(蔣介石)와 함께 대륙에서 대만으로 건너 온 중국인들의 시각에서 보면, 대만은 대륙과 결국 통일될 것이지만, 베이징에 비(非)공산주의 체제가 들어선 다음에 그렇게 되기를 희망하고 있다. 섬 인구의 85%를 차지하고 있고, 점차 늘어나고 있는 대만 원주민들의 시각에서 본다면, 대만은 민주국가이어야 하며, 유엔에도 대표권을 가진 독립적인 국가가 되어야 한다. 1990년대 국민당이 표현의 자유를 확대하고, 특히 2000년 선거에서 민진당에게 권력을 잃으면서, 이러한 대만 원주민들의 생각은 더욱 가시화되었다.

### 통일을 예측하는 근거

1987년 국민당이 대만 시민들에게 대륙으로의 자유로운 통행과 무역을 허용한 이래 상호관계는 놀랄만한 속도로 증가하였다. 1990년에 대만 기업인들은 중국 대륙의 기업에 연간 10억 달러를 투자하고 있었다. 1993년에 이 투자규모는 연간 25억 달러로 증가하였다. 21세기 초반 몇 년간의 수치는 더욱 놀랄만하다. 2000년 양안(兩岸) 간의 무역규모는 373억 9,000만 달러에 이르렀고, 중국에 대한 대만의 투자는 38억 6,000만 달러에 달하였다. 2003년 11개월 동안 중국과 대만의 무역은 전년대비 23.2% 증가하여,

416억 9,000만 달러에 달하였는데, 이는 대만 대외무역의 17.1%를 차지하는 것이다. 같은 기간 대만은 중국에 대해 221억 3,000만 달러의 무역 흑자를 내어, 전년도에 비해 13% 증가를 기록하였다. 11개월 간 수출은 319억 1,000만 달러로 19.5% 증가하였고, 수입은 97억 8,000만 달러로 37.3% 증가하였다. 319억 1,000만 달러 어치의 수출은 대만 전체 수출의 24.5%인데, 전년도에 이 수치는 22.4%였다. 2003년 11월 한 달만 해도 대만의 대중국 수출은 전년도에 비해 25.5% 증가하여 35억 3,000만 달러를 기록하였고, 수입 역시 54.7%가 증가한 11억 6,000만 달러로 급증하였다.[9] 정치통합은 아니어도 경제통합은 경이적인 속도로 진전을 보이고 있다.

개인적인 연고도 대만인들을 중국 대륙과 더욱 가깝게 만들고 있다. 냉전으로 인해 오랜 세월 떨어졌던 친척들과 가족들이 재결합하고 있다. 1993년 1백 만 명 이상의 대만사람들이 중국을 방문했다. 2000년에는 366만 600명의 대만 주민들이 중국을 방문했고, 15만 4,770명의 중국 주민들이 대만을 방문했다. 현재 상하이 지역에만 30만 명 이상의 대만사람들이 거주하고 있다.

정부 차원에서도 놀랄만한 발전이 있었다. 40년 만에 처음으로 1993년에 중국과 대만 양국 정부 당국자간의 공식 회담이 이루어졌다. 비록 중요한 진전은 없었지만, 양측은 네 가지의 제한적인 합의에 도달하였다. 즉, 상호간 등기우편의 배달, 양측에 의한 공식문서의 증명, 향후 논의될 논의사항에 대한 발표, 매년 여러 차례 열릴 예정인 양측 대표단 간의 회담일정 등이다. 베이징은 홍콩을 통한 우회적 교류보다는 대만 해협을 통한 직접적인 공식 무역 및 인적교류를 더욱 강하게 밀어붙이고 있다. 이에 응하는 것이 향후 중국이 원하는 방향으로의 통합으로 귀결될까 두려워서, 타이페이는 자제하고 있다. 그렇지만 국제사회에서 공식적인 지위를 갖지 못하고 있으며, 지금까지 진행된 통합 과정으로 볼 때, 중국과의 통합의 가속화가 아마도 대만이 나갈 유일한 방향일 것이다. 공식적인 직접 협상은 1998년 대만이 중국의 '일국양제 원칙'의 수용을 거부하면서 결렬되었지만, 실질적으로 비공식적 협력은 증가하고 있다.

외부 세력들 또한 움직이고 있다. 미국, 일본, 러시아 같은 아시아의 강대국들은 대만의 일방적인 독립선언이나 베이징으로의 강제적인 통합보다는 현재의 상태를 선호하고 있다. 한반도의 점증하는 위험과 테러에 대한 전지구적 우려는 베이징과 대만의 대치를 낮은 수준에서 유지시키고 있다. 장기적으로 중국대륙이 더욱 민주화되고, 경제적 문화적 연계를 통해 양국이 가까워지면, 정치적인 해결이 이루어질 가능성이 있다. 아시아의 세력구조에 예측불허의 변화가 일어나지 않는다는 것을 전제할 때, 많은 분석가들은 향후 대만이 국제공동체의 외교적인 승인을 획득하여 공식적인 독립국가로 등장하는 것이 여의찮을 것이라 생각한다.

## 독립을 예측하는 근거

그럼에도 불구하고, 중국이 통제할 수 없는 여러 요인들이 대만을 대륙으로부터 분리하여 독립하는 방향으로 움직이고 있다. 냉전의 종식으로 서방진영은 더 이상 소련에 대한 견제세력으로 중국을 필요로 하지 않는다. 이런 변화가 프랑스와 미국이 대만에 군사무기를 판매하여, 중국과의 기존 약속을 파기하도록 만들었다. 서방진영에서 무기판매가 감소하면서 서방의 방산업체에게 대만이 중요한 시장으로 등장했다. 비록 중국 정부가 대만에 대한 무기판매를 강력하게 비난하지만, 서방 국가들이 중국무역과 중국투자에 대해 보복조치를 가한다면, 중국경제가 피해를 입을 것이며, 무기판매를 반드시 중단시킬 수 있는 것도 아니다. 그렇지만, 중국은 국제 사회에서 주요한 정치적 경제적 세력으로 부상하고 있으며, 대만의 모든 국제회의 참여자격에 반대하고 있는 상황이다. 예를 들어, 대만은 2002년 세계무역기구 가입을 허락받았지만, 중국은 사스(SARS) 위기 중에도 대만의 세계보건기구 가입을 막았다. 이러한 현실을 감안하여 대다수의 국가들은 대만의 입장을 지지하여 베이징의 분노를 사려고 하지는 않고 있다.

정치적 사회적 요인 또한 중국대륙으로부터 대만의 계속적인 분리에 유리한 방향으로 작용하고 있다. 시간이 지나가면서, 대륙출신의 국민당 지도자들은 대만 원주민이나 대만에서 태어나고 자란 중국대륙 출신 가족의 후손들에 의해 대체되고 있다. 두 집단 모두 대만의 과거 지도자들보다 대륙에 대한 애착과 통일에 대한 열망이 훨씬 약하다. 두 개의 중국이라는 대안은 이들 그룹에게는 매혹적인 대안이다. 1993년 1월 대만 총통 리덩휘(李登輝)는 "국제기구에 대한 실용적 참여를 촉진하기 위하여 우리의 해외개발기금과 다른 가능한 자원 모두를 사용할 것이다. … 이것은 우리의 최종 목표인 유엔으로의 복귀를 앞당겨줄 것이다"라고 선언하였다.[10]

1990년대에 이르러 대만 문제는 더욱 복잡해졌다. 1996년 대만 총통 선거에서 나타난 분위기에 위협을 느낀 중국은 대만 해협에 군사력을 증강시켰고, 이는 대만에서 반중국 저항을 불러일으켰다. 첫째, 대만 대중은 중국의 군사적 행동에 반감을 가졌고, 이에 따라 국민당의 대만인 계파를 지지하고 독립은 아니더라도 자치의 유지를 옹호하는 입장이 크게 증가하였다. 둘째, 미국의 클린턴(Bill Cliton) 대통령은 상징적으로 대만해협에 미군을 보내는 행동을 취하였다. 베이징은 의도를 알아챘고, 위기는 진화되었으며, 양안관계는 안정되었다. 그러나 2000년 총통 선거에서 베이징은 유쾌하지 않은 결과에 당혹하게 되었다. 두 명의 국민당 후보가 분열되어, 1949년 이래 처음으로 비(非)국민당 총통이 대만에서 선출된 것이다. 중국은 민진당 당수 천수이볜(陳水扁)이 대만의 독립을 암묵적으로 지지한다고 의심하였다. 너무나 박빙의 승부였고, 천수이볜과 부총통에 대한 총격 사건도 발생했던 2004년 총통선거 역시 동요를 불러일으켰다. 중국은 대만이 하나의 중국 원칙을 고수하도록 말로 주의를 주고, 정치적 혼란을 좌시하지 않겠다고 단호하게 경고하였지만, 실제로 중국은 2004년 대만 선거에 영향을 미치려고 하지 않았으며, 관찰자의 입장을 유지했다.

대만의 미래와 관련된 모든 당사자들은 가능한 최선의 결과가 도출되기를 기대하고 있다. 즉, 점증하는 정치적, 경제적, 사회적 유대와 민주주의

> 2000년 5월 20일 취임연설에서, 천수이볜(陳水扁) 총통은 양안관계에 대한 "오불(五不)"정책을 천명하였다. 만약 중국 공산당이 대만에 대해 무력을 사용하지 않는다면, (1) 대만 독립을 선언하지 않으며, (2) 국명을 바꾸지 않고, (3) 헌법에 전직 총통 리덩휘의 "특수한 국가 대 국가 관계" 조항의 삽입을 추진하지 않으며, (4) 독립이나 통일 문제의 현상유지에 변화를 초래하는 국민투표를 실시하지 않고, (5) 국가통일에 대한 기본원칙이나 국가통일원을 폐지하는 방향으로 나아가지 않겠다고 선언하였다.(중화민국 정부 공보처 홈페이지, 2004년 4월 13일 검색)

원칙에 근거하여 궁극적으로 중국대륙과 느슨한 통합을 이루는 것이다. 분명히 중국은 국제 사회에서 존경받는 주요 행위자로, 그리고 아시아에서 좋은 이웃이 되고자 하는 바람뿐만 아니라 경제적인 고려 때문에 무력으로 대만 문제를 해결하려고 하지 않을 것이다. 중국과 대만 양 측 모두 만약 최종 결과가 통합이 아니라면 잃는 것이 많을 것이다. 그러나 중국 지도부가 권력을 계속 유지하기 위해 민족주의를 지속적으로 사용하고, 대만과의 통일이라는 쟁점이 이런 민족주의에서 주요한 역할을 하면서, 대만의 점증하는 다양한 정치 환경과 결합된다면 더욱 호전적인 결과가 나올 가능성도 무시할 수 없다.

## ■ 인권과 정치적 자유

14년간의 수감 생활 후 가장 크게 놀란 것은 신축 빌딩, 상점이나 고속도로가 아니라 사람들이었다. 사람들은 전보다 더욱 개방적이고, 민주주의와 개인의 권리에 대해 더 많이 알고 더 관심을 가지고 있다. 내가 지금까지 알게 된 점은 지금의 경제체제가 작동하기 위해서는 근대적인 정치체제가 필요하다는 것이다. 만약 중국 정부가 이런 변화의 조속한 수용을 거부한다면, 사람들이 변화를 모색할 가능성이 높고, 그것은 1978년이나 1989년 같은 소요와 혼란을 불러일으킬 것이다. 아무도 그런 일이 발생하는 것을 원치 않는다.[11]

1979년의 민주화 운동 기간 중의 행위로 인해 14년 넘게 복역하고, 1993년 9월 출소한 중국에서 가장 유명한 반체제 인사인 웨이징셩(魏京生)의 언급이다. 중국 민주주의의 아버지로 알려진 웨이징셩은 중국인들이 자유와 민주주의를 갈망한다고 확신하며, "중국인들이 단지 돈을 더 벌기만 원한다"는 말을 믿지 않는다고 말한다. 덩샤오핑의 개혁은 사람들 사이에 새로운 행동을 불러일으켰다. 웨이징셩의 대자보(大字報) 전에도 이미 중국의 젊은이들은 문화혁명 기간 중에 정치적으로 행동적이었다. 중국 젊은이들은 1960년대와 1970년대에 마오쩌둥(毛澤東)이 자신들의 손을 잡았을 때 선사한 권력을 맛보았고, 당이 오류가 없지 않다는 것과 부패를 제거하고 인민의 복지를 촉진하는데 중국의 젊은이들이 역할을 할 수 있다는 것을 깨달은 후, 1980년대에 다시금 기존 권력에 도전할 수 있었다.

그러나 천안문 광장에서 기존 질서에 저항한 사람들은 학생들만이 아니었다. 대학의 학생이나 교원은 0.5%도 되지 않았고, 노동자, 공무원, 지식인, 서비스 사업 종사자, 언론인, 심지어는 몇몇 당 간부까지 포함하는 모든 계층으로 구성된 100만 이상의 사람들이 1989년 봄, 베이징에서 학생들의 시위를 지지하였다. 천안문 사건은 이전의 불만이 지속된 것이었다는 점도 명심해야 한다. 예를 들어, 덩샤오핑은 자신의 심복인 후야오방(胡耀邦) 당서기를 1987년과 1988년에 발생한 학생시위를 제대로 진압하지 못한 이유로 해임하였다.[12]

## 왜 천안문 사태가 일어났는가?

중국 대중에게 후야오방은 개혁과 자유의 상징으로 여겨져서, 1989년 4월 15일 그가 사망하자 학생들은 이를 구실로 하여 모임을 가지고 자신들의 의견을 표출했다. 전에도 유사한 시위와 추모 행위가 있었는데, 1976년 인민들의 사랑을 받은 저우언라이(周恩來) 총리의 사망 때 그러했다. 저우언라이는 중도적인 견해를 가진 점과 문화혁명 종식에 기여한 점 때문에 대중의 인정을 받았다. 1989년 봄의 시위는 또한 두 공산주의 강대국이 수년간의 혼란을 끝내고 중소관계를 정상화하는 데 중대한 걸음이었던 고르바초프(Mikhail Gorbachev) 당 서기의 베이징 방문과도 겹쳤다. 고르바초프는 천안문 광장에서 학생 대표를 만날 것을 약속했고, 학생들은 그를 경제개혁 및 정치개혁의 지도자로 인식하였다.

처음에 덩샤오핑의 새로운 후계자였던 당 서기 자오쯔양(趙紫陽)은 학생들에 대한 관용적인 자세를 주장하였다. 시위는 주로 정부와 당의 부패에 대한 저항으로 시작되었고, 새로운 풍요에서 소외된 것으로 느낀 사람들로부터 광범위한 공감을 얻었다. 시위 중반이후에 가서야 학생들은 정치적 민주화를 요구했으며, 학생들 자신을 포함해 누구도 민주주의가 중국에서 무엇을 의미하는지 아무 생각이 없었다.

5월 말에 들어서 시위는 줄어들었지만, 개혁파와 보수파로 나뉘어진 당 지도자들은 어떻게 시위를 끝내고, 학생들을 처벌할지를 결정하지 못하고 있었다. 이때, 덩샤오핑과 연로한 강경파 지도자들이 당을 장악하였는데, 그들은 만약 학생들이 처벌받지 않으면 이는 공산당이 약화되었다는 징후로 여겨지고, 결국에는 당의 미래 권위를 위협할 수 있을지 모른다고 두려워하였다. 의심할 바 없이 노간부들은 동유럽에서 동시다발적으로 일어난 혼란스러운 사태를 걱정스럽게 바라보고 있었고, 그에 대해 덩샤오핑과 그의 동료들은 모스크바 당국의 취약함과 그들이 저지른 기본적 실수를 비난하였다. 베이징의 강경파들은 만약 당의 통치에 반대하는 집단을 무자비하게 분쇄하지 않으면, 중국에서도 동유럽이나 소련에서 발생한 것과 같은 유사한 당에 대한 도전이 발생할 수 있다고 믿었다. 시위자들과 지지자들은 지난 10년간의 경제 사회 개혁의 결과 정치적 개혁도 받아들이도록 당을 설득할 수 있다고 환상을 가졌는지 모른다. 만약 그랬다면 그들은 잘못 판단하였다. 베이징의 지도자들은 결코 경제개혁이 당 권위의 소멸로 이어지는 것을 의도한 적이 없다.

당의 권위가 의심받고 있다고 확신한 덩샤오핑과 중국 지도자들은 군대를 동원하여 학생들을 진압하는 것 외에 다른 선택이 없다고 느꼈다. 당의 지도자들은 또한 노동자들, 중산 계급, 지식인, 그리고 그때까지 문화부의 강력한 통제 밑에서 있던 언론계의 주요 인사까지 학생들을 점점 더 지지하고 있다는 사실에 큰 경각심을 가지게 되었다. 심지어 베이징 외곽의 군부대들도 학생들을 진압하는 데 무력을 사용할 것인지를 둘러싸고 분열되어 있었다.

## 천안문 사태의 영향

1989년 6월 4일 밤 발생한 중국 젊은이들에 대한 군사적 진압으로, 지난 10년 동안 형성된 중국에 대한 우호적인 의견들의 상당 부분이 사라지고 말았다. 사실상 외부세계는 베이징사태에 대해 주로 농촌에 거주하는 대부분의 중국인들 보다 잘 알고 있었는데, 그것은 서구의 텔레비전에서 방송된 천안문 사건 관련 보도 어느 것도 중국에서는 볼 수 없었기 때문이다. 또한 상하이와 같은 다른 도시에서도 시위가 발생했지만, 베이징 시위에 대한 진압결정이 내려진 후 곧 바로 진압되었다. 6월 4일 이전에 중국의 언론매체들은 학생들에 대해 어느 정도 공감하는 입장을 보였지만, 공감을 보인 언론인은 곧 바로 제거되었고, 신문과 방송 모두 즉시 공식적인 당의 노선으로 복귀하였다. 당의 권위나 언론통제에 대한 어떤 반대도 억압되었고, 구속되지 않은 반체제 인사들은 숨어들었다.[13]

비록 군부의 결정적인 도움으로 당의 물리적인 권력은 유지되었지만, 대약진 운동과 문화혁명 등을 통해 정권 초기부터 심하게 손상되었던 당의 정통성이 더욱 훼손되었다. 이에 대해 1991년 10월과 1993년 10월 구소련의 경우처럼 정치적 안정과 질서유지에 군부가 중요한 역할을 하였고, 이는 기본적으로 공산주의 교의에서 벗어난 것이었다. 1990년대에 중국 내부의 변화가 가져다 준 중요한 결과는 당 자체의 미래를 포함하여 중국의 미래를 결정하는데 군부의 역할이 증대되었다는 점이다.

천안문 사태 이래, 중국 정부는 주로 시장 유인책이나 외국투자, 외국과의 무역확대 정책 등을 통해 경제 성장을 촉진하는 노력을 계속하였다. 그러나 이 책의 제3장에서 보듯, 매년 거듭되는 경제성장은 사회적 경제적 모순을 야기하고 있다. 이러한 모순에는 도시와 농촌 간 빈부격차, 지방차원에서 실질적인 정치참여의 증진으로 인해 베이징이 직면한 곤경, 당의 부패와 탐욕을 동반한 대중 소비주의와 서양 문화적 가치 확산 등이 포함된다.

1989년 학생 시위를 유발했던 모든 모순들이 지금의 중국에도 여러 형태로 남아있다. 이중적인 경제체제가 유지되는 한(이에 대해서는 3장에서 다룰 것이다) 당원들은 자신들의 지위를 이용하여 공공재를 싼 가격에 구입하여, 시장에서 비싼 가격에 파는 유혹에 노출되어 있다. 당 고위 간부들의 개인생활에 대한 일반대중의 비판은 당 지배의 정통성을 보호하기 위해 무자비하게 억압되었다. 당원들도 지금은 '바다에 뛰어들기(下海)'라고 알려진 개인사업이나 돈벌이를 하도록 부추겨지고 있다. 천안문 사건 이후, 돈 벌기가 중국에서 지배적인 이데올로기적 가치인 것 같다. 일부 당정 간부들은 본연의 공적인 업무에 적은 시간만을 할애하면서, 수익을 얻기 위한 부업에 매달리고 있다. 현대 중국에서 이런 일이 일어날 수 있는 것은 당정 관료들의 책임을 묻는 효과적인 제도가 존재하지 않고, 특히 당이 대중매체를 장악하고, 당 행태에 대한 어떤 조사도 묵살되는 상황이기 때문이다. 천안문 사건이 초래한 결과 중 하나는 대중선거나 자유선거에 대한 생각을 분쇄하고, 독립적인 사법체계나 조사단 같은 것을 반대하며, 당의 통제에서 자유로운 언론매체를 허용하지 않는다는 당 지도부의 결심이 오히려 더욱 굳건해졌다는 점이다.

## 천안문 사태 이후 중국의 젊은이들

과거에 중국의 젊은이들은 부패한 당과 관료제를 정화하고, 혁명적 열정을 새롭게 하는 수단으로 마오쩌둥에 의해 이용되었다. 천안문 사태 이후, 중국의 젊은이들은 침묵하고 있다. 비록 중국의 젊은이들은 자신들의 관심사에 대해 사적으로 토론하지만, 공적인 표현의 경우 그 대가로 교육 기회의 박탈과 심지어는 수감까지도 포함하는 처벌의 위협을 받는다. 그러나 젊은이들의 침묵은 기본적으로 모순이다. 수백만의 적극적인 젊은이들이 홍위병의 전위대로 활동한 문화혁명(60년대와 70년대)과, 천안문 사건으로 그 정점에 이르렀던 학생 시위(80년대)는 중국의 젊은이들에게 그들이 진정으로 미래의 물결이라는 것을 가르쳐주었다. 즉, 젊은이들은 그들이 조만간 중국의 이상주의를 회복시키고 정치·사회적 개혁을 달성하는데 주요한 세력이라는 것을 알게 되었다. 오늘날 대다수의 중국 젊은이들과 지식인들은 당이 21세기 중국의 문제를 해결할 수 있는 능력이 거의 없다고 생각한다. 그렇지만, 대다수의 학생과 지식인들은 1989년에 중국에 분명하게 나타났었던 질서의 붕괴가 다른 옛 공산주의 국가가 겪었던 것처럼 커다란 고통을 초래할 것이라는 점에 동의하는 것 같다. 오늘날 권위주의적인 당의 통치에 의문을 표시하는 사람들은 표현의 자유나 정치 참여의 보장보다는 경제번영과 사회복지에 더 큰 관심을 갖고 있는 것 같다. 중국에서 공개적인 체제반대는 허용되지 않기 때문에, 한 서구 분석가는 "억압적 체제는 개인적 충성심의 진실성이나 강도를 파악하는데 어려움을 가지고 있다. 사회에 대한 강력한 통제를 감안할 때 인민들로부터 광범위한 충성을 확보하고 있다는 중국의 주장은 분명히 의문의 여지가 있다"고 밝혔다.14)

## 양심수

장기 구금, 감옥에서 석방된 학생 수감자들에 의한 고문사실의 폭로, 정부와 당에 반대하는 말을 할 경우 당하는 구속 등의 사례는 표현의 자유의 결핍이 중국에서 대대로 지속되고 있음을 상기시켜 준다. 서방 인권 단체들의 촉구 때문에, 중국 정부가 자국의 국제적인 인권 관련 이미지를 개선하고 있음을 나타내는 신호로서 때때로 잘 알려진 시위자들을 석방하기도 한다. 하지만 덜 알려진 반체제 인사들은 반체제적 신념의 포기를 거부하면서 괴로운 감옥생활을 계속하고 있다.15) 시간이 지나면서 반체제인사들의 분노가 사라지고 있다는 징후가 나타나고 있다. 중국의 인권 상황을 면밀히 관찰하고 있는 어느 서방 전문가는 "요새, 특히 베이징 바깥에서 많은 중국인들은 비판 그 자체가 아니라, 적어도 그들이 한때 느꼈던 분노를 잊어버린 것 같다"고 말한다. 그러나 곧바로 다음과 같이 지적한다.

> 중국 지식인의 대다수는 여전히 후퇴는 일시적인 것이며, 6월 4일(천안문 사건 – 역자 주)에 대한 공식적인 판결은 뒤집어질 것으로 기대하는 것 같다. 소외가 아주 광범위하게 퍼져있고, 마르크스주의를 믿는 사람은 거의 없으며, 많은 중국인들과 외국인들은 공산정권을 무너져가는 왕조처럼 여기고 있다. 그러나 수도 바깥으로 가면, 불만을 가지는 대다수의 이유는 학생들을 죽였다는 사실보다는 부패나 물가 상승과 더 관련되어 있다.[16]

## 21세기의 공산당

21세기 중국은 모순 덩어리이다. 공산당은 여전히 과거나 미래에 대한 공개적인 토론을 두려워하고 있다. 그러나 일종의 안전밸브와 같이, 여러 주제에 대한 통제된 대화는 허용되고 있다. 그래서 비록 정부가 인터넷을 통제·검열하지만, 채팅 그룹들은 얼마 전까지는 금지되었던 주제들을 토론하고 있다. 많은 지역에서 통제된 지방선거가 허용되고 있다. 베이징의 기류가 어느 방향으로 흐르는 가에 따라 좌우되지만, 여러 층차의 보도가 허용되고 있다. 사영 기업인들이 공산당에 가입할 것을 요청받았으며, 많은 사람들은 중국이 시장사회주의보다는 시장자본주의로 나아가고 있다고 믿고 있다. 그러나 당이 여전히 권력을 장악하고 있으며, 공산당 지배의 정통성을 위협할지 모르는 어떤 형태의 표현도 무자비하게 탄압되고 있다.

1988년 당은 촌급(村級) 직접선거를 허용했다. 지금, 촌급 선거는 중국 전역의 약 70만 촌에서 이루어지고 있으며, 13억 중국인의 75%가 이에 참여하고 있다. 선거과정의 정당성을 외부 세계에 확신시키기 위해, 중국 민정부(民政部)는 전 미국 대통령인 카터(Jimmy Carter)가 설립한 카터센터로 하여금 선거과정을 모니터하고, 선거 데이터를 수집하고, 유권자를 교육시키며, 선거 담당 공무원을 훈련시키고, 중국 관료들이 미국 선거를 참관하는 자리를 마련하도록 허락하였다. 카터센터는 또한 1999년 전인대(전국인민대표회의, 한국의 국회에 해당 – 역자 주)의 협조 하에, 촌급보다 하나 높은 향급의 향진(鄕鎭) 선거를 모니터하기 시작하였다.17) 어떤 사람들은 당이 모든 후보자를 조사하므로, 당에 의해 통제되는 이런 선거를 무시하지만, 그럼에도 불구하고 이들 선거는 유용하다. 왜냐하면 후보자들이 더욱 인민의 요구에 응할 수 있고, 더 적게 부패할 것이며, 만약 선출된다면 좀 더 인민대중이 원하는 사업을 수행할 것이기 때문이다.

오늘날 나타나는 모순을 적절하게 보여주는 것이 최근 미디어의 지방국들에 외국인 투자를 유치하려는 중국 정부의 노력이다. 공식적으로, 뉴스의 지방국은 출입금지구역이다. 그러나 심지어 중국 관료들조차 장기적으로는 외국인이 지분을 가진 미디어의 지방국을 완전히 통제할 수 없다는 것을 인정하고 있다.18) 정부는 미디어의 민영화와 외국인의 직접투자를 격려하는 동시에 공산당에 불리한 내용이 포함되기도 하는 양질의 심층조사를 하는 것으로 알려진 한 신문사에 대해 잔인한 공세를 벌이고 있다. 광둥성의 한 심층조사 신문인 남방시보(南方時報)의 편집인에 따르면, "중국의 모든 대중매체는 세 가지 기능이 있다. 즉, 정부와 당을 대변하는 것, 돈을 벌어 스스로를 유지하는 것, 그리고 세 번째로 언론인

"첫째, 우리는 인민의 민주적 권리를 보장하고 인민의 인권을 존중하고 보호하기 위해 민주주의를 발전시켜야 한다. 둘째, 우리는 더 나은 입법, 법에 근거한 더 나은 행정, 보다 대대적인 사법개혁 등을 통해 사법제도를 개선해야 한다. 셋째, 우리는 사회주의적 민주주의를 좀 더 제도화하고, 표준화하고, 절차를 확립하여, 법에 따라 우리나라를 이끌어야 한다. 그럼으로써, 지도자가 바뀌고, 지도자들이 주의를 기울이는 견해나 초점이 바뀐다고 하더라도 법치가 변화하지 않는다는 것을 확신시켜야 한다. 넷째, 우리는 감독을 강화해야 한다. 그리고 정부가 인민의 감독 아래 있다는 것을 확신시켜야 한다. 우리는 민주주의를 발전시키고, 감독을 강화해야 하는 것이다."[원자바오(溫家寶) 총리의 '워싱턴 포스트'지 인터뷰, 2003년 11월 23일]

들에게 사회에 영향을 미치는 수단을 제공하는 것이다. … 이 세 목적은 서로 병립될 수 없다. 만약 당신이 어느 한 방향으로 너무 나간다면 곤경에 빠지게 된다. 우리 모두는 어딘가에 한계치가 있음을 깨닫고 있다. 그리고 아무도 벌을 받으려 하지 않음에도 불구하고, 누구도 그 한계치가 정확히 어디에 위치하는지 모른다."[19] 공산당 역시 정확히 어디에 최저치가 있는지 알지 못하는 것 같다.

중국 총리는 사법제도의 발전을 주장하고 있다. 당이 곧 법이고 다른 어떤 사법제도가 존재하지 않았던 마오쩌둥 시대와는 달리 분명히 달라졌다. 그러나 사법부는 당의 통제 하에 있으며, 피고를 변호하는 변호사는 종종 변론을 제기하는 데 애로를 겪고 있다. 계약법과 상법은 발전하는 중이다. 그러나 정부 관료와 연관된 사건일 경우 관계자들은 법을 쉽게 무시하고, 면책도 보장받는다. 선거, 언론, 사법과 같은 모든 분야에서 제도나 구조 그리고 그것을 감독하는 제도는 공정하지가 않다. 그러나 원자바오 총리가 분명히 지적하였듯이, 당 지도부는 국제 사회에서 성공하고, 인민들의 충성심을 유지하기 위해서는 더욱 엄격하고 독립적인 기준을 발전시켜야만 한다는 것을 분명히 이해하고 있다. 문제는 당이 고삐를 풀어주면서도 권력을 유지할 수 있느냐 하는 것이다.

베이징의 지도자들은 2000년 베이징 하계 올림픽 유치를 통해 중국인들과 세계가 천안문 사태를 잊어버리기를 희망했다. 베이징 당국은 올림픽 위원회가 1993년 9월 투표를 하기 직전에 웨이징셩(魏京生)과 같은 반체제 인사들을 석방하는 조치를 비롯하여, 올림픽 위원회가 베이징을 선택하도록 설득하는데 온 힘을 쏟았지만 소용이 없었다. 올림픽위원회는 결선투표에서 근소한 차이로 호주 시드니를 선택하였다. 세계 여론은 나뉘어졌는데, 몇몇 서구 관찰자들은 베이징이 선택된다면 중국이 국제사회의 주류에 편입되어, 2000년까지 중국의 인권 관련 이미지를 개선하라는 압력을 받게 될 것이라고 믿었다. 2001년 중국은 진정성을 입증하였다. 베이징이 2008년 올림픽 개최지로 선정된 것이다. 중국 지도자들과 중국인민들은 올림픽 개최를 중국이 국제사회에 동등한 협력자로 받아들여진 증거로 생각한다. 베이징은 현재 물리적으로 올림픽경기 체제로 변모하고 있다. 중국공산당은 올림픽의 영광에 의해 중국의 국제적 이미지 역시 변모되기를 바라고 있다.

## ■ 분권화의 문제: 제국, 연방, 혹은 무정부 상태?

> 현재 남아있는 문제는 공산당 통치가 중국에서 어떻게 끝날 것인가이다. 중국 전문가들이 제시한 여러 시나리오 가운데 … 하나는 점증하는 지방주의로 인해 중국 대륙의 공산정권이 붕괴 될 수 있다는 것이다.[20]

지속되고 있는 하나의 경향은 중앙으로부터 지방 혹은 지역 수준으로 권력이동이 일어나고 있다는 것이다. 이런 경향은 중국과 21세기 중국의 세계적 역할에 큰 영향을 끼치는 것으로, 지역 차원에서, 특히 농촌 차원에서 발생한 여러 변화로부터 관찰된다. 최근 중국의 여러 농촌에 거주한 적이 있는 서구의 몇 몇 관찰자들은 사회적 통제 이완과 시장경제의 도입으로 인해 지방의 농민에게 영향을 미치는 중국공산당의 능력이 감소하고 있다고 생각한다.[21] 번영하고 있는 지역에서 농민들은 공장운영 능력이나 시장상품의 생산 등을 비롯하여 농민들에게 이익을 줄 수 있는 재주를 가진 당 간부에게만 관심이 있는 것 같다. 비록 덩샤오핑의 호구책임제가 농가의 생산을 증대시켰지만, 동시에 이 제도는 토지와 농민에 대한 당의 통제를 감소시켰다. 지금 당은 영향력을 놓고 다른 집단들과 경쟁하고 있으며, 때때로 당 간부는 인민의 필요를 증진시켜주는 고마운 사람이라기보다는 방해자로 인식되고 있다. 그렇다면 이런 경쟁 집단들은 과연 누구인가?

### 질서의 붕괴와 지역 조직범죄의 등장

전체주의적인 중앙의 통제가 완화되면서, 특히 중국 남부의 번성한 연안지역에서 범죄조직 두목들이 등장하였다. 마오쩌둥의 철권통치 기간 중 존재하지 않는 것으로 여겨졌던, 현대 서구사회가 직면한 많은 사회문제들이 덩샤오핑의 개혁 이후에 등장하고 있다. 범죄 조직은 "매춘과 도박, 마약, 시골 여성 및 어린이에 대한 인신매매를 조장하고, 홍콩 은행을 털기 위해 몰래 범죄자들을 국경 너머로 보내고 있다."[22]

### 지방 종교의 부활

과거에 서구의 종교는 오직 소수의 중국인에게 영향을 미쳤지만, 지방의 종교회합이 정부의 승인을 받지 못하면, 참가자들은 지하로 숨어들어 밤에 종교의식을 거행해야 한다. 증가하고 있는 기독교인에 대한 중국 정부의 우려는 공식적으로 등록되지 않은 개신교나 천주교에 대한 탄압으로 이어졌고, 회교도와 티베트 불교도에 대한 구타, 강제 이주, 감시와 구속, 재산 몰수 등의 종교 탄압이 증가하고 있다.[23] 체조와 유사 종교가 결합한 파룬궁에 대한 정부의 격렬한 조치는, 여전히 중국 지도자들이 정부가 통제하지 못하는 어떠한 단체에 대해서도 매우 민감하다는 점을 여실히 보여준다. 중국의 법률연보에 따르면, 비인가 종교단체에 포함된 자를 포함하여 사회질서를 어지럽힌 혐의로 구속된 이들은 2002년에는 전년도에 비해서 감소하여 모두 12,826명에 이르고 있다.[24]

### 씨족 집단의 재등장

지방에 대한 당의 통제가 약화되면서 나타난 결과로 몇 몇 지방에서 군벌 형태의 대립관계에 기초한 씨족집단이 권력을 차지하게 되었다. 문중의 지지를 받는 지방의 지도자들은 촌급 수준에서 실질적 권력을 차지하고, 지방 정부를 통제하고, 특권을 배분하기도 한다. 씨족집단 간 대립관계는 폭력으로도 이어진다. 2004년 가을, 허난성(河南省)의 한 마을에서 한족과 회족(무슬림) 사이에 폭력이 불거졌다. 계엄이 선포되었고, 약 150명이 사망하였다.[25]

## 경제적 분권화

중국 경제개혁의 영향에 대해서는 제3장에서 자세하게 다룰 것이다. 그러나 여기에서 중요하게 지적할 사항은 경제기적이 상당부분 경제적 분권화, 특히 오늘날 1억 명의 농민들이 지역적으로 통제되고 있는 지방 서비스 산업 및 공장에서 일하고 있는 농촌의 분권화에 기인한 것이라는 점이다.

권력의 재분배는 중국공산당과 베이징 중앙정부의 권력의 주요 원천인 국영기업의 계속되는 손실에 의해 확대되었다. 비록 당이 지속적으로 중국적 특색을 지닌 사회주의의 가치를 주장하고 있지만, 국영기업은 점증하는 국가채무 때문에 점차 무력화되어가고 있으며 이는 대체로 공공부문의 비효율성에 기인한다. 동시에 부유한 연안지역의 성들이 국내기업과 외국기업에 대한 세금을 늘릴 수 있는 능력을 보유하기 때문에 분권화가 더욱 확대되고 있다. 베이징 중앙정부의 선택은 지역세나 지방세를 허락하여, 투자를 증대시킴으로서 인플레이션 증가와 중앙권력이 약해지는 부담을 안거나, 혹은 지방 당국의 행위에 대해 제한을 시도하여 불안정성 및 정치적 반발이 발생하는 모험을 감수하는 것, 두 가지 중 하나이다. 후자의 선택은 점차 어려워지고 있는데, 왜냐하면 지방정부들이 외국 투자자로부터 직접 투자를 유치하거나 혹은 지방에서 난 이익을 재투자하여, 더 이상 재정적으로 중앙정부에 기대지 않기 때문이다.

분권화의 문제는 불균형한 경제성장으로 더욱 악화되었다. 남부와 동부의 연안지역 성들은 부유해지고 있는 반면에 내륙의 상대적으로 가난한 성들은 불만이 늘고 있다. 여기에서 주목해야 할 사실은 분권화가 정치적·경제적 권한을 재분배하고 동시에 연안의 부유한 성들을 무역이나 투자를 통해 대만이나 홍콩, 한국, 일본, 인도네시아, 싱가포르 등의 다른 아시아 국가들과 경제적으로 통합하고 있다는 점이다. 이 지역들은 경제적으로 더욱 상호의존적이 됨은 물론, 대중 소비주의에 입각하여 문화 생활양식도 동일해지고 있다. 홍콩과 인접한 광둥성과 대만과 인접한 푸지앤성에서의 생활은 좀 더 윤택하다. 많은 면에서, 선전, 시아먼 같은 연안도시들은 북쪽으로 1,600킬로미터 떨어져 있는 데다, 생활수준이 훨씬 낮고 인민들의 생활이 당국에 의해 보다 통제되는 베이징보다는 홍콩이나 타이페이와 공통점이 더 많은 것 같다.26)

## 여성과 아동의 권리

천안문 사건 전후에 걸쳐 진행된 사유화는 여성과 아동의 인권 및 사회복지에 크게 영향을 주었다. 비록 마오쩌둥의 사회주의혁명은 양성평등을 강조하였지만, 오늘날 여성은 제일 먼저 해고되고, 맨 나중에 고용되는 것 같다. 2003년에, "47%의 해고 노동자가 여성이었는데, 이는 노동시장에서 여성이 차지하는 비율보다 매우 높은 수치이다. … 그리고 여성은 동일한 노동을 하면서도 남성이 받는 임금에 70.1%의 임금을 받는다. … 더군다나, 1998년 아시아개발은행 보고서에 따르면, 남성의 10%가 반(半)문맹이거나 완전문맹인데 반해, 여성은 25%가 그러하다. 정부는 통계자료를 통해 여성 문맹률이 4.2%라고 주장하고 있다."27) 이와 비슷하게, 비록 통계를 구하기는 어렵지만 겉으로 볼 때 중국의 새로운 공장들에서 아동노동은 증가하고 있다.

## 군사적 분권화?

마오쩌둥의 위대한 업적 중 하나는 중화제국 전체에 걸쳐 군사력의 통일을 이루었다는 것이다. 이를 통해 1949년 마오쩌둥이 정권을 장악했을 때 공산당은 티베트나 신쟝 같은 서부지역 멀리까지도 신속하게 그들의 통치를 확대할 수 있었다. 비록 군부가 항상 중앙당의 지도력을 지지하여 왔고, 그것이 천안문 사태와 같은 시기에 당이 권력을 유지하는데 결정적 역할을 했지만, 최근의 군부 내 변화는 향후 중국군대의 역할에 대해 중요한 질문을 제기하고 있다. 중국군의 병력 수는 현재 약 320만 명으로, 러시아의 변화에 따라 달라질 수 있지만, 아마도 세계에서 가장 규모가 큰 군대일 것이다.

　군부의 천안문 사태에서의 결정적인 역할의 결과, 이데올로기와 당의 원칙이 재차 강조되었다. 하지만 오늘날 정부는 군의 전문화 또한 강조하고 있다. 그러나 외부 세계에는 잘 알려지지 않은 군부의 다른 면이 있다. 문화혁명 후, 사회 기간시설의 건설과 경제 회생에 정부의 자원을 사용하기 위해 베이징 정부 당국은 중국 군대에 대한 예산을 삭감하였다. 흥미롭게도, 군부대들은 기업을 설립하고, 군수공장을 민수로 전용하여 생산하도록 독려되었다. 중국 군대는 항상 자립적이어서, 자신들이 소비하는 식량의 대부분을 생산하여왔다. 베이징 당국의 독려 속에, 오늘날 군이 소유한 공장에서 생산되는 상품 중 65%가 민간 소비상품이다. 오토바이, 냉장고, 컬러텔레비전 등 군이 생산한 민수품 중 많은 품목에 대한 수요는 상당하다. 여전히 군수물자를 생산하는 공장은 이제 세계시장에 자신들의 생산품을 팔고 있다. 때로 당과 정부의 고위 관리가 외국과의 계약에 관여하고 있고, 이것이 이런 군사기업 및 거래에 관여한 당 고위 간부들과 그들의 자녀 다수가 갖는 독자적인 수입원이다. 이러한 자본주의 방식의 무기판매활동 중 흥미로운 사례는 중국 군부가 미국에 수입회사를 설립한 것이다. 1990년에 이 회사들은 미국 개인 화기 시장에서 경무장 무기를 10억 달러 이상 판매하였고, 여기에는 많은 이들이 찾는 AK-47 자동 소총도 포함되었다.

　민수품과 군수품 모두를 판매함으로써 군부는 중앙정부의 예산지원으로부터 부분적으로 독립하게 되었을 뿐 아니라, 그 구성원 대부분이 중국의 시장개혁에 매우 헌신적이고, 시장경제를 강력하게 지지하는 자본주의자로 변신하게 되었다. 지방 군부대와 지방 관료들 사이에 유대관계가 증가하면서 베이징 중앙정부에 대한 의존은 더욱 줄어들었다. 이런 관계는 상호간에 이익이다. 지방 군부대는 다리 및 도로 보수, 수로의 보수, 혹은 지방 정부가 예산 부족으로 실시하지 못하는 필수적인 서비스 사업을 대신 수행하고 있다. 이에 대해 지방정부는 군에게 교육이나 주거 혹은 다른 필요한 것을 제공하고 있다.

지방 군부대는 고기, 야채, 달걀 등 자신들이 소비하는 음식물의 50%를 생산하고 있다. 또한 그들은 닭고기, 곡식, 과일의 상당량을 자체 공급하고 있다. 중국군의 식량 생산부대와 민수품 생산 공장은 지역 경제에서 중요한 역할을 하게 되었는데, 지역 차원에서 사영이나 집체농장, 공장, 그리고 소매상들과 함께 일하고 있다. 현재 중국은 사실상 두 가지의 군대를 보유하고 있다. 즉, 하나는 특히 해군과 공군에서 볼 수 있는 현대적 군사장비로 새롭게 무장한 전문화된 군대이고, 다른 하나는 소비자 및 공급자로서 지역 공공 서비스나 시장 활동과 관계하고 있는 상당 수준의 자립적인 지역 생산 부대이다.

군·민 관계를 더욱 개선하기 위해, 중국공산당은 군으로부터 독립적인 준군사 부대의 역할을 증대시키고 있다. 오늘날 이 부대는 베이징이나 기타 다른 지역 및 지방 차원에서 향후 발생할 수 있는 시위나 소요 사태, 당국에 대한 도전 등의 진압을 가장 주요한 임무로 삼고 있다. 그렇지만 향후 군대의 역할에는 문제가 있을 수 있다. 왜냐하면 지역 당국이나 경제단위들이 스스로의 자원이나 협상력에 기반하여 더욱 주도권을 가지고 경제개발을 가속화하고, 외국과 무역이나 투자에 대한 협상을 진행하고 있기 때문이다. 주목할만한 점은, 지방군대가 운영하는 기업은 종종 관련 민간기업이나 지역 공기업의 협조 하에 스스로의 판매망 및 투자관계의 구축에 적극적으로 관여하고 있다는 것이다.

**분권화의 함의**

역사적으로, 고대 로마나 러시아 제국과 같은 거대 제국은 고도의 권위주의 체제에 의해 결속을 유지하였다. 20세기에 대영제국과 같은 서구 식민제국의 본국 중앙정부가 민주화되자, 해외의 식민지들도 동일한 권리를 요구하였다. 오늘날 전통적인 서구제국주의는 대부분 역사책에서나 찾아볼 수 있다. 커다란 영토를 단일 통치단위로 통일하여 거대시장과 규모의 경제가 주는 이점을 취하는 방식으로는 지방차원, 지역차원, 전국 차원에서 국민이 통치자를 직접 선출하고 감독하는 민주적인 연방제의 창출이 선호되었다. 1789년 가장 먼저 미국이 연방제를 채택하였고, 캐나다가 1867년 뒤를 따랐으며, 호주도 1900년에 그리하였다. 오늘날 공식적으로 민주주의적인 정치제도를 갖춘 브라질, 멕시코, 인도 등, 과거 서구 식민지 국가 중 큰 나라들 모두는 다양한 형태의 민주적 중앙정부, 지방정부, 지역정부를 가진 연방주의를 채택하고 있다.

그렇다면 중국은 어떠한가? 서로 다른 차원의 정부 사이에 실제적인 힘의 분점이 이루어지는 연방주의는 로마나 스파르타, 아테네로까지 거슬러 올라가는 정치적 경험에 기초를 두고 있는데, 고도로 권위주의적인 형태의 정부에는 적절하지가 않은 것 같다. 권위주의체제는 권력이 고도로 중앙에 집중되지 않으면 로마나 과거 소련의 경우처럼 와해될 것이다. 어려움을 겪고 있는 러시아가 과거 소련의 일부였던 공화국들과 통합하거나 연방제도 하에 결속 할 수 있을 지는 대단히 의문스럽다. 중화제국의 경우, 외부인들은 언젠가 지방과 지역 그리고 중앙 차원에서 인민의 통치가 효과적으로 이루어질 수 있는 좀 더 민주적인 사회가 평화적으로 출현하기를 희망할지 모른다. 그러나 중국 내부에서는 경제 권력이 중앙으로부터 점차 지방으로 이양되면서 현실화되고 있는 지방분권화의 문제가 21세기 중국이 직면한 가장 큰 수수께끼 중 하나인 것 같다.

아무도 중국이 여러 경쟁하는 지역으로 분열되기를 진정으로 바라지는 않는다. 중국의 괄목할 만한 경제발전과 안정은 중국의 전지구적 체제로의 정치적·경제적 통합을 통해 중국과 세계 모두에 이득을 주었는데, 중국의 분열은 이를 해칠 수 있기 때문이다. 서구의 사회과학자들은 사회, 경제, 정치적 권력 구조에 대한 논리 정연한 설명을 좋아한다. 그러나 아마도 중국의 미래 국내 관계는 중국 외부의 비평가들을 당혹스럽게 할 것이다. 지방의 요구에 반응하여 비공식적인 협상제도를 통해 상당한 수준의 권한 이양을 허용하면서, 21세기 멀리까지 공산당과 중앙정부가 계속해서 통제를 유지할 수 있을까? 사실상 그 과정은 이미 시작되었는지 모르며, 중국 사회 여러 수준의 다원화 또한 이미 진행되고 있는지 모른다. 중국 국내외 어디에도 당의 권력 상실과 중앙정부의 권위 실추를 지적하는 것이 바람직하다고 느끼는 사람은 거의 없다.

## ■ 권력승계 문제와 중국정치의 미래

중국을 비롯한 공산주의 정치체제가 갖고 있는 큰 약점은 새로운 지도자를 선출하는 적절한 과정이 결여 되었다는 점이다. 중국에서는 마오쩌둥이 사망한 이후에 많은 후계자들이 권력을 공고히 하는데 실패하였으며, 마오쩌둥이 선호하지 않았던 덩샤오핑이 권력기반을 튼튼히 하고, 본격적인 경제개혁에 착수하는 데까지 거의 2년이 걸렸다. 1980년대에 덩샤오핑의 후계자로 추천되었던 후야오방(胡耀邦)과 자오쯔양(趙紫陽) 두 사람은 권력으로부터 쫓겨났으며, 덩샤오핑 다음으로 권력을 승계한 장쩌민(江澤民)은 당 총서기, 국가주석 (1993년 5월 전국인민대표회의의 결정), 중앙군사위 주석직 등에 임명되었음에도 불구하고 처음에는 과도적인 인물로 알려졌다. 그러나 장쩌민은 그 후 10년 동안 권력을 유지했으며, 장쩌민의 집권기간 동안 중국은 경이적인 경제성장을 지속하였고, 국제사회에서 강대국으로 부상하였다.

### 당과 국가의 확실한 미래를 위한 덩샤오핑의 전략

덩샤오핑은 자신의 사후에도 경제개혁이 활성화되고 지속되도록 하기 위한 그의 생애 마지막 정치캠페인으로 1992년 1월 중국남부의 광둥성을 여행하였으며, 그곳에서 선전(深圳)과 주하이(珠海) 같은 경제특구를 방문하였다. 거기서 덩샤오핑은 자신이 1984년 방문한 이후 이루어진 엄청난 경제성장과 번영을 목도하였다. 그는 대중매체를 통해 세계를 향하여 선언하기를 지금 미래를 보았으며 그리고 그 미래의 체제는 잘 작동하고 있다고 하였다. 덩샤오핑의 목적은 시장개혁의 확대를 지지하도록 대중을 결집하는 것이었으며, 그는 개혁의 확대가 중국으로 하여금 역사에 확실한 자리매김을 하도록 해주며, 인민에게 복지를 제공할 뿐만 아니라, 중국공산당의 정통성을 강화시켜줄 것이라고 말했다.

덩샤오핑은 시장개혁에 근거한 보다 철저하고 신속한 발전이 미래를 위한 열쇠라고 확신하였다. 이것은 그가 중국적 특색의 사회주의를 달성하는데 필수적인 것이라고 말한 네 가지의 가장 중요한 원칙을 경제개혁과 결합하는 경우 가장 잘 달성될 수 있을 것이라고 하였다. 4개 원칙이란 프롤레타리아 독재, 공산당의 영도, 마르크스·레닌주의 및 마오사상 견지 등이다. 여전히 대중매체를 장악하고 있던 당의 보수파는 덩샤오핑이 시장개혁의 가속화에 대한 대중의 전폭적 지지를 결집하여, 그가 물러난 이후 어느 누구도 시장개혁의 가속화 과정을 되돌릴 수 없도록 하려 한다고 보았다.[28]

당 보수파가 대중 매체를 장악하고 있었고, 덩샤오핑이 자신의 캠페인을 대중에게 알리는데 어려움을 겪었다는 점은 중국의 대중매체들이 중국 남부에서 행한 덩샤오핑의 마지막 캠페인을 즉각적으로 보도하기를 거절한 것을 봐도 알 수 있다. 비록 홍콩의 언론들이 홍콩의 국경 너머 선전에서 행해진 덩샤오핑의 캠페인을 즉각적으로 보도하여, 덩샤오핑의 마지막 포효를 전세계에 전했지만, 베이징에서 발행되는 당 기관지인 인민일보를 비롯하여 보수파가 장악하고 있는 중국의 대중매체는 2개월의 시간이 지날 때까지 어떠한 이야기도 보도하지 않았다. 중국공산당 내의 반(反)개혁적인 레닌주의자들의 염려에는 그럴만한 이유가 있었다. 시장개혁을 재확인하고 지지를 얻기 위한 덩샤오핑의 마지막 캠페인에 대한 뉴스가 대중에게 알려지자, 덩샤오핑의 정책에 대해 저변으로부터 지지의 움직임이 일어났으며, 1992년 14차 당대회와 1993년 전인대에서 보수파를 제거하고 개혁파를 주요 요직에 앉히려는 덩샤오핑의 시도를 지지하기 위해 당내의 개혁파들이 집결하였다. 비록 당시 88살이었고 대회에 참석할 수 없었지만, 덩샤오핑은 남부 지역에서 수행한 캠페인에 대한 지지 여세에 기초하여 장막 뒤에서 추종자들을 통해 정적들을 제거하고, 당과 정부의 요직에 자신의 지지자들을 심었다.

### 노간부들의 제거

중국에는 지도자의 임명이나 해임에 민주적 절차가 없기 때문에, 정치 지도자의 선택은 장막 뒤에서 벌어지는 당내 권력투쟁을 통해 이루어진다. 그 과정에서 주요 지도자들은 경쟁 지도자들 및 그들 추종자들의 교묘한 술책을 저지하면서, 자기 파벌 사람을 권력에 앉히려고 노력한다. 권력승계 과정에 적극적으로 개입하고자 하는 군부의 유혹을 없애기 위하여, 덩샤오핑은 1989년 6월 4일 발생한 천안문 학생시위를 진압하는데 정치적으로 연루된 주요 장교들을 파직시키거나 다른 자리로 전근시켜서 군 지도부에 대한 대대적인 정비를 매듭지었다. 이데올로기적 열망과 공산주의의 주입을 옹호하는 사람들은 전문화된 군을 강력하게 지지하는 사람들로 교체되었다. 당의 족벌주의에 대한 비판과 부패에 대한 비난을 멈추기 위해, 덩샤오핑은 의도적으로 저명한 당 간부의 자제들(이들을 태자당이라고 함)을 당과 정부 및 경제계에서 제거하였다. 덩샤오핑이 1978년 등극한 후 그의 다섯 자식 중에 몇몇이 주목을 받긴 했지만, 어느 누구도 주요 직책을 차지하지 못하였다.

그의 마지막 포효를 통해 덩샤오핑은 또한 당 중앙위원회, 당 정치국, 그리고 7명으로 이루어진 당 정치국 상무위원회에서 경제 개혁파의 입지를 강화하려고 하였다. 제14차 당대회에서 이루어진 변화의 결과, 좌익적인 노간부들이 현저하게 약화되었다. 그러나 중국의 가장 대표적인 강경파로 천안문 사건의 진압에 가장 주요한 역할을 하였던 리펑(李鵬) 총리는 정치국 상무위원 자리를 그대로 유지하였다. 이어서 1993년 3월에 열린 전인대에서 리펑은 5년 임기의 총리로 재추대되었다. 덩샤오핑은 지식인과 학생 그리고 그 외 당에 대한 비판이나 도전을 다시 시도하려는 사람들에 대해 경고하기 위한 수단으로 리펑을 당정의 최고 권력구조에 그대로 남겨두고자 했던 것이다. 덩샤오핑은 1978년에 권력을 장악한 후에 자신의 기본적인 철학을 재확인하였는데, 그는 경제개혁을 지속하면서도 권력투쟁이나 불안정성을 야기할 수 있는 서구 형태의 정치 과정의 등장은 방지할 수 있는 권력구조의 창출을 통해 향후 당의 역할과 국가의 번영을 확고히 하고자 희망하였다. 덩샤오핑이 가장 두려워했던 점은 위로부터의 레닌주의적인 통치에 기초하는 강력한 당의 지도력이 없다면, 중국이 소련과 같은 길을 갈지 모른다는 것이었다. 1992년 10월 새롭게 지명되거나 재추대된 정치국 상무위원회의 다른 위원들은 경제개혁파, 중도주의자, 강경파 리펑 간의 균형을 통해서 자신이 떠난 후에도 원만한 권력승계가 이뤄지도록 하고자 하는 덩샤오핑의 기도를 강화시켜 주었다.29)

## 3세대와 4세대

과거 중국의 권력투쟁에 근거하여 보면, 2세대(덩샤오핑)에서 3세대(장쩌민) 그리고 4세대(후진타오와 원자바오)로의 조용한 권력승계는 거의 기대할 수 없었다. 당은 문화혁명과 천안문 사태로 정통성을 잃었다. 학생들은 문화혁명과 1989년 6월 사태 속에서 당을 개혁하기 위한 노력을 수행하며 정치적인 활력을 갖게 되었고, 그러한 과정 중에 또한 당에 대한 지지를 철회하였다. 다수의 분석가들은 젊은 세대가 지식인을 비롯하여 당에 대한 믿음을 잃은 사람들의 지지를 받아 다시 한번 중국의 문제를 스스로 해결하고자 나서리라 생각했다. 그러나 분석가들의 전망은 다시금 빗나갔다. 권력승계는 비교적 조용하게 이뤄졌다. 중국의 지식인과 학생 노동자들은 불안정한 상황을 조장하는 것을 경계하였고, 당은 경제적 번역을 통해 당분간 시간적 여유를 확보할 수 있었다. 점점 높아진 중국 지도자들의 탁월한 정치적 능력과 노련함 또한 정권 유지에 도움이 되었다. 장쩌민과 리펑(李鵬)은 2003년까지 권력을 유지하였고, 다음 세대에게 정부의 권력을 조용히 이양하였다.

장쩌민(1927년생)은 중도주의자로 여러 파벌 사이의 균형자로 인식되었다. 상하이에서 발생한 소요를 효과적으로 무혈 진압하였던 장쩌민은 천안문 사건 이후에 덩샤오핑에게 발탁되어 고향인 상하이에서 베이징으로 올라왔으며, 당 서기와 중앙군사위 주석 그리고 국가주석으로 임명되었다. 덩샤오핑은 장쩌민이 세 가지 주요한 직책을 동시에 가짐으로써 권력 승계를 둘러싼 권력투쟁에서 살아남기를 바랬던 것으로 보인다. 장쩌민은 2002~2003년에 '4세대'에 권력을 이양하였으나 그가 주창한 '3개 대표' 사상(당은 항상 선진 생산력의 발전 요구, 선진문화의 발전 지향, 절대 다수 중국 인민의 이익을 대표하여야 한다는 사상)을 장려하고, 중앙군사위원회에서 자신의 역할을 계속 유지하고, 그리고 특히 정치국을 비롯하여 당 전체의 주요 자리에 상하이방을 배치하면서 자신의 권력에 대한 통제를 유지하였다. 그의 능력에 대한 처음의 의구심과는 달리 장쩌민이 남긴 업적은 지대하며, 경제성장, 일정한 정치적 안정, 국제사회에서 위상의 증대, 조용한 권력승계 등을 꼽을 수 있다.

후진타오(1942년 12월 생)는 2002년에 중국공산당 총서기가 되었고, 2003년에 국가주석이 되었다. 새로운 총리는 원자바오(1942년 9월 생)가 되었다. 총리로써,

> 원자바오는 공중보건과 교육과 같은 다른 사회적 목표와 함께 부의 보다 평등한 분배를 강조하고 있다. 아울러 원자바오 총리의 취임 후 중국 정부는 환경이나 노동자의 건강에 입힌 피해를 비롯하여 경제적 발전이 초래한 사회적 비용에 주목하기 시작하였다. 원자바오의 광범위한 경험과 전문성은 '4세대 지도자들'이 과거 20여년의 개혁과정에서 소외되었던 지역들의 농촌경제 활성화를 모색하는 과정에서 중요한 역할을 하고 있다. 원자바오는 지난 20여 년간의 경이로운 경제성장에서 소외된 농촌 사람들, 특히 서부 지역 사람들에게 다가가고자 많은 노력을 기울이고 있는 것으로 보인다. 원자바오와 후진타오는 둘 다 광활한 중국 내륙 출신이며, 그곳에서 자신들의 정치적 기반을 양성하여 왔다.[30]

후진타오와 원자바오의 정치적 능력은 곧바로 시험에 직면했다. 2002

년 겨울과 2003년 봄, 중국 지도자들은 처음에는 새로운 독감 같은 이상한 질병의 확산을 무시하였다. 그리고 중국 지도자들은 그 질병의 심각성과 확산의 정도를 감추려고 하였다. 사스(SARS)가 홍콩, 대만, 베트남, 캐나다 등으로 확산된 후에야 중국은 이 질병이 광둥성에서 처음 발생하였고, 심각한 종류의 것이며, 정치지도자 및 의료계 지도자들이 인민과 세계를 기만하였음을 인정하였다. 2003년 사스 위기 당시, 많은 이들은 사스가 '중국판 체르노빌'이 되고, 그에 따라 공산당이 큰 압력에 직면하게 되어, 근본적인 정치적 변화가 야기될지 모른다고 예측하였다. 그러나 당은 고전적 수법인 대중동원 기술을 사용하여 질병의 확산을 막고, 권력과 권위를 유지하였다. 당의 소멸이나 개혁에 대한 예측들은 크게 과장된 것이었다.

그렇다면, 상대적으로 순조로운 승계과정을 가능하게 한 핵심적인 요인은 무엇일까? 덩샤오핑은 자신보다 보수적인 적들을 압도하고 그들로부터 살아남는데 성공하였다. 덩샤오핑이 사망하였을 때 문제는 경제를 어떻게 개혁하는가가 아니라, 중국을 어떻게 경제적으로 성장시키고 동아시아 및 세계의 주요 강대국으로 만들 것인가 하는 것이었다. 사실상 이러한 목표는 당 전체가 동의할 수 있는 것이었다. 그 후 한동안은 싸울만한 뜨거운 쟁점도 없으며, 장쩌민, 후진타오, 원자바오 등에게 도전할만한 큰 인물도 없었다. 만약 경제가 과열되지 않고 계속 성장한다면, 현재의 지도부는 안전할 것 같다. 그러나 인플레이션, 지불 정지된 은행 채권, 사회간접자본 문제, 공급 부족 등 경제적 어려움이 지속되고 가중된다면 정치적 안정 역시 영향을 받을 수 있다.

## ■ 정책대안

다른 큰 나라의 정책결정자들과 마찬가지로 중국의 정책결정자들은 국내 정책의 선택에 있어서 많은 제약을 받고 있다. 사용가능한 자원에 한계가 있고, 복잡한 구조로 인해 기존 정책을 변화시키는데 제약이 따르기 때문이다. 중국의 전국, 지방, 지역 각 수준에 편재한 정부, 경제 및 사회 집단들은 그 존재 자체가 정책 선택에 큰 제약으로 작용하고 있다. 그러나 많은 제3세계 국가들이나 옛 공산주의 국가에 주어진 제한된 정책대안에 비교한다면, 중국의 지도자들은 보다 많은 기회와 선택대안을 가지고 있다.

대안들에 대한 아래의 분석은 중국공산당 지도자들이 중국 국내에서 일어나는 사건들을 통제할 수 있는 권력과 영향력을 보유하고자 하며, 다른 국가와의 관계를 관리하는 능력을 유지하려 한다는 가정에 기초하고 있다. 만약 이런 가정이 맞는다면, 논리적으로 당의 모든 분파들은 다음 정책들의 지속을 지지할 것이다.

1. 당의 권위에 반대하거나 당을 타도하려 하는 집단의 등장을 일절 차단하여 정치적 권력 독점 유지
2. 공안, 군대, 경찰 등에 대한 당의 통제 유지
3. 대중적인 논쟁이 일어날 경우 당이 토론의 제한범위를 설정하는 역할을 할 수 있도록 대중매체에 대한 통제 유지
4. 당내 여러 분파 사이의 권력투쟁을 공적 사안이 아닌 내부문제로 관리

## 대안 1: 민족주의 고취

중화민족의 단일성(unity)에 대한 자부심을 불러일으키고, 그러한 취지의 정책을 실행하는 것은 민족주의 고취라는 총체적 목표를 달성하는데 도움을 줄 수 있다. 중국은 현대의 대다수의 거대 국가들 보다 운이 좋은데, 왜냐하면 인종적, 민족적, 종교적 소수민족 집단들의 규모가 비교적 작고, 대부분 변방지역에 거주하고 있기 때문이다. 많은 수의 한족을 주변지역으로 이주시키는 베이징의 기존정책은 계속 유지될 것 같고, 언젠가 소수민족은 자신들의 땅에서조차 이방인이 되고 말 것이다. 그러나 만약 베이징이 변경지역의 인권상황에 대한 외부세계의 비판을 완화시키고자 한다면, 한족 이주정책과 함께 정부의 권위에 대한 도전으로 이어지지 않는 한도 내에서 소수

민족의 개인적 자유, 사회적 복지, 문화적 권리를 보장하는 조치를 실시하는 것이 합리적이다. 더군다나 중국인 어느 누구도 자신들의 조국이 공산정권 붕괴로 인해 '발칸화'를 겪었던 소련의 전철을 밟기를 원하지 않는다. 당은 민족성을 장려하는 정책을 통해 인민을 규합할 수 있다. 과거 중화제국의 영광에 호소하는 행위는 중국인들의 심금을 울리기 때문이다.

## 대안 2: 대중화(a Great China)의 건설에 무력보다는 설득 사용

홍콩이나 마카오 그리고 대만에 대한 정치적 지배의 재개를 통해 중화민족으로 나아가겠다는 자신의 목표를 추구하는 데 있어서 당이 어떤 방법을 선택하느냐에 따라 당이 미래에 얼마나 신뢰를 받는지가 결정될 것이다. 정치적 통일을 압박하거나 또는 1949년 이래 공식 정책으로 자리매김해온 바와 같이 무력 사용에 대한 위협을 통해 통일을 달성하려하기보다 당을 이미 일어나고 있는 실질적인 경제 통합이 지속되고 강화되도록 할 수 있다. 그러나 대만 민족주의의 강화나 홍콩에서 중국 통치에 대한 정치적 저항은 중국 지도부에 큰 위협으로 다가와 정치적 또는 군사적 개입을 초래할 수도 있다. 대만에서 문제가 발생할 경우, 양측이 모두 군사력 강화에 많은 노력을 쏟고 있기 때문에 매우 위험할 수 있다.

## 대안 3: 민족주의와 군 현대화의 결합

중국 지도자들은 외국의 적으로부터 중국을 방위하는 군의 역할을 강조하면서, 민족주의와 군 현대화의 결합을 강조하는 방향으로 나아갈 수 있다. 여기에는 인근지역에서 고대 중국의 영향권 회복을 위한 제한적 조치가 포함될 수도 있다. 만약 중국이 외국과 분쟁에 휘말린다면, 민족주의적 정서가 강화되고 정권에 대한 지지가 높아지기는 하겠지만, 남중국해와 같은 지역에 대한 영향력을 회복하기 위해서는 애국적 열망을 조심스럽게 조절해야 할 것이다. 이 지역에서 중국의 군사활동이 강화된다면 아시아 지역의 군비경쟁이 촉발될 것이다. 그리고 이런 상황은 아시아 이웃국가 및 국제사회와 중국의 관계를 위협할 것이다.

### 대안 4: 당의 정통성 복원

중국의 개혁파 지도자들은 인민들의 신뢰를 유지하여야만 당이 살아남을 수 있다는 점을 인식하고 있다. 당의 생존은 특히 당과 간부들에 대한 농민들의 긍정적인 인식에 기초를 두고 있다. 당은 신뢰를 얻기 위해 인민과 사회에 대한 봉사보다는 당 간부 개인의 축재와 부패 옹호에 점점 치우치는 듯한 당의 윤리기준을 바꿔야만 한다. 많은 사람들이 지적하듯, 정의로운 사회의 건설은 또한 농민과 당 간부, 상인과 학자들에 대해 동등하게 법을 집행하는 사법제도의 구축에 달려있다. 당이 법위에 군림해서는 안된다.

### 대안 5: 중앙정부와 지역의 여러 수준에서 더 큰 협력 촉진

분권화가 확대되는 상황에서 '가진'성과 '못 가진'성 사이에 경제적 불균형이 증가하고 있다. '하향침투론'은 더 가난하고, 내륙에 있는 성들이 결국에는 인접한 부유한 성들의 궤도로 끌어들여질 것이라는 아이디어에 기초하고 있다. 그러나 많은 이들은 경제적 부는 자동적으로 이동하지 않으며, 정권이 더 부유한 성들로 하여금 더 가난한 성의 사회간접자본을 확충하도록 강제해야만 한다고 생각한다. 만약 당이 지역, 지방 그리고 중앙의 공무원들이 국가적 복지를 촉진하기 위해 상호교류하고, 협상하는 틀을 발전시키지 않는다면, 경제성장의 불균형 확대에 의해 야기되는 병목현상과 불평등은 언젠가 당 자체를 포함해서 중국의 현존하는 사회, 경제, 정치적 구조를 뒤엎을지 모른다.

### ■ 토의주제

1. 오늘날 중국의 인민과 지도자들은 마르크스와 레닌 그리고 마오쩌둥의 가르침을 어느 정도 믿고 있는가?

2. 중국인들은 오늘날 마오쩌둥과 그의 업적을 어떻게 평가하고 있는가?
3. 미래에 중국을 통치하기 위해 중국공산당은 '천명'을 이어가려고 어떤 노력을 하고 있나?
4. 시간이 지남에 따라, 중국인들은 중국에 대한 덩샤오핑의 공헌에 대해 어떻게 평가하는 것 같은가?
5. 문화혁명과 천안문 사건이 각각 중국 인민과 당의 관계에 어떤 영향을 미쳤는지 비교·대조해 보라.
6. 1997년 이래 홍콩에서는 어떤 변화가 일어나고 있는가?
7. 티베트가 독립국가가 될 가능성이 있는가?
8. 미래의 중국과 대만의 관계에 대한 여러 시나리오를 토론해 보시오.
9. 문화적 정체성이나 중화제국이란 관념과 결부되어 있는 감정들이 현대 중국 국내사회에서 어떤 방식으로 중국의 통합이나 분열의 원인이 되고 있는가?
10. 서구적 형태의 민주적 개혁은 21세기 초 중국과 중국인들의 복지에 유익한가 아니면 해로운가? 중국에서 개인이나 기업의 기본적인 권리를 보장하면서 동시에 공산당 지배를 유지 하도록 해주는 사법제도를 만드는 것이 가능할까?
11. 급격한 경제 성장률(8~9%)과 연관되어 중국이 직면한 문제들은 무엇인가?
12. 21세기에 있어서 중국 내부의 어떤 힘이 궁극적으로 제국이나, 연방국가, 혹은 분권국가의 정치구조에 이르게 할 것인가?
13. 중국인민해방군과 공산당은 어떤 관계인가? 미래에 당이 국가 전체를 지배하는 상황이 변화된다면, 군은 어떤 역할을 할 것인가?
14. 중국 국내의 발전이 외교관계에 어떤 영향을 미치고 있는가?

## ■ 추천문헌

Clough, Ralph N. *Cooperation or Conflict in the Taiwan Strait?* Lanham, Md.: Rowman and Littlefield, 1999.
Dickson, Bruce J., and Chien-min Chao, eds. *Assessing the Lee Teng-hui Legacy in Taiwan's Politics*. Armonk, N.Y.: M. E. Sharpe, 2003.

Dreyer, June Teufel. *China's Political System: Modernization and Tradition.* 4th ed. Boston: Allyn and Bacon, 2004.
Finkelstein, David M., and Maryanne Kivlehan, eds. *China's Leadership in the Twenty-First Century: The Rise of the Fourth Generation.* Armonk, N.Y.: M. E. Sharpe, 2002.
Friedman, Edward, and Barrett L. McCormick, eds. *What If China Doesn't Democratize? Implications for War and Peace.* Armonk, N.Y.: M. E. Sharpe, 2000.
Gamer, Robert E., ed. *Understanding Contemporary China.* 2nd ed. Boulder, Colo.: Lynne Rienner, 2003.
Gladney, Deru C. "Xinjiang: China's Future West Bank?" *Current History* (September 2002): 267-270.
Gurtov, Mel, and Byong-Moo Hwang. *China's Security: The New Roles of the Military.* Boulder, Colo.: Lynne Rienner, 1998.
Han Minzhu, ed. *Cries for Democracy: Writings and Speeches from the 1989 Chinese Democracy Movement.* Princeton: Princeton University Press, 1990.
Kau, Michael Ying-Mao, and John K. Leung, eds. *The Writings of Mao Zedong, 1949-1976.* Vol. 2. Armonk, N.Y.: M. E. Sharpe, 1993.
Kau, Michael Ying-Mao, and Susan H. Marsh, eds. *China in the Era of Deng Xiaoping: A Decade of Reform.* Armonk, N.Y.: M. E. Sharpe, 1993.
Kent, Ann E. *China and Human Rights.* New York: Oxford University Press, 1992.
Kim, Samuel S., ed. *China and the World: Chinese Foreign Relations in the Post-Cold War Era.* Boulder, Colo.: Westview, 2000.
Lampton, David M., ed. *The Making of Chinese Foreign and Security Policy in the Era of Reform, 1978-2000.* Stanford: Stanford University Press, 2001.
Lieberthal, Kenneth. *Governing China: From Revolution to Reform.* 2nd ed. New York: Norton, 2003.
Lilley, James, and David Shambaugh, eds. *China's Military Faces the Future.* Armonk, N.Y.: M. E. Sharpe, 1999.
Lin, Bih-jaw, et al. *The Aftermath of the 1989 Tiananmen Crisis in Mainland China.* Boulder, Colo.: Westview, 1992.
Lin, Nan. *The Struggle for Tiananmen: Anatomy of the 1989 Mass Movement.* Westport, Conn.: Praeger, 1992.

Liu Binyan. "The Long March from Mao: China's De-Communization." *Current History* (September 1993): 241-244.
Ogden, Suzanne. *Inklings of Democracy in China*. Cambridge: Harvard University Press, 2002.
Oksenberg, Michael, Marc Lambert, and Lawrence H. Sullivan, eds. *Beijing, Spring 1989: Confrontation and Conflict-The Basic Documents*. Armonk, N.Y.: M. E. Sharpe, 1992.
Patten, Christopher. *East and West: China, Power, and the Future of Asia*. New York: Random House, 1998.
Perry, Elizabeth J., and Mark Selden, eds. *Chinese Society: Change, Conflict, and Resistance*. New York: Routledge, 2000.
Saich, Tony, ed. *The Rise to Power of the Chinese Communist Party: Documents and Analysis*. Armonk, N.Y.: M. E. Sharpe, 1993.
Schram, Stuart R., ed. *Mao's Road to Power: Revolutionary Writings, 1912-1949*. Vol.1. Armonk, N.Y.: M. E. Sharpe, 1993.
Shambaugh, David. *Modernizing China's Military: Progress, Problems, and Prospects*. Berkeley: University of California Press, 2003.
Wasserstom, Jeffrey N. "China's Brave New World." *Current History* (September 2003): 266-269.

## ■ 주

1) Ma Licheng, "New Thinking on Sino-Japanese Relations," Japan Echo (June 2003), p. 35. 이 글은 "Waga Chugoku yo, han-Nichi kodo tsushime," *Strategy and Management* no. 6 (December 2002)을 번역하였음.
2) Perry Link, *Evening Chats in Beijing* (New York: Norton, 1992), p. 29.
3) 티베트에 대한 중국인들의 견해는 다음을 보라. Dai Yannian, Edna Driscoll, Yen Qinghong, and Zhu Yuan, eds., *China in Focus-Tibet: Myth and Reality* (Beijing: Beijing Review, 1988); and see *Tibetans on Tibet* (Beijing: China Reconstruction Press, 1988). 또한 중국 대사관의 홈페이지를 참조. www.china-embassy.org.
4) Bradford Trebach, *New York Times*, May 19, 1992, p. A14.
5) 다음을 참조. http://www.cia.gov/cia/publications/factbook/geos/hk.html. updated May 11, 2004.
6) T. L. Tsim, "Hong Kong: The Middle of the Journey," Yale China Association China Update 2, no. 3 (Fall 1991), p. 4.
7) Sheila Tefft, "Even Chinese Who Liked British Rule Are Irked over Hong

Kong," *Christian Science Monitor*, April 21, 1993, p. 2.
8) Joseph Kahn, "A Democratic China? Not So Fast, Beijing Leaders Say," New York Times, April 8, 2004, p. A3.
9) "China-Taiwan Trade Soars on IT," South China Morning Post, February 5, 2004, http://www.asiamedia.ucla.edu/article.asp?parentid=7338.
10) United Press International, Taipei, January 1, 1993.
11) Wei Jingsheng, quoted in Uli Schmetzer, "Chinese Dissident Optimistic," *Chicago Tribune*, October 10, 1993, sec. 1, p. 12.
12) 천안문 사태까지 중국의 민주화 운동과 사건에 대한 분석은 다음을 참조하라. George Black and Robin Munro, *Black Hands of Beijing: Lives of Defiance in China's Democracy Movement* (New York: John Wiley, 1993); Susan Ogden et al., eds., *China's Search for Democracy: The Student and Mass Movement* (Armonk, N.Y.: M. E. Sharpe, 1992); Roger V. Des Forges, Luo Ning, and Wu Yen-bo, eds., *Chinese Democracy and the Crisis of 1989: Chinese and American Reflections* (Albany: State University of New York Press, 1993); and Theodore Han and John Li, *Tiananmen Square Spring 1989: A Chronology of the Chinese Democracy Movement* (Berkeley: Institute of East Asian Studies, 1992).
13) 천안문사건의 중요성과 그 영향에 대해서는 다음을 참조하라. Bin-Jaw Lin et al., eds., *The Aftermath of the 1989 Tiananmen Crisis in Mainland China* (Boulder, Colo.: Westview, 1992); Timothy Brooks, *Quelling the People: The Military Suppression of the Beijing Democracy Movement* (New York: Oxford University Press, 1992); Lee Wei-chin, "Read My Lips or Watch My Feet: The State and Chinese Dissident Intellectuals," *Issues and Studies* 28 (May 1992), pp. 29-48; "China's Sort of Freedom," *The Economist*, October 17, 1992, pp. 39-41; Richard A. Hartness and Guilian Wang, "The Problem of Culture: The Clash Between Gerentocrats and Paedocrats in the 1989 Spring Uprising in China," *Asian Profile* 20 (April 1992), pp. 97-107; Anthony P. B. Lambert, "Post-Tiananmen Chinese Communist Party Religious Policy," *Religion, State, and Society* 20, nos. 3-4 (1992), pp. 391-397 (이 논문에서 저자는 "동유럽에서 마르크스 체제의 몰락은 … 중국의 노동 계급들이 벌이고 있는 유사한 대중운동에 대한 우려를 불러일으켰고, 중국의 가톨릭 성당 및 교회가 정권타도의 기지가 될 수 있다는 의심을 불러일으켰다"고 말한다); Andrew Scobell, "Why the People's Army Fired on the People: The Chinese Military and Tiananmen," *Armed Forces and Society* 18 (Winter 1992), pp. 193-213; and Martin King White, "Prospects for Democratization in China," *Problems of Communism* 41 (May-June 1992), pp. 58-70.
14) 다음을 참조. Lee Wei-chin, "Crimes of the Heart: Political Loyalty in Socialist China," *Studies in Comparative Communism* 25 (September 25, 1992), pp. 228-241.

15) 다음을 참조. Sheila Tefft, "Prison Letters Reveal Plight of Chinese Dissidents," *Christian Science Monitor*, March 4, 1993, p. 1.
16) Nicholas D. Kristof, "Beijing Journal: Three Years After Tiananmen Protests, Who Among Chinese Remembers," *New York Times International*, June 5, 1992, p. A4.
17) The Carter Center, http://www.cartercenter.org/documents/nondatabase/chinavillagefactsheet.pdf, viewed April 14, 2004.
18) Kathy Chen, "China Eases Its Grip on Media," *Wall Street Journal*, April 8, 2004, p. A14.
19) Howard W. French, "China Tries Again to Curb Independent Press in South," *New York Times*, April 15, 2004, p. A14에서 재인용함.
20) Maria Hsia Chang, "China's Future: Regionalism, Federation or Disintegration," *Studies in Comparative Communism* 25 (September 1992), pp. 211-227.
21) 다음을 참조. Ann Scott Tyson and James L. Tyson, "As Party Declines, Who Is in Charge?" *Christian Science Monitor*, August 12, 1992, pp. 9-12.
22) Ibid., p. 9.
23) 이러한 발전은 1993년 5월 28일 발표된 아시아워치(Asian Watch)의 한 조사에서 보고되었다. "Continuing Religious Repression in China." 그리고 이에 대한 토론은 다음을 보라. *Chicago Tribune*, May 30, 1993, sec. 1, p. 14.
24) 민주주의, 인권, 노동국(Bureau of Democracy, Human Rights, and Labor)에서 발행한 다음 보고서를 참고하라. "International Religious Freedom Report 2003," http://www.state.gov/g/drl/rls/irf/2003/ 23826.htm.
25) Joseph Kahn, "Martial Law Declared as Nearly 150 Die in Central China," *New York Times*, November 1, 2004.
26) 다음을 참조. Luc Chartrand, "Hong Kong's Reverse Takeover," *World Press Review* 39 (September 1992), p. 42; Cindy Fan, "Regional Impacts of Foreign Trade in China, 1984-1989," *Growth and Change* 23 (Spring 1992), p. 129-159; James L. Tyson and Ann Scott Tyson, "Chinese Reforms Widen Gap Between Coast and Hinterland," *Christian Science Monitor*, July 22, 1992, pp. 9-12; Ting Wai, "The Regional and International Implications of the South China Economic Zone," *Issues and Studies* 28 (December 1992), pp. 46-72; and Chris Bramall, *Legacies of Maoist Economic Development in Sichuan* (New York: Oxford University Press, 1993).
27) 민주주의, 인권, 노동국(Bureau of Democracy, Human Rights, and Labor)에서 2004년 2월 25일 발행된 다음 보고서를 보라. U.S. Department of State Reports on Human Rights Practices, 2003, http://www.state.gov/g/drl/rls/hrrpt/2003/27768.htmCountry.
28) 다음을 참조. Roderick MacFarquhar, "Deng's Final Campaign," *New York Review*, November 19, 1992; Chiang Chenchiang, "The Influence of the Old

Guard in Mainland Chinese Politics," *Issues and Studies* 28 (July 1992), pp. 25-34; Chenpang Chang, "A New Round of Power Struggle in Peking," *Issues and Studies* 28 (April 1992), pp. 109-111; Chong-Pin Lin, "The Coming Chinese Earthquake," *International Economy* 6 (May-June 1992), pp. 50-57; David Shambaugh, "Regaining Momentum Deng Strikes Back," *Current History* 91 (September 1992), pp. 257-261; Ross Terrill, "Rocking the Old Guard," *World Monitor* 5 (May 1992), pp. 24, 26-28; Nicholas D. Kristof, "Chinese Shake Up Top Party Group; Free Market Gains," *New York Times*, October 20, 1992, pp. A1, A6; and Lena H. Sun, "A Last Hurrah for China's Old Guard," *Washington Post Weekly Edition*, September 21-27, 1992, p. 18.
29) 다음을 참조. "New Party Leadership," *Beijing Review* (November 2-8, 1992): pp. 13-17; and Kristof, "Chinese Shake Up Top Party Group."
30) FreeDictionary.com, http://encyclopedia.thefreedictionary.com/wen%20jiabao, viewed April 15, 2004.

# 칼 마르크스에 대한
# 아담 스미스의 승리

그것은 정말 상상할 수 없는 일이었다. 나는 감히 꿈조차 꾸지 못했다. 과거 나는 흙으로 지은 집에서 살았다. 지금 나는 벽돌집에서 살고 있다. 지난 20년 동안 믿을 수 없는 변화를 목격하였다.
- 궈하이왕, 내몽고의 농부.[1]

나는 1998년 안강 철강에서 해고되었다.… 나는 집세, 수도세, 전기세를 납부해야 한다. 해고되기 이전에는 이 모든 비용을 회사가 부담하였다. 공장에서 일 할 당시 나는 건강보험을 갖고 있었지만, 지금 아무것도 가진게 없다.… 돈이 없어 병원에 가지 못한다. 부모님이 아프셔도 병원에 모시고 갈 수 없다. 아내는 이혼을 요구하며, 아이를 데리고 나를 떠나려고 한다. 너무도 끔찍하다.
- 리춘하이, 라오닝성(遼寧省) 철강회사 해고노동자.[2]

80년대 이후 중국의 놀라운 경제발전의 근간은 덩샤오핑(鄧小平)에 의해 도입된 개혁이다. 개혁을 추진하기 위해 중국의 지도자들은 투자, 원조, 무역, 기술 등에 있어서 해외로 눈을 돌렸다. 표면적으로 공식적인 의사결정과정은 과거와 마찬가지로 엄격히 통제되는 것처럼 보인다. 그러나 그 이면에서 위로는 베이징의 지도자들로부터 최말단인 광대한 농촌지역 향진정부까지를 포괄하는 다른 여러 형태의 정책결정과정이 서서히 형성되었고, 이를 통해 경제개혁의 실행이 촉진되었다. 경제적 의사결정의 분권화는 중국사회 모든 단위에서 정치적 의사결정에 영향을 미치고 있다. 그리고 현 시기 중국의 경제정책은 20세기에 수차례 극적인 단계를 거치면서 경험한 경제사상 영역에서의 엄청난 변화에 기초하고 있다.

이 장에서 우리는 덩샤오핑과 그의 추종자들에 의해 시작되어 중국사회의 모든 단위에서 진행되고 있는 괄목할 만한 경제적 변화를 고찰한다. 특히 지방과 농촌지역에서 변화 중인 경제관행과 의사결정과정과의 상관관계에 주목할 것이다. 권위적인 외관은 여전히 남아있지만, 그 이면에 근본적인 변화의 움직임이 존재하며, 이미 다양한 의사결정과정이 형성되고 있다. 우리는 경제적 변화가 가져온 결과들을 검토할 것이며, 여기에는 기술, 시장, 교육영역에서 새로운 모델, 농촌지역의 경제혁명, 합작사업과 경제특구(SEZs: Special Economic Zones), 무역과 관광, 마지막으로 경제자유주의, 정치적 자유, 인권의 상관관계 등이 포함된다.[3] 덩샤오핑은 다른 나라의 다양한 경제관행들이 갖는 비용과 이득을 저울질한 후에, 중국 경제관행의 급진적 변화를 선언하고 실행에 옮기는 식의 변형된 합리적 행위자 접근방식을 활용하였다. 덩샤오핑은 고르바초프와 그의 추종자들이 경제 자유주의로의 변화를 고민하기 수년전에 이미 변화를 추진하고 있었다. 중국과는 달리 구소련지역에서 경제 자유주의는 오늘날 여전히 미완의 과제로 남아 있다.

## ■ 신경제학: 덩샤오핑과 개방

마오쩌둥(毛澤東)의 뒤를 이을 권력승계 투쟁에서 경쟁자들을 물리친 후, 덩샤오핑은 문화대혁명에 의해 회복이 불가능할 정도로 파괴된 공산주의체제와 중국공산당(CCP: Chinese Communist Party) 권력을 구제해야하는 어려운 과제에 직면하였다. 덩샤오핑은 중국이 안고 있는 문제에 대해 실용적인 해법을 추구하였다. 그는 원칙적으로 마르크스주의 이론을 지지하였지만, 실제로는 마오쩌둥이 추진한 많은 정책들을 변형하였으며,

특히 생산과 분배, 대외 경제관계와 관련한 정책이 이러한 변형의 대상이었다. 알려진 바대로 덩샤오핑은 쥐만 잘 잡는다면 검은 고양이든 흰 고양이든 상관없다고 주장하였다.

중국에서 마르크스주의, 신 마르크스주의, 레닌주의적 원칙의 변천사는 3시기로 구분할 수 있다. 1920년대부터 1949년까지는

- 민족주의에 대한 강조
- 반제국주의
- 농촌지역에서의 계급투쟁과 혁명주의가 지배하였다.

1949년에서 1977년까지는

- 혁명과 통치에 대한 레닌주의적 원칙
- 민족주의와 반자본주의에 대한 강조
- 반제국주의
- 농촌혁명과 농촌자치공동체
- 대약진운동
- 문화대혁명
- 신 마르크스주의
- 경제적 자급자족(autarky)
- 레닌주의적, 스탈린주의적 통치로의 전환의 시기였다.

1978년부터 현재까지

- 민족주의
- 이중경제
- 농촌주민 자생력강화
- 개방정책
- 세계경제체제로의 편입
- 레닌주의적 통치에서 권위주의적 통치로의 부분적 전환
- 정치적 권리를 제외한, 경제적 사회적 기본권에 대한 강조를 경험하였다.

문화대혁명은 중국의 과학기술 발전능력뿐만 아니라, 사회간접시설과

교육제도까지도 파괴하였다. 1978년 덩샤오핑과 그 추종자들은 과감한 개혁이 필요하다는 것을 인식하였다. 스태그플레이션을 야기하고, 인민들의 환멸을 초래한 문화대혁명을 대신하여 보다 나은 삶을 위한 인민 공동의 노력을 불러일으키기 위한 새로운 접근이 요구되었다.

덩샤오핑은 자본주의의 지지자가 아니라 실용주의자였다. 그는 일본, 그리고 한국을 제외한다면 국민의 대다수가 중화민족으로 구성되어 있는 '네 마리 작은 호랑이(한국, 대만, 홍콩, 싱가포르)' 등, 이웃국가의 경제적 성공을 주의 깊게 관찰하였다. 덩샤오핑은 서방자본주의가 제3세계를 수탈하고 있다고 보았지만, 유엔 내부에서 이러한 착취에 저항하는 제3세계 국가들도 세계자본주의체제 자체는 더 이상 거부하지 않으며, 빈국에게 보다 공정하고 공평한 체제로 만들기 위해 노력하고 있음을 인식하였다.[4] 1978년부터 베이징은 비슷한 접근 방식을 채택하기 시작했다. 마오쩌둥이 경제적 자급자족체제를 실천하였던 것에 반해 덩샤오핑은 자본주의 시장논리에 기반을 둔 세계경제체제로의 편입뿐만이 아니라 세계경제질서를 구성하고 있는 세계은행(World Bank), 국제통화기금(International Monetary Fund), 관세 및 무역에 관한 일반협정(General Agreement on Tariffs and Trade)과 같은 다양한 경제레짐에 대한 적극적 참여에 중국의 미래가 달려있다고 믿었다. 이러한 배경에서 덩샤오핑과 그 추종자들은 자급자족원칙을 포기하고 1978년 후반 개방정책으로 선회하였다. 중국을 국제체제로부터 격리하는 대신, 자본주의 경제관행을 도입하고, 서방과의 무역을 추진함으로써 자본주의체제와 시장 유인(incentive)을 통한 중국경제의 개선을 이루어내고자 하였다.

실제로 덩샤오핑과 그 추종자들은 마오주의적 정책에 대한 중국인들의 환멸을 이용하여 인민들이 환영할 수 있는 새로운 접근방식을 도입하였다. 그는 우선 농촌지역에서 개혁을 수행하였는데, 농민들의 의욕을 불러일으키기 위해 농지경작권과 농촌공업화를 허용하였다. 농촌지역에서 사적 생산과 분배를 허용하고, 이후에 이를 서서히 도시지역으로 확장하였다.

그러면서도 이중경제체제는 유지하였다. 새로운 기업의 등장이 새로운 일자리를 창출함으로써 중국경제가 확대되었지만, 이러한 사적 영역의 확대로 인해 다양한 사회주의적 해택이 제공되는 일자리가 사라지는 것을 피하기 위해 과거 국유부문을 계속 유지하였다. 따라서 '철밥통(iron rice bowl)'제도를 부분적으로 유지하였다. 국유부문의 지원을 점진적으로 축소시켜 나가는 과정에서 베이징 중앙지도자들은 국유부문이 파산가능성을 포함한 시장유인에 적응하는데 충분한 시간을 갖도록 순차적 방식을 사용하였다.

실제로 국유부문은 보다 효율적인 민간부문과 경쟁해야 했으며, 민간부문 경쟁자에 뒤처질 경우 파산이나 재조직의 운명에 처해 있었다. 그러나 한 서방 외교관은 다음과 같은 사실을 지목한 바 있다. "국유기업 개혁에 있어서 문제는 국유기업이 현대적 기업이라기보다는 봉건적 촌락과 유사하다는 점이다. 국유기업은 때로는 수십만이 넘는 종업원과 그 가족들에게 주거, 오락, 병원, 공원과 다른 각종 서비스를 제공해야 한다."[5]

이 모든 어려움을 극복하고 중국이 세계적 중요성을 갖는 경제로 성장했다는 사실은 지금까지의 결과를 통해 명확히 입증된다. 세계은행에 의하면 중국농촌의 삶의 조건은 인도를 비롯한 다른 제3세계 국가들과 비교하여 놀라운 정도로 향상되었다(표 3.1 참조). 캘리포니아 대학 경제학 교수인 바드햄(Pranab Bardham)은 한 연구에서 다음과 같이 정리하고 있다.

> 지난 30년 동안 공식적인 통계를 보면, 연평균 일인당 국민소득 증가율은 중국의 경우 7%, 인도의 경우 2.5%로 나타나고 있다. 농업부문, 예를 들어 쌀의 헥터 당 생산성은 중국이 수세기 동안 월등하게 높았지만, 최근 수십 년 동안 제조업 분야에서 중국은 상대적으로 놀라운 진전을 이룩하였다. 1950년대 초반 인도의 제조업분야 생산은 중국에 비해 약간 낮은 정도였으나, 1990년대 후반에는 중국의 1/4에도 못 미치는 수준으로 전락하였다. 1999년 중국 국내총생산에서 제조업이 차지하는 비중은 38%였으나 인도는 16%에 불과하다. 1952년 인도의 제조업분야 노동생산성은 중국의 72%였으나, 1995년에는 37%로 낮아졌다. 중국의 일인당 전력소비량은

표 3.1 중국과 인도의 빈곤율 비교

|  |  | 빈곤선 이하 인구 | | |  | 국제빈곤선 (하루 1달러) 이하 인구(%) |
|---|---|---|---|---|---|---|
|  | 조사년도 | 농촌(%) | 도시(%) | 전체(%) | 조사년도 |  |
| 중국 | 1996 | 7.9 | 〈 2.0 | 6.0 | 2000 | 16.1 |
|  | 1998 | 4.6 | 〈 2.0 | 4.6 |  |  |
| 인도 | 1993-1994 | 37.3 | 32.4 | 36.0 | 1999-2000 | 34.7 |
|  | 1999-2000 | 30.2 | 24.7 | 28.6 |  |  |

출처: World Bank, World Development Indicators 2003, http://www.worldbank.org/data/wdi2003/pdfs/table%202-6.pdf.

인도의 두 배이고, 인구 1,000명당 전화소유는 중국이 인도보다 몇 배가 높다. 1999년 세계 무역(수출과 수입)에서 상품부문의 경우, 중국의 비중은 3.3%, 인도의 비중은 0.7%이며, 서비스부문의 경우 각각 2.1%, 1.2%를 기록하고 있다. 1999년 중국의 해외직접투자 총액은 인도의 18배에 이르고 있으며, 동년 중국에서 국내총저축이 국내총생산에서 차지하는 비중은 인도보다 정확히 두 배가 높다.[6]

세계은행의 추산에 따르면 지난 20년 동안 중국에서 4억 명이 빈곤에서 벗어났다고 한다.[7]

중국이 21세기에도 이러한 추세를 지속한다면, 중국의 경제성장은 다른 대부분의 나라들을 능가할 것이며, 일본이 이룩한 기적과 그 뒤를 이은 한국, 대만, 홍콩, 싱가포르의 기적에 필적할 만한 성과를 이루게 될 것이다. 예상할 수 없는 상황을 배제한다면, 21세기 중국은 엄청난 인구를 토대로 일본뿐만 아니라, 북미, 유럽에 대적하는 시장과 생산규모를 갖게 될 것이다. 그러나 이 목표를 이루는데 있어서 중국은 심각한 문제에 직면하게 될 것이다. 첫째, 대중적 열망이 그 열망을 충족시켜 줄 기회를 훨씬 넘어서는 시기에 놓여있는 중국은 국내의 안정과 질서를 유지해야만 한다. 둘째, 매년 거의 150만 명씩 인구가 증가하고 있기 때문에 중국은 농촌지역의 경공업과 서비스부문에서 새로운 고용을 창출해야 하며, 전통적인 농업

분야의 외부에서 더 많은 일자리가 제공될 수 있는 방법을 모색해야 한다. 셋째, 부족한 사회간접시설과 에너지 공급 상황을 개선해야 한다. 운송과 전력공급은 현 시기 수요를 충족시키지 못하고 있으며, 지난 20년간 연평균 9% 성장률을 기록하고 있는 경제를 제대로 지원하지 못하고 있다. 마지막으로 세계경제로부터의 지원이 계속되어야 한다. 다른 지역이 경기침체를 겪거나 저조한 성장률을 보이는 시기에도 외국인들의 중국에 대한 투자와 중국의 수출이 증대되어야 한다.

## ■ 기술, 시장, 교육: 서구식 혹은 일본식 모델?

마오쩌둥의 사망 이후 중국의 개혁지도자들은 기존의 체제가 더 이상 작동하지 않는다는 것을 알고 있었다. 그러나 다른 나라 혹은 지역의 경험에 기초한 여러 가지 다양한 가능성들이 존재했고, 이들은 중국의 관점에서 볼 때 모두 각각의 장단점을 지니고 있었다. 덩샤오핑과 그 추종자들은 미국, 유럽, 일본, 그리고 기타 아시아 국가들의 체제로부터 특정한 관행은 채택하면서도, 어떤 것은 거부하는 취사 선택적 입장을 취하였다.

### 미국식 모델

베이징의 개혁자들은 미국의 기술에 찬사를 보냈다. 개방정책의 시작과 함께 중국은 미국의 과학기술과 새로운 경영 및 행정기법을 배우기 위해 수천 명의 중국학생들을 미국으로 보냈으며, 이들 가운데 많은 학생들은 중국정부의 재정지원을 받기도 하였다. 이상적으로는 그 학생들이 자신들의 지식을 다시 중국에 가져와 중국이 서방을 따라잡는 데 일조하는 것이다. 또한 아시아 지역에서 소련의 영향력을 저지하기 위해 미국과 중국이 비공식적 동맹을 맺고 있었으므로, 중국은 군대를 비롯한 근대화에 미국의 도움을 받을 수 있으리라는 기대를 갖고 있었다.

더 나아가 베이징은 중국 내에 합작기업이나 자회사를 설립하는 형태로 미국기업의 중국투자를 권장하고, 이를 통해 미국의 기술 및 자본을 도입하고자 하였다. 이상적인 것은 미국의 투자자들이 중국에서 신발, 섬유, 의류, 크리스마스트리 장식전구, 축하인사장, 장난감, 유리제품 등과 같은 노동집약적 상품들을 생산하고 미국이나 다른 서방선진국에 역수출하여 중국이 외화(hard currency)획득의 기회를 얻는 것이었다. 이러한 구상은 상상을 초월하는 성공을 거두었다. 그러나 미국모델의 어떤 부분은 중국에 매력적이지 않았다. 미국정부가 경제에 대한 비간섭 정책을 실행하고 있는 것과는 달리, 중국의 개혁자들은 이중경제체제를 계속 유지하였다. 중국의 중앙정부는 대규모 기업을 소유하거나 지원하였고, 시장과 민간의 생산시스템은 국유부문과 병행하여 성장하였다. 또한 중국의 지도자들은 미국사회에 존재하는 부의 극단적인 불균형을 혐오하였다. 물론 그들은 국민들의 생활을 향상시키고자 했지만, 동시에 모든 사회구성단위의 복리를 증진시키기 위해 정부가 권력을 사용하는 사회주의적 평등의 가치를 견지하려 했다. 그러나 현실에서 경제개혁은 중국의 사회복지제도를 근본적으로 잠식해 가고 있었다. 의료, 교육, 연금, 장애 및 실업수당 등의 비용부담은 점차적으로 지방정부로 이전되었다. 과거에는 농촌자치공동체와 국유기업이 이러한 사회보장의 혜택을 제공하였지만, 확대되고 있는 민간부문 기업들 대부분은 그 의무에서 제외되었고, 이에 따라 지방정부는 사회보장에 필요한 재원마련에 쫓기게 되었다.

중국 지도부는 또한 미국정치체제에서 특수 이익집단과 대중들의 역할에 대해서도 우려를 하고 있었다. 덩샤오핑과 그 추종자들은 시장개혁이 대중과 조직화된 경제적 이익집단에 의해 중국공산당의 지배적 역할이 대체되는 정치적 개혁을 필연적으로 동반한다고 보지 않았다. 그들은 중국공산당이 민간부문의 육성을 총지휘하고, 동시에 미국에는 거의 전무한 국유부문을 존속시킬 수 있다고 확신하였다. 더 나아가 개혁지도자들은 부유하고 더 나은 생활에 대한 열망에 호소하여 인민의 활력을 민간기업의 성장에 이용할 수 있다고 믿었다. 동시에 그들은 미디어를 통제하고, 물리력을 이용해 당 정책에 대한 조직적 저항을 제거함으로써 당과 정부가 경제적 변화를 관리할 수 있다고 생각했다.

## 서유럽 모델

덩샤오핑은 투자자본과 무역을 증가시키기 위해, 그리고 미국과 같은 한 나라에 지나치게 의존하는 것을 피하기 위해 서방과 중국의 관계를 다원화 하고자 하였다. 그러나 중국의 수출 상품에 대한 유럽공동체 시장의 개방을 유도하는 데 있어 중국은 미국에서만큼의 성공을 거두지 못하고 있다. 그러나 경제에 대한 정부지원과 규제가 여전히 큰 영향력을 행사하고 있는 유럽모델, 특히 생산력 증가와 부의 분배에 대한 정부의 계획과 지원정책은 베이징의 개혁지도자들에게 매력적으로 다가온다. 그러나 농촌지역의 민영화과정이 진전됨에 따라 중국의 각 정부단위에서 제공하는 교육(특히 중등교육 수준 이상), 의료, 실업보험, 연금과 같은 사회보장의 혜택은 유럽과 비교하면 보잘 것 없는 수준이다. 비록 일부 기업들이 임금과 연금, 그리고 종업원에 대한 다른 책무들을 제대로 이행하지 않는다고 해도 대규모 국유기업들은 여전히 다양한 사회보장의 의무를 지고 있다. 민간기업 종사자들은 기업과 정부를 설득하여 일정한 지원을 받지 않는 한, 사회보장비용을 전적으로 본인이 부담해야 한다. 중국의 연안지역과 수출특구에서 생산이 증가하면서 세수는 점차 그 해당지역에 귀속되고 있다.

## 일본식 모델

중국의 시각에서 일본식 모델은 강점과 위험을 동시에 갖는다. 중국 지도부는 1860년대 일본의 권위주의적 지도자들이 어떻게 위로부터의 개혁을 수행했는지 잘 알고 있다. 메이지유신은 자신의 권력기반을 농촌지역으로부터 산업, 금융, 무역에 기초한 근대적 자본주의 경제로 이전시킨, 변화한 지배세력에 의해 주도되었다. 중국의 중앙 지도부가 수 십 만의 학생들을 해외, 특히 서양으로 내보낸 것은 과거에 일본이 서양 기술을 습득하기 위해 자녀들을 서유럽과 미국에 보냈던 것을 모방한 것이다. 그러나 특히 천안문 시위사태 이후 약 70%의 중국유학생들이 본국에 돌아가지 않고 있다. 메이지유신의 개혁자들과 마찬가지로 중국정부는 해외유학생들이 돌아와서 경제계, 정부기관, 엘리트 조직, 연구, 교육영역 등에서 요직을 맡도록 여러 유인책과 좋은 지위 등을 제공하고 있지만 그 성과는 아직 제한적이다.

일본모델과 중국모델의 주요한 차이는 투자와 관련된 부분이다. 메이지유신에서부터 오늘에 이르기까지 일본의 지배엘리트들은 일본에 대한 외국인 투자를 엄격히 제한하였다. 중국과 달리 일본에서 자본은 외국인투자나 차관이 아니라, 국내에서 조달되거나 수출을 통해 형성되었다. 오늘날 베이징의 지도자들은 중국이나 다른 아시아 국가에 대한 일본의 투자에 대해 복잡한 감정을 갖고 있다. 그들은 일본의 자본과 기술을 원하지만, 중국과 다른 아시아 경제에 대한 일본의 지배를 북미와 유럽 투자자들에 의한 지배보다 더 염려하고 있다. 왜냐하면 제2차 세계대전 당시 '대동아공영권'에 대한 일본의 열망을 잘 알고 있기 때문이다. 향후 중국과 일본은 아시아지역에서 자원을 둘러싼 경쟁자가 될 것이다. 그러나 중국은 자원, 특히 원유, 천연가스, 새로운 태양에너지와 같은 에너지 자원개발을 위해 일본의 투자를 필요로 한다. 일본의 투자가 저급기술 분야에 한정되고, 선진기술, 특히 중국군 현대화를 위해 사용될 수 있는 기술이전을 꺼리고 있는 것에 대해 중국의 지도자들은 일본이 중국의 군사력 향상을 차단하면서 중국의 자원, 값싼 노동력, 시장을 이용하려 할 뿐이라는 의혹을 갖고 있다.

## 네 마리 작은 호랑이와 화교

중국이 자본투자와 새로운 발전모델을 찾고 있을 때, 중국에 대한 최대의 지원자는 해외에 거주하고 있는 중국인이었는데, 그 숫자는 대만과 홍콩의 중국인을 포함할 경우 550만 명을 넘는다. 가장 최근에는 한국의 투자도 중요한 역할을 하였다. 1950년대 대만과 한국은 토지개혁을 성공적으로 수행하고, 정부의 지원을 토대로 대토지를 소규모 사유농장으로 분배하였다. 저금리 대출, 값싼 비료, 녹색혁명의 일환인 잡종종자 공급, 운송시장, 경쟁에 기초한 시장구조 등은 농촌혁명에 기여하였다. 농업생산력의 증가는 대만과 한국의 산업화에 필요한 자본축적을 가능하게 하였다. 베이징의 지도자들은 한국모델을 통해 조선, 중공업 분야에서 어떻게 자본주의적 대기업을 육성하는지 보여주는 사례를 구할 수 있었고, 대만모델에서는 노동집약적인 경공업분야에서 소규모 기업을 육성하는 방법을 배울 수 있었다.[8] 덩샤오핑과 개혁세력은 우선 한국과 대만의 토지개혁 모델을 부분적으로 받아들여 토지개혁을 수행하고, 값싼 노동력과 경공업 위주의 대만모델을 따라 농촌지역에 소규모 공장설립을 추진하였다.

중국 지도부는 자국을 21세기의 선도적 경제대국으로 만들어 가는 과정에서 화교라는 비밀 무기를 활용할 수 있다. 홍콩의 중국인들은 중국투자에 대한 최대의 단일 자금원을 형성하고 있다. 홍콩의 제조업 임금수준은 중국본토에 비해 10배가 높기 때문에, 홍콩의 기업가들은 홍콩에서보다 4배가 많은 노동자를 중국본토에서 고용하고 있다. 홍콩뿐만 아니라 북미와 다른 아시아지역의 화교들도 중국에 많은 투자를 하였다.

동남아시아 지역에서 화교들은(표 3.2 참조) 중요한 경제세력을 형성하고 있다. 태국, 말레이시아, 베트남, 싱가포르(인구의 3/4이 중국인으로 구성되어 있음), 필리핀, 인도네시아 등지의 제조업, 마케팅, 무역, 금융 산업에서 화교 가족기업들이 매우 높은 비중을 차지하고 있다. 그들은 홍콩과 대만의 중국인들과 마찬가지로 개인적인 관계(關係, guanxi)와 사적인 영향력에 기초한 사업관계를 형성하고, 권위주의체제와 협력하면서도 정치를 멀리하는데 익숙하다. 화교들은 이미 중국본토인들과 친인척 관계와 개인적 친분관계를 맺고 있고, 중국본토 사업 풍토 및 요건을 잘 이해하고 있기 때문에 일본, 유럽, 북미의 다른 외국인 투자자들에 대해 우위를 점하고 있다. 보통 일본이 아시아지역 투자에서 지배적인 지위를 차지한다고 간주되고 있지만, 아시아전역, 북미, 중국 내부에 걸쳐 형성된 중국인들

**표 3.2 중국본토 이외지역의 중국인 (단위: 백만 명)**

| | |
|---|---|
| 대만 | 21.0 |
| 인도네시아 | 7.2 |
| 홍콩 | 6.0 |
| 태국 | 5.8 |
| 말레이시아 | 5.2 |
| 싱가포르 | 2.0 |
| 미얀마 (버마) | 1.5 |
| 베트남 | 0.8 |
| 필리핀 | 0.8 |
| 나머지 아시아와 호주 | 1.8 |
| 미국 | 1.8 |
| 캐나다 | 0.6 |
| 남미 | 1.0 |
| 유럽 | 0.6 |
| 아프리카 | 0.1 |

출처: *The Economist*, 1992월 7월 18일, p. 2. 원자료명 *Overseas Chinese Economy Yearbook*.

의 연계는 국경을 초월한 독자적 중화경제권을 탄생시켰다. 이제 상하이가 도전장을 내밀고 있지만, 홍콩은 중화경제권의 서비스 중심지로 기능해 왔으며 홍콩의 자본은 주로 홍콩과 대만에서 기원한 것이었다. 중국인들 사이의 네트워크는 상호의존적인 관계와 고도로 개인적인 차원에서 거래가 이루어지는 비공식적인 관계를 형성하여 중국본토를 제조업 중심지로 키워나갔다. 덩샤오핑의 개방정책이 실행되자, 화교들은 관광과 사업을 목적으로 중국으로 대거 몰려들었다. 그들은 지방 정부 및 당 관료들과 접촉하였고, 친지와 친구들을 통해 인맥을 만들었으며, 이렇게 관계를 맺은 사람들은 모두 그들이 사업에 착수하는 데 긴밀히 협조하였다. 홍콩과 마카오에 인접해 있는 중국남부 광둥성(廣東省)의 농촌지역은 홍콩경제에 편입되었고 그 결과 생활수준은 현저히 향상되었다.

중국본토인들은 정부 및 민간 투자자의 활동을 통해 홍콩과 현재 중국 남부지역의 금융과 서비스 중심지로 성장하고 있는 광둥성에 많은 투자를 하였다. 화교자본의 사업영역은 광둥성과 대만과 인접한 푸젠성(福建省)의 경제특구를 넘어서 중국의 내륙과 농촌지역으로 확대되고 있다. 화교의 가족적 연계 및 사업거래를 원하는 해당 지방정부 관료들과의 협력관계는 중국 남부 및 동남부 대부분 지역을 단일한 세계시장 네트워크에 결합시키는 결과를 가져왔다. 화교의 투자와 중국의 값싼 노동력을 이용하여 생산한 경공업 제품들이 홍콩과 다른 항구를 거쳐 해외시장으로 선적되어 수출되고 있다.

## ■ 농촌지역의 경제혁명: 중국 시골의 삶

중국의 발전에 대한 덩샤오핑의 최대 공헌은 급진적인 농촌개혁이었다. 마오쩌둥의 집단농장과 농촌자치공동체는 노동에 대한 유인 및 보상체계가 부족하고, 노동의 결과물을 농민들이 취할 수 없었기 때문에 결국 실패로 끝이 났다. 농민들은 자신이 수탈당하고 있다고 느꼈으며, 농지에 대한 통제권과 결정권한을 갖고 노동에 대한 대가가 자신에게 돌아오기를 원했다. 덩샤오핑과 개혁자들은 대만과 한국에서 토지분배가 산업화에 필요한 충분한 자본과 노동을 제공함으로써 경제기적을 이끌어 냈던 것에 주목하였다. 오늘날 중국의 가족농들은 농지를 임대할 수 있으며, 이 임대차계약은 상속될 수도 있다.

 덩샤오핑과 개혁자들은 농촌자치공동체의 해체와 농업생산력증가가 농촌에서 수백만의 잉여 노동력을 배출할 것이라는 점을 인식하고, 수백만의 농촌기업과 서비스업 육성을 위한 새로운 유인과 기회를 제공하는 제2차 농촌혁명을 추진하였다. 이는 민간기업과 집체기업의 설립을 허용하는 향진단위의 새로운 법제도를 마련하여 농촌지역주민들의 자발적인 노력을 통해 변화를 이끌어내려는 것이었다. 즉 향진기업이 자신의 생산품과 서비스를 시장에서 판매하고 그 이윤의 대부분을 생활수준 향상과 재투자에 활용할 수 있게 하였다.

 지방의 공산당 간부들은 농업 생산과 농촌 공산품 생산의 증가로부터 직접적인 이익을 얻었다. 이들은 정부 최하부단위에서 권력구조를 통제하고 있기 때문에, 가족농 농지를 자신들에게 배정하고 향진기업의 소유와 배정에 참여할 수 있었다. 이뿐만 아니라 그들은 생산성 증가를 통해 창출된 부를 사회보장을 위한 자금조달이라는 이유를 내세워 세금으로 수취하거나 농촌기업가들과의 부정한 거래를 통해 착복하기도 하였다.

당시 총리였던 리펑에 따르면,

> 향진기업은 개혁과정에서 만들어진 중국농민의 위대한 발명이었다. 1980년대 다양한 형태의 향진기업들이 우후죽순처럼 성장하여 고용을 창출하고 농촌 잉여 노동력이 도시로 몰려드는 것을 방지하였다. 현재 농촌지역 총생산에서 향진기업과 서비스기업이 차지하는 비중은 농업생산을 훨씬 능가하고 있다. 이는 농민의 생활수준 향상 및 농촌지역과 사회전체의 안정에 절대적인 중요성을 갖는다.[9]

향진기업은 농촌의 잉여노동 흡수, 이농억제, 지역의 전반적 소득상승을 목적으로 설립되었다. 그 결과는 실로 놀라운 것이었다. 중국 농촌지역은 선진국과 발전도상국을 막론하고 전 세계 농촌지역의 성장률을 훨씬 능가하는 성장을 기록하였다. 1992년 1,850만 개의 신생 농업기업은 9,600만의 노동자를 고용하고 중국 국민총생산의 1/4을 차지하였다.[10] 이와 더불어 동년 4억 4,100만 메트릭 톤을 기록한 곡물생산은 중국전체 인구를 먹여 살리기에 충분하였으며 특정작물의 경우는 수출도 가능하였다. 밀의 경우 중국은 1992년에 여전히 수입에 의존하였지만, 옥수수와 지방종자의 주요수출국으로 부상하였다. 1978년부터 1992년까지 향진기업은 중국수출 증가의 2/3를 담당하였으며, 1998년에는 1억 명이 넘는 고용과 함께 국내총생산의 28%를 차지하였다.[11]

그러나 이러한 농업생산 및 농촌기업의 성장은 주로 토지가 비옥하고 인구가 밀집한 연안과 중부지역에 집중하여 매우 불균등한 형태로 진행되었다. 그리고 21세기에 들어서면서 향진기업의 성장이 둔화되고 있다. 1991년부터 1995년까지 향진기업은 평균 42%의 성장률을 기록하였으나, 1997

년부터 1999년 사이에는 17%로 낮아졌다. 중국경제 전문가인 퓨스미스 (Joseph Fewsmith)는 그 원인으로 첫째, 내적인 성장이 외연적 성장을 대체하고 있으며, 둘째, 일부 향진기업들은 본질적으로 민영화되었으며, 셋째, 자금조달의 어려움이 존재하며, 넷째, 정부기관과의 밀착관계가 올바른 경영관행의 정착을 저지하고 있다는 점을 지적한다.[12]

농업생산 및 농촌기업의 급속한 성장은 많은 정치적, 경제적 문제를 야기하였고, 중국 농촌경제의 기적이 지속되기 위해서는 이러한 문제가 해결되어야 한다. 정치적으로 마오쩌둥 집권시기의 자급자족적인 농촌자치공동체는 중국 농촌전역의 기본 행정단위인 향(township)[중국은 5급의 행정조직을 가지고 있다. 중앙이 1급이며, 그 아래로 성급(성, 자치구, 직할시), 지구급(지구급시, 지구, 자치루, 맹), 현급(현급시, 현, 자치현, 기), 그리고 향급(향, 자치향)이 그것이다 - 역자 주]으로 대체되었다. 인구밀집 정도에 따라 차이가 있지만, 전형적인 향의 인구는 5만 명 정도이며, 광둥성과 푸젠성과 같이 부유한 연안지역의 향들은 더 많은 인구로 구성되어 있다. 현재 향단위에는 선거를 통해 선출되는 자치위원회가 존재하는데, 이 위원회는 3년 임기로 당 간부들과 사업에 성공한 지역유지들로 구성된다. 그러나 대부분의 농촌지역에서는 선출직을 둘러싼 경합이 일어나지 않는다. 당 간부들은 관료조직을 통제할 뿐만 아니라, 세수, 기업설립 승인, 시장에서는 조달이 어려운 자원공급에 관한 실질적인 결정권한을 장악하고 있다. 이중경제에서 유지되고 있는 국가공급체계는 가격과 자원을 시장보다 유리한 조건으로 제공한다. 당 관료들이 누가 국가공급체계의 혜택을 받을 것인지를 결정하기 때문에, 그들은 정부의 특혜에 의존하고 있는 지역 기업가들에 대해 막대한 영향력을 행사할 수 있었다.

덩샤오핑의 농촌개혁 이후 경제적 의사결정의 분권화에 따라 향의 하위단위인 촌(village)은 보다 많은 자율성을 갖게 되었다. 과거에는 촌단위의 당서기장이 핵심 정책결정권자였다. 그러나 지방정부의 정책결정을 통제하려는 주민들의 열망과 함께 당 외부의 영향력이 커짐으로써, 당서기장의 지위는 점차로 약화되었다. 촌 단위 자치위원회 선거에는 종종 두세 명의 후보자들이 경쟁을 한다. 당 간부나 행정 관료를 비롯한 모든 관련자들에게 지역의 기업들은 부의 원천이기 때문에 설사 당 간부가 자치위원회 선거에서 당선된다하더라도, 기업의 요구를 반영할 수밖에 없다. 향촌은 새로운 농업생산 및 기업 활동에 필요한 자본조달 뿐만 아니라, 교육, 의료, 도로 유지보수, 관개시설, 급수시설과 같은 사회간접시설의 제공에 있어서도 그 지역의 재원에 의존하고 있다. 지방의 당 간부들은 스스로가 농민이거나 또는 농촌기업에 직접 참여하고 있기 때문에 주민들의 지지를 얻지 못하면 촌민자치위원회의 임기가 끝난 이후에 불리한 대우를 받을 수도 있다.[13]

향촌단위에서는 다양한 형태의 경제구조가 공존하고 있다. 농업생산을 위한 가족단위의 농지임대 이외에 민간기업, 집체기업, 국유기업이 존재한다. 주로 개별 가족과 친구들에 의해 설립된 민간기업이 대체로 소규모 사업체인 반면, 집체기업은 주로 주주들이 참가하는 지역공동체사업의 형태를 띠고 있다. 당의 규정은 집체기업에게 민간기업이 누리지 못하는 많은 특권(예를 들어 세제상의 특혜와 국가가 통제하는 공공부문으로부터 물자를 공급받는데 있어서 가격특혜)을 부여함으로써 농촌지역에서 집체기업이 빠른 속도로 확대되었다. 그러나 그 중 많은 기업들은 각종 특혜를 누리기 위해 집체기업으로 가장한 사실상의 민간기업이다. 국유기업은 민간부문에게는 기회가 없는 정부와 국영 금융기관의 융자와 같은 더 큰 특혜를 누리고 있고 있는데, 이러한 특혜가 종종 국유기업이 경쟁력을 유지할 수 있는 유일한 근거가 된다. 그러나 다른 형태의 성공적인 기업을 발전시킬 기회가 거의 존재하지 않는 농촌지역에서 국유기업의 유지는 고용의 주요 원천이라는 측면에서 매우 중요한 의의를 갖는다. 중국의 농촌지역은 자원, 사회간접시설, 시장기회에 있어서 매우 불균등하다. 지방의 당 간부들과 농촌주민들은 기초생활의 요구를 충족하고 기본생계를 유지하기 위해서 자체적으로 조치를 취하고, 대안적인 경제구조를 만들어

나가야 했다. 그러나 중국이 경제개혁을 단행한 이후 산업생산에서 가장 빠른 성장을 보이는 것은 비국유 부문이었다.

중국 농촌혁명의 놀라운 성과에도 불구하고 중국공산당 내부에는 농촌지역에서 당과 정부의 역할을 둘러싸고 논쟁이 존재한다. 천안문 시위사태 이전인 1988년에도 이미 당의 보수파는 향진단위에서 당의 영향력 상실을 두려워하며 민영화의 속도를 늦추고자 했다. 중국 전역에서 횡횡하는 당의 부정부패에 항거하여 학생들이 천안문에서 시위를 벌이자 이를 기회삼아 보수파가 주도권을 장악하였다. 그 후 3년 동안 그들은 농촌지역에서 민영화 속도를 늦추는 것뿐만 아니라, 성공적인 민간기업을 인수하여 국유기업으로 전환시킴으로써 민영화 과정을 되돌리려 하였다. 한 지방 관료의 말에 따르면, "관료들은 당과 정부의 직접적인 통제권 외곽에서 번성하는 산업을 공산주의의 위협으로 간주하고, 이를 제거하기 위해 농촌기업을 장악하였다. 그러나 이러한 행위의 동기는 관료주의적 탐욕에 불과했다."14) 인민들 스스로가 부의 생산과 분배를 통제하지 못한다면, 이들은 또다시 지방의 당 관료들의 특혜에 의존할 수밖에 없을 것이다. 천안문 시위사태 이후 권력의 균형이 일시적으로 민영화에 저항하는 세력 쪽으로 기울었지만, 베이징의 개혁파들은 보수파의 반개혁적 시도에 반대하였다. 1992년 1월 그 유명한 덩샤오핑의 '남순강화[남순강화(南巡講話)는 덩샤오핑이 1992년 1월 18일부터 2월 22일까지 우한(武漢), 선전(深圳), 주하이(珠海), 상하이(上海)등을 시찰하고 중요한 담화를 발표한 일이다 - 역자 주]'는 경제개혁의 재개, 사회주의와 시장개혁을 동일시하는 표현인 '사회주의적 시장경제'에 대한 지지와 베이징 개혁파들의 부활의 신호탄이었다. 덩샤오핑의 남순강화는 경제특구의 중요성을 재확인하였을 뿐만 아니라, 시장개혁을 중국 전역으로 확대하는 것이 전적인 지지를 받고 있음을 널리 알렸는데, 향진단위에서의 농촌개혁이 이러한 개혁의 중심에 놓여 있었다. 1992년 10월 제14차 당 대회에서 개혁파들은 당에 대한 지배력을 더욱 강화하였으며, 보수주의자들은 실질적인 패배를 경험하였다.

그로부터 10년 후 전국인민대표회의는 농촌지역의 구조적 변화를 공고히 하기 위해 '지방토지계약법'을 채택하였다. '농업발전연구소'의 슈워츠월더(Brian Schwarzwalder)는 이 법안의 의의를 다음의 세 가지로 정리하고 있다.

> 첫째, 30년 토지사용권에 대한 계약을 법으로 보장하고 지방 관리들이 이러한 계약을 변형하거나 이에 개입하는 것을 금지함으로써, 이 법률은 농민들에게 장기투자의 가치실현을 위해 충분한 토지사용기한을 부여하고 있다. 둘째, 이 법률은 '토지사용권의 시장적 발전을 위한 틀'을 마련하였으며, 다음의 두 가지 측면에서 유리한 결과를 가져올 것이다. '토지사용권이 가장 효율적인 가족농에게로 자생적이고 점진적으로 재분배'될 것이며, 그로 인한 '생산성과 부의 증가'는 농촌 경제발전을 더욱 자극할 것이다. 셋째, 토지사용권에 대한 관리들의 범법행위를 엄격히 처벌함으로써 농촌지역에서 '법치를 강화'시킬 것이다.[15]

지방토지계약법에 대한 리펑의 공식적인 입장은 다음과 같다. "이 법은 농민의 근본적인 이해 보호, 농업발전 촉진, 농촌지역에서의 사회적 안정 유지를 위해 커다란 의미를 지닌다."[16]

민영가족농과 민간기업, 그리고 실제로는 민간기업과 동일하게 작동하는 집체기업을 강화하는 것이 곧바로 민영화를 향한 순조로운 항해를 의미하지는 않았다. 하지만 당 간부들은 현재 농촌주민들의 요구를 무시할 수 없다. 21세기 지방단위에서 선거경쟁은 비록 풀뿌리 민주주의는 아니라 하더라도, 어느 정도 관료들의 책임성을 이끌어 내고 있다. 또한 중국경제의 새로운 변화가 더 많은 유연성, 개방, 책임성을 강요하고 있기 때문에 이미 향진단위에서 삶을 변화시키고 있는 정치구조 또한 계속해서 발전해 나갈 것이다.

인민의 복지와 조화가 보장되기 위해서는 농촌지역 당 간부들의 역할과 관련한 또 하나의 문제가 해결될 필요가 있다. 과거 향진단위에서 당 간부들은 종종 법보다 높은 존재였다. 민간기업, 집체기업 및 다른 형태의 기업의 설립을 가능케 한 새로운 계약제도와 상속 가능한 가족농의 토지임대권은 농촌지역에서 법치제도의 강화를 필요로 한다. 계약관계는 당 여타 정치 및 관료조직의 관리들의 마음대로 좌지우지 되어서는 안 된다. 중국이 변호사 및 판사의 양성을 비롯하여 새로운 법질서 제도를 발전시켜 나가고 있지만, 사안의 정치적 민감성에 따라 계약관계와 권리가 법정에서 무시당하는 경우가 여전히 많이 존재한다. 중국인민의 2/3 이상이 아직도 농촌지역에 거주하고 있고, 이들의 충성은 공평한 대우와 열심히 일해서 취득한 부를 부패한 관리들로부터 보호받는 것에 달려 있기 때문에 정당한 법절차와 이를 공정하게 집행하는 독립적인 사법제도가 시급히 필요하다.

## ■ 합작사업과 경제특구

중국 경제개혁의 내면이 농촌지역의 놀라운 변화였다면, 그것의 외면은 투자와 무역에 있어서 개방이며, 그것의 핵심은 경제특구의 합작투자이다. 최초의 특구는 홍콩과 인접한 광둥성에 설치되었다. 주강(珠江) 하구에 위치하며 가장 유명한 경제특구인 선전은 홍콩에 근접해 있다. 다른 특구로는 마카오에 인접한 주하이(珠海), 광둥성의 샨토우(汕頭), 푸젠성(福建省)의 샤먼(厦門)이 있다. 중국의 경제특구는 외국투자자들에게 자원 수입과 완제품 수출에 대한 특별권한, 최소한의 규제 및 세금과 같은 특혜를 제공하는 대만의 경제특구를 모방한 것이었다. 외국 투자가가 중국 측 파트너와 계약을 맺어 설립한 합작기업이 기업조직의 전형적인 형태였으나, 이외에도 다른 형태의 계약관계가 가능하였다. 덩샤오핑을 비롯한 개혁주의자들은 신기술과 자본, 그리고 상품 생산을 국내로 유인하고, 이를 다시 수출함으로써 외화를 벌어들이려 하였다. 이러한 자원들은 다시 중국의 근대화와 발전속도를 높이는 데 유용하게 사용될 수 있다. 중국의 경제특구는 국내시장을 겨냥하여 고안된 것이 아니었고, 중국 국내에서 판매할 수 있는 합작기업 생산품의 규모는 제한되었다.[17] 선전 경제특구의 비약적 성장은 중국의 저렴하고 훈련된 노동력을 흡인력으로 이용하여 새로운 투자와 자본을 끌어들인 덩샤오핑의 대외지향성이 성공을 거둔 전형적인 사례이다. 1980년 선전의 인구는 7만 명에 불과했으나 2004년에는 영구거주민 수가 거의 400만 명으로 증가했고, 그 외에 50만 명의 불법이주민이 음지 속에 거주하고 있다. 선전의 임금이 주변지역보다 3배가 높은 수준으로 인상되자, 선전의 주변지역들도 자체적으로 경공업기반을 건설하기 시작하였다. 다른 경제특구와 인접지역을 포함하여 선전의 주변지역은 대부분 농촌지역 출신인 이주민들에게 1억 개의 새로운 고용을 창출하였다.

남중국 발전의 심장부인 선전은 경공업에서 금융과 기타 서비스 부문으로 전환하면서 제2의 홍콩으로 급속히 성장했다. 선전과 다른 경제특구를 방문하는 사람은 누구나 수동착암기(jackhammer)의 소음과 함께 대나무 구조물로 뒤덮인, 끝이 보이지 않는 공사현장에 압도당한다. 새로 지어진 공장, 고속도로, 상하수관, 아파트단지들이 끝없이 펼쳐져 있고, 자전거, 트럭, 버스(하지만 승용차는 거의 드물다)들이 공사로 인해 좁아진 길을 통과하기 위해 차례를 기다리는 교통체증 현상이 곳곳에서 벌어진다. 광저우(廣州)와 남쪽으로 약 100마일 떨어진 홍콩 사이 운행속도를 높이기 위해 4차선의 특급고속도로가 건설되어 소요시간이 반으로 단축되었다.

천안문 학생시위 이후 서방의 중국투자가 일시적으로 줄어들었지만, 화교와 한국, 일본으로부터의 투자는 전혀 영향을 받지 않았다. 특히 동남아시아로부터 투자를 유인하기 위해 남중국해 하이난(海南)섬에 또 다른 경제특구가 만들어 졌고, 다른 지역에도 경제특구를 설치하였다. 1992년 중국은 더 많은 외국인투자를 장려하기 시작하였다. 추가적으로 다른 성들에 특별산업지구를 설치하였는데 어떤 경우에는 남중국의 경제특구보다 더 많은 특혜를 제공하기도 하였다. 선전은 자유무역지구를 더욱 확대하였고, 중국의 동쪽 연안지역 상하이와 텐진(天津)에 새로운 자유무역지구가 만들어졌다. 동시에 새로운 투자에 주요 장애요인이 되고 있는 외환사용에 대한 제약을 완화함으로써 외국인들의 투자를 촉진시키고 외국기업들이 직접 토지를 임대하는 것을 허용하였다. 우한(武漢), 주장, 우후(蕪湖)에 위치해 있는 양쯔강의 항구들이 추가로 외국선박에 개방되었고, 중국의 주요도시에서 외국은행들의 지점 설립이 허용되었다. 이전에 이는 선전에서만 허용되었던 것이다. 1992년 이후 중국정부는 다른 지역에 자유무역지구, 산업지구, 기술발전지구를 설치하였고, 이 중 상하이 푸동(浦東)을 가장 눈에 띄는 성공사례로 꼽을 수 있다. 목표는 지역적으로 보다 통합된 경제발전을 촉진하는 것이었다.

농촌과 도시지역에서 국내 및 외국 투자의 증가로 인해 중국경제는 연평균 9%의 성장률을 기록하고 있다. 베이징의 지도자들은 경기 과열을 막기 위해 때때로 성장률 감소를 원하기도 했지만, 농촌과 경제특구의 경공업산업에 대한 균형을 이루기 위해서 새로운 기술을 중국으로 들여올 대규모 해외투자를 유치하는 데 많은 관심을 쏟았다. 베이징의 지도자들은 아시아, 북미, 유럽이건 간에 어느 특정 자본에 일방적으로 의존하는 것을 피하고자 하였다.

베이징 지도부가 다시 개방정책을 고수하는 것이 서구의 입장에서는 고무적일 수 있지만, 베이징 지도부에게 증대하는 중국과 외부세계와 상호의존관계는 심각한 문제를 야기할 수도 있다. 경제특구와 연안지역의 생활방식은 급격히 변화하고 있다. 많은 디스코텍을 비롯한 선전의 생활방식은 베이징 또는 심지어 상하이보다도 홍콩의 생활방식에 더 가깝다. 마카오에서 중국인들은 홍콩달러를 가지고 도박을 한다. 이러한 변화는 중국 공산주의자들이 중국에서 퇴치하였다고 주장하는 범죄, 매춘과 같은 낡은 병폐를 부활시켰다. 당은 서구로부터의 문화적 오염을 두려워하면서도 중국이 다시 과거로 회귀할 수 없다는 사실을 인정하고 있기에, 개혁이 가져온 변화를 불안한 심정으로 바라보고 있다.

## 중국의 기업: 국유기업과 민간기업

국유기업(SOEs: state-owned enterprises)은 중국경제의 걱정거리이다.

1978년 이후 대규모 산업복합체인 국유기업 가운데 1/3은 손실을 기록하고 있다. 베이징의 지도부는 국유기업이 더 합리적으로 기능해야 한다는 것, 즉 이윤을 내야한다는 것을 분명히 밝히고 있지만, 이러한 정책은 엄청난 사회적 결과를 동반한다. 오랫동안 국유기업은 복지국가의 일부로 기능하였고, 미숙련 노동자들도 기업의 필요나 노동 생산성과는 무관하게 계속해서 임금을 지불받았다. 국유기업의 구성단위로서 노동자는 주택에서 의료, 연금에 이르기까지 많은 혜택을 받았다. 또한 많은 국유기업들이 효율적으로 경영되지 않았다. 이윤이 기업경영의 동기가 아니었고, 적자는 계속해서 늘어났다. 중국정부는 많은 국유기업에게 실질적인 파산을 허용할 경우 이것이 가져 올 결과에 대해 우려하였고, 그 때문에 국유기업을 지원해 왔다. 국유기업에 대한 외국인투자를 장려하고, 국내 은행들이 국유기업에게 대출을 하도록 지시하였다. 그리 놀랄 일은 아니지만, 많은 국유기업들이 대출금 상환계획을 이행하지 못했고, 이 대출금의 상당부분은 상각될 수밖에 없었다.

중앙지도부가 국유기업 개혁을 완만히 진행하고 있음에도 불구하고, 1996년에서 2000년 사이 국유기업의 고용은 112만 명에서 86만 명으로 23% 축소되었다.[18] 세계은행의 국제금융공사(International Finance Corporation)는 다음의 사실을 인용하며, 국유기업 개혁이 잘 진행되고 있다고 말한다. "중소 국유기업의 80~90%는 이미 개혁이 완료되었고," 대형 국유기업에서는 변화가 진행 중이며, "전략적으로 중요한 사회간접시설과 에너지 부문"에서 독점이 완화되고 있으며, "정부는 세계시장에서 경쟁력을 입증받은 20개가 넘는 거대기업과 기업집단을 육성하고 있다."[19]

동시에 중국정부는 비국유기업에 대한 은행대출을 허용하고, 민간부문에 대해 보다 유리한 경영환경을 조성하였다. 그 결과 민간 기업이 서서히 지반을 확보해 나갔다. 존스 홉킨스 대학의 차이(Kellee Tsai)에 의하면, "1990년부터 2000년까지 민간기업의 수는 연평균 32.8% 증가율을 기록하였다. 민간부문은 현재 전체고용의 22.7%, 국내총생산의 1/3을 차지하고 있다. '민간부문의 새로운 고용창출'은 국유 및 집체 부문을 합친 것보다 크다."[20] 표 3.3은 중국경제 비국유부문의 성장을 보여준다.

## 고용과 실업

누가 산정하는가에 따라 차이가 있지만, 농촌과 도시의 실업자를 흡수하고 국유기업의 불완전 취업자 문제를 해결하기 위해 중국은 매년 1~2천만의 새로운 일자리를 창출해야 한다. 실업자에는 이주 농민, 직업도 전망도 없는 농촌노동자(이들은 '이주민 유동인구'의 일부를 형성하고 있다), 파산한 국유기업에서 방출된 도시노동자들이 포함된다. 눈부신 성장에도 불구하고 중국은 매년 충분한 일자리를 만들어 내지 못했고, 그 결과 실업률이 높아지고 있다. 중국의 실업률은 공식적으로 4%, 비공식적으로는 8~10%를 기록하고 있다. 실업의 증가는 종종 사회적 불안으로 이어진다. 경제성장이 둔화된다면, 베이징 지도부는 그들이 말하는 '사회주의적 시장경제'에서 고용이 부족한 것에 대해 점점 더 불안을 느끼게 될 것이다.

표 3.3 중국의 비국유부문 경제, 1989~1998년

|      | 비국유부문 (백만달러) | 전체경제에서의 비중 |
|------|---------------------|---------------------|
| 1989 | 21.51               | –                   |
| 1990 | 25.51               | 8.6                 |
| 1991 | 23.55               | 13.9                |
| 1992 | 26.59               | 9.6                 |
| 1993 | 36.46               | 25.1                |
| 1994 | 50.45               | 38.4                |
| 1995 | 63.20               | 25.3                |
| 1996 | 69.95               | 10.7                |
| 1997 | 76.52               | 9.4                 |
| 1998 | 87.01               | 13.7                |

출처: Joseph Fewsmith, "The Political and Social Implications of China's Accession to the WTO," *China Quarterly* 167, September 2001, p.583.

### 중국의 비교우위

많은 제조업 상품에 있어서 다른 아시아 국가들이 중국에 비해 분명한 비교우위를 가진다. 중국경제가 빠른 속도로 확대되고 있기 때문에, 경제가 보다 성숙한 단계에 진입하게 되면 중국은 다른 제품들에 대해 비교우위를 획득할 수 있을 것이다. 그러나 이를 위해서는 광범위한 제품생산에 있어서 보다 높은 효율성이 요구된다. 또한 중국은 많은 기본적인 문제들, 즉 에너지 부족, 운송의 병목현상, 기업경영에 대한 당과 정부의 간섭, 과도하고 예측할 수 없는 규제, 과다한 세금, 불필요한 고용, 이윤 창출에 대한 유인 부족, 많은 제품들이 적절한 가격에 제공되지 않고 당 간부와 정부 관리들의 매수를 통해서만 이를 확보할 수 있는 이중경제의 존속 등을 극복해야 한다. 미래 중국의 발전과 세계시장에서의 경쟁력을 가로막을 수 있는 다른 문제는 생활수준과 경제발전에 있어서 극도의 불균형과 미성숙한 시장체제와 관련된다. 더욱이 중앙과 지방 단위의 계획이 서로 불일치를 이루는 경우가 많고, 심지어는 서로 상반된 목적을 추구하기도 한다. 또한 경제성장을 지속하기 위해서 현존하는 많은 제약을 극복해야 하지만, 중앙정부는 이에 필요한 자금조달에 많은 어려움을 겪고 있다.

### ■ 경제 자유주의, 정치적 자유, 인권: 어떤 관계?

마오쩌둥 사후, 베이징 지도자들은 국내시장을 개방함으로써 세계체제의 상호의존관계에 중국을 개방하는 것이 갖는 위험을 잘 알고 있었다. 그러나 그보다 나은 다른 대안은 없었고, 당 지도부내에 과거의 경제정책을 옹호하는 세력은 많지 않았다. 소련의 경험은 엄격한 중앙계획의 옹호를 불가능하게 하였다.

중국의 지도자들은 정치적 변화를 거부하고, 경제적 변화에 대해서는 점진적 접근을 채택하였다. 그러나 미래의 경제발전과 향후 국제사회의

## 지식기반 경제의 주요 요소

경제와 사회를 더욱 발전시키기 위해 중국은 보다 효과적인 지식의 획득, 생산, 보급, 이용을 권장해야 한다. 지식기반 경제의 기초를 이루는 네 가지 요소는 다음과 같다.

1. 기존 지식의 효과적인 이용, 신지식의 창출, 기업가 정신을 고양시키기 위한 유인을 제공하는 경제적 제도적 체제(regime)
2. 지식을 생산하고 활용할 수 있는 교육되고 숙련된 인력
3. 정보의 효과적인 통신, 처리와 보급을 촉진하기 위한 역동적인 정보기반시설
4. 세계적으로 확대되고 축적되고 있는 지식을 입수하고 그것을 지역적 요구에 적합한 형태로 흡수, 적용하여 신지식과 기술을 창출할 수 있는 기업, 연구소, 대학, 두뇌집단(think tank), 컨설턴트, 기타 조직들의 네트워크로 구성되는 효과적 혁신체제.

출처: Carl J. Dahlman and Jean-Eric Aubert, "China and the Knowledge Economy: Seizing the 21st Century," World Bank, 2001. http://www.worldbank.org/wbi/knowledgefordevelopment/docs/chinaoverview_0917.pdf.

지도적 구성원으로서 중국의 역할은 점진적인 개혁이 아니라 정력적인 지도부에 의한 합리적이고 체계적인 정치, 경제의 구조적 변화에 달려있다. 점진적 변화는 궁극적으로 경제적·정치적 불안을 초래하여 중국의 국제적 지위를 손상시킬 수 있다. 중국은 다음과 같은 구조적 문제를 안고 있다.

- 이중경제체제: 비효율적인 국유부문 대 효율적인 민간부문
- 당과 정부 관리: 인건비 상승과 부패의 확산
- 부와 소득의 불균등 확대: 빈곤한 내륙지역 대 부유한 연안지역
- '철밥통': 이전에 국가에 의해 공식적으로 제공되어 왔던 사회적 안전망을 제공해 줄 제도 마련의 필요성

이러한 문제들은 다양한 부류의 노동자들까지 합세한 천안문 시위에서 학생들이 토로한 불만의 핵심 내용이었다. 시위사태 이후 당 지도자들이

생활여건 개선을 위해 노력하였지만, 별 효과가 없었다. 불완전 고용과 실업문제는 지속되었고, 연평균 9%의 국내총생산 성장률에도 불구하고 부와 사회적 혜택에 있어서 격차는 더욱 증가하고 있다. 중앙정부의 재정은 대규모 적자를 기록하고 있고, 군사비 예산은 증가하는 반면, 빈곤에 시달리는 성과 지역을 돕기 위해 필요한 자금은 부족하다. 이러한 문제를 해결하지 못한다면, 공산당 지도부는 장기적으로 권력유지에 있어서 커다란 난관에 봉착할 것이다. 그러나 그 대안은 무엇인가? 어떤 정치적, 경제적, 사회적 개혁이 필요하며, 어떻게 이러한 개혁을 수행할 것인가?[21] 중국의 시각에서는 '사회주의적 시장경제'로의 이행을 빠르게 진행시키고, 동시에 질서 및 안정 유지를 위해서 당 지도력에 입각한 권위주의적 정치체제가 필수적이라고 간주된다. 중국의 지도자들은 외국 투자자들과 여행자들이 정치체제가 권위주의적인가 민주적인가에 상관없이 정치적으로 안정된 곳으로 몰려들 것이라는 확신을 가지고 있는 것 같다. 실제로 중국의 지도자들은 서방 투자자들에게 법적 보호를 약속하고, 투자계약에 대한 보증을 제공하여 중국 정부 및 중국 측 공동투자자와 서방 투자자들 사이에 신뢰관계가 만들어진다면, 서방의 투자자들은

---

**2004년 3월 14일 중화인민공화국헌법 수정안**

"국가는 개인과 민간경제부문의 합법적 권리와 이해를 보호하고, 개인과 민간경제부문에 대한 지도, 감시, 통제를 수행한다"를 다음과 같이 개정한다. "국가는 개인과 민간경제부문으로 구성된 비국유부문의 합법적 권리와 이해를 보호한다. 국가는 비국유경제부문의 발전을 장려, 지원, 지도하고, 법률에 따라 경제의 비국유경제부문에 대한 감시와 통제를 수행한다."

제13조: "국가는 공민이 합법적으로 취득한 소득, 저축, 가옥 및 기타 합법적 재산을 소유할 권리를 보호한다. … 국가는 법률에 따라 공민의 사유재산 상속 권리를 보호한다"를 다음과 같이 개정한다. "공민의 합법적 사유재산은 침해받지 않는다. … 국가는 법률에 따라 공민의 사유재산권과 상속권을 보호한다. … 국가는 공공의 이익을 위해 법률에 따라 사유재산을 몰수하거나 처분할 수 있으며, 몰수되거나 처분된 사유재산에 대한 보상을 제공해야 한다."

권위주의적 정부에 의한 정치적 안정을 선호할 것이라고 믿고 있는 듯하다. 중국의 관점에서 볼 때 일부 서방 투자자들은 미국과 같은 민주주의 사회보다 중국과 같은 권위주의적 사회에서 이윤창출의 기회가 더 많다고 생각할 지도 모른다.

중국의 지도자들은 정치적 상황에 따라 미디어를 통해 경제적, 사회적 변화와 관련한 논쟁을 허용하지만, 이러한 논쟁에서 정치체제의 근본적 변화에 관한 논의는 차단하고 있다. 그러나 논쟁의 부족이 정치체제 변화의 부재를 의미하는 것은 아니다. 1989년 시위사태 이후 중앙의 정치적 통제가 재차 강조되고 있음에도 불구하고, 1990년대에 특히 향진단위를 비롯한 중국의 농촌지역에서 풀뿌리 민주주의가 등장하기 시작했다. 지방 농촌공동체의 당 간부들은 점차적으로 지배와 종속의 관계가 아니라 공동협력의 차원에서 비당원 이익집단들과 적극적으로 교류하고 있다. 더 나아가 농촌지역에서 소규모 사업체들의 숫자가 증가함에 따라 당 간부들은 종종 이러한 사업체들에 참여하여 이윤을 나누어 갖는다. 비록 중국 농촌지역의 풀뿌리 민주주의가 별로 알려지지 않았지만, 당 간부와 비당원 지역유지들은 향진 자치위원회 선거에서 점점 더 서로 경쟁하고 있다. 농촌지역의 풀뿌리 민주주의에 대한 지원을 통해 중국공산당은 향후 새로이 등장하는 정치체제의 중요한 부분이 될 수도 있다. 지역단위에서 대중의 선호에 따라 정치 지도자들을 선출하고 제거하는 과정에 보다 많은 인민들의 유의미한 참여를 점진적으로 지원함으로써 중국공산당은 동유럽 및 구소련 공산당의 운명을 피할 수 있을지 모른다.

## 세계무역기구와 중국

세계경제 무대의 주역이 되기 위해서 중국은 세계무역기구(WTO: World Trade Organization) 가입에 심혈을 기울여 왔다. 베이징의 노력은 성공적이었고, 중국은 2001년 다음의 개혁안에 동의함으로써 WTO에 가입하였다.

- 2006년까지 수입할당제 폐지
- 2005년까지 컴퓨터, 반도체, 그와 관련된 제품에 대한 수입관세 폐지
- 농산품에 대한 수입관세 인하
- 조업상품에 대한 수입관세 인하
- 자동차와 부품에 대한 수입관세 인하
- 통신업 및 보험업에서 최고 50%까지 외국인 소유 지분 허용
- 수입업체의 국내 유통망 소유 허용
- 외국은행의 시장진입 전면 허용22)

즉, 중국은 해외로부터의 경쟁에 대해 국내시장을 개방하는 것에 동의한 것이다. 중국지도부는 WTO 양허안 및 세계화가 베이징의 경제 통제력에 미칠 영향에 대한 국내의 치열한 논쟁에도 불구하고 이러한 결정을 내렸다. 한 논평에 따르면,

> 미국은 국제경제기구들이 채택하고 있는 규범들을 통제하고 있다. 이 모든 것은 자본주의 강대국의 제도적 모델의 필요와 이익에 일치하도록 고안되었다. 중국이 WTO에 가입하면 곧바로 미국은 우리의 민족적 특성에 맞지 않는 이른바 '국제적 규범'을 따르도록 언제든지 간섭, 제재, 위협을 가할 수 있다. 그리고 남미, 러시아, 동남아시아와 다른 지역들에서와 마찬가지로, 미국은 다국적기업들이 중국의 산업과 금융의 생명선을 지배하는 것을 돕기 위해 우리의 경제적 주권을 침탈하고 자살행위와도 같은 개혁을 수행하도록 강제할 것이다.23)

경제개혁을 시작한 이후에도 오랫동안 자국 산업을 보호해 왔던 중국이 왜 이 같은 국내경제의 중대한 변화에 동의하였을까? 중국의 지도자들은 WTO 가입을 통해 그들이 열망하고 있는 국제적 명성과 경제개혁의 성공에 대한 인정을 얻게 될 것이라 생각하였다. WTO 가입은 또한 중국에게 외국자본과 투자의 확대라는 결과를 가져올 것이다. 외국기업의 진입으로 인해 외국기업과 국내 제조업체들과의 경쟁이 심화될 것이지만, 가장 우수한 국내기업들은 생존, 번성할 수 있을 것이라고 베이징의 지도자들은 믿었다. 중국 대외경제 전문가인 라디(Nicholas Lardy)에 따르면,

WTO 가입의 결과로 나타날 중국의 진정한 시장개방은 추가적인 투자자유화와 지금까지 상대적으로 봉쇄되어 있던 서비스 부문에 대한 투자라는 결과로 나타날 것이다. 정보통신, 금융서비스, 유통부문의 투자는 앞으로 전개될 자유화의 가장 중요한 부분이 될 것이다. … 이는 중국에 엄청난 이득을 가져올 것이다. … 아직은 불충분한 정보통신분야에 새로운 서비스가 추가될 것이다. 외국자본이 정보통신 보급률을 높이는데 기여할 것이다. 유통서비스의 개방은 중국시장진출 확대를 원하는 합작기업들에게 매우 중요하다.24)

중국의 지도자들에 따르면, 경제개방 확대가 경제를 더욱 강화시키고, 다각화할 것이라고 한다.

나아가 WTO 가입은 중국의 수출에 이득이 될 것이다. 예를 들어 WTO에서 규정한 2005년 섬유수입할당제 폐지로 인해, 미국 제조업체들은 중국의 섬유수출이 그들의 산업에 조종을 울릴 것이라며 두려워하고 있다.25) 그들은 분석하고 있으며, 시장교란을 야기하는 상품수입의 제한을 허용하는 조항(긴급수입제한조치 - 역자 주)을 발동할 것을 요구하고 있다. 미국 제조업무역행동연합(AMTAC: American Manufacturing Trade Action Coalition)에 따르면 "행동연합의 모든 국내 섬유협회들은 막대한 정부보조금을 받는 중국의 수출 산업으로 인해 삼차원적 위협을 받고 있다. … 행동연합의 회원들은 자국시장, 제1세계 시장, 개발도상국 시장에서 시장점유율의 심각한 손실에 직면하고 있다."26)

2001년 중국의 WTO 가입은 세계무역체제에 대한 중국의 인정과 편입에 있어서 중요한 발걸음이다. 중국은 WTO 의무조항의 이행에 대해 완전한 책임을 질 준비가 되어 있으며 다른 회원국들처럼 모든 다자간 규정을 준수할 것이라고 말한다. WTO 회원국이 됨으로써 베이징의 지도부는 다양한 종류의 상품이 중국시장에 진출할 수 있도록 규제를 개혁할 의무를 지닌다. 그러나 동시에 노동집약적 상품에 있어서 기존시장에 대한 수출을 확대하거나 새로운 시장으로 수출을 가능하게 하는 방향으로 중국의 비교

우위를 활용할 수 있는 새로운 기회가 존재한다.

## 중국의 진로, 호황 혹은 파산?

21세기 초, 중국은 세계경제의 중심이 되었다.

> 중국은 저부가가치 노동집약적 상품에 있어서 세계의 제조업 중심지가 되었고, 세계 나머지 국가들은 고부가가치 자본집약적 상품에 있어서 중국에 대한 제조업 중심지가 되고 있다. … 중국이 저임금에 기초하는 글로벌 공급 체인의 일부에 대해 위협이 될 수 있지만, 동시에 생산의 효율성과 경제적 후생의 이익, 장기적 성장 잠재력이라는 측면에서는 보다 확대된 기회를 의미한다. 활발한 생산재 수입과 외국인투자 기회에 견주어 중국의 수출은 더 큰 호황을 누리고 있다. 중국은 세계 경제의 성장에 새로운 엔진이 되고 있다.[27)]

현 시기의 경제적 상호의존 수준을 감안할 때, 중국경제의 상황은 국제적으로 중대한 관심사이다. 21세기 초반 중국의 고속성장은 갈채를 받아왔지만, 동시에 우려를 야기하기도 하였다. 베이징 지도자들도 원자재부족, 사회간접시설의 과부하, 물가상승에 대해 우려하고 있다. 베이징의 지도부가 중국경제의 연착륙을 이끌어 낼 수 있을지를 둘러싼 국내외적 논쟁이 진행되는 가운데, 중국정부는 경기과열을 억제하기 위해 노력하고 있다.

중국의 지도자들이 정치적인 고려와 연계되어 있는 중요한 경제적, 사회적, 법률적인 선택을 앞두고 있지만, 대부분의 변화는 점진적이고 단계적일 것이다. 점진적 변화가 진행된다면, 권력은 특히 중앙과 성 정부단위에서는 중국 공산당의 수중에 남게 될 것이다. 비록 중국이 시장자본주의의 방향으로 계속해서 전진하는 것으로 보이긴 하지만, 아담 스미스가 칼 마르크스에 대해 최종적인 승리를 거둘지는 아직 확실하지 않다. 중국의 지도자들은 정치적 변화가 아니라, 인민보다는 점점 더 법에 의해 이루어지는 통치에 기반하여 '사회주의적 시장경제'를 발전시키고자 하기 때문에, 서구식 민주주의가 필요하거나 바람직하다고 생각하지 않는다. 전 하버드 경영대학 교수였으며 현재 MIT 슬론(Sloan) 경영대학 교수인 황야성(Huang Yasheng)에 따르면,

> 차기 헌법수정에서 근본적 변화는 정치적인 변화가 될 것이다. … (중국의 관리들은) 사유재산권을 인정해야만 했다. 그들은 시장을 믿어야 하며, 중립적인 규제와 공평한 대우가 가능한 여건을 만들어 내야 한다. 당신들은 게임의 공정한 룰과 투명성을 갖추어야 한다. 중국은 당신들이 전 세계 모든 나라에서 지지하고 있는 것과 정확하게 동일한 것을 필요로 한다. 25년간의 경제개혁 이후 개혁을 앞으로 끌고 나가기 위해 근본적인 제도적 개혁을 필요로 한다. … 외국인 직접투자(FDI: Foreign Direct Investment)를 통해 유도할 수 있는 변화에는 한계가 있다. 핵심적 변화는 내부로부터 진행되어야 한다.[28]

## ■ 정책대안

베이징의 지도자들은 미래의 발전에 점점 더 장애를 초래할 이중경제체제의 모순을 인식하고 있다. 그러나 그들은 물가상승과 경기과열에 대해서도 우려하고 있다.

### 대안 1: 중국의 현 시기 고도 경제성장률 유지

대다수 중국의 지도자들이 국내적으로는 고도의 경제발전과 대외적으로는 개방정책을 지지하고 있지만, 이러한 고속성장은 심각한 문제점을 야기하고 심지어는 중국의 사회적 정치적 안정마저도 위협하는 모순을 키워가고 있다. 중국이 고속 경제성장을 유지하기 위해서는 경제개혁과 밀접하게 연관되어 있는 다음 사항들에 대해서도 대응해야만 한다.

- 중국에는 사유재산과 투자자에 대한 보다 효율적인 법적 보호가 필요하다. 전통적으로 중국인들은 의견의 불일치가 발생했을 때 개인적 협상이나 중재를 통해 해결하는 것을 선호하며, 이 과정에서 흔히

다른 사람의 이익을 보호해줄 수 있는 지위에 있는 사람들이 보상을 받는다. 이러한 전통적인 방식을 통해서는 만연한 부정부패와 재산 몰수의 위험에 더 이상 효과적으로 대처할 수 없다. 따라서 개인과 기업의 사유재산권을 다루는 중립적인 상법의 필요성이 제기된다. 그러나 중국에는 이러한 형태의 공식적인 법제도의 전통이 거의 존재하지 않는다. 유교가 지배했던 시기뿐만 아니라 현대의 중국에서도 정의는 권력자에 대한 법적인 제한보다는 책임자의 윤리적 행위에 더 많이 의존하고 있다.

- 경제의 효율성을 높이고 부정부패를 제거하기 위해서 중국은 대규모 국유부문과 대규모 민간부문이 공존하는 이중경제체제를 단계적으로 폐지하거나, 혹은 파산위험에 관계없이 무제한적으로 차입할 수 있는 국유기업의 권한과 이중가격제도를 폐지하여 국유부문이 시장규율에 의해 지배받도록 해야 할 것이다. 그러나 국유부문은 당이 소유하고 있는 부의 주요원천이다. 당 관료들이 국유부문을 통제하고 있기 때문에, 그들은 국유부문에서 공개시장보다 낮은 가격으로 생산된 상품을 공개시장에서 높은 가격으로 판매하여 그 차액을 챙길 수 있다. 더 나아가 부족현상을 겪고 있는 특정한 자원들은 국유부문에서만 취득이 가능하기 때문에, 당 관료들은 자신들의 지위를 이용하여 최고가격을 지불할 의사가 있는 구매자들에게 이러한 자원을 배분할 수 있다.

- 중국은 공동체적 자부심과 공중도덕에 호소하여 범죄와 부정부패를 제거할 필요가 있다. 부자가 되는 것에 대한 강조는 부를 생산하기 위한 노력에 박차를 가하였지만, 사람들이 사회전체의 안녕보다 개인의 치부에 더 많은 관심을 가지게 함으로써 정부기관 내외에 부정부패를 확산시켰다. 천안문사태 이후 재개된 마르크스주의적 교화를 위한 시도는 실패하였다. 중국의 미래를 보장하기 위해서는 개인의 이익을 향한 열망과 공동체의 안녕을 위한 헌신이 조화를 이룰 수 있는 길을 찾아야 한다.

- 덩샤오핑의 경제개혁 실행 이후 소외되고 있는 수억 중국인의 기본적 욕구를 충족시킬 수 있는 방법을 찾아야 한다. 마오쩌둥의 시기에는 '철밥통'이 식량, 의복, 고용, 장애수당, 연금, 교육, 주택, 의료혜택과 같은 기본적 욕구를 제공해 주었는데 농촌지역이든 도시지역이든

간에 국유부문의 단위조직이 이에 대한 책임을 지고 있었다. 민영화가 진행되면서 수백만 인민이 부유해졌지만, 또 다른 수백만은 더 이상 이러한 사회적, 경제적 혜택을 받지 못하고 있다. 중앙정부에게는 사회보장서비스 제공에 필요한 재원이 없기 때문에 논리적으로 지방정부가 과세를 통해 이러한 서비스를 제공해야 한다. 그러나 연안지역처럼 급속한 경제성장을 이루지 못한 내륙지역에서 세금인상은 매우 어려운 일이다.

- 중국은 인적자원을 보다 잘 활용해야 한다. 민영화와 '한 가구, 한 자녀' 가족정책의 압박으로 인해 교육과 직업기회에서 여성에 대한 차별이 증가하고 있다. 남성들은 더 나은 교육과 직업의 기회가 주어지기 때문에 고용주들의 선호를 받는 반면, 여성들은 노동집약적 경공업 부문에서 더 오래 일하고 더 낮은 임금을 받고 있다. 그러나 중국이 고도의 경제발전을 지속하기 위해서는 여성의 능력을 충분히 훈련하고 활용하는 길을 모색해야 한다.
- 중국은 에너지 공급 및 운송체계 개선뿐만 아니라 국내에서 공급이 부족한 목재와 철광석과 같은 원자재를 확보할 수 있는 방법을 찾아야 한다. 또한 중국은 인구증가에 보조를 맞추기 위해서라도 식량 생산을 증가해야 한다. 그러나 에너지영역에서 석탄에 대한 의존, 중국 삼림의 급속한 벌채 및 그에 대해 부분적으로만 이루어지고 있는 복구, 제한된 경작지의 집중적 이용 등은 모두 환경에 대한 부담을 높이고 있다. 하나의 해법은 목재, 식량, 기타 중요한 원자재와 환경 친화적인 에너지를 수입하는 것이다. 그러나 이를 위해서는 수출을 더 증가시키거나 아니면 국제수지의 악화라는 위험을 감수해야 할 것이다.

## 대안 2: 경제성장의 하향조정

운송, 전력과 같은 상품과 서비스의 부족현상이 발생할 경우 높은 경제성장률은 인플레를 유발한다. 많은 사람들과 지역이 새로이 창출된 부를 공유하지 않기 때문에 높은 경제성장률은 불평등과 불만을 확대시킨다. 불만은 불안정과 저항을 초래할 수 있다. 천안문 시위의 두 가지 주요원인은 중국의 급속한 경제적 변화에 의해 촉발된 인플레와 부정부패였다. 당의 강경파들은 부정부패, 범죄, 도덕성 붕괴, 사회적 책임감 저하가 중국의 급속한 경제적 변화, 특히 서구의 문화와 물질주의적 소비가치의 확산과 연관된 변화에 기인한다고 생각한다. 성장속도를 낮추는 것은 많은 문제들 가운데 일부를 해결할 수 있을 것이다.

- 성장률 하향조정은 예를 들어 운송과 에너지 영역에서 심각한 병목현상을 초래하고 있는 근본적이고 구조적 문제에 대한 압박을 완화할 것이다. 이러한 자원에 대한 수요의 감소는 장기적인 관점에서 구조적 결함을 수정하는데 유리할 수 있다.
- 성장률 하향조정은 이중경제에 대한 압박의 완화를 의미한다. 중국의 지도자들이 국유부문을 보다 효율적으로 작동하게 하고 시장에 적응시켜 나가는데 있어서 충분한 시간이 필요하다. 국유부문을 제거하기보다는 이중경제를 실용주의적으로 조정하는 접근방식에 거의 모든 당 지도자들이 전념하고 있는 것 같다. 전자는 당의 권위와 권력을 더욱 약화시킬 것이기 때문이다. 또한 핵심 산업부문과 금융, 통신, 운송과 같은 서비스 부문에서 중앙의 규제와 통제가 없다면, 중국이 경제적으로 분열할 것이라는 두려움이 존재한다.
- 근대의 그 어떤 시기에 비해서도 외부의 위협이 적은 시기에 성장률 하향조정은 중국에게 군사력 증강의 유혹을 덜어줄 것이다. 경제적 필요는 초강대국들이 냉전을 종식하도록 만든 중요한 요인이었다. 중국이 이웃나라들보다 더 빨리 성장한다면, 베이징의 지도자들은 군사력 증강을 외교정책의 수단으로 이용하려는 유혹을 받게 될 것이다. 이것은 동아시아 및 동남아시아 지역에서 군비경쟁을 자극할 수 있다. 급속한 성장은 에너지부족 문제를 완화하기 위해 남중국해에서 새로운 유전을 개발하려는 중국의 노력을 가속화 시킬 것이며, 역시 남중국해에 대한 영토권을 주장하고 있는 다른 국가들은 이 지역에 대한 중국의 군사적 지배에 대항하기 위한 조치를 취하게 될지도 모른다.
- 성장률 하향조정은 중국인민들이 부자가 되는 데에 덜 몰두하고, 공동체적 요구에 복무하는 직업을 찾는 데에 더 관심을 갖게끔 하는 사회

적 분위기를 조성하는데 도움을 줄 것이다. 12억의 인구를 가진 중국에서 미국이나 서유럽과 같은 형태의 소비주의는 한계를 가진다.
- 성장률 하향조정은 중국의 안정과 복리를 해칠 수 있는 세계경제의 취약성으로부터 중국을 보호하는데 도움이 될 것이다. 중국 외부, 예를 들어 일본과 서유럽에서 경기침체가 지속된다면, 많은 나라들은 무역과 고용에 대한 보호주의를 실시해야 한다는 강한 압력에 직면할 것이다. 중국 내부의 성장률 감소는 무역과 투자에 대한 조건으로 중국의 양보를 강제하려는 외부의 압력을 회피하는데 중국 지도자들에게 보다 많은 유연성을 제공할 것이다.

## 대안 3: 더 긴밀한 협력

국내의 지역 간 무역전쟁과 자원의 비효율적인 이용을 피하기 위해서 중앙, 지역, 지방 단위의 중국 지도자들은 긴밀히 협력하여 책임을 공유하고, 동시에 효과적으로 그 책임을 분산할 필요가 있다. 이미 성 단위의 지방정부는 지역 간 교역과 비교우위의 경제적 이익을 희생시켜가면서 부족한 자원을 비축하고, 자신들의 산업을 보호하고 있다. 과거에 중국공산당은 당의 통일성을 이용하여 베이징 중앙에서 수립된 경제정책을 수행할 수 있었다. 그러나 서로 다른 지역 간의 상호 이익에 기반을 둔 협력관계를 증진시켜야 할 필요성이 점차 증가하고 있으며, 특히 광대한 내륙지역의 자원을 효과적으로 이용하기 위해서는 더욱 그러하다.

- 부유한 성에서는 세입이 증가하고 있는 반면, 중앙정부는 세입에 대한 권한을 상실하고 있기 때문에 기본적인 사회보장 서비스는 대체로 지방정부 단위에서 제공되어야 한다. 부유한 성은 새로이 발견한 부를 가난한 성들과 나누어 갖도록 설득되어야 한다. 그렇지 않으면 산둥, 푸젠, 광둥과 같은 연안지역의 부유한 성들은 더 나은 서비스와 기회를 찾아 몰려드는 수억의 중국인들로 넘쳐날 것이다.
- 중앙정부는 수중에 있는 한정된 자원을 가지고 외교정책을 지휘하고, 무역과 투자에서 더 많은 기회를 열어나가는 것과 같이 자신이 가장

잘할 수 있는 일에 집중해야 한다. 그러나 이러한 노력 또한 지역 및 지방 단위의 정부와 더욱 긴밀한 협력을 필요로 한다.
- 중앙정부는 내륙지역의 발전을 촉진하고 국내 무역장벽을 제거하기 위한 방법을 모색하는데 집중적인 노력을 기울여야 한다. 국내 무역장벽의 문제가 해소되지 않는다면, 중국 내부에서 경제적 분열이 일어나고, 지역 무역블록이 형성될 지도 모른다.

## ■ 토의주제

1. 중국은 자본주의적 시장경제 수립과 관련하여 명확한 태도를 견지하고 있는가?
2. 중국인들에게 돈을 벌고 생활수준을 향상시키는 것이 서방식 정치적 권리를 획득하는 것보다 더 중요한가?
3. 자본가들은 권위주의적 정치체제의 사회보다 서방식 정치체제의 사회에 투자하는 것을 선호하는가?
4. 여행자들을 중국으로 유인하고 서방 민주주의국가에 중국의 수출을 증가시키는데 있어서 인권보호가 어느 정도 중요한 의미를 갖는가?
5. 중국내부에서 정치적 권리 확대의 전망은 어떠한가?
6. 서방식 법 체제가 자본주의 시장체제의 발전에 필수적인가?
7. 법 위에 군림하는 이들에 의한 통치가 아니라 법에 의한 통치에 기초한 법 제도를 수립하는데, 어느 정도의 노력을 기울이고 있는가?
8. 경제적 자유주의, 정치적 자유, 인권의 관계는 무엇인가?
9. 중국에서 아담 스미스가 칼 마르크스에 대해 어느 정도 승리했다고 볼 수 있는가?
10. 홍콩, 대만, 일본, 한국은 중국의 경제발전에 각각 어떤 특별한 기여를 했는가?
11. 경제발전이 중국 농촌지역의 생활을 어떻게 변화시켰는가?
12. 중국에서 이중경제 유지가 갖는 긍정적인 점과 부정적인 점은 무엇인가?
13. 중국 내륙지방의 경제발전을 촉진하기 위해 어떠한 조치가 필요한가?
14. 중국의 경제개혁은 중앙, 지역, 지방단위 정부 사이의 관계를 어떻게

변화시켰는가?
15. 현재의 경제발전속도를 유지하는 것과 늦추는 것 중 무엇이 중국에 더 나은 선택이 될 것인가?
16. 중국의 미래 경제발전과 여성권리의 문제는 어떠한 연관을 맺고 있는가?
17. 경제적 개혁은 범죄, 공동체에 대한 봉사 등의 사안들과 관련한 중국의 사회적 가치들에 어떤 영향을 미쳤는가?
18. 중국의 세계무역기구 가입은 경제적, 정치적으로 중국에 어떤 영향을 미칠 것인가?
19. 중국의 놀라운 경제성장은 원유와 철강과 같은 세계 원자재 시장에 어떠한 영향을 미쳤는가?

## ■ 추천문헌

Dickson, Bruce J. *Red Capitalists in China: The Party, Private Entrepreneurs, and Prospects for Political Change*. Cambridge: Cambridge University Press, 2003.

Goodman, David S. G. and Gerald Segal (eds.), *China in the Nineties: Crisis Management and Beyond*. New York: Oxford University Press, 1991.

Gregory, Neil, Stoyan Tenev and Dileep Wagle. *Chinas' Emerging Private Enterprises: Prospects for the New Century*. Washington D.C.: International Financial Corporation, 2000.

Hale, David and Lyric Hughes Hale. "China Takes Off." *Foreign Affairs*, November-December 2003, pp.36-53.

Howell, Jude, *China Opens Its Doors: The Politics of Economic Transition*. Boulder, Colo.: Lynne Rienner, 1993.

Huang, Yasheng, *Selling China: Foreign Direct Investment During the Reform Era*, Cambridge: Cambridge University Press, 2003.

Langlois, John D., "The WTO and China's Financial System." *China Quarterly*, 167, September 2001, pp.610-629.

Lardy, Nicholas R. *China's Unfinished Economic Revolution*. Washington D.C.: Brookings Institution, 1998.

_____, *Integrating China into the Global Economy*. Washington D.C.:

Brookings Institution, 2002.
Lin, Justin Yifu, Fang Cai, and Zhou Li, *The China Miracle*, Hong Kong: Chinese University Press, 1996)₩.
Solinger, Dorothy J., *China's Transition from Socialism*, Armonk, N.Y.: M.E. Sharpe, 1993.
Steinfeld, Edward S., *Forging Reform in China: The Fate of State-Owned Industry*, Cambridge: Cambridge University Press, 1998.
White, Gordon, ed. *The Chinese State in the Era of Economic Reform*, Armonk, N.Y.: M.E. Sharpe, 1992.

# ■ 주

1) Guo Hai Wang, "The Real Leap Forward," LifeOnline 에서 인용. http://www.tve.org/lifeonline/index.cfm?aid=1406. (검색일: 2004.5.23)
2) BBC News, "Voices from Modern China," http://news.bbc.co.uk/1/shared/spl/hi/asia_pac/02/china_party_congress/voices/html/li_chunhai.stm.
3) Susan Ogden, "The Changing Content of China's Democratic Socialist Institutions," *In Depth: A Journal for Values and Public Policy*, 3, No.1, Winter 1993, pp. 237-256. 이 글에서 옥던(Susan Ogden)은 지방단위에서 성장하고 있는 다원적인 의사결정과정을 서술하고 있다. 1990년대 권력승계를 둘러싼 투쟁은 합리적 행위자 정책결정 모델에 대한 경계심을 유발하였다. 이러한 상황은 새로이 등장하는 민간경제부문과 잔존하고 있는 국가경제부문에 대한 특혜를 동시에 인정하는 관료주의 조직모델을 강화시켰다. 그럼에도 불구하고 옥던은 풀뿌리민주주의가 성장하고 있는 것은 명백하며, 이러한 발전이 1990년대 다원적인 의사결정과정이 점차로 중요해지고 있음을 시사하고 있다고 본다. 또한 그는 중국인들이 90년대 들어 자신들이 기억하는 그 어느 때보다도 많은 개인적 자유를 향유한다고 느끼고 있었음을 지적한다.
4) 제3세계 국가들은 1970년대 신국제경제질서의 형성을 제안하였으며, 제3세계 경제의 문제는 유엔무역개발회의(UNCTAD: United Nations Conference on Trade and Development)를 통해 다루어 졌다.
5) Brenton Schlender, "China Really Is on the Move," *Fortune*, October 5, 1992, p. 118.
6) Pranab Bardhan, *Crouching Tiger, Lumbering Elephant: A China-India Comparison*, http://globetrotter.berkeley.edu/macarthur/inequality/papers/bardhancrouching.pdf. (검색일: 2004.5.23).
7) World Bank, World Development Indicators 2004, press release, April 23, 2004, http://www.worldbank.org/data/wdi 2004.
8) 대만과 한국의 대조적인 산업화 모델에 대한 분석은 Tun-jen, Cheng, "Distinction Between the Taiwanese and Korean Approaches to Economic Development,"

*Journal of East Asian Affairs*, 7, No.1, Winter-Spring 1993, pp. 116-136 참조.
9) 리펑 총리, 1992년 1월 31일.
10) Ann Scott Tyson and James L. Tyson, "China's Villages, Part 2: Rural Entrepreneurs Take Root," *Christian Science Monitor*, July 29, 1992, pp. 9-12.
11) Joseph Fewsmith, "The Political and Social Implications of China's Accession to the WTO," *China Quarterly* 167, September 2001, pp. 578-579.
12) Ibid.
13) 1980~90년대 촌단위의 정치적 관계의 변화에 관한 분석은 Tyrene White, "Reforming the Countryside," *Current History*, September 1992, pp. 273-277 참조.
14) Tyson & Tyson, "China's Villages, Part 2." p. 12에서 인용.
15) Brian Schwarzwalder, "Off the Beaten Track: Rural China in Transition," China in Transition: A Look Behind the Scenes, September 22, 2002, http://www.ncuscr.org/public_education/sept%2025%20conference%20report.htm.
16) Wu Bangguo, "Rural Land Contracts Should be Protected," Peoples Daily Online, September 30, 2003, http://english.people daily.com.cn/200309/20/eng20030920_124589.shtml.
17) 월(David Wall)은 투자를 유인하기 위해 경제특구에서 자원이 무관세로 수입되고 경제특구 생산품의 많은 부분이 내수시장으로 전환되었기 때문에(내수시장은 이윤이 높고, 관료들은 관시(guanxi)형태의 거래를 통해 대외수출용 생산을 내수용으로 전환하는 것을 허용하였다) 중국의 특구에서 사실상 외화 순유출이 일어나고 있는지도 모른다. David Wall, "SEZs in China: The Administrative and Regulatory Framework," *Journal of East Asian Affairs*, 7 No.1, Winter-Spring 1993, pp. 226-260.
18) Fewsmith, "The Political and Social Implications," p. 579.
19) China in Transition: A Look Behind the Scenes, September 25, 2002, Conference Report by Samantha Blum, http://www.ceip.org/files/pdf/china_092502_summary.pdf. (검색일: 2004.1.13)
20) Ibid.
21) 서구의 대다수 관찰자들은 중국의 지도자들이 경제개혁을 지속할 것이라는 것에 대해 확신하고 있다. 그러나 그들은 또한 아담 스미스의 자유방임주의 경제학이 언젠가는 사회적, 경제적 권리만이 아니라 시민권과 정치적 권리도 확대시킬 것이라 생각한다. David S. G. Goodman and Gerald Segal (eds.), *China in the Nineties: Crisis Management and Beyond* (New York: Oxford University Press, 1991); David Kelly, "Chinese Marxism Since Tiananmen: Between Evaporation and Dismeberment," pp. 30-34; Alan Chan, "The Social Origins and Consequences of the Tiananmen Crisis," pp. 64-86; Ann Kent, "Human Rights: The Changing Balance Sheet," pp. 105-130. 천안문 사태 이후 마르크스적 가치관의 변화를 분석하는데 있어 일부는 인민 전반의 민주주의를 위한 대중운동은 없었다고

주장한다. 대신 중국내부의 비판자들은 의미 있는 대화에 참여할 수 있는 개인적 기회의 확대와 당 개혁에 더 많은 관심을 가지고 있었다. 이것은 중국 전체 인구의 70%를 구성하는 농민들의 대중적 참여가 아니라 중국사회의 유기적 구성 요소들 사이의 정치적 상호작용에 기반을 둔 것이었다. 나아가 많은 천안문 시위 군중들은 그 때나 지금이나 정치적 질서를 옹호하고 있다.

22) International Finance Corporation(IFC), *China's Emerging Private Enterprises: Prospects for the New Century* (Washington D.C.: IFC, 2000), p. 3.
23) 베이징에 거주하는 학자 렌 샤오(Shao Ren)의 발언. Joseph Fewsmith, "The Political and Social Implications of China's Accession to the WTO," *China Quarterly*, 167, September 2001, p. 586에서 인용.
24) Nicholas Lardy, "The Economic Future of China," speech to Rice University and the Texas Asia Society, April 2002, http://www.asiasociety.org/speeches/lardy.html.
25) 섬유와 의류에 관한 우루과이 라운드 협정의 결과로 2005년 1월 1일부터 효력을 발생할 WTO 회원국에서 생산된 섬유 및 의류제품의 완전한 통합이 시작될 것이다. 이것은 통합과정의 4번째이자 마지막 단계이다. 앞서 언급한 날로부터 WTO 회원국에서 생산되거나 수출되는 모든 섬유 및 의류제품은 더 이상 수입할당의 제한을 받지 않는다.
26) "Eurocoton, FTA Endorse Istanbul Declaration," Textile World News, May 2004, http://www.textileindustries.com/news.htm?cd=2389&id=7155.
27) Glen Hodgson and Mark Worrall, economists at Export Development Canada, David Hale and Lyric Hughes Hale, "China Takes OFF," *Foreign Affairs*, November-December 2003, p.46에서 인용.
28) Knowledge@Wharton, A Contrarian's View of What's Behind Foreign Direct Investment in China, http://knowledge.wharton.upenn.edu/index.cfm?fa=viewarticle&id=806. (검색일: 2004.5.27).

# 중국과 러시아

4

냉정하게 진행상황을 주시하고, 우리의 입장을 지키며, 침착하게 도전에 대처하고, 우리의 능력을 숨기고, 기회를 기다리면서, 야망을 버리고, 앞장서서 주도하려고 하지 마라(1980년대 중국의 대외정책 기조로 자신의 재능이나 명성을 드러내지 않고 참고 기다린다고 하여 도광양회(韜光養晦) 정책노선이라고 한다. - 역자 주).

— 세계 사회주의의 위기상황과 관련 중국공산당의 대처에 대한 덩샤오핑(鄧小平)의 지시

우리 지역은 점점 더 아시아·태평양지역으로 편입되고 있다. 이러한 진행과정에 대하여 우리는 선택의 여지가 없다. 우리의 이웃을 선택할 수는 없으며, 중국과 우호관계를 유지해야만 한다.
— 하바로프스크 크라이(러시아 변방지역의 행정구역 - 역자 주) 주지사 이샤에프(Viktor Ishave)[1]

## ■ 전통적 경쟁관계: 중국 청나라와 러시아 로마노프 왕조

중국과 러시아는 세계에서 가장 긴 국경을 공유하고 있다. 서쪽으로는 아프가니스탄, 동쪽으로는 한반도까지 이어지는 중러국경으로 인해 17세기 이래 두 나라 사이에 갈등과 외교적 접촉 및 협상이 발생하였다. 제정 러시아가 청나라, 국민당 정부의 중국, 공산당 정부의 중국 등이 지배하던 지역으로 러시아의 영향권을 점차적으로 확장해 온 이후 지난 300년 동안 중국과 러시아 사이의 관계에서 가장 주요한 논제는 러시아가 중국과 어느

곳에서 조우할 것인지를 결정하는 것이었다. 중국은 소련의 국경 침범 및 내정간섭을 두려워했는데, 이러한 두려움은 중화인민공화국이 건국된 1949년 이후 한동안 공산권 국가 사이에 우호관계가 유지되었던 시기에도 중소관계를 악화시키는 요인으로 작용하였고, 1960년에는 중소분쟁을 촉발시킨 원인이 되었다. 공산주의 이데올로기를 둘러싼 논쟁이 끝난 지 오랜 시간이 지난 1990년대에도 러시아와 중국의 외교당국자들은 국경분쟁 문제를 해결하기 위한 회담을 계속하였다. 1997~1998년에야 비로소 두 나라는 국경을 획정하고 외교관계를 정상화하였다.

사실상 중국이 처음으로 국제체제에 포함되게 된 것도 러시아와 접하고 있는 국경 문제 때문이었다. 1689년 중국과 러시아가 서명한 네르친스크 조약(treaty of Nerchinsk)은 중국이 다른 나라와 맺은 최초의 공식적인 국경조약이었다. 이 조약과 이후의 다른 협정에 의해서 중러관계는 어느 정도 공식화되었으며, 1850년에는 러시아 수출 공산품의 거의 절반이 중국으로 수출될 만큼 두 나라의 무역관계가 확대되었다.[2] 그러나 동시에 청나라는 급속도로 통치력을 상실하였으며, 영국과 프랑스 등 서구 열강들은 중국의 주권을 침해하기 시작했다. 러시아 역시 중국의 허약함을 이용하여 국경지역에서, 특히 만주지역에서 정치적 경제적 영향력을 확장시켰다. 청 왕조는 중국제국의 일부로 간주해 온 지역으로 러시아의 세력이 팽창하는 것을 몹시 경계하였지만 19세기 중엽에 중국은 너무 많은 적들과 대치하고 있었기 때문에 러시아에 적극적으로 대항할 수 없었다. 1860년 11월에 베이징에서 조인된 중러조약에 따라 중국은 러시아에 북부 국경 전체를 개방하였으

> "난징(南京) 해방 즈음해서 국내외에 선의를 가진 친구들이 많이 있었다. 이 친구들은 우리에게 중국 남북으로 갈라진 분리정권에 대해 만족해야 하며, 특히 미국제국주의자와 같은 제국주의자들의 침략을 유발해서는 안 된다고 말했다."
> [궈모조(郭沫若)의 글. 여기서 '친구'는 스탈린을 의미한다. Stuart Schram, *Mao Tse-tung* (Blatimore: Penguin, 1975), p. 245에서 인용].

며, 그 결과 러시아의 정치적, 상업적 영향력이 확대되었다.3) 러시아 황제는 청 왕조 역시 자기 영토라고 주장하던 땅들을 가차 없이 차지해 버렸다. 러시아는 중국국경 안쪽 지역에 러시아 영토를 얻으려던 목표를 달성했는데, 이것은 유럽 및 미국이 중국 남부지역에서 획득했던 것과 유사한 것이었다.

### ■ 혁명 관계: 볼셰비키와 중국 공산주의자

1911년의 중국혁명에 러시아는 별다른 반응을 보이지 않았다. 당시 러시아는 국내정치 문제에 여념이 없었다. 세계대전과 러시아혁명 시기에도 러시아는 중국 국내정치 문제에 개입할 상황이 아니었다. 그러나 볼셰비키당이 지도하는 소련은 자본주의 국가와 그 식민지 지역에서 자본주의 세력을 타도하기 위한 세계혁명에 전념했다. 1920년대 초 난립한 군벌(軍閥)들과 외세에 의해 지배되고 있던 중국은 볼셰비키의 입장에서 볼 때 혁명에 적합한 조건을 갖추고 있었다.

따라서 레닌과 제3차 코민테른(Third Communist International)은 중국이 제국주의 세력의 영향으로부터 벗어나게끔 돕고, 이를 통해 국제공산주의를 진일보 시키고자 했다(공산주의 인터내셔널은 1919년에 설립된 각국 공산당들의 연합체로 제3인터내셔널(Third International)을 의미하며, 별칭은 코민테른(Comintern)이다. 제1차 세계대전을 둘러싸고 사회주의 제2인터내셔널이 분열된 이후, 레닌의 주도로 각국의 노동운동 좌파가 모여서 1919년 모스크바에서 제1차 대회를 열어 코민테른을 창립했다. 프롤레타리아 독재를 통한 사회주의 달성을 추진하였으며, 제1·2차 세계대전 사이에 공산주의자들의 투쟁을 촉진시켰으나, 1935년 제7차 대회를 끝으로 사실상 와해되었다. 1943년 스탈린이 공식적으로 코민테른의 해체를 선언하였으며, 이후 소련의 지원으로 코민포름(1947~1956)이 창립되었다. – 역자 주). 1920년 소련은 치외법권을 포함하여 러시아제국이 중국

청나라와 맺은 여러 '불평등' 조약을 통해 획득한 모든 특권을 포기한다고 선언했다. 이러한 러시아의 자발적인 특별지위의 포기로 인해 중국에 대한 외세의 침략 종식을 열망하며 점점 증가 추세에 있던 중국 민족주의자들은 레닌과 소련에 대해 더욱 더 감탄하게 되었다.

심지어 '중국의 조지 워싱턴'인 쑨원(孫文)조차 기꺼이 모스크바의 도움을 받고자 하였다. 1923년 소련은 쑨원 및 쑨원의 국민당(國民黨)과 어색한 동맹관계를 만들어냈다. 소련은 쑨원이 중국을 통일하고 외세를 몰아내는 데 성공할 가능성이 높은 인물이라고 생각했다. 이러한 이유로 모스크바는 중국에 자금, 고문단, 무기 등을 지원하였다. 소련 고문단의 도움을 받아 처음으로 국민당 군대가 조직되었으며, 국민당은 민주 집중제(democratic centralism)의 원칙에 따라 조직을 재정비하였는데, 이 원칙은 1980년대까지 국민당의 지배 원칙이었다.

중국 내에서 권력을 장악하고 자본주의 국가들을 몰아낼 가능성이 가장 높은 정치세력과 손잡는다는 소련의 전략은 1921년 중국공산당의 창당 후에도 바뀌지 않았다. 소련 입장에서는 공산주의 이데올로기보다 제국주의체제에 타격을 주고 세계경제를 지배하고 있는 제국주의적 속박의 고리에서 가장 취약한 지점을 공격하는 것이 훨씬 더 중요하였다. 따라서 중국공산당 당원은 반드시 국민당 당원으로 가입하고 국민당의 통제에 따를 의무를 부과받았다. 저우언라이(周恩來) 역시 장제스(蔣介石)가 교장으로 있던 국민당 군사학교에서 학생들을 가르치기까지 했다. 국민당과 공산당 사이의 제1차 국공합작은 1925년 쑨원의 사망 이후에도 간신히 유지되었으나, 러시아에서 스탈린이 등장하고 중국에서 장제스가 등장함에 따라 곧 끝나게 되었다.

1920년대 중반 장제스는 국민당을 장악하고 공산주의자들을 축출하기 시작했다. 장제스가 실시한 일련의 성공적인 유혈숙청 결과, 1920년대 말 중국 공산주의자들은 중국 내부 산악지역으로 쫓겨났다. 스탈린은 중국 공산당이 도시에서의 활동을 통해 도시지역에서 혁명을 일으키는 정책을 지지해 왔었다. 장제스의 승리는 이러한 정책이 참담한 실패작임을 보여주었으며, 1930년대 중반 마오쩌둥(毛澤東)은 도시지역의 혁명을 우선하기보다는 먼저 농민들을 조직화하여 농촌지역에서 혁명을 일으켜야 한다는 강령을 제시하여 중국공산당을 장악하였다. 마오쩌둥의 혁명이론은 스탈린의 혁명이론에 상치되는 것이었으며, 두 지도자는 중국 공산혁명의 실현을 위한 최선의 방법에 대해 정통하다는 상대방의 주장에 대해 서로 죽을 때까지 불쾌하게 생각하였다.

1930년대 말까지 중국 공산주의자들은 대장정(大長征)에서 살아남았으며, 예난(延安)에서 권력을 장악했다. 중국공산주의자들은 장제스 군대의 추격에서 벗어나는 데 성공하였으며, 일본 침략자에 대항하여 전투를 실시함으로써 국민들의 갈채를 받았다. 곤경에 처한 스탈린은 처음에는 일본에 대항하기 위한 또 한번의 국공합작 형성을 (미국과 함께) 강력하게 주장함으로써 궁지를 벗어나고자 했다. 두 번째 국공합작은 또 한번의 분열로 끝났으며, 중국 공산주의자들은 소련의 어떠한 실질적인 지원도 없는 상태에서 자신들 스스로 힘을 강화하기 시작했다. 사정이 어떻든 간에 소련은 독일 나치와 필사적으로 싸우고 있었으며, 따라서 국민당이든 공산당이든 실질적으로 어느 한 쪽을 도와줄 여력이 없었다. 제2차 세계대전 말, 마침내 스탈린이 일본에 선전포고를 한 후 소련군은 일본을 몰아내기 위해 만주지역으로 진군하였다. 소련군은 일본군으로부터 빼앗은 무기를 중국 공산주의자들에게 넘겨주었는데, 이것이 스탈린이 중국공산당의 전쟁활동에 도움을 준 유일한 사례이다. 반면에 만주지역 공업시설을 해체하여 소련으로 보내라는 스탈린의 지시는 중국공산당이나 국민당 구별 없이 모든 중국인을 분노케 했다.

1920년대 말부터 제2차 세계대전이 끝날 때까지 스탈린의 중국에 대한 서투른 조치는 마오쩌둥과 중국공산당을 약화시키기보다는 오히려 강화시켰다. 마오쩌둥은 스탈린보다는 자신에게 신세지고 있는 중국공산당을 신중하게 육성했으며, 그렇게 함으로써 중국에서 외세를 몰아낼 것을 선언하는 그 어떤 단체에 대해서도 지지 입장을 가지고 있던 중국 민족주의자들의 지지를 이끌어낼 수 있었다. 당연히 스탈린은 이러한 중국공산당의 독립을 인정하지 않았다. 제2차 세계대전 종전 이후 마오쩌둥의 군대가 국민당 군대와 중국 전체의 통치권을 놓고 다툰 중국 내전기간 중국을 주시하던 외부인들은 스탈린이 마오쩌둥과 민족주의적인 중국공산당이 단독으로 지배하는 중국보다는 국민당 정부가 지배하는 중국, 또는 국민당 정부와 공산당 정부 둘로 분열된 중국을 선호한다고 생각하였다. 분열된 중국은 약한 중국을 의미하며, 스탈린이 약한 이웃을 희망했다는 것은 잘 알려진 사실이다.

따라서 중화인민공화국의 수립을 환영하는 스탈린의 감정은 복잡하였을 것이다. 다른 나라들이 세계에서 인구가 제일 많은 나라가 국제 공산주의 운동에 동참하였다는 사실에 긴장했던 반면 스탈린은 중국과 같이 잠재적으로 아주 막강한 동맹국이 장차 세계 공산주의 운동에 있어서 소련의 주도권에 도전할 수 있다는 점을 우려하였다. 중화인민공화국은 1949년에 수립되었는데, 그해 유고슬라비아는 건방지다고 할 수 있을 정도의 태도로 국제공산주의 운동에 있어 자신의 독자 노선을 강화하고 있었다. 즉, "오직 1,600만 명의 인구를 가진 발칸반도의 신생국가 공산당 지도자가 스탈린에게 '아니오'라고 말하고, 소련의 앞잡이들을 색출하고, 소련 공산당원을 구속하고, 할 수 있으면 해보라는 식으로 소련공산당에 감히 도전하였다."4) 마오쩌둥의 중국공산당 역시 그 누구로부터도 은혜를 입은 바 없었고, 스탈린의 모든 지시 사항을 따를 것으로 보이지 않았다. 중국공산당은 레닌과 볼셰비키당이 희망하던 승리를 거둔 셈이지만 그 결과 국제공산주의 운동은 어떠한 대가를 치러야 했나?

## ■ 두 공산주의 초강대국

중화인민공화국이 수립된 이후 마오쩌둥은 소련에 대한 '일변도' 정책을 선택하였다. 미국정부의 반공산주의적 수사와 중국과 소련 사이의 마르크스-레닌주의라는 이데올로기적 공통성 때문에 마오쩌둥에게는 미국과의 화해 협상보다는 중소동맹이 더 끌리는 선택이었다. 또한 마오쩌둥은 중소동맹이 신생 중국정권의 안보에, 특히 중국이 여전히 두려워하고 있던 일본의 침략을 막는 데 도움이 될 것으로 기대하였다.

따라서 마오쩌둥은 1949년 모스크바를 방문하였으며, 스탈린의 무례한 대우를 잘 참아낸 후 1950년 2월에 중소우호동맹상호원조조약을 체결하였다. 마오쩌둥에 의하면 스탈린은 "조약 체결을 원치 않았다. … 두 달간에 걸친 협상 끝에 스탈린은 마침내 조약에 서명하였다."5) 중소조약의 문구는 스탈린이 중국에게 동등한 지위를 인정하는 것을 꺼렸으며, 오히려 동유럽국가와 동일한 위성국가 지위를 부여하길 원했다는 점을 보여주었다. 중국은 5년 거치 3억 달러 상당의 차관을 제공받았으며, 원금과 1%의 이자를 천연자원으로 보상하기로 했다. 중국보다 폴란드가 소련으로부터 더 많은 액수의 원조를 받았다! 여기에 더해, 마오쩌둥은 소련에게 만주지역에 있는 두 개의 주요 항구와 중국동방철도의 운영권을 넘겨주는데 동의했다. 중국 서부지역에 저장된 천연광물을 개발하기 위하여 중소 합자회사가 설립되었으며, 그 결과 소련은 이 지역으로 세력을 확장하였다.6) 마오쩌둥은 소련과 동맹을 맺는데 성공했다. 하지만 그 대가

> 겨울 구름 눈(雪)을 가득 싣고,
> 버드나무 꽃처럼 눈송이 흩날린다.
> 무수한 꽃잎 시들어 지니
> 한동안 꽃이 희귀하다.
> 얼어붙은 하늘 높이 미세한 기운 감돌고 있고.
> 영웅 홀로 호랑이를 쫓으니,
> 하물며 호걸이 곰을 두려워하랴.
> 매화는 하늘 가득한 눈(雪)을 즐기니,
> 추위에 파리가 얼어 죽은들 놀라우리.
>
> 마오쩌둥이 지은 이 시(詩)에서 호랑이는 미국 제국주의를, 곰은 소련을 의미한다. Stuart Schram, *Mao Tse-tung* (Baltimore: Penguin, 1975), p.306에서 인용(마오쩌둥이 1962년 12월 26일 지은 칠률(七律) 시(詩)로 제목은 '겨울 구름(冬雲)'이다. - 역자 주).

로 마오쩌둥 자신과 중국정부의 자존심에 커다란 상처를 입었다. 이번에도 역시 러시아가 전통적으로 갖고 있던 외교적 목표인 국경지역에 대한 지배 강화와 주변 국가에 대한 통제가 이데올로기적 동질성보다 더 중요했다.

중소관계는 계속해서 어려움을 겪었는데, 특히 1950년 6월 한국전쟁이 발발한 이후에는 더욱 그랬다. 아마도 마오쩌둥은 한국전쟁 발발 전에 소련을 통해서 북한의 남침 결정을 알았겠지만 북한의 남침 결정에 대하여 사전에 어떠한 영향력도 행사하지 못한 것 같다. 마오쩌둥과 스탈린은 북한군에 대항하여 (유엔의 이름으로) 미군이 참전할 것을 예상하지 못했으며, 맥아더 장군이 중국 국경을 향해 북한 지역으로 진격하자 마오쩌둥은 중국 인민의용군을 북한에 파병하는 고통스러운 결정을 내려야만 했다.[7] 3년 동안의 치열한 전투를 겪은 후 전쟁은 교착상태에 빠졌지만 1953년 스탈린이 죽은 후에야 정전협정이 조인되었다. 그러나 마오쩌둥과 군부 지도자들은 끝내 스탈린의 소련군이 한국전쟁에 참전하지 않았다는 사실을 잊지 않았다. 한국전쟁의 부담 때문에 중국지도부가 겪은 쓰라림은 쉽게 잊혀 지지 않았다.

그러나 외부세계에는 중소동맹이 견고한 것으로 보였다. 소련은 중국에 개발차관, 일반차관, 기술원조, 훈련 등의 방식으로 추가로 경제지원을 제공했다. 1960년까지 소련으로부터 약 20억 달러 상당의 일반차관이 중국에 제공되었다.[8] 아울러 소련은 정치적으로 대등한 관계의 수립을 위한 노력도 병행했다. 1954년 흐루시초프(Nikita Khrushchev)는 중국을 방문하여 중소우호조약에 포함되었던 항구, 철도와 합자회사의 관리권을 중국에 돌려주기로 약속했다. 비슷한 정도로 중국에 중요한 사안은 1957년 '중소핵기술협력조약'이었는데, 이 조약에서 소련은 샘플용 원자폭탄 하나와 원자폭단 제조에 사용된 기술자료를 중국에 제공하기로 약속하였다.[9] 스탈린 사망 후 소련 지도자들은 마오쩌둥의 중화인민공화국을 소련의 위성국가가 아니라 소련과 대등한 국가로 대하는 듯 보였다.

그러나 1960년 여름 중국에 파견되어 있던 거의 1만 명 수준의 소련 고문단이 본국으로 철수하였다. 엎친 데 덮친 격으로 철수 하면서 소련 고문단은 모든 청사진과 계획서들을 가지고 돌아갔다. 소련이 설계한 공장과 군사무기는 그대로 남아 있었지만 중국인들은 이것들의 설계정보를 갖고 있지 못했다. 고문단의 철수는 공산권의 두 거인들이 더 이상 한 편이 아니라는 점을 세계에 알려주었다. 비록 미국 정부의 많은 사람들은 나중에야 비로소 중소갈등이 두 나라의 속임수가 아니라는 사실을 깨닫게 되었지만, 1960년대 말 국경 충돌사건이 발생하는 시점까지 10여 년 동안 중소관계는 눈에 띠게 악화되었다.

중소관계 악화의 원인은 여러 가지이다. 일부는 중국인에 대한 러시아인의 전통적인 불신에서 중소불신의 원인을 찾는다.[10] 다른 사람들은 중국인들이 러시아에 등을 돌리게 만든 역사적 원한에서, 특히 중국공산당 초창기에 있어서 스탈린의 중국공산당에 대한 미온적인 지원에서 중소관계 악화의 원인을 찾는다(소련의 중화인민공화국에 대한 20억 달러 상당의 경제지원은 동일한 기간 동안 미국이 대만에 지원한 액수의 40%에 불과하다는 사실을 안다면, 별로 놀랄만한 액수가 아니다).[11] 이념적 차이 또한 갈등관계를 조장했다. 비록 마오쩌둥은 스탈린이 자신을 푸대접하는 것을 불쾌히 여겼지만, 1956년 흐루시초프의 스탈린 격하운동이나 비스탈린화(de-Stalinization) 운동에 찬성하지 않았다. 특히 개인숭배에 대한 흐루시초프의 비판은 마오쩌둥에게는 너무나 치명적이었다. 그와 반면 소련공산당은 마오쩌둥의 대약진운동을 비난하였고, 특히 이 운동이 중국을 빠른 속도로 진정한 공산주의 사회로 이끈다는 주장에 분개하였다. 무엇보다도 소련은 자국이 공산주의 모국이며 마르크스가 말한 프롤레타리아 독재를 거쳐 공산주의로 발전할 최초의 국가라고 확신하였다. 외교관계 또한 중소분쟁의 원인이었다. 1950년대 말 흐루시초프가 미국과의 관계 개선을 시도하여 중국을 화나게 만들었다면, 중국은 제3세계 지도자 역할을 자처하여 소련을 화나게 만들었다. 중국으로 하여금 소련이 미국에게 굴복했다고 생각하도록 만든 흐루시초프의 쿠바미사일 사태 처리, 그리고 중국-인도 국경전쟁 과정에서 소련의 인도에 대한 지원 등 1962년 한 해 동안 발생했던 두 사건은 이미 불편했던 중소관계를 더욱 악화시켰다.

소련이 중국의 핵개발에 대한 지원 약속을 취소하고 1963년에 부분적 핵실험금지조약(Atmospheric Limited Test Ban Treaty, 이 조약은 대기권 안, 대기권 밖, 그리고 수중에서 핵 실험을 금지하는 조약이다)에 서명하자 중소관계는 돌이킬 수 없을 정도로 틀어졌다. 어떤 사람들은 소련과 미국이 중국의 핵무기 생산 이전에 그 핵시설에 합동으로 폭격을 가하는 것을 고려했다고 주장한다.[12] 그러나 어떠한 선제공격도 없었으며, 중화인민공화국은 1964년 10월 최초로 핵폭탄 폭발 실험에 성공했다. 역사적 이념적 쟁점을 둘러싼 갈등이 이제는 소련, 중국과 세계 전체에 대한 매우 치명적인 잠재적 안보위협으로 바뀌었다.

왜 중소동맹은 10년 남짓한 기간 동안 중소분쟁으로 후퇴하였는가? 두 나라는 중소관계를 거의 모든 동맹관계에 존재하는 제한적인 경제협력과 안보협력의 문제로 생각하기보다는 공통의 이데올로기에 기반한 보다 폭넓은 관계로 인식하였다. 당연히 양국의 이해관계가 일치할 것이라 가정되었기 때문에 갈등을 해결할 어떤 장치도 마련되지 않았다. 소련과 중국 둘 다 중소관계에 심각한 문제가 발생할 수 있다는 점을 인정할 수 없었고, 그 때문에 의견차이는 개인적 권력투쟁으로 비화되었다.[13] 흐루시초프의 후계자들과 마오쩌둥 어느 누구도 타협하려 하지 않았다. 소련이 붕괴되기 직전인 1989년까지 중소갈등은 위험한 상태로 소극적인 양상을 지속했다.

## ■ 브레즈네프 독트린

중국이 문화혁명의 혼란 속으로 빠져 드는 동안 흐루시초프의 후계자인 브레즈네프(Leonid Brezhnev)는 자신의 권력을 공고화 하였다. 마오쩌둥이 의도적으로 다수의 공산당기구, 관청 인사들을 제거한 것에 대해 소련은 강한 전율을 느꼈다. 군대가 여러 성들을 통제하기 시작하면서야 비로소 혼란이 진정될 수 있었다는 사실 때문에 소련의 문화혁명에 대한 인상은 더욱 나빠졌다. 마르크스-레닌주의 사회에서는 공산당이 대중을 이끌고 군대를 지휘하는 전위대(vanguard) 역할을 담당하도록 되어있었다. 따라서 중국 인민해방군이 정권을 구제하는 임무를 맡은 것은 공산주의 원리에 위배되는 일이었다. 무엇보다 질서와 안정에 높은 가치를 부여해 온 소련의 입장에서는 궁극적으로 자기 파괴적인 결과로 이어질 마오쩌둥의 공세를 이해할 수 없었다.

물론 브레즈네프는 보다 가까운 곳에 골칫거리를 갖고 있었다. 체코슬로바키아 또한 소련식 모델에서 벗어난 다른 형태의 공산주의를 실험하고 있었다. 이러한 실험은 1968년 소련군의 탱크가 체코의 수도 프라하로 쳐들어가면서 체코와 슬로바키아의 재앙으로 종결되었다. 소련은 자국의 기대에 어긋난 행동을 하는 공산주의 형제 국가를 언제든지 침공할 권한을 갖고 있다는 내용의 브레즈네프 독트린은 동유럽 공산국가들뿐만 아니라 아시아 공산국가들을 오싹하게 만들었다. 1969년 무렵 소련은 전 세계의 14개 공산국가 중 무려 5개 공산국가가 모스크바에서 열린 세계공산

### 브레즈네프 독트린

"사회주의 국가의 인민과 공산당은 자국의 발전 방향을 결정할 자유를 가지고 있으며, 그리고 반드시 가져야만 한다는 점에 대해서는 전혀 의문의 여지가 없다. 그러나 그들의 어떤 결정도 자국의 사회주의는 물론이고 다른 사회주의 국가들의 근본적 이익이나 사회주의를 쟁취하기 위하여 투쟁하고 있는 전 세계 노동자운동에 피해를 주어서는 안 된다. 이것은 모든 공산당이 자기 나라의 인민뿐만 아니라, 모든 사회주의 국가 및 전체 공산주의운동에 대해서도 반드시 책임을 져야 한다는 것을 의미한다. 누구라도 이러한 사실을 망각하고, 자국 공산당의 자주와 독립만을 강조한다면 편파주의 과오를 범하는 것이며, 국제적 의무를 회피하는 것이다." [Joseph L. Noggee and Robert H. Donaldson, *Soviet Foreign Policy Since World War II*, 3rd ed. (Elmsford, N.Y.: Pergamon Press, 1984), p.247].

당대회에 불참하는 사태를 막을 수 없었다. 중국, 북한, 월맹, 알바니아, 유고슬라비아는 회의참석을 거부했다. 국제 공산주의 운동의 허약함이 이 대회에서 나온 공동선언문을 통해 드러났다. 공동선언문은 소련이 희망했던 것과는 달리 중국을 책망하는 내용을 담고 있지 않았으며, "국제공산주의 운동에 있어서 주도국가가 따로 없다"는 점을 언급했다.[14]

이 점은 1969년 소련군과 중국군이 국경지역에서 총격전을 벌이게 되면서 보다 더 확실하게 표출되었다. 당시 미 국가안보보좌관 키신저(Henry Kissinger)를 비롯하여 일부 사람들은 이 무력충돌의 책임이 소련에게 있다고 생각하였다.[15] 그러나 대부분의 사람들은 당시 중국 국방장관 린뱌오(林彪)에게 충성하던 군부가 문화혁명 와중에서 베이징을 비롯하여 중국 전역에서 벌어지고 있던 권력투쟁의 일환으로 총격전을 일으켰다고 생각한다. 1970년대에, 특히 소련의 동맹국인 베트남이 캄보디아를 침공하고 소련이 아프가니스탄을 침공한 이후 긴장관계는 점점 더 고조되었다. 즉, 소련은 남부국경 및 서부국경 지역에 병력이 필요함에도 불구하고 미국 첩보 전문가의 추정에 따르면 70년대 동안 군사력의 거의 1/4을 중국과 인접한 국경지역에 배치하고 있었다.[16] 소련은 분명히 중국을 봉쇄할 필요성을 느끼고 있었으며, 이에 엄청난 양의 군사적, 경제적 자원이 소모되었다. 이후 10년도 채 되지 않아 소련은 이러한 내용을 더 이상 감당할 수 없는 처지에 놓였다.

소련군 탱크의 프라하 침공에 곧바로 이어진 중소 국경분쟁이 초래한 가장 큰 충격은 모든 공산국가들 및 전 세계 사람들에게 국제공산주의 운동은 '키메라'라는 사실을 보여주었다는 점이다('키메라' 또는 '키마이라'라고 한다. 그리스 신화에 나오는 환상의 동물로 사자의 머리, 염소의 몸, 뱀의 꼬리를 가진 불을 뿜는 괴수이다. 오늘날 환상적인 생각이나 상상의 산물을 가리킬 때 쓰인다. - 역자 주). 1969년 이후 이념이 아니라 오로지 군사력만이 동유럽국가들을 소련에 붙들어 매주고 있다는 점이 명백해졌다. 중국은 소련의 막강한 군사력을 몹시 두려워하였으며, 따라서 냉전의 당사자 어느 쪽에도 가담하지 않는 비동맹정책 보다 자본주의 원수국가인 미국과의 화해정책이 더 낫다고 생각하게 되었다. 소련과 중국의 분열이 공개적인 적대관계로 진행한 사실은 전통적인 의미의 권력관계가 국가간 관계를 결정짓는 요소이며, 이를 결코 이데올로기적 신념이나 기타 '하위(low)' 정치적 요소로 대체할 수 없다는 점을 완벽하게 증명한 것으로 많은 이들에게 받아들여졌다.

그러나 세계 최강의 군사강대국들조차도 오랜 기간에 걸쳐 광범위한 규모의 봉쇄정책을 실행한다는 것은 사실상 불가능하였으며, 1980년대 초에 이르자 소련과 중국의 지도자들은 중소 긴장관계를 완화하자는 성명들을 발표하게 되었다. 1979년 중국은 중소 관계개선을 위한 선결조건을 발표했다. 즉, 국경지역에 소련 군사력의 감축, 아프가니스탄과 몽고로부터 소련군의 철수, 베트남의 캄보디아 침공에 대한 소련의 지원 중단 등이었다.[17] 브레즈네프는 1982년 3월 타시켄트에서 행한 연설에서 중국과의 관계개선을 주장하여 이에 응답했다. 아프가니스탄에서의 곤경, 경제문제, 제3세계로부터의 고립 등이 복합적으로 소련에게 영향을 주어 중국에 대한 소련의 위협은 약화되었다. 이에 더해 선거운동기간 동안 미국과 대만의 외교관계를 재검토 하겠다고 공약한 미국의 레이건(Ronald Reagon) 대통령 당선자 때문에 중국은 미국의 의도가 무엇인지 불안해졌고, 따라서 더욱 더 소련과의 긴장관계를 완화시킬 수 있는 방법을 적극적으로 모색하고자 하였다.[18] 동시에 소련은 병력을 중소국경이 아닌 보다 더 긴박한 다른 지역으로의 이동 및 재배치하기를 점점 더 갈망하게 되었다. 그러나 중국과 소련 사이의 완전한 관계개선은 바로 이뤄지지 않았다. 왜냐하면 오랜 적대감을 떨쳐버리기가 쉽지 않았고, 소련지도자들이 연이어 사망하면서 소련체제가 정체상태에 빠졌기 때문이다.

■ **고르바초프와 중소관계**

마침내 1986년에 소련의 새로운 지도자가 중국에 대해 새로운 외교정책을 선언했다. 소련 공산당의 새 서기장 고르바초프(Mikhail Gorbachev)는 중소 긴장관계를 완화하고 그에 따라 소련의 국방비를 줄이고자 했다. 고르바초프는 또한 소련과 경제협력 할 나라, 특히 소련사회에 부족한 소비자물품을 공급할 수 있는 그런 나라를 찾고 있었다. 중국과 접한 소련의 극동지역인 블라디보스토크에서 행한 연설에서 고르바초프는 중국에 대한 포위정책의 종식을 선언했다. 고르바초프의 블라디보스토크 연설의 직접적인 결과로 1987년에 국경지역의 확정문제를 비롯한 여러 쟁점을 둘러싸고 중국과 소련의 협상이 시작되었다. 또한 중국과 소련의 경제교류도 급격하게 늘어났다. 헤이룽장(黑龍江) 지방과 소련의 교역량은 1986년에서 1987년 사이에 95% 증가했고, 같은 기간 동안 신쟝(新疆) 지방과 소련의 교역량은 75% 증가했다. 더 놀랍게도 중국공산당은 볼세비키혁명 70주년 행사에 참석하기 위해 대표단을 파견했으며, 베이징의 고위관료들은 모스크바에서 열린 행사에 경의를 표하기 위하여 축하파티를 열었다.[19]

고르바초프의 생각은 소련과 중국의 쌍무관계를 넘어서 동아시아 안보체제로 확장되었다. 1988년 중앙아시아의 크라스노야르스크(Krasnoyarsk)에서 행한 연설에는 고르바초프가 재임기간 동안 되풀이해서 언급했던 7개 제안(a seven point proposal)이 포함되어 있었다. 고르바초프는 동아시아 지역의 긴장완화를 위해 다음과 같은 조치를 제시했다. 즉, 이 지역에서 핵무기의 동결에 관한 논의, 이 지역에서 공군력과 해군력의 균형적인 감축 및 군사활동 제한, 해상 및 공중에서 예기치 않는 충돌사건 발생의 위험성을 줄이는 조치, 소련, 미국과 중국 사이에 안보회담 개최 등이었다.[20] 고르바초프는 동아시아 안보체제는 고사하고 다자간 안보회담조차 성사시키지 못했지만, 브레즈네프 선언을 신봉하는 소련과는 달리 개혁(perestroika)과 개방(glasnost)을 추진하고 있는 소련은 훨씬 덜 위협적인 이웃국가라는 점을 중국인들이 납득하게끔 해 주었다.

중국이 제시한 외교관계 정상화의 선결조건을 충족시키려는 고르바초프의 노력은 결실을 맺었다. 1989년 5월 15일 고르바초프는 중소 정상회담에 참석하기 위해 베이징에 도착하였는데, 이는 1950년대 흐루시초프의 중국 방문 이후 처음으로 소련지도자가 중국을 방문한 것이었다. 얄궂게도 고르바초프는 중국공산당의 부패를 비판하고 중국사회의 개방을 요구하는 천안문 광장 시위사태로 중국이 갈가리 찢어진 바로 그 때에 베이징에 도착했다. 시위에 참여한 학생들과 노동자들은 정상회담 때문에 세계 언론이 베이징에 관심을 둘 것이라는 점을 알고 있었으며, 자신들의 시위가 외국 텔레비전에 최대한 많이 보도될 수 있도록 계획을 세웠다. 덩샤오핑이 베이징 시내조차 통제하지 못하고 있고 고르바초프가 뒷문을 통해 인민전당에 들어가야만 했던 상황 속에 열린 정상회담은 어떠한 실질적 결과도 만들어내지 못했다. 그러나 중요한 점은 중국과 소련은 마침내 거의 30년 동안 지속된 적대관계에 종지부를 찍고, 대화를 시작하였다는 것이다.

그 후 2년 동안 소련과 중국의 대표들이 자주 만나서 회담을 가졌으며 점점 성과가 있었다. 하지만 중국 지도자들은 1989년 말 동유럽의 혁명사태에 대해 개입하지 않기로 한 소련의 결정이 달갑지 않았다. 모순 되게도 중국은 1968년 브레즈네프 독트린을 비판하는 데 앞장서 왔었다. 1989년 고르바초프가 동유럽 국가들이 각자 원하는 방향으로 나아가게끔 그냥 내버려두기로 결정한 후 곧바로 많은 국가들이 서둘러 공산주의를 폐기하자 중국 지도자들의 마음은 편치 못했다. 덩샤오핑은 신중한 반응을 보였지만 이러한 사태가 남아 있는 공산국가들에게 주는 함의는 명백하고도 심란한 성격의 것이었다. 그럼에도 불구하고 현

"1989년 여전히 중소관계가 본질적으로 편한 관계가 아니라는 점이 외교부장 첸지천(錢其琛)의 중국외교정책에 관한 회고에 잘 나타나있다. 첸지천은 '소련 강대국의 국수주의적 행동 … 약속 위반, 전문가 철수, 부채상환 압박, 국경지역에 대규모 병력 배치, 군사적 충돌 도발. 그 후 20년 동안 (1960-1980), 단 한 번도 소련은 중국에 대한 군사적 위협을 중단하지 않았다'라고 썼다." [Allen S. Whiting, "China's Foreign Relations After 40 years," in Anthony J. Kane, ed., *China Briefing, 1990* (Boulder, Colo.: Westview, 1990), pp. 70-71].

실주의 정치와 경제적 시급함이 또다시 이념적 차이를 압도했다. 리펑(李鵬, 리펑은 덩샤오핑(鄧小平)에게 발탁되어 중앙정계에 진출하였으며, 1988년 전국인민대회에서 자오쯔양(趙紫陽)에 이어 국무원 총리로 임명되었다. 리펑은 개방에 대해서 신중한 태도를 취했으며, 중앙정부 통제하의 정치적·경제적 안정에 주력한 것으로 평가된다. 1989년 베이징에서 대규모 학생시위가 발발했을 때 시위대를 무력으로 진압한 초강경파이다. - 역자 주)이 독일 잡지와의 인터뷰에서 말했듯이 "외교관계 정상화는 두 나라의 공산당이 동맹을 맺었다는 것을 의미하지 않는다. 단지 양자관계가 다시 정상상태로 돌아갔음을 의미할 뿐이다."[21] 다시 말해 중국과 소련은 하나의 초강대국과 하나의 지역강대국이 맺을 수 있는 정상적인 수준의 국가간 관계로 나아가고 있었던 것이었다. 두 나라 공산당 사이의 관계와 이념적 차이에 관한 쟁점 등은 여기에서 고려 대상이 아니었다.

군사협력관계의 증진을 위하여 행해진 일련의 조치들이 이 점을 잘 보여준다. 고르바초프는 병력을 20만 명 감축하고, 소련의 태평양 함대를 1/3 줄이고, 몽고와 아프가니스탄으로부터 소련군을 철수시키고, 우랄 동쪽 지역의 중거리 탄도 미사일 부대를 해체시켰다.[22] 1990년 5월에 이르러서 소련의 군사력에 대한 중국의 두려움은 감소되었으며, 중앙군사위원회 부주석 류화칭(劉華淸)이 소련을 방문하여 소련제 무기 및 제조기술을 구입하는 문제에 대해 논의하였다.[23] 최초의 중러 국경협정 이후 거의 300년이 지난 1991년 5월 16일에 중국과 소련의 외무장관들이 국경문제에 관한 협정에 서명하는 것을 직접 보기 위하여 당주석 장쩌민(江澤民)이 모스크바를 방문했다. 아울러 중국은 러시아에 10억 달러 상당의 물품을 차관으로 제공했다.

적어도 부분적으로나마 공산주의 이념의 해석을 둘러싸고 시작되었던 두 나라의 균열은 얄궂게도 공산주의 종주국의 멸망 이후까지 지속되었다. 애초에 중국과 소련 두 나라가 체결한 국경협정은 1992년 2월 러시아최고회의에서 비준되었다. 1992년 3월 러시아와 중국의 외무장관들이 조약비

준 문서를 서로 교환했다.24) 중소분쟁이 공식적으로 끝났을 뿐만 아니라 소련 또한 공식적으로 소멸하였다. 향후 중국과 러시아의 관계는 탈냉전시대 국제체제에서 대부분의 국가간 관계와 마찬가지로 정치적, 군사적, 경제적 요인에 토대를 두게 될 것이다.

## ■ 공산주의의 종식

상상할 수 없었던 일이 1991년 8월에 발생했다. 고르바초프에 대한 쿠데타 기도가 실패한 이후 고르바초프는 소련 공산당을 해체할 수밖에 없었고, 그해 12월에는 소련의 해체를 선언했다. 중국은 이제 세계에서 가장 큰 공산국가가 되었으며, (쿠바, 북한, 베트남과 같은 작은 나라를 제외한다면) 사실상 유일하게 남은 공산국가가 되었다. 중국 지도자들이 매우 당혹스러워 했던 것도 무리가 아니었다. 전 세계의 다른 나라들과 함께 중국은 호기심과 두려움이 뒤섞인 채 고르바초프의 조치를 주시하였으며, 다른 모든 사람들과 마찬가지로 중국 지도자들은 소련 정치·경제조직의 갑작스런 붕괴에 놀라움을 금하지 못했다.

개혁을 둘러싼 소련 내부의 투쟁과 관련하여 중국이 어떤 입장을 선호했는지 한번도 공개적으로 발표된 경우는 없지만 대부분의 중국 지도자들이 소련의 개혁주의자들 보다는 강경론자를 선호한 것이 분명하다. 1989년 중국의 지도자들은 동유럽을 자본주의의 침략에 굴복하게 방치한 고르바초프를 계급을 배신한 반역자로 간주하였다. 그러나 1991년에 옐친(Boris Yeltsin)이 등장하면서 고르바초프가 소련 내 강경론자들의 지지에 의존하게 되자 중국공산당은 입장을 바꿔서 고르바초프를 지지하였다.25) 고르바초프가 차악인 셈이었다.

따라서 소련의 쿠데타 기도는 중국지도부에는 행운의 선물인 듯 보였다. 즉, 쿠데타는 정통 공산주의자들이 소련공산당을 제 역할을 할 수 있도록 회복시키는 기회일 수도 있었다. 사실 자신들의 행동에 공감하면서 지켜보는 사람들이 베이징에 있다는 것을 인식하고 있던 쿠데타 주동자들은 어쩌면 자신들의 쿠데타 계획을 사전에 중국의 지도자들에게 알려주었을 수도 있다. 육군 총참모장 치하오샨(遲浩田)은 1991년 8월 12일 모스크바에서 소련 국방장관 야조프(Dimitri Yazov)를 만났으며, 베이징으로 돌아와서 쿠데타 하루 전날인 8월 18일 공산당 정치국 확대회의에서 이 사실을 보고했다. 쿠데타가 발발하자, 중국 언론은 미리 준비해 놓은 것으로 짐작되는 대체로 우호적인 기사를 많이 실었다.26) 쿠데타 기도의 실패는 중국 지도자들에게 큰 실망을 안겨주었으나, 세계 사회주의 위기에 대한 중국공산당의 대응과 관련한 덩샤오핑의 지시에 따라서 중국의 공식적 반응은 조용하였다.

하지만 중국공산당 내부의 분위기는 비통했다. 소련의 개방(glasnost)은 너무 지나쳤고, 개혁(perestroika)은 너무 미진했던 것이 소련 붕괴의 원인이라는 것이 공식 입장이었다(글라스노스트와 페레스트로이카는 1985년 집권한 소련 공산당 서기장 고르바초프의 기본정책 기조이다. 글라스노스트(개방)는 그동안 반소적(反蘇的) 이유로 공개가 금지되었던 정보를 공개하고, 언론에 대한 통제완화 정책을 의미하며, 페레스트로이카(개혁)는 국내적으로 민주화, 자유화, 대외적으로 긴장완화 정책을 의미한다. 고르바초프는 "정치체제의 재건만이 소련이 직면한 경제적·사회적 문제를 해결할 수 있다"고 생각했다. – 역자 주). 이런 주장을 하는 사람들에 따르면 고르바초프는 소련체제의 구조적 결점에 대처하는 데 있어서가 아니라 개혁과정을 관리하는데 있어서 실수를 범했다. 고르바초프는 "관료주의, 개인적 독단, 가부장제, 평생 신분보장을 비롯하여 각종 특권과 부패를 조장한 정치·경제권력의 과도한 집중화에 신음하고 있던" 나라에 대해 너무 급속한 정치개혁 및 경제개혁을 추진하는 잘못을 범했다.27) 고르바초프의 개혁은 소련공산당을 약화시켰으며, 그 결과 고르바초프는 모든 지지기반을 상실하게 되었다.28)

소련 붕괴에 영향을 준 또 다른 요인으로 보다 사악한 동기가 존재했음을 지적하는 사람들도 있다. 바로 미국의 평화적 진화(evolution) 정책이다. 이러한 분석에 따르면 미국은 사회주의 국가에 대한 서방세계의 지원 및 상품과 함께 동반되었던 경제적, 정치적, 문화적 침투를 통해서 사회주의적 가치를 허물고자 한다.[29] 일부 중국 지도자들은 고르바초프가 서구 열강에게 소련을 개방함으로써 치명적인 반공주의가 소련에 침투하여 소련을 파괴하게 했다고 생각했다.

소련의 붕괴를 설명하는 어떤 이론을 신봉하는가에 상관없이 중국의 모든 지도자들은 동유럽과 구소련지역 일부에서 일어나고 있는 사태에 대해서 몹시 놀랐다. 그들은 동유럽국가에서 대규모 시위가 공산정권의 붕괴로 이어졌다는 사실에 비추어 천안문 학생 시위를 무력으로 진압한 자신들의 선택이 옳았다는 것을 이제 더욱 더 확신하게 되었다. 동시에 그들은 중국이 소련이 범한 경제적 실수를 피하는 데 성공한 것을 자축하였는데, 중국이 이렇게 할 수 있었던 것은 덩샤오핑과 그의 후계자들에 의해 추진된 경제개혁 덕분이라고 생각했다.

1989년부터 중국사회에서 공개적인 정치적 반대는 억압되었으며, 그 결과 오늘날 중국의 시민사회에는 중국공산당의 지배에 도전할 만한 집단이 존재하지 않는다. 중국 지도부는 공산당 지배 및 권위주의 정부의 유지는 구공산권 국가에서 발생했던 모든 정치적 혼란과 국가의 분열을 피하기 위해서 뿐만 아니라 중국의 발전, 번영, 안정을 위해서도 반드시 필요하다고 확신한다. 따라서 글라스노스트 없는 페레스트로이카가 중국지도자들의 국정운영방안이 되었다.

## ■ 4개 근대화 대(對) 글라스노스트와 페레스트로이카

소련 공산주의의 종식은 분명히 여러 세대 동안 지속될 논쟁을 불러왔다. 덩샤오핑이 중국 공산주의를 개혁하는데 있어서 잘한 것은 무엇이었나? 고르바초프가 잘못한 것은 무엇인가? 고르바초프의 개혁이 소련의 경제

위기를 심화시킨 반면에 덩샤오핑의 개혁이 중국을 경제 도약의 문턱까지 이끈 이유는 무엇인가? 고르바초프의 소련이 별 볼일 없는 쿠데타 기도에 견디지 못했던 것에 반해 덩샤오핑은 어떻게 천안문 광장의 대규모 시위에 살아남을 수 있었을까? 결정적인 차이점은 무엇인가?

자국의 체제에 어떠한 문제점이 있는지 분석하면서 덩샤오핑과 고르바초프는 완전히 다른 결론을 내렸다. 덩샤오핑은 인민들의 생활수준이 향상되는 경우에만 공산주의가 유지될 수 있고, 중국 경제를 개방하고 민영기업을 장려할 때에만 가능하다는 결론을 내렸다. 덩샤오핑의 목적은 문화혁명의 잿더미 속에서 자신이 힘겹게 획득한 공산주의 체제를 지키는 것이었기 때문에 정치개혁은 그의 목표에 포함되어 있지 않았다. 오히려 덩샤오핑은 정치적 유배로부터 돌아온 이후 자신이 공직에 임명한 사람들의 권력을 유지하려고 했다. 개방경제와 강력한 공산당의 결합이 보다 부유하고 보다 강대한 중국을 만들기 위한 최선의 방법이라고 덩샤오핑은 확신했다.

소련이 갖고 있던 문제에 대한 고르바초프의 접근방식은 이와 완전히 반대였다. 고르바초프는 스탈린의 대숙청 이후 전혀 건드려지지 않은 공산당 조직이 소련이 갖고 있는 문제들의 원인이라고 보았다. 공산당 고위관료(apparatchiki)는 오로지 자신들의 특권 유지에만 관심이 있고 모든 변화에 대해서 강력하게 반대하며, 심지어 소련 인민들에게 도움이 되는 어떠한 변화도 반대한다고 고르바초프는 생각했다. 따라서 그는 공산당 조직의 문제점에 대한 공개 비판을 허용하고, 흐루시초프 시절과 브레즈네프 시절 임명된 공산당 간부를 자신이 임명한 새로운 사람들로 갈아치우는 작업을 통해서 우선적으로 공산당 조직을 구조적으로 개혁하려고 시도하였다. 경제에 변화를 주기 위한 종합적인 계획은 전혀 만들어지지 않았으며, 소련 경제를 구조적으로 개혁하기 위한 고르바초프의 제안들은 그 범위가 아주 제한되었거나, 제안은 되었지만 전혀 실행이 되지 못했거나, 또는 건성으로 실행되어 실패가 불가피했다.

물론 덩샤오핑과 고르바초프는 다른 장애물에 직면했었다. 덩샤오핑이 붕괴된 정치체제를 다시 세워야만 했다면, 고르바초프는 굳어버린 정치체제를 쇄신해야 했다. 덩샤오핑은 40년 동안의 공산정권 이후 여전히 80%의 인민이 농부이고 국영기업들이 국민총생산의 절대적인 비중을 차지하고 있는 그런 나라를 변화시키고자 했다. 고르바초프는 공산정권 70년 동안 형성된 작업습관과 싸워야만 했다. 비록 소련은 국민들을 문맹인 농부들로부터 교육받은 당원 동지(comrades)로 전환시키는데 성공했지만 대다수의 사람들은 공산당, 정부, 그리고 간신히 운영되던 국영기업에서 일하고 있었다. 스탈린이 잔인하게 농업을 집단화 한 이후 국영농장과 집단농장에서 일하는 농업 노동자들은 공업분야의 동지들과 동일한 태도와 작업습관을 가지게 되었다. 덩샤오핑은 농부들이 자신들의 텃밭에서 재배한 농작물 일부를 시장에 내다파는 것을 허용하는 것에서부터 시작할 수 있었다. 고르바초프의 경우에는 경제개혁을 시작하기 위해 그런 단순한 방법을 선택할 수 없었다.

## 중국과 소련의 유사성

일부 사람들은 중국과 소련의 차이점에 대해서 지나친 강조가 이루어져 왔고, 실제로는 중국과 소련 사이에 많은 유사점이 존재했다고 주장한다. 예를 들면, 소련 경제 전문가인 골드만(Marshall Goldman)에 따르면 소련 농업과 마찬가지로 중국 농업도 자본부족 문제 때문에 어려움을 겪고 있었다. 그러나 중국은 새로운 저장시설을 세우지 않고 기존의 저장시설을 약간 늘리는 방법을 통해 생산량과 도시지역으로의 출하량을 늘릴 수 있었다. 중국은 농부들이 각자 알아서 농장을 운영하는 것을 허용함으로써 이렇게 할 수 있었는데,[30] 고르바초프는 오늘날 이렇게 하지 못한 것을 후회하고 있다. 1993년에 그는 "개혁과정의 출발점으로 농업을 선택하지 않고 도중에 중단했던 것이 나의 최대 오판이었다고 생각한다"고 말했다.[31] 골드만은 고르바초프의 경제개혁 방식에 대한 비판의 범위를 넓혔다.

중국의 경험으로부터 몇 가지 중요한 교훈을 얻을 수 있다. 사기업과 같은 제도를 만들어야 하며, 특히, 금융업과 제조업을 우선적으로 만들거나 또는 적어도 다른 것과 동시에 만들어야 한다. 농업 개혁, 특히 민간농업의 창설은 아주 중요하다. 또한 농부, 서비스업 종사자, 노동자에게 수공업과 제조업에 소규모로나마 참여해 볼 것을 권장해야 한다. 많은 사람들을 기업가가 되도록 자극할 수 있는 경제적 유인이 만들어져야 한다.[32]

또한 차이점이라고 알려진 사항을 자세히 분석해보면 정치에 있어서 많은 유사점을 볼 수 있다. 공산당에 대한 비판을 허용하여 공산당 구조를 개혁하려던 고르바초프의 시도는 공산당을 재생시키기 보다는 공산당에게 치명적인 타격을 주었다. 젊고 새로운 인사의 임명만으로는 오직 소수의 나이든 신봉자들만이 여전히 확신을 갖고 있던 소련 정치체제에 활력을 불러일으킬 수 없었다. 중국에서는 공산당 조직이 살아남았지만 이 역시 심각한 타격을 입었다. 소련의 경우처럼 내부적으로 파멸하는 대신에 중국공산당은 점점 더 부적절한 존재로 전락하고 있다. 부패 문제로 공산당은 이미 중국 인민들로부터 경멸의 대상이 되고 있다. 새로운 세대의 기업가들은 공산당을 무시하거나 또는 공산당 간부에게 뇌물을 주고 있으며, 가장 뛰어나고 똑똑한 사람들은 오직 강요받거나 또는 특권이 주어지는 경우에만 공산당에 가입하고 있다. 앞으로도 오랜 기간 동안 공산당이 전위대 역할을 할 수 있다고 믿는 사람은 거의 없다. 오히려 많은 사람들은 중국공산당이 군부의 지지를 등에 업고 전체주의적 독재자로 변신하거나 또는 소련 공산당이 그랬듯이 그냥 사라져버릴 것이라고 생각한다. 따라서 덩샤오핑의 승리는 대가가 엄청난 것이었을 수도 있다. 중국공산당은 여전히 중국을 지배하고 있지만 대중의 지지를 받지 못하고 있으며 미래도 어둡다.

## 중국에서 공산주의를 유지하는 방법은?

많은 중국 지도자들이 인정하기를 꺼려하지만 중국은 서방세력의 경제침투에 대하여 소련이 그랬던 것보다 훨씬 더 많이 문호를 개방한 상태였다.

천안문 광장의 시위는 서방세계로부터 빌려온 가치, 특히 민주주의 가치가 이미 중국 학생들에게 영향을 미치고 있다는 점을 실제로 보여준 것이었다. 중국공산당이 역사 속으로 사라지는 것을 막기 위하여 당 지도부가 취해야 할 접근 방식을 둘러싸고 두 개의 정치세력이 논쟁을 벌였다. 중국공산당 보수주의자들은 소련공산당의 붕괴는 중국이 계급투쟁을 강화하고 부르주아 이념에 대항하여 적극적인 공세를 펼쳐야 함을 보여준다고 주장했다. 그러나 덩샤오핑은 중국에서 자신이 선도한 그런 종류의 변화가 결여되었던 것이 소련공산당이 마주한 문제의 원이이었다고 주장했다. 덩샤오핑은 가난이 변화에 대한 요구를 야기하며 오직 지속적인 개혁과 개방만이 중국을 구할 수 있을 것이라고 하였다.33) 덩샤오핑이 승리했고 그 결과 경제개혁과 경제성장은 탈냉전 시대 중국공산당의 지도 원리가 되었다. 덩샤오핑의 후계자들이 직면할 질문은 경제개혁 및 성장이 공산당 지배를 유지하는 데 충분할지 여부이다. 세계에서 가장 막강했던 소련공산당의 경우에는 이것만으로는 살아남지 못했다. 중국공산당의 운명은 이와 다를 것인가?

## ■ 21세기 러시아와 중국

탈냉전시대 중국과 러시아의 관계는 국제체제의 모든 국가간 관계를 지배하는 것과 동일한 동학(dynamic)에 의해서 지배될 것이다. 러시아, 구소련연방의 일원이었던 국가들, 그리고 세계 나머지 다른 국가들에 대한 중국의 외교정책결정에는 국가 주권과 상호의존, 세력균형에 관한 쟁점들이 지배적 위치를 차지하고 있다. 중국과 러시아는 국가규모와 핵무기 보유를 통해 동아시아 지역으로 계속해서 자리매김하고 있다. 미국과 일본 또한 중요한 역할을 맡고 있다. 이들 국가들 사이의 상호관계와 이들 국가와 동아시아의 다른 국가들 사이의 상호관계가 이 지역 안보쟁점의 특성을 결정할 것이다. 그리고 반드시 살펴보아야 할 다양한 안보쟁점이 존재한다.

중국 사람들은 냉전의 종식, 그리고 양극체제가 제공하여 주던 특별한 유형의 안보가 없어진 것을 유감으로 생각하는지도 모른다. 오늘날 많은 중국인들은 한편으로는 미국에 의해 주도되는 단극체제의 세계를 두려워하고 있으며, 다른 한편으로는 사납게 날뛰는 러시아 민족주의도 몹시 두려워하고 있다. 동시에 중국은 러시아가 정치적으로 불안정해질 수 있는 가능성에 대해서도 우려하고 있다. 즉, 러시아의 정치적 불안정은 중앙아시아에 파급될 수 있으며, 결국에는 중국의 안보를 위협할 수 있다. 공격적인 러시아 또는 심각한 정치적 경제적 혼란상태에 빠진 러시아라는 두 가지 시나리오 모두 중국의 안보를 위협할 것이다. 이 때문에 중국은 미국 헤게모니에 대한 두려움에도 불구하고 다시 한번 미국에 '치우칠(tilting)' 수도 있다.

반대로 러시아가 현재의 정치적 경제적 불안정을 극복하고 중도적 외교정책을 추진한다면 동아시아 안보쟁점을 해결하기 위해 중국과 러시아가 협력할 수도 있다. 그렇게 함으로써 두 나라는 미국이 지배하는 단극체제가 아니라 자신들이 목표로 하는 다극체제의 실현을 향해 함께 나아갈 수 있다. 이런 유형의 외교정책 요소들은 이미 옐친 정부에 의해 시작되었으며, 푸틴 정부 하에서도 지속되고 있다. 이런 목적을 위해 1996년에 중국, 러시아, 카자흐스탄, 키르기즈스탄, 타지키스탄, 우즈베키스탄으로 구성된 상하이협력기구(SCO: Shanghai Cooperative Organization)가 지역 안보를 증대하고, 안정을 유지하며, 분리주의자들과 종교적 극단주의자들을 억제하기 위해 창설되었다. 2001년 9·11 테러와 러시아의 체첸 사태 이후 중국, 러시아, 미국은 잠재적 테러 집단을 면밀하게 감시할 강한 유인을 지니고

---

**리펑(李鵬)의 중소관계에 대한 언급**

중국과 러시아는 "긴 국경을 공유하고 있으며, 이 국경은 평화롭고, 우호적인 국경이어야만 한다. … 두 나라의 경제는 상당히 상호보완적이며, 최근 두 나라의 경제와 무역관계는 급격하게 증가하고 있다. … 중국과 소련 두 나라 모두 현재로부터 한 걸음 더 나아가 양자협력을 더욱 더 강화하기 위한 새로운 방법을 모색해야 한다."(BBC, *Summary of World Broadcasts*, 1994년 2월 25일)

있다. 그러나 중국과 러시아는 또한 미군이 세계 곳곳으로, 특히 아프가니스탄과 중동지역으로 진출하는 것을 두려워하고 있다. 실제로 2003년 8월 중국, 러시아, 카자흐스탄, 키르기즈스탄, 타지키스탄은 중국 국경지역에서 테러진압 합동훈련을 가졌는데, 중국이 다자간 군사합동훈련에 참가한 것은 이때가 처음이었다.

## 경제관계

2002년 120억 달러이던 중국과 러시아 두 나라 사이의 무역은 2003년 150억 달러로 늘어났다. 비록 중국의 대러시아 무역은 중국의 전체 대외무역의 아주 작은 부분을 차지할 뿐이었지만, 이 무역량은 실은 같은 기간 미국과 러시아 사이의 무역량보다 많았다. 적어도 중국의 입장에서는 상대적으로 적은 수준의 무역량에도 불구하고 경제관계는 사실상 교류가 전무한 상태에서 물물교환으로, 그리고 낮은 수준의 소비재 교역에서 중요 에너지 사업에 관한 고위급 회담에 이르기까지 꾸준히 진전되었다. 정치관계와 마찬가지로 중국과 러시아의 경제관계는 일상화되었으며, 교역은 국제 무역 규범을 보다 충실히 따르고 있다. 중국은 러시아의 에너지 자원과[34] 러시아제 무기의 획득을 중요하게 생각하고 있으며, 러시아는 러시아 동부지역의 경제를 개발하고자 한다. 현재 중국은 러시아에 신발, 의류, 식품, 전자제품, 기계류 등을 수출하고 있으며, 러시아는 중국에 비료, 철판, 정유, 알루미늄, 원목 등을 수출하고 있다. 러시아의 한 국제문제 고문에 의하면 "우리의 (중국과의) 합작투

> 1950년 마오쩌둥과 스탈린이 서명한 중소우호동맹상호원조조약에 따라 두 나라는 합자회사를 설립했는데, 이 회사는 표면상 두 나라의 이익을 위해 신장지방의 천연자원을 개발하기 위한 것이었다. 이에 대해 중국인들이 분개하자, 흐루시초프는 소련은 합자회사의 모든 이익을 포기한다고 선언했다. 하지만 이것은 신장지방에서 중소관계의 악화를 막지는 못했다. 1960년대 말 두 나라는 국경 및 국경인접지역에서 여러 차례 무력충돌을 경험했다.

자는 일본, 한국, 미국과의 합작투자를 모두 합친 것보다 많으며, 무역, 원목과 목재가공 사업이 그 대부분을 차지한다."35) 그렇지만 1990년대 러시아극동지역의 얼마 안 되는 중국인 이주민에 대한 외국인 혐오 반응에서 입증되듯이 전통적 불신이 존재한다는 사실, 그리고 이와 더불어 실제 수치상으로는 두 나라 사이의 무역 수준이 낮으며 국제무역체제의 중심이 미국, 유럽, 일본에 있다는 사실에 비추어 볼 때 무역이 가까운 장래 중러관계의 안정성에 중요한 요인이 되지는 않을 것이라고 많은 분석가들은 생각한다.

중국과 러시아는 또한 중앙아시아의 이웃국가와 무역을 확대하고자 한다. 애초에는 안보문제를 다루기 위한 기구였던 상하이협력기구(SCO)의 회원국들은 이제는 상하이협력기구의 자유무역지대를 만드는 문제에 대해 논의하고 있다. 중국은 구공산권 국가들과 구소련연방의 공화국에서 공급은 부족하고 수요는 많은 상대적으로 값싸고 질 좋은 소비상품을 공급할 수 있다. 반면에 이들 국가들은 중국이 무척 필요로 하며 합작투자를 통해 개발할 수 있는 많은 천연자원을 보유하고 있다. 또한 중국은 중국의 성공적 경제개혁 모델이 다른 공산주의 국가의 경제개혁 모델로 활용되었으면 하는 생각 때문에 경제교류를 늘리고 있는지도 모른다. 실제로 러시아의 경제개혁 지도자들은 중국의 경제특구를 방문한 바 있다. 비록 중국과 상하이협력기구(SCO) 회원국 사이의 무역은 의심할 여지없이 증가하고 다양화 되겠지만, 앞으로도 서유럽, 미국, 일본, 4마리의 작은 호랑이 국가들과의 무역관계가 더 중요할 것이다(우리나라 언론에서는 흔히 동아시아 네 마리 용(龍)으로 표현되며, 영어로는 동아시아 네 마리 작은 호랑이로 표현된다. 즉, 한국, 대만, 홍콩, 싱가포르 등 경제발전에 성공한 동아시아 신흥공업국가(NICs) 4개국을 지칭하는 말이다. - 역자 주). 오직 이 국가들만이 성공적인 경제개발에 필요한 자본과 기술을 중국과 러시아에 제공할 수 있다.

## 군사관계

중국은 1993년 11월에 체결된 5년간의 중러 군사협력협정을 통해 군사기술을 제공받게 되었다. 미국 국방부에 따르면, "베이징은 1990년대 연평균 10억 달러 상당의 러시아제 무기를 구입했다고 하는데, 이는 전체 러시아 무기 수출의 1/4에 해당하는 액수이다. 러시아의 중국에 대한 무기 판매는 … 1990년대 후반에 더 증가하였다. 여러 압력에도 불구하고 러시아 지도부가 중국에 대한 무기판매 활동을 현저히 줄이는 일은 기대할 수 없다. 마찬가지로 9월 11일의 테러 공격 이후 미러 협력관계의 증진 역시 중국에 대한 러시아의 무기판매를 줄이지는 못할 것이다."36) 중국군의 현대화는 중소우호기간 동안 중국이 얻었던 군사장비와 호환이 잘되는 러시아제 군사장비를 수입하여 중국의 군사장비 성능을 향상시키는 데 의존하고 있다. 러시아 군사력의 약화, 미국산 무기의 우월함, 그리고 독자적으로 연구 개발하려는 중국의 욕망 등을 함께 고려할 때 러시아의 중국에 대한 무기판매는 시간이 지날수록 그 중요성이 떨어질 가능성이 높다.

하지만 무기판매와 관련한 당사국간의 균형은 미묘하다. 미국은 중국과 러시아의 군사협력 움직임에 대해 긴장하고 있으며, 중국에 전투기와 장거리 폭격기를 판매하지 말라고 러시아에 요구하고 있다.37) 미국, 러시아, 중국, 대만 간의 이러한 복잡한 군사교류는 탈냉전시대 국제정치의 복잡성을 잘 나타내준다. 향후 러시아와 중국은 군사동맹 관계를 확대할 것인가? 아니면 러시아 민족주의의 부활이 중국으로 하여금 미국과의 관계를 돈독하게 하도록 만들 것인가? 중앙아시아 이슬람국가들의 연합을 우려하고 있는 중국은 이 문제에 어떻게 대처할 것인가? 그리고 러시아와 미국의 대 대만 관계가 중국 지도부의 우려를 낳고 나아가 그들로 하여금 행동에 나서도록 자극하지는 않을 것인가?

## ■ 중앙아시아를 어떻게 다룰 것인가?

소련이 붕괴하면서 중앙아시아에 카자흐스탄, 투르크메니스탄, 우즈베키스탄, 키르기즈스탄, 타지키스탄 등 5개 독립공화국이 등장했다. 5개 독립공화국은 모두 합쳐서 5천만 명의 이슬람 토착주민을 가지고 있다. 그러나 또한 소수민족으로서 많은 숫자의 러시아인이 살고 있다. 3개 독립공화국은 중국 서북지역의 신쟝지방과 국경을 접하고 있다. 신장지방에 살고 있는 비(非)한족 주민들은 베이징의 지도자들보다 주변 신생 이슬람 독립국가의 동포(때로는 심지어 가까운 친척)와 더 많은 공통점을 갖고 있다. 과거에 신장지방은 소련과 국경을 접하고 있었으며 소련 외의 다른 나라가 영향을 미칠 수 없었다. 그러나 오늘날에는 터키, 사우디아라비아, 이란, 파키스탄 모두가 과거 소련의 일부였던 이슬람 공화국들과 경쟁적으로 우호관계를 맺으려 하고 있다.[38]

중앙아시아의 신생 독립국가들에 대하여 중국이 선택할 수 있는 외교정책은 무엇인가? 신생독립국가들이 갖고 있는 지위는 어쩌면 오랜 세월 동안 중국 정부가 무척 민감하게 생각해온 신쟝지방의 독립운동을 자극하는 것으로 보일 수도 있지만 중국 지도자들은 결코 그런 사태의 발생을 용인하지 않을 것이다. 중소분쟁 시절부터 중국은 신쟝지방에 대해 강력한 통제를 실시했고 베이징 중앙정부에 충성하는 한(漢)족 중국인들이 신쟝에 정주하도록 신경을 썼다. 오히려 지역안보에 대한 최대의 위협은 아마도 독립공화국 내에서 발생할 수 있는 내전의 위험이다. 1992부터 1997년까지 타지키스탄에서 있었던 내전은 이들 신생 공화국의 허약함을 보여준다.

베이징의 지도자들은 중앙아시아에서 저자세를 취하면서 대화를 위한 공식통로를 수립하기 위해 노력하는데 의견일치를 보고 있다. 이 지역에 대한 중국의 관심은 방어적이며, 중국은 이 지역의 어떤 사소한 불안정한 사태라도 자신의 국경 안으로 파급되는 것을 막으려 한다. 미국 학자들은 전략적 입장, 국가안보, 국경의 안정성, 경제 및 무역 등 4개의 주요 이해관계가 중앙아시아에 대한 베이징의 외교정책을 결정한다고 생각한다.[39] 중국은 정치적, 경제적, 군사적 자원을 최우선적인 대외목표 및 국내목표에 사용하기 위해서 중앙아시아 지역의 안정을 유지하고자 한다. 그것이 러시아와 협력하고, 이 지역에 미군의 주둔을 인정하고, 지역안보협력기구를 창설하는 것을 필요로 한다면, 중국의 이득은 분리주의 차단, 테러와의 전쟁 동참, 새로운 에너지 자원 확보 등의 방식을 통해 실현될 것이다. 워싱턴 소재 국제전략문제연구소(Center for Strategic and International Studies)의 중국 전문가 길(Bates Gill)에 따르면 "중국은 총리, 대통령, 장군에서 하위 외교관리까지 전면적으로 타 정부 인사들을 만나기 위해 항상 사람들을 파견하고 있다. … 이것은 모두 '소프트 파워(soft power, 미국의 유명한 국제정치학자 나이(Joseph S. Nye, Jr.)가 처음 제시한 개념으로 국력은 군사력, 경제력 등과 같은 하드 파워(hard power)와 인적 네트워크, 문화 등과 같은 소프트 파워(soft power)로 나눌 수 있다. - 역자 주)' 및 전략적·외교적 관계이다. … 중앙아시아는 접촉을 통한 과거의 원한 해소와 인자한 패권국이 되려는 시도 등 중국이 자국 주변지역 전반에서 무엇을 하고자 하는지 보여주는 아주 훌륭한 렌즈 또는 모형이다."[40]

## 외교정책 결정

러시아와 중국 양국 모두 동아시아 안보에 대한 포괄적, 장기적 접근방법을 개발하기에 앞서 정책결정 틀을 어떻게 발전시킬 것인지를 결정해야만 한다. 현재 러시아 외교정책 관련 당국 내에서는 어떠한 원칙들이 향후 수 십 년간 러시아 외교정책 결정의 지침이 되어야 하는지에 대한 논쟁이 한창이다. 러시아는 중국과의 동맹을 선호하는 중국 중심의 정책을 채택해야 하는가, 또는 일본과의 동맹을 선호하는 일본중심의 정책을 선택해야 하는가? 아니면 실용적이면서 유연한 세력균형 접근법[41]을 채택하여 중국과의 동맹을 통해 일본의 경제력에 균형을 맞추고, 또한 일본, 미국과 기타 나라들과의 동맹을 통해 중국의 군사력에 균형을 맞출 것인가? 러시아의 송유관을 일본, 중국 중 어느 곳으로 향하게 할 것인지를 둘러싼 논의는 이러한 난제를 잘 보여주는 사례이다.42)

중국 지도자들도 비슷한 질문을 하고 있다. 그들의 외교정책 및 안보목표는 무엇인가? 첫째, 중국 지도자들은 이웃국가의 혼란사태가 중국의 변방지역으로 파급되는 것을 막고자 한다. 비록 비슷한 문화적 특성을 공유하는 국경선 양쪽 사람들 사이의 접촉을 완전하게 차단할 수는 없겠지만, 중국정부는 이웃국가들과 상호 내정불간섭의 원칙에 기초하는 공식적 외교관계를 유지하고자 한다. 둘째, 비록 북대서양조약기구(NATO)에 가입하고, 사담 후세인을 축출하기 위한 미국의 이라크 침공을 지지한 구공산권 국가들의 현 정부에 대해 중국 지도자들은 매우 비판적인 입장이지만, 그들은 현재의 상황에 대한 공개적인 반대는 아무런 소용이 없다는 것을 알고 있으며, 따라서 동유럽 국가 및 구소련의 공화국들과 적절한 관계 수립을 희망해왔다. 셋째, 중국과 중국 주변의 구공산권 국가들 양측 모두 이념적 차이뿐만 아니라 과거에 관계를 악화시켰던 국경 관련 쟁점과 같이 현재까지 지속되고 있는 문제들을 해결하기 위해 정치적으로 협력해야 할 이유를 가지고 있다. 중국은 이를 위해 다소의 불안감에도 불구하고 안정의 근간이자 분열적 민족주의 확산에 대한 보호막으로써 중앙아시아 구소련연방 공화국들을 지지하고 있다.43) 중국과 구공산권국가들 양측 모두 급속하고 불확실한 이행과정에 있는 상황에서 중국이 정치적 이념적 긴장관계를 조성하거나 이웃 국가의 특정 세력을 지지할 이유가 없다. 표 4.1은 중국과 러시아의 화해와 관련된 주요 사건을 연대순으로 정리한 것이다.

북방 및 서북방 지역을 주시하고 있는 중국지도자들에게 구소련연방 공화국들은 기회이자 위기이다. 보수주의자들과 개혁주의자들 모두 소련의 해체를 목격하면서 받은 충격을 극복하기 위해 아직도 노력하고 있으며, 중국 지도자들은 소련 정부의 실수라고 판단되는 일들을 방지하여 비슷한 일이 중국에서 일어나는 것을 막기 위해서라면 무엇이든지 하려고 할 것이다.

## 표 4.1 중국과 러시아의 관계 정상화 1992~2003년

| 1992년 9월 | 러시아연방의 중국과의 관계에 대한 선포 | 러시아는 대만과 공식 관계를 수립하지 않겠다고 약속 |
|---|---|---|
| 1992년 12월 | 보리스 옐친 중국방문 | 첫 번째 중러 정상회담 개최에 대한 결과로서 상호우호관계의 확립에 관한 공동성명 채택 |
| 1994년 9월 | 장쩌민 주석 러시아 방문 | 러시아와 중국은 서로에 대해 핵무기를 먼저 사용하거나 상대방의 핵무기를 먼저 겨냥하지 않기로 합의. 중러 국경선의 서부 구역 획정 |
| 1995년 5월 | 장쩌민, 제2차 세계대전 승전 50주년 기념식 참석을 위해 러시아방문 | 러시아는 대만의 유엔가입에 반대 입장 재확인. 중국은 러시아의 아태지역경제협력체(Asian-Pacific Economic Cooperation) 가입에 찬성 |
| 1996년 4월 | 옐친 중국방문 | 중국은 동유럽지역으로 북대서양조약기구(NATO)의 확장에 대한 소련의 우려에 동조. 교역 증대. 상하이협력기구(SCO) 창설 |
| 1997년 4월 | 장쩌민 러시아방문 | 장쩌민이 단극적 국제체제에 대하여 우려 표명 |
| 1997년 11월 | 옐친 3번째 중국방문 | 동쪽 국경 획정. 매2년 마다 총리급 회담 개최 |
| 2003년 5월 | 후진타오 주석, 취임 후 첫 번째 외국방문으로 러시아방문 | 중러 외무장관의 12차례 회담 및 10차례 전화통화. 2003년 한 해 동안 차관급 이상의 러시아 대표단 70명, 중국 대표단 40명 상호방문 |

출처: Yu Bin, "Living with Normalcy," *Pacific Forum CSIS Comparative Connections: An E-Journal on East Asian Bilateral Relations*, 4th Quarter 2003, p. 7, http://www.csis.org/pacfor/cc/0304qchina-rus.html; and Chen Qimao, "Sino-Russian Relations After the Break-Up of the Soviet Union," in Gennady Chufrin, ed., *Russia and Asia-Pacific Security* (Stockholm: Stockholm International Peace Research Institute, 1999), pp. 129-130, http://www.projectcs.sipri.se/russia/.

소련의 붕괴로 인해 지정학적 권력구조에 변화가 일어났고, 냉전이 끝났으며 당분간 중국 북부 및 서북 국경지역 주변국가로부터의 중대한 안보위협은 감소되었다. 그러나 푸틴(Putin)의 현실정치는 비록 일정한 측면에서는 중국 지도부의 바람에 부합하기도 하지만 동시에 중국을 긴장시킨다. 왜냐하면 미국의 우월성에 대한 푸틴의 양해로 인하여 북대서양조약기구(NATO) 문제와 탄도요격미사일협정(anti-ballistic missile treaty), 그리고 기타 다자간 쟁점에 대해 타협하고 있으며, 중국의 보수파가 보기에 이는 러시아의 국제적 지위를 약화시켰기 때문이다. 시장경제 발전에 성공한 중국은 자국이 자본주의 시장경제체제를 도입하여 사회를 발전시키고 현대화 시키는 한 방법으로서 중국식 모델을 제공할 수 있다고 생각하며, 이것이 이웃 국가들에게 많은 교훈을 줄 수 있다고 본다. 그러나 "러시아의 비관론자들은 중국을 러시아에 대한 잠재적 위협으로 간주하고 무기 및 군사기술을 비롯하여 중국을 군사강국으로 만들 수 있는 어떠한 조치도 피해야 한다고 주장한다. 낙관론자들에 따르면 중국은 안정적이며, 이것은 러시아의 이익에 부합된다. 그리고 이들은 중국군의 현대화는 대만을 제외하고는 본질적으로 공격 목적을 위한 것이 아니라고 생각한다."[44]

## ■ 정책 대안

중국의 지도자들은 불안한 마음으로 공산권의 붕괴를 목격했지만, 지금 중국과 구공산권 국가의 관계는 냉전이 한창이던 때만큼, 혹은 그 이상으로 좋다. 구공산권 국가 및 얼마 남지 않은 공산국가와의 관계에 중국이 선택할 수 있는 정책대안은 중화인민공화국이 수립된 이래 그 어느 때보다도 다양하다.

### 대안 1: 비동맹 추구

중국과 러시아는 5개 평화공존 원칙에 따라 우호관계를 유지하고자 하며, 동시에 특정쟁점에 대해서는 협력 기회를 최대한 활용하고자 한다. 특히 동북아시아를 비롯한 아시아 지역에 안정적인 안보 상태를 조성하는 것이 중국정부나 러시아정부 공통의 관심사인데, 왜냐하면 이렇게 하는 것이 일본의 재무장 유혹을 감소시킬 수 있기 때문이다. 또한 중국정부와 러시아정부는 서남아시아 국가들과 통상 및 우호관계를 증진하는 데에도 관심을 갖고 있는데, 이는 이 지역의 군비경쟁이 아시아에서 미군의 활동을 부활시킬 뿐만 아니라 일본의 급속한 군사대국화를 초래할 수 있기 때문이다.

## 대안 2: 중소 군사협력

비록 탈냉전시대에 중국과 러시아 모두 공식적인 군사동맹에는 관심이 없지만, 이미 두 나라는 군사기술 공유와 현금이나 소비재를 얻기 위한 무기거래를 통해 이득을 얻고 있다. 두 나라는 또한 아시아에 전쟁을 예방하고, 지역 안정을 유지하는데 공통의 이해관계를 가지고 있다. 그러나 지속적인 군사협력이 일본, 미국, 아시아의 다른 국가들에게 위협이 되어서는 안 된다. 더 나아가 중국과 러시아는 과거에 군사적 충돌까지 초래했던 지난 200년 간의 상호불신과 긴장관계를 극복해야만 한다. 중국과 러시아의 전략적 협력관계는 "두 나라 모두에 국제정치에서 고립을 탈피할 기회를 제공해 주며, 중국과 러시아가 비협력적인 서방국가들에 대하여 자신들의 특정한 국가이익을 주장하는데 도움이 된다."[45]

- 현재 중국에 대한 러시아의 무기판매는 양측 모두에게 이익이 된다. 러시아는 최신 전투기를 판매하여 현금을 얻고 있으며, 다른 무기류의 판매를 통해서는 값싼 중국제 소비재 물품을 얻고 있다. 두 나라의 군수산업은 무기생산을 위한 합작 투자를 통해 이득을 얻고 있다. 수십 억 달러어치의 무기와 소비재 물품, 현금 등이 포함되는 이러한 거래는 두 나라 교역의 주요 부분이다. 중국군의 현대화를 위해 러시아로부터의 무기수입은 필수적인데, 특히 미국, 일본, 그 외의 다른 나라들이 중국에 대한 군사기술의 판매를 제한하고 있기 때문이다.
- 중국과 러시아 모두 중앙아시아에 안정적인 안보상황을 조성하는 데 공통의 이해관계를 갖고 있다. 중국은 서부 국경지역의 분리주의 운동을 분쇄하고자 하며, 중국과 러시아 모두 중앙아시아의 이슬람인들 사이에 근본주의 세력이 등장하는 것을 두려워하고 있다. 중앙아

시아의 군비경쟁 및 미국의 영향력 증대는 중국과 러시아가 두려워하는 또 하나의 사안인데, 이를 막기 위해 중앙아시아의 안정을 촉진하는 데 있어서도 두 나라는 공통의 이해관계를 가지고 있다.

## 대안 3: 무역 및 투자 촉진

경제 분야에서 러시아와 중국이 무역과 투자 모두를 증진시킬 수 있는 기회는 점점 늘어나고 있다. 중국은 아직까지 미국, 일본, 홍콩, 대만에 치중되어 있는 무역의 다변화를 원하고 있다. 중국이 무역을 확대해 나가는 데 있어 러시아 시장은 명백한 대안 중 하나인 것 같다. 러시아가 시장경제를 추진하는 경우 중국은 또한 러시아 경제개혁의 모델이 될 수도 있다.

- 중국은 러시아의 시베리아 지역을 중국, 러시아, 다른 아시아 국가들의 합작투자를 통해 개발되기를 기다리고 있는 천연자원의 보고로 생각한다. 현재 제안된 송유관 프로젝트는 이러한 정책의 좋은 사례인데, 중국은 이것이 러시아에서 일본으로 이어지는 영역이 아니라 자국 영토 내에서 개발되기를 희망한다.
- 합작투자에 있어서 중국은 잘 훈련된 숙련노동자를 제공할 수 있으며, 한국, 홍콩, 대만 등은 자본을 제공할 수 있다. 그렇게 되면 원목과 광물 같은 시베리아의 천연자원은 소비상품과 교환되어 이들 나라로 수출될 수 있다.

## 대안 4: 다극체제 수립

다자적이고 전 지구적인 수준에서 지정학적 현실은 어떤 경우에는 중국과 러시아가 상호보완적인 이해관계를 가질 것이지만, 어떤 경우에는 갈등관계를 가질 것이라는 점을 말해주고 있다. 그러나 두 나라는 다극체제의 형성에 이해를 같이한다. 미국이 유일한 초강대국으로 남아있는 상황에서 중국과 러시아는 국제체제에서 미국의 헤게모니에 대한 우려 때문에 세력균형을 촉진하기 위한 전술로써 동맹관계의 변화를 도모하게 될 것이다.

- 두 나라는 유엔안전보장이사회의 상임국가로서 보유하는 거부권 및 특별권한을 보존하고자 한다. 중국과 러시아의 지도자들은 현재의 제도가 개정되면 국제안보체제에 대한 서방세계 및 제3세계의 지배가 더욱 강화되고, 그만큼 자신들이 피해를 보게 될 것이라고 생각한다. 기본적인 인권의 향상을 위해서이든, 이라크의 경우처럼 국제사회의 요구에 정권이 순응하도록 만들기 위한 것이든, 중국과 러시아는 유엔의 주권국가에 대한 내정간섭에 반대한다. 중국과 러시아는 유엔의 개입이 국가 주권을 침해하는 것이며, 평화공존 5대 원칙에 어긋나는 것이라는 점에 동의하고 있다. 이에 더해 중국과 러시아는 미국이 유엔의 의제를 주도하는 상황을 두려워하고 있다.
- 탈냉전시대에도 중러 경쟁관계는 지속되고 있다. 두 나라는 미국과 유럽연합(EU), 일본뿐만 아니라 세계은행(World Bank)이나 국제통화기금(IMF) 같은 국제 경제기구로부터의 무역, 경제지원, 기술이전 등을 두고 서로 경쟁하고 있다.
- 만약 러시아 내부의 급격한 변동으로 민족주의적 실지회복 움직임이 발생하면, 지정학적 이유 때문에 중국은 서방세계 및 다른 지역들과 손을 잡고 국제 안보구조를 활용하여 러시아의 팽창주의를 저지하려 나설 가능성이 높다.

## 대안 5: 중앙아시아에 평화적인 세력균형체제 수립

중국은 중앙아시아 국가들과 그 주변국가들의 세력균형을 지원하는 현재의 외교정책을 유지할 가능성이 높다. 세력균형 유지가 장차 중앙아시아 지역의 5개 이슬람 국가들이 통합하는 것보다 오히려 나을 것이다. 동시에 중국은 이 지역에 긴장완화를 추진할 수도 있다. 중국의 입장에서 가장 불안정하고 위협적인 시나리오는 이슬람 근본주의 세력이 등장하는 것이기 때문이다. 이런 시나리오는 중국 서북지역의 신쟝지방에 살고 있는 이슬람 원주민들의 동요를 불러일으킬 수도 있다. 이란 및 파키스탄과 긴밀하게 협력함으로써 중국은 이 지역에서 일종의 세력균형을 유지하여 적대행위가 중국의 서부 국경지역으로 파급되는 위험을 줄이고자 한다.

## ■ 토의주제

1. 1950년대에 중국과 소련이 협력했던 이유는 무엇인가?
2. 중국의 시각에서 냉전시기 동안 중소분쟁의 원인은 무엇인가?
3. 소련의 시각에서 냉전시기 동안 중소분쟁의 원인은 무엇인가?
4. 중국 지도자들의 시각에서 동유럽과 소련의 공산주의체제가 붕괴된 원인은 무엇인가?
5. 냉전시대보다 탈냉전시대에 중국과 구공산권 국가의 관계가 더 좋아진 이유는 무엇 때문인가?
6. 소련의 해체는 아시아 지역의 세력균형에 어떤 영향을 주었나?
7. 중국의 지도자들은 고르바초프, 옐친, 푸틴에 대해서 어떻게 생각하나?
8. 현재 중국의 정치적, 경제적 발전은 러시아와 과거 소련의 일원이었던 국가들이 모방할 수 있는 발전모델로 적절한가?
9. 동북아시아 지역의 평화와 안정을 위해 중국과 러시아 정부는 어떠한 협력을 하고 있는가?
10. 비록 공식적인 중러 군사동맹 관계는 부재하지만, 중국과 러시아의 군사협력관계가 증대하고 있는 이유는 무엇인가?
11. 러시아 및 구공산권 국가 내부의 현 상황에 대해 중국정부는 어떻게 대처하려고 하는가? 구공산권 국가 내부에서 전개되어온 사태들에 대한 중국의 현재 입장에 대해서 설명하시오.
12. 중국은 탈냉전시대 유엔에서 러시아의 역할이 무엇이라고 생각하는가?
13. 2001년 9월 11일 테러사태는 중러관계와 중국 및 러시아와 중앙아시아 구소련연방 이슬람 국가들과의 관계에 어떠한 영향을 미쳤는가?
14. 미국의 저명한 소련 연구자는 "현재 중러관계의 최대 약점은 예를 들어 긴박한 시기에도 중국과 미국을 연결시켜주는 다차원적인 사회적 연계에 거의 없다는 것"이라고 말했다.[46] 어떤 문제가 중러관계를 이렇게 평가하도록 만들었나?
15. 중앙아시아에 새롭게 등장한 구공산권 국가들에 대한 정책 중에 어떠한 것이 중국의 이익증대에 도움이 될 것인가?

## ■ 추천문헌

Chufrin, Gennady, ed. *Russia and Asia-Pacific Security*. Stockholm: Oxford University Press/Stockholm International Peace Research Institute, 2000.
Cohen, Warren I., and Akira Iriye, eds. *The Great Powers in East Asia, 1953-1960*. New York: Columbia University Press, 1990.
DeLisle, Jacques. *Asia's Shifting Strategic Landscape: Long-Term Trends and the Impact of 9/11*. FPRI Conference Report. November 2003.
Dittmer, Lowell. "China and Russia: New Beginnings." In Samuel S. Kim, ed., *China and the World: New Directions in Chinese Foreign Policy*. Boulder, Colo.: Westview, 1993, pp. 113-127.
_____. *Sino-Soviet Normalization and Its International Implications, 1945-1990*. Seattle: University of Washington Press, 1992.
Fletcher, Joseph. "Sino-Russian Relations, 1800-1862." In John Fairbank, ed., *The Cambridge History of China, vol. 10, Late Ch'ing, 1800-1911*, pt. 1. Cambridge: Cambridge University Press, 1978, pp. 318-350.
Floyd, David. *Mao Against Khrushchev: A Short History of the Sino-Soviet Conflict*. New York: Praeger, 1963.
Gill, Bates, and Matthew Oresman. "China's New Journey to the West: China's Emergence in Central Asia and Implications for U.S. Interests." Report of the CSIS Freeman Chair in China Studies, Center for Strategic and International Studies. August 2003.
Klintworth, Gary. *Sino-Russian Detente and the Regional Implications*. Canberra: Strategic and Defense Studies Centre, Australian National University, 1992.
Lukin, Alexander. "Russia's Image of China and Russian-Chinese Relations." CNAPS Working Paper. May 2001. http://www.brookings.edu/fp/cnaps/papers/lukinwp_01.htm.
Moltz, James Clay. "Regional Tensions in the Russo-Chinese Rapprochement." Asian Survey 35, no. 6 (June 1995).
Nelsen, Harvey W. *Power and Insecurity: Beijing, Moscow, and Washington, 1949-1988*. Boulder, Colo.: Lynne Rienner, 1989.
Newell, Josh. *The Russian Far East: A Reference Guide for Conservation and Development*. 2nd ed. McKinleyville, Calif.: Daniel and Daniel, 2004.
Ross, Robert S., ed. *China, the United States and the Soviet Union: Tripolarity*

*and Policy Making in the Cold War.* Armonk, N.Y.: M. E. Sharpe, 1993.

Stuart, Douglas T., and William H. Tow, eds. *China, the Soviet Union, and the West: Strategic and Political Dimensions in the 1980s.* Boulder, Colo.: Westview, 1982.

White, Stephen. *Gorbachev and After.* 3rd ed. New York: Cambridge University Press, 1992.

Woodrow Wilson International Center for Scholars. *Sino-Russian Strategic Partnership: A Threat to American Interests?* Asia Program Special Report no. 99. September 2001. http://wwics.si.edu.

## ■ 주

1) 중국에 대해 비판적인 사람으로 자주 인용되는 이샤에프(Ishaev)의 언급을 다음으로부터 인용하였다. Jeanne L. Willson, "Prospects for Russian-Chinese Relations: Whither the Strategic Partnership?" *Asia Program Special Report,* no. 99, September 2001, p. 18.
2) Joseph Fletcher, "Sino-Russian Relations, 1800-1862," in John Fairbank, ed., *The Cambridge History of China,* vol. 10, Late Ch'ing, 1800-1911, pt. 1 (Cambridge: Cambridge University Press, 1978), p. 335.
3) Ibid., p. 347.
4) Adam Ulam, *The Rivals: America and Russia Since World War II* (New York: Penguin Books, 1980), p. 138.
5) Ross Terrill, *Mao: A Biography* (New York: Harper and Row, 1980), p. 201.
6) Ibid., pp. 201-202.
7) Allen S. Whiting, *China Crosses the Yalu* (Stanford: Stanford University Press, 1968).
8) Steven I. Levine, "Soviet Asian Policy in the 1950s," in Warren I. Cohen and Akira Iriye, eds., *The Great Powers in East Asia, 1953-1960* (New York: Columbia University Press, 1990), p. 308.
9) Stuart Schram, *Mao Tse-tung* (Baltimore: Penguin, 1975), p. 291.
10) Harold C. Hinton, "Sino-Soviet Relations: Background and Overview," in Douglas T. Stuart and William H. Tow, eds., *China, the Soviet Union, and the West: Strategic and Political Dimensions in the 1980s* (Boulder, Colo.: Westview, 1982), p. 9.
11) Terrill, Mao, p. 202.
12) Gordon H. Chang, "JFK, China, and the Bomb," *Journal of American History 74,* no. 4 (March 1988), pp. 1287-1310.

13) Levine, "Soviet Asian Policy in the 1950s," p. 311.
14) Joseph L. Nogee and Robert H. Donaldson, *Soviet Foreign Policy Since World War II*, 3rd ed. (New York: Pergamon Press, 1988), p. 250.
15) Henry Kissinger, *White House Years* (Boston: Little, Brown, 1979).
16) William G. Hyland, "The Sino-Soviet Conflict: A Search for New Security Strategies," in Richard H. Solomon, ed., *Asian Security in the 1980s: Problems and Policies for a Time of Transition* (Cambridge, Mass.: Oelgeschlager, Gunn, and Hain, 1979), p. 40.
17) Chi Su, "China and the Soviet Union: Principled, Salutary, and Tempered Management of Conflict," in Samuel S. Kim, ed., *China and the World: New Directions in Chinese Foreign Policy* (Boulder, Colo.: Westview, 1989), p. 136.
18) Michael Yahuda, "Deng Xiaoping: The Statesman," *China Quarterly* (September 1993), p. 562.
19) Robert S. Ross, "Foreign Policy in 1987: Independent Rhetoric, Pragmatic Policy," in Anthony J. Kane, ed., *China Briefing, 1988* (Boulder, Colo.: Westview, 1988), pp. 45-46.
20) Robert A. Scalapino, "The China Policy of Russia and Asian Security in the 1990s," in Sheldon W. Simon, ed., *East Asian Security in the Post-Cold War Era* (Armonk, N.Y.: M. E. Sharpe, 1993), p. 161.
21) Allen S. Whiting, "China's Foreign Relations After 40 Years," in Anthony J. Kane, ed., *China Briefing*, 1990 (Boulder, Colo.: Westview, 1990), p. 71.
22) David Shambaugh, "China's Security Policy in the Post-Cold War Era," in Steven L. Spiegel and David J. Pervin, eds., *At Issue: Politics in the World Arena*, 7th ed. (New York: St. Martin's Press, 1994), pp. 142-143.
23) John W. Garver, "The Chinese Communist Party and the Collapse of Soviet Communism," *China Quarterly* (March 1993): p. 1.
24) George Ginsburg, "The End of the Sino-Russian Territorial Disputes?" *Journal of East Asian Affairs* 7, no. 1 (Winter-Spring 1993), pp. 261-320.
25) Garver, "Chinese Communist Party," p. 11.
26) Ibid., p. 13.
27) Chai Chengweng, 다음에서 인용하였다. David Armstrong, "Chinese Perspectives on the New World Order," *Journal of East Asian Affairs* 8, no. 2 (Summer-Fall 1994): 457-458.
28) Marshall Shulman, "Reform and Soviet Collapse Spur Discussions Between American and Chinese Specialists," *United States-China Relations: Notes from the National Committee* (Spring-Summer 1992): 6.
29) Paul H. B. Godwin, "China's Asian Policy in the 1990s: Adjusting to the Post-Cold War Environment," in Simon, *East Asian Security*, p. 127.

30) Marshall L. Goldman, "The Chinese Model: The Solution to Russia's Economic Ills?" *Current History* (October 1993): 321.
31) Ibid.
32) Ibid., p. 324.
33) Garver, "Chinese Communist Party," p. 25.
34) "만약 가격이 경쟁할만한 하고, 투자가 가능하고, 이익이 있다면, 중국 북부의 에너지 수요를 충족하기 위해서 천연가스나 전력이 러시아 극동지역의 생산지 및 발전소로부터 중국 북부의 송전본부로 직접 이송될 수 있다." 이것은 중국 국가전력공사(國家電力公司)의 기술자인 헤신(He Xin)의 말로 다음 글에서 인용하였다. James Brooke, "Let a Hundred Russian Kilowatts Bloom," *New York Times*, March 23, 2004, p. W7.
35) James Brooke, "Russia Catches China Fever: Commerce Thrives in Free Trade Zone in the East," *New York Times*, March 28, 2004, pp. W1, W7.
36) "Report to Congress Pursuant to the FY2000 National Defense Authorization Act," Annual Report on the Military Power of the People's Republic of China, July 2002, http://www.defenselink.mil/news/jul2002/d20020712china.pdf.
37) Patrick Tyler, "Russia and China Sign a Military Agreement," *New York Times*, November 10, 1993.
38) 1992년 터키에서 열린 정상회의에서 타지키스탄을 제외한 중앙아시아 모든 공화국들이 터키 및 아제르바이잔과 회동을 했으며, 자유무역지대 설치 및 궁극적으로 경제통합에 관한 터키 대통령 외잘(Turgut Ozal)의 제안을 논의하였다. 또한 외잘 대통령은 지역투자은행의 설립과 중앙아시아 지역의 원유 및 천연가스를 터키를 경유하여 유럽까지 전달하는 송유관의 건설을 주장했다. "Turkey Seeks an Economic Muslim Union," *New Arabia*, November 12-25, 1992, p. 24.
39) Bates Gill and Matthew Oresman, "China's New Journey to the West: China's Emergence in Central Asia and Implications for U.S. Interests," report of the CSIS Freeman Chair in China Studies, Center for Strategic and International Studies, August 2003, pp. viii-ix.
40) 다음에서 인용하였다. Howard W. French, "China Moves Toward Another West: Central Asia," *New York Times*, March 28, 2004, sec. 1, p. 1.
41) Mette Skak, "Post-Soviet Foreign Policy: The Emerging Relationship Between Russia and Northeast Asia," *Journal of East Asian Affairs*, no. 1 (Winter-Spring 1993), p. 152.
42) 비록 러시아정부는 러시아의 결정사항을 공식적으로 발표하지는 않았지만 러시아는 일본과 협상을 진행하고 있고, "중국은 자신들의 프로젝트가 경쟁할만하지 못하다고 생각한다." Erin E. Arvedlund, "Russia to Run 2,500-Mile Oil Pipeline in East Asia," *New York Times*, April 21, 2004, pp. W1, W7.
43) Shulman, "Reform and Soviet Collapse," pp. 12-13.
44) Yuri V. Tsyganov, "Russia and China: What Is in the Pipeline?" Gennady

Chufrin, ed., Russia & Asia-Pacific ecurity, http://projects.sipai.se/russia.
45) Ibid.
46) Steven I. Levine, "Some Reflections on the Russian-Chinese Strategic Partnership," in Woodrow Wilson International Center for Scholars, *Sino-Russian Strategic Partnership: A Threat to American Interests?* Asia Program Special Report no. 99, September 2001, http://wwics.si.edu.

# 중국과 미국

미국은 대만해협(중국 푸젠성(福建省)의 해안과 대만(臺灣) 섬 사이에 있는 해협으로 과거 서양인들은 포르모사(Formosa, 포르투갈어로 '아름답다'의 뜻) 해협이라고도 불렀다. - 역자 주) 양안(兩岸)의 중국인들 모두가 하나의 중국 원칙을 주장한다는 것과 대만이 중국의 일부라는 것을 인정한다. 미국 정부는 이러한 입장에 대해 이의를 제기하지 않는다. 미국 정부는 대만문제의 중국인 스스로에 의한 평화적 해결이 미국의 이익이라는 점을 재확인한다.

- 상하이 공동성명(The Shanghai Communiqué)[1]

## ■ 역사적 배경

### 감상적 제국주의자

1773년 12월 아메리카대륙의 13개 식민지에 대한 영국의 지배에 반발하여, 보스턴 항구에 쏟아버려진 것이 바로 중국산 차(茶)였다(1973년 12월 16일 보스턴에서 발생한 소위 '보스턴 차사건(Boston Tea Party)'은 1773년 4월 영국의회가 차조례(茶條例)를 통과시켜 대중 음료인 차에 세금을 부과하자 이에 대해 미국 식민지인들이 강력히 저항한 사건이다. - 역자 주). 미국은 독립혁명 이전에 이미 중국과 차, 도자기, 향신료, 비단, 가구 등을 무역하고 있었다. 공식적인 중미 접촉은 제법 오랜 역사를 가지고 있다. 1844년 미국은 중국과 조약을 맺고 '평화, 우호, 통상'을 약속하였다.[2] 이 조약은 또한 영국에 부여되는 것과 동등한 통상권리를 미국에게 보장했으며, 중국은 향후 유럽열강들에게 주어지는 모든 특권을 미국에게도 자동적으로 부여하기로 약속했다. 따라서 미국은 최혜국대우(MFN: the most-favored-nation) 지위를 갖게 되었는데, 중국은 이것을 '자칼 외교(jackal diplomacy, 중국시장에서 영국 및 유럽열강이 획득한 특권을 뒤따라 확보하는 미국의 기회주의적 외교정책을 지칭하며, 히치하이킹 외교(hitchhiking diplomacy)라고도 한다. - 역자 주)'라고 불렀으며, 오늘날까지도 중미관계에 있어서 불씨로 남아있다.

서구열강이 중국과 최초로 접촉을 시작했던 무렵부터 중국시장에 대한 신화(神話)가 널리 퍼져있었다. 거대한 중국 인구가 외국 상품의 구입을 원하고 있기 때문에 중국은 거대한 수입시장을 제공할 것이며, 수출국가에게 막대한 이익을 남겨 줄 것이라는 생각 때문에 서구열강은 중국 영토 내 '영향권(sphere of influence, 또는 세력권)'을 가지고자 했다. 비록 19세기 및 20세기 내내 미국의 대중국 무역은 미국 전체 무역량의 1~2%에 불과했지만, 미국 사람들 역시 중국시장에 대한 신화를 믿었다. 시장 확대에 대한 희망은 여전히 계속되었고, 미국정부는 끝없이 늘어나고 있던 중국 영토 내 외국령에 대해 경계심을 늦추지 않고 주시하였다. 하지만 역대 어느 미국 행정부도 성가신 문제들을 기꺼이 감수하며 영향권을 세울 만큼 중국에 많은 관심을 갖고 있지는 않았다. 그럼에도 불구하고 미국은 서구열강이 지배하고 있는 지역의 시장에 무척 진출하고 싶어 했다. 그 결과 1899년 맥킨리(William McKinley) 행정부는 영국, 독일, 러시아, 일본을 포함한 열강들에게 편지를 보내어 열강들이 지배하고 있는 모든 지역에서 다른 모든 국가들에게 평등한 통상권의 부여를 약속해 달라고 요구했다. 맥킨리 행정부는 애매모호한 응답만을 받았음에도 불구하고 다른 강대국들이 문호개방 원칙에 동의했다고 일방적으로 선언하였다(강대국들은 미국의 제안이 마음에 들지 않았으며, 다른 나라들이 미국의 제안을 승인하는 경우에는 원칙적으로는 동의한다는 식으로 회피적인 답변을 하였다. 그러나 미국 국무장관 헤이(John M. Hay)는 그것을 승낙의 표시로 해석했다. - 역자 주). 그리하여 중국 영토 내에 미국의 영향권을 세우려던 미국의 비밀 계획은 더 이상 추진되지 않았다.3)

통상무역 이외에 미국이 중국에 대해 관심을 가졌던 것은 기독교의 전파였다. 프랑스, 영국, 독일과 함께, 미국은 중국에 선교사를 파견하여 중국인들을 개종시켰으며, 자선기관을 운영했다. 비록 중국 인구의 약 1%만이 개종하였기에 선교활동이 결코 성공적이라고 할 수는 없었지만, 1930년에 중국에 있던 3천명의 외국 선교사 중 절반이 미국인이었다.4) 중국인들은 외국 종교를 수용하는데 관심이 없었으며, 특히 대부분의 중국인들은 제국주의를 상징하는 외국 종교를 받아들이기를 거부하였다. 그러나 미국 본토의 미국인들은 선교사들의 선교활동이 실패하고 있다는 사실을 깨닫지 못했다. 오히려 대부분의 미국 사람들은 선교사들이 중국사회에 기독교를 전파하고 공공자선의 개념을 소개하였기 때문에 중국 사람들로부터 존경을 받고 있을 것이라고 생각했다.

중국혁명시기까지 중미관계를 결정하였던 두 요인은 통상과 기독교였다. 미국은 중국 영토를 전혀 획득하지 않았기 때문에 자국이 다른 서구열강보다는 선의의 방식으로 행동했다고 생각했다. 미국인들의 이런 견해는 중국정부가 의화단운동(Boxer Uprising, 1990년 6월, 중국 청나라 말기에 베이징에서 일어난 외세배척 운동으로 교회를 습격하고 외국인을 박해하였다. 청나라 정부가 의화단을 지지하고 대외 선전포고를 하자, 미국을 비롯한 8개국의 연합군이 베이징을 점령하고 의화단운동을 진압하였다. - 역자 주)으로 발생한 피해에 대한 배상금으로 서구열강에게 지불한 돈을 미국 정부가 미국에 체류하던 중국 유학생들에게 나눠준 후 더욱 강화되었다. 미국 국민들은 **감상적 제국주의자들**(sentimental imperialists)이었다. 미국 국민들은 자신들은 유럽의 탐욕스러운 동업자들과는 다르며, 따라서 미국은 중국과 특별한 관계를 맺고 있다고 생각했다.

그러나 대부분의 중국인들은 미국과 유럽열강의 차이를 인식하지 못했다. 즉, 미국은 중국에서 유럽열강이 갖고 있는 특권과 특전을 요구했고,

베이징의 의화단을 진압한 연합군에 병력을 지원했으며, '이교도'에 대한 기독교의 우월성을 입증하고자 하였다. 따라서 많은 중국인들에게 있어서 미국은 중국의 주권을 약화시키고 중국인의 자존심을 손상시킨 다른 강대국과 조금도 다르지 않았다. 당시 미국에 대한 중국인들의 이런 인식은 중미 양국사이에 존재해야 하는 우호관계가 미국정부에 의해 철저히 무시되고 있다고 1899년(문호개방정책이 시작된 해)에 미국정부에 항의하였던 중국 주미공사의 언급에 잘 나타나있다.[5]

**민족주의와 혁명**

많은 중국인들에게 있어서 중국에 대한 미국의 올바르지 못한 행동은 1919년 베르사유 회의(Versailles Conference)에서 또 다시 입증되었다(베르사유회의는 제1차 세계대전의 전후 처리를 위해 열린 회의로 연합국(Allied Powers)과 관련국, 그리고 독일 사이에 평화협정(베르사유조약)을 체결하였다. - 역자 주). 윌슨(Woodrow Wilson) 대통령은 앞서서 미국정부가 중국의 주권을 존중한다는 고상한 발표를 했지만, 그는 산둥(山東)지방이 독일로부터 일본의 지배로 넘어가는 것을 묵인했다. 중국 학생들과 지식인들의 시위도 지배권의 이양을 막을 수는 없었다. 하지만 그 사건은 중국인들 사이에 외세의 개입을 차단해야 한다는 민족주의 정서를 형성시켰다. 중국에 대한 미국의 간섭은 다른 열강의 간섭과 마찬가지로 결코 고맙게 여겨지지 않았다. 미국은 제2차 세계대전의 개전 이후까지 중국에 거주하는 미국 시민에 대한 치외법권(중국 국내법으로부터 면책 특권)의 포기를 거부하였으며, 이 점 때문에 애국적인 중국인들 사이에서 미국을 좋게 생각하는 사람이 늘어날 수 없었다.

### ■ 제2차 세계대전

1920년대 말에서 1930년대 동안 미국은 중국에 대해 오직 간헐적으로 관심을 가졌을 뿐이다. 미국인 대부분은 유럽에서 파시즘의 등장 사실에 관심이 쏠려, 몇몇 군벌이 지배하는 관할구로 쪼개어진 중국에 대해서는 별로 관심이 없었다. 중국시장에 대한 신화도 거짓임이 드러났다. 1940년에 이르러서도 미국의 대중국 수출은 7,800만 달러였던 반면에 대일본 수출은 2억 2,700만 달러였다.[6]

라이프(Life) 지에 실린 사진과 영화뉴스필름을 통해서 미국인의 마음에는 난징(南京)에서 '학살'을 자행한 일본의 이미지가 지울 수 없이 뚜렷하게 새겨졌고(1937년 당시 중국의 수도 난징에서 일본군이 자행한 '난징대학살'을 의미한다. 일본군은 중국군 포로와 일반시민에 대해서 강간·학살·약탈을 자행했으며, 그 학살방법 또한 대단히 잔인했다. 극동국제재판 판결에 따르면 12만 9천명이 학살된 것으로 기록되어 있지만, 이것은 최소한의 숫자이고 실제로는 30만 명이 넘는 사람이 학살되었다고 한다. - 역자 주), 동북아시아에서 일본의 팽창주의가 계속되자 비로소 미국은 안보정책과 관련하여 중국에 대해 관심을 갖게 되었다. 1940년 일본이 (독일 및 이탈리아 파시스트 국가와) 삼국동맹(Axis)에 가담하자 미국 정부 관료와 일반 여론은 중국을 선호하기 시작했다. 그리고 미국은 일본에 대해 이중정책을 채택했다. 즉, 원유공급을 중단하는 조치를 내리고 동시에 동아시아 위기사태를 외교적 방법으로도 해결하려고 시도했다. 미국은 모든 협상의 전제조건으로 일본으로 하여금 중국의 영토와 주권에 대한 존중을 약속하라고 요구하였으나, 일본은 만주로부터 일본군의 철수를 거부했다. 그러나 1941년 12월 7일 형세가 바뀌었다. 미국과 일본의 전쟁이 시작되자 중국을 외세의 영향으로부터 자유롭고 독립된 상태로 유지하는 문제가 미국의 국제 안보에 있어서 매우 중요한 사안이 되었다.

제2차 세계대전 동안 미국의 대중국 정책은 중국공산주의자들의 세력 증가와 중국공산당과 국민당 간의 내전으로 인해 복잡해 졌다. 미국의 가장 중요한 목표는 중국에서 침략자 일본을 패배시키는 것이었다. 반면에 장제스(蔣介石)의 목표는 공산주의자들을 무찌르는 데 있었던 것 같다(장제스는 우리말로 장개석, 또는 장카이섹 등으로 표기되기도 한다. 장제스는 1918년 국민당의 지도자 쑨원(孫文)의 휘하에 들어갔으며, 쑨원과의 긴밀한 관계 유지를 통해 세력기반을 다졌다. 1928~49년 중국국민당 정부의 주석을 지냈고, 1949년 이후에는 대만(臺灣)의 국민정부 주석을 지냈다. - 역자 주). 이에 루즈벨트(Franklin Roosevelt) 대통령은 다양한 접근법을 채택했다. 루즈벨트 대통령은 일본에 대항하여 싸우고 있는 중국국민당 군대를 훈련시키기 위해 스틸웰(Joseph Stilwell) 장군을 중국에 파견했다. 그러나 루즈벨트 대통령은 또한 항일 국공합작(國共合作)의 결성 여부를 결정하기 위해 외교단을 파견하여 공산주의자들과 접촉하였다(국공합작은 당시 중국의 양대 정당이었던 중국국민당과 중국공산당의 연합으로 두 차례 성립되었다. 제1차 국공합작(1924.1~1927.7)은 소련의 원조와 혁명의 대중적 기초 마련을 위해 국민당의 쑨원(孫文)이 공산당과의 합작을 결정함으로써 성립되었다. 국민당의 공산당 토벌이 시작되면서 국공합작은 끝났다. 그 후 일본군의 침략이 노골화되자 거국적인 항일을 위해 공산당이 새로운 합작을 제안하게 되었고, 중일전쟁 발발 이후 제2차 국공합작(1937.9~ 1945.8)이 성립되었다. - 역자 주). 루즈벨트는 미국, 소련, 영국과 함께 중국을 '국제경찰' 4개국 중 하나로 간주하여 장제스와 중국의 비위를 맞추었다(이들 4개국에 프랑스가 더해져서, 5개 국가가 현재 유엔의 안전보장이사회의 상임이사국이다).

어떤 정책도 변변한 성과를 얻지 못했다. 장제스는 스틸웰을 쫓아냈고, 국민당 군대의 사기는 여전히 높지 않았다. 항일전쟁에 있어서 국민당과 공산당은 사실상 거의 협력하지 않았다. 그리고 미국은 중국인의 민족적 자긍심을 불러일으킬 수도 없었다. 결국 중국에서 일본을 패퇴시킨 것은 국민당도 공산당도 아니었다. 미국 군대가 일본을 일본 본토에서 무찔렀으며, 따라서 미국은 중국에 있는 일본군을 무장해제 시켜야 하는 기념비적 임무에 직면하게 되었다. 미국은 일본군의 무장해제로부터 이득을 얻게 된 장제스의 도움을 받아 이 일을 처리했다.

1945년 이후 장제스의 군대는 중국의 지배권을 둘러싼 마오쩌둥 군대와의 싸움에 집중할 수 있었다. 공산당과 국민당 군대는 일본으로부터 빼앗은 무기와 미국이 장제스 군대에게 제공하였지만 종종 마오쩌둥의 군대가 사용한 무기를 가지고 서로에 대항하여 싸웠다. 연립정부의 수립을 기대하여 국민당과 공산당의 싸움을 중재하려고 했던 미국의 노력은 허사였다. 공산당과 국민당은 모두 타협을 혐오했으며, 공산주의자들은 미국이 장제스를 좋아한다고 생각했다. 1947년 1월 중재자였던 미국 마샬(George C. Marshall) 장군은 사실상 "두 집안 모두에 저주가 내리길!(a plague on both your houses!)"이라고 선언하고, 넌더리를 내며 중국을 떠났다("두 집안 모두에 저주가 내리길!"은 셰익스피어의 로미오와 줄리엣에 나오는 유명한 대사이다. 로미오의 친구 머큐시오가 원수 가문의 딸 줄리엣과 사랑에 빠진 로미오를 대신해서 줄리엣 가문의 티볼트와 싸우다 칼에 맞아 죽어가면서 반목하고 있는 두 가문 모두의 멸망을 저주하면서 한 말이다. – 역자 주).

## ■ 냉전시대

### 소란이 가라앉은 이후

미국은 곧 중국공산당이 승리할 것이라고 결론을 내렸으며, 따라서 미국은 예상되는 국내정치적 피해를 대국민 교육을 통해 최소화 하려고 했다. 1949년 9월에 발행된 '중국백서(China White Paper)'는 당시 미국 행정부의 불간섭정책이 타당하다는 점을 미국 국민들에게 알리기 위하여 국무부가 작성한 보고서였다. 이 보고서의 서문에서 애치슨(Dean Acheson) 국무장관은 국민당을 지지하는 미국인들을 달래면서 미국이 어떤 조치를 취하든 이에 상관없이 중국 공산주의자들이 승리하였을 것이라고 말했다. 즉,

과거와 현재 중국의 상황에 대한 현실주의적 판단에 따르면 미국에게 주

어진 유일한 대안은 자신의 군대와 국민으로부터 신망을 잃은 정부를 위해서 전면적으로 개입하는 것이었다는 결론에 도달하게 된다. … 불행스럽지만 피할 수 없는 사실은 중국 내전의 불길한 결과는 미국 정부가 할 수 있는 범위를 벗어났다는 것이다. 미국이 가진 능력의 합리적인 한도 내에서 미국이 했거나 할 수 있었던 어떤 것도 그 결과를 바꿀 수는 없었고, 미국이 하지 않았던 어떤 것도 그 결과에 영향을 주지 못했다. 미국이 영향을 미쳐보려고 했으나 그럴 수 없었던 중국 내부의 힘(force)이 그러한 결과를 만들었다.7)

중국백서는 비판 여론을 잠재우기에 충분하지 못했다. 1949년 트루먼(Herry Truman) 대통령은 중국에 대한 지원을 줄이려고 하는 미국 의회를 설득해야만 했으며, 공산당에게 국민당을 넘겨주었다는 (특히, 공화당의) 끊임없는 비판으로부터 자신의 행정부를 변호해야만 했다. 워싱턴 정가에서 "중국을 잃은 것은 누구의 책임인가"에 관한 논쟁은 1960년대까지 지속되었다.8)

예상대로 곧 중국공산당이 승리하게 되었는데, 이것은 주로 보다 뛰어난 군대 통솔력과 청렴결백하다는 평판, 그리고 중국 민족주의에 대한 호소 때문이었다. 1949년 10월 1일에 중화인민공화국이 수립되었다. 패배한 장제스와 그의 지지자들은 중국 남부의 대만 섬으로 도망갔으며, 국민당 잔재세력은 그곳에 정부를 수립했다. 대부분의 미국 정책결정자들은 중국공산당이 중국본토에 대한 지배를 공고히 한 이후 대만 상륙작전을 준비할 것이며, 이를 통해 유혈 내전에 종지부를 찍을 것이라고 예상했다. 심지어 트루먼 행정부마저도 중국군이 대만해협을 건너는 경우에도 미국은 개입하지 않는다고 결정했는데, 논쟁의 여지가 있던 이 결정은 결코 만장일치로 이뤄진 것은 아니었다. 특히 군부의 반대가 심했다.

1949년과 1950년 초 미국의 대외정책결정자들은 중화인민공화국의 수립에 대해서 어떻게 대응해야할 지 처음에는 확신이 없었다. 두 가지 대안이 고려되었다. 즉, 새로운 정권을 승인하거나 또는 공산주의 정부라는 이유로 무시하는 것이었다. 새로운 정권의 승인을 반대하는 미국의 대외정책결정자들은 공산주의 중국의 존재가 서남아시아의 안정에 미칠 위협,

소련과 정확하게 발맞추어가는 중화인민공화국의 움직임, 또 하나의 공산주의 국가가 유엔안전보장이사회의 상임이사국으로 포함되는 경우 유엔의 기능에 초래할 위험성, 대만의 국민당 정부에 대한 미국의 의무 등을 거론했다. 중화인민공화국의 승인을 선호하는 미국의 대외정책결정자들은 장기적인 관점에서 중국을 승인하는 것에 찬성했는데, 왜냐하면 국제법적 특권을 고려할 때 미국은 어쩔 수 없이 안정된 공산주의 정권을 승인해야 할 것이기 때문이었다.

이러한 단호한 입장들 사이의 논쟁은 1950년대 중반까지도 결론이 나지 않았다. 1950년 6월 25일 한국전쟁이 발발한 이후 중화인민공화국의 승인은 더 이상 선택할 수 있는 정책대안으로 고려되지 않았다. 미국 정부는 북한 공산군의 남침을 세계 지배를 향한 호전적 공산주의 운동의 또 다른 하나의 사례로 인식하였다. 소련과 중국이 북한의 남침을 사전에 알고 있었다는 것은 기정사실로 간주되었다.

그 결과 미국은 동아시아 정책을 180도 바꾸었다. 미국은 불과 몇 주 전에 미국의 방어선으로부터 제외시켰던 한국을 방어하기 위해 미군을 파병하였다(1950년 1월 12일 기자회견에서 애치슨 국무장관은 미국의 아시아 방어선이 알류산 열도 - 쿠릴 열도 - 일본 - 필리핀으로 이어진다고 언급함으로써 한국과 대만을 미국 방어선에서 제외시키는 발언을 하였다. - 역자 주). 또한 트루먼 정부는 미 7함대를 대만해협으로 보내어 재빠르게 자유방임적 태도를 변경하였다. 미국은 더 이상 예상되는 공산주의 국가의 침략을 그대로 내버려 두지 않았다. 대만섬에 자리잡은 장제스 정권은 이제 미국으로부터 보호를 받는 국가가 되었다.

미군이 북한과 중국의 국경선을 향해 북진 한 후, 1950년 10월에 중국군이 한국전쟁에 참전하면서 미국 정부가 중국 공산주의자들에 대해 가장 두려워하던 점이 현실로 나타나고 말았다. 미군과 중국 공산군은 정전협정이 조인된 1953년 7월까지 거의 3년 동안 정면으로 맞서서 싸웠다. 대대로 내려오던 오랜 불신은 전쟁으로 인해서 대대로 내려오는 오랜 증오로 바뀌었다.

## 아이젠하워 행정부

아이젠하워(Dwight Eisenhower) 행정부 시절 거의 전쟁이 일어날 뻔 했던 1954년과 1958년의 대만해협 위기 사태로 인해 중미관계는 중단되었다. 세계 평화를 위협했던 대만사태를 둘러싼 중미갈등에 더해서 아이젠하워 행정부 시절 미국과 중화인민공화국 사이에는 여러 중요한 분쟁 사안이 반복해서 발생하였다. 승인, 유엔가입, 통상, 중국정부의 미국시민 감금,[9] 미국정부의 중국시민의 유치 등 여러 분쟁 사안이 1953년부터 1960년까지 중미관계에 있어서 핵심 주제였다. 상대적으로 덜 중요하지만 엄청나게 언론의 관심을 끌었던 쟁점은 중국의 미국 언론기자 초청에 대해 미국 정부가 어떻게 대응해야 하는가의 문제였다.[10] 이들 문제 중 어떤 것도 아이젠하워 행정부 시절에 해결되지 않았으며, 다음 행정부 및 그 다음 행정부 시절에도 해결되지 않았다.

**대만.** 아이젠하워 행정부는 국민당 정권을 돕기 위한 복잡한 노력에 착수하는 한편 동시에 중화인민공화국에 대한 국민당 정권의 무모한 행동을 은밀히 억제했다. 대통령 취임 선서 직후 아이젠하워 대통령이 취한 첫 번째 행동은 미7함대는 국민당의 중국본토 침공을 가로막지 않을 것임을 발표하여 장제스에 대한 '속박을 풀어준(unleash)' 것이었다. 1954년 상호방위조약은 대만이 공격당하는 경우 대만을 지켜주겠다고 미국이 공식적으로 약속한 것이었고, 그 다음 해에 미국 의회는 대만의 방어를 위한 미군의 사용을 승인했다. 동시에 무모한 방향으로 나아가는 것을 억제하기 위하여 아이젠하워 행정부는 장제스 정부의 외무장관으로부터 군사력의 사용은 '공동협의 사항'이라는 약속을 이끌어냈다. 더구나 장제스에게 제공한 군사 무기가 공격용으로 사용되는 것을 방지하기 위해 군사무기의 사용에 제한을 가했다.

첫 번째 중국 해안 열도(列島) 위기는 훨씬 위험하였다. 1954년 9월 3일 중화인민공화국은 중국본토로부터 몇 킬로미터 밖에 떨어져 있지 않고 국제법상 중화인민공화국의 영토에 속함에도 불구하고 국민당 정권이 점령하고 있던 섬들 중 하나인 진먼섬(Quemoy, 金門島, 또는 Chinmen)을 폭격했다. 국민당은 중국본토에 대한 공습으로 대응하였으며, 또한 이에 대한 대응으로 중국 공산주의는 해안 열도에 대하여 보다 심한 폭격을 가하였다. 섬을 빼앗기게 되면 대만에 있는 국민당 정부뿐만 아니라 서남아시아의 비공산 국가의 사기에도 영향을 줄 수 있었기 때문에 미국은 중국 해안 열도에 대한 장제스의 영유권 유지를 지지했다. 미국 정부의 이러한 입장은 미국 행정부에 대한 공화당 우익의 정치공세를 누그러뜨렸다.

1955년 1월 중국 공산주의가 대만 북쪽 200마일 지점에 위치하고 있는 다천섬(Tachen, 大陳群島 또는 Dachen)을 침공하자 상황은 다시 격화되었다. 비록 아이젠하워 행정부는 처음에는 국민당 정부에게 이들 섬에 대한 국민당의 위치를 더욱 강화하라고 조언하였지만, 상황이 위험하게 되자 아이젠하워 행정부는 입장을 바꿔서 다천섬을 방어할 수 없으니 이들 섬에서 철수해야 한다고 주장했다. 그 후 미국은 오직 진먼섬, 마쭈섬(Matsu, 馬祖列島, 馬祖島), 그리고 대만해협의 다른 작은 섬들에 대한 장제스의 영유권 주장을 지지했다.

중국본토를 폭격하여 보복해야만 한다는 대통령 보좌관들의 압력이 있었음에도 불구하고 대통령은 신중하라고 권고했다. 미국의 동맹국은 물론 심지어 미국조차도 분쟁이 보다 더 큰 전쟁으로 비화될 가능성 때문에 긴장하였다. 나중에 중국 열도 분쟁에 원자폭탄을 사용할 수도 있다는 대통령의 암시는 미국의 동맹국, 미국 의회, 미국 여론, (그리고 언급할 필요도 없이 중국을) 놀라게 하였으며, 이 때문에 아이젠하워 대통령은 장제스에게 진먼섬으로부터 군사력 일부를 철수하라고 요구하게 되었으나 설득에 실패했다. 중국이 미국에게 협상을 제안함으로써 교착상태가 돌파되었는데, 미국은 중국의 협상제안을 마지못해 수용했다. 협상에 진척이 있었고, 대만해협에는 그 후 3년간 지속된 비공식적 휴전이 성립되었다.

1958년 7월 중화인민공화국은 진먼섬과 마쭈섬을 '해방'시키겠다고 선언했으며, 그해 9월에 중국은 이들 섬에 대해 또 다시 폭격을 시작했다. 이러한 적대행위는 유엔에서의 논쟁, 흐루시초프가 아이젠하워에게 보낸 독설 섞인 편지, 실패로 끝난 중국의 휴전 등을 비롯한 여러 양상의 설전을 불러일으켰다. 마침내 중국이 격일로만 폭격하기로 약속하고 국민당의 중국본토에 대한 침공을 미국이 지원하지 않을 것이라는 점에 대해 미국과 장제스가 합의하면서 위기상황은 끝났다. 많은 사람들이 제3차 세계대전으로 비화될 것을 우려했던 중미 간 두 차례의 중대한 위기상황 이후, 대만해협의 상황은 실질적으로 아무런 변화 없이 그대로 지속되었다.

**중미대화.** 아이젠하워 행정부 시절의 중미관계는 1954년 제네바회의(Geneva Conference)와 1955년 반둥회의(Bandung Conference)에서 볼 수 있듯이 서로 대화하기를 꺼려하는 일련의 사건들로 특징지어진다. 이들 회의는 다자회의였는데 아이젠하워 행정부는 회의 참가국들이 공산주의에 대한 우호적인 정책에 찬성하지 않도록 무척 노력했다.

아이젠하워 행정부가 중화인민공화국의 사실상 또는 법률상 승인을 용인하지 않는다는 점을 다시 한 번 단호하게 밝힌 이후 미국은 두 나라가 직접 대사급회담을 시작하자는 중국의 제안을 받아들였다. 회담은 1955년 8월 제네바에서 시작되었다. 9월에 두 나라는 민간인의 송환에 관한 협정에 합의했다. 하지만 이 협정은 전혀 실천되지 않았다. 그 후 10년 동안 때때로 시끄럽게 떠들어 대던 모든 직접회담에서 어떤 합의도 이뤄지지 않았다.

1950년대 중반이 중국이 가장 활발하게 외부세계에 대해 문호를 개방하고 미국과 실질적인 협상을 벌였던 시기이다. 이는 실용적인 이유 때문이었는데, 즉, 국제사회의 승인을 갈망했고, 통상과 차관을 필요로 했으며, 자국이 원하는 방향으로 대만문제가 해결되기를 원했기 때문이다. 그러나 아이젠하워 행정부는 국내 정치상황 때문에 대만의 지위에 대하여 논의할 수 없었으며, 승인이나 통상 등도 공개적으로 논의하고 싶어하지 않았다. 1958년 아이젠하워 행정부가 비밀리에 '두 개의 중국' 정책에 대해 심사숙고 하고 있을 때 중화인민공화국은 대약진운동이 한창 진행 중이었고, 제국주의와 타협하고 싶지 않았다.

## 케네디 행정부

케네디(John F. Kennedy) 대통령 시절의 중미 접촉 방식은 과거 14년 동안 유지되었던 기존의 방식과 본격적인 긴장완화(rapprochement)가 시작될 때까지 유지되었던 새로운 방식 등 두 가지 방식이 병행되었다. 비록 동남아시아에서의 대리전은 격화되고 있었지만, 표현은 여전히 적대적일지라도 중미 사이에 직접적인 적대감을 발생시킬 위협은 줄어들었다. 중국은 대만해협에서의 도발을 삼갔으며, 미국은 또다시 장제스에 대한 "속박을 풀어주었다(unleash)."

바르샤바 회의를 통해 중미 간 직접 대화가 지속되었는데, 미국 정책결정자들은 이 회의가 '효과 없는 헛된 일(sterile)'이라고 평가했다. 그럼에도 불구하고 양국은 1961년 새로운 요소를 도입하려는 약간의 노력을 하였다. 회담에서 중국대표는 미국대표에게 중국은 '커다란 기대감'을 갖고 미국의 새로운 정책을 기다리고 있다고 말했다. 미국은 이에 대해 기자들의 교류, 무역, 경제원조에 관한 새로운 제안을 했다. 그러나 이 어떤 것도 합의에 이르지 못했고, 따라서 중미회담은 늘 그랬듯이 아무런 소득이 없는 양상이 지속되었다.[11] 동시에 미국 외교정책결정기구의 담당자들은 보다 의미 있는 접촉을 원한다는 의견을 제시하기 시작했으며, 제2기 케네디 행정부에서 이런 일이 가능하기를 희망했다. 기근으로 고통 받고 있는 중국인에 대한 식량 지원 같은 인도주의적 지원조차도 냉전체제의 정서, 중국인의 자존심, 미국 국내정치 상황 등의 제약으로부터 벗어날 수는 없었다. 미국 행정부와 미국 여론이 대체로 찬성했음에도 불구하고 미국의 중국에 대한 식량지원은 이루어지지 않았다.

또한 비록 소련과 중국은 중소분쟁의 중요성을 제대로 이해하지 못했지만, 미국은 소련과 중국 두 나라가 서로 다른 이해관계를 표출하고 있다는 점을 인식하게 되면서 더욱 걱정하게 되었다. 케네디와 그의 보좌관들은 중소분쟁이 아시아와 제3세계의 패권을 둘러싼 두 공산국가간 경쟁을 초래하여 국제정세를 더욱 불안정하게 만들 수 있다고 생각했다. 이제 미국은 한 덩어리의 공산권과 싸우는 대신에 두 개의 적국과 대적하게 되었다. 비록 이 두 국가는 서로에 영향을 줄 수 없게 되었지만, 두 나라 모두 "서방세계를 묻어버리겠다"고 공언하였다.

## 존슨 행정부

존슨(Lyndon Baines Johnson) 행정부의 대중국 외교정책은 강경노선(미국의 베트남 정책), 예상가능했던 것(마침내 지난 십 년 이상 미국 정부 내에서 논의되어왔던 제한적 접근의 실행), 예상 불가능했던 것(존슨대통령의 베이징 정상회담에 대한 소망) 등이 뒤섞여 있었다. 이 시절은 패러다임 전환기로 당시 관료들 중 어느 누구도 이러한 변화에 대해서 어떻게 대처해야 할 지 확신이 없었다. 특히 미국이 시도한 제한적 접근의 대부분을 거부한 중국지도자들이 그러했다.

또한 바르샤바 회담을 통해 여러 가지 제안들이 이루어졌다.[12] 미국 대표는 중국 대표에게 기상정보의 공유, 과학적 자료의 교환, 종자 및 식물 표본의 교환 등에 대해 중국이 어떻게 생각하는지 물어보았다.[13] 이에 더해 미국 국무부는 미국 대학들에게 중국인 학자의 초청을 권장하였으며, 미국 공보처는 1968년 미국선거를 취재할 수 있도록 중국 언론인들을 미국에 초청하였다. 그러나 미국 국무부에 따르면 중국 정부는 이런 제안들을 거부했다.[14]

1966년에 새로 바뀐 여권규정이 시행되었다.[15] 직업 언론인, 공공의료기관 의사, 과학자, 교수, 미국 적십자사 직원 등의 중국 방문이 허용되었으며, 관광 목적 이외에 중국을 방문해야 하는 타당한 이유를 입증하면 어느 누구라도 중국을 방문 할 수 있게 되었다. 그러나 중국 정부는 오직 소수의 사람에게만 비자를 내주었다. 1967년 4월에는 의약품 및 의료품의 대중국 수출이 허가되었다. 국무부가 최초로 제안한 이 안은 2주가 채 걸리지 않아 국무장관, 재무장관, 상무장관, 그리고 마지막으로 대통령의 승인을 얻었다. 그러나 중국은 이러한 수출 시도를 비판하였으며, 존슨 행정부 시절 내내 교역과 관련한 여러 다른 제안들이 자주 있었지만 그 어느 것도 실현되지는 못했다.

존슨 행정부 말기 동안 수사(修辭)도 역시 바뀌었다. 존슨 행정부 마지막 한 해 동안 향후 중국과 보다 좋은 관계를 가질 가능성을 보여주는 공식적 발표가 명백하게 늘어났다. 국무부와 국방부에 따르면 존슨 행정부는 "현재 및 미래의 중국공산당 지도자들이 미국의 의도를 재검토하도록 권유하고"싶었으며, "중국정부가 우리와의 보다 건설적인 관계수립에 관심을 갖도록 호소하고"싶었다.16)

1966년 6월 중국에 문화혁명이 시작되자 이러한 존슨 행정부의 제안들은 "너무 사소하고, 너무 늦은 것이(또는 너무 빠른 것이)"되었다. 수백만 명의 10대 홍위병이 중국 전체를 혼란의 도가니에 몰아넣고 있었고, 중화인민공화국 정부가 사실상 거의 존재하지 않는 상황에서 미국과의 어떠한 타협도 이루어질 수는 없었다. 존슨 행정부는 이러한 딜레마를 어렴풋이나마 인식했다. 그럼에도 불구하고 존슨 행정부는 3가지 이유로 문화 및 무역에 관한 제안들을 계속 해나갔다. 즉, 원자폭탄, 베트남, 문화혁명이 그 이유이었다.

1964년 중국이 핵보유국이 되자 아시아 지역의 세력균형은 미국의 동맹국들에게 불리한 방향으로 바뀌었다. 중국의 잠재적 도발 행위를 방지하기 위해서는 중국을 세계사회 일원으로 끌어들이는 것이 대단히 중요하게 되었다.17) 미국이 북베트남에 대한 폭격을 시작하고 세계가 중미 간 직접충돌을 우려하기 시작한 이후, 중국을 국제사회의 일원으로 끌어내는 일은 더욱 중요하게 되었다. 워싱턴의 정책결정자들은 미국이 베트남에서는 강력하게 대처하여 겉으로는 유약한 모습을 보이지 않으면서, 동시에 대중국 외교정책에 있어서 어느 정도 유연성을 가질 수 있을 것이라고 생각했다.

문화혁명은 외교정책과 관련하여 보다 복잡한 문제를 불러일으켰다. 존슨 대통령의 보좌관들은 자신들이 중국본토에서 벌어지고 있는 사태에 아무런 영향을 줄 수 없다는 것을 알고 있었으며, 또한 그렇게 할 의사조차 없었다. 그러나 그들은 혼란 상태에서 새로운 지도자가 등장할 것이고, 미국은 이 새로운 지도자들에게 미국의 선의(善意)를 알리기 위해 노력해야 한다고 생각했다. 미국의 정책결정자들은 아무리 현실적 근거도 없이 이러한 제한적인 대중국 정책의 변경이 중국의 새로운 세대들로 하여금 20년 동안 지속된 민주주의, 사회주의 프로파간다의 굴레로부터 벗어나도록 해 줄 것이라고 생각했다. 그러나 존슨 대통령은 새로운 세대를 기다리지 않았다. 마침내 화해의 시대가 도래 하였으며, 중국이나 미국 양국에서 이를 앞장서서 추진한 사람들은 결국 새로운 세대가 아니라 기성세대였다.

## 닉슨 행정부

1971년 7월 15일 닉슨(Richard Nixon) 대통령은 "우방국이나 적국에게도 아무런 예고 없이"[18] 안보보좌관 키신저(Henry Kissinger)가 최근에 중화인민공화국을 방문하고 돌아왔으며, 닉슨대통령 자신도 조만간 공산주의 국가인 중국의 수도를 방문할 계획이라고 발표하였다. 특히 닉슨대통령의 그동안의 정치경력이 철저한 반공주의에 기반하고 있었기 때문에 세계는 놀라움을 금치 못했으며 동시에 환영했다. 닉슨대통령의 텔레비전 발표로 인해 미국 대중은 하룻밤 사이에 중화인민공화국을 '위험한 빨갱이(red peril, 紅禍)'가 아니라, 만약 리처드 닉슨이 중화인민공화국의 수도를 방문하고자 한다면 정말로 안전한 것이 틀림없는 환상적이고 이국적인 여행지로 생각하게 되었다. 전략적 삼각관계의 틀 아래서 두 국가가 힘을 합쳐 다른 한 국가에 대항한다는 목적을 위해서 과거 서로 최대의 원수였던 닉슨과 마오쩌둥이 한편이 되었다. 중국과 대화를 시작하면서 미국은 중국을 소련과 반목시키면 어부지리를 얻게 되어 미국의 안보를 증진시킬 수 있을 것이라고 기대하였다. 그러나 미국은 중국카드를 활용하기에 앞서 지난 오랜 세월 동안 의미 있는 중미대화를 어렵게 했던 많은 문제들을 검토해야만 했다. 중국으로서는 단기적으로는 공식적 승인이 가장 절실했고, 장기적으로는 통일이 되는 방향으로 대만문제가 해결되는 것이 목표였다. 미국의 목표는 대소외교정책의 변화와 동아시아 및 동남아시아에서의 긴장완화였다. 미국이 베트남전쟁에 적극적으로 개입하고 있는 상황에서 이 일은 쉬운 일이 아니었다.

1972년 2월 닉슨대통령은 베이징을 방문하여 마오쩌둥(毛澤東)을 만났으며, 이로써 "중미 간 적대관계의 시대는 이제 종식되었음을 전 세계에 알렸다. 게다가 두 강대국의 외교정책 기조가 협력관계로 이동하였다."[19] 닉슨의 중국방문 기간 동안 두 나라는 23년간의 적대관계를 어색한 화해관계로 대체하였다. 즉, 상하이 공동성명(Shanghai Communiqué)에서 미국과 중국은 인도차이나, 한국, 인도·파키스탄 분쟁, 일본의 지위 등의 문제에 있어서 의견차이가 있음에 합의했다. 미국과 중국의 관계 정상화에 있어서 진전을 이루기 위해서 미국은 대만에 대한 안보지원을 중단했다. 미국의 대중국 외교정책의 핵심 기조였던 공산주의 봉쇄정책은 교체되었다. 대신에 닉슨과 키신저는 세력균형을 보장하는데 필요한 복잡한 외교를 동반하는 전략적 삼각관계의 개념을 채택했다. 이것은 제대로 작동하였으며, 소련은 곧 미국의 비위를 맞추게 되었다.

대만으로부터 미군의 철수에 대한 닉슨대통령의 약속에도 불구하고 기본적으로 오랜 우방을 완전히 포기하는 것을 꺼려했던 미 의회와 양국 지도자들의 정치적 위기 때문에 중국에 대한 법적 승인은 7년을 더 기다려야 했다. 그럼에도 불구하고 9월에 중국이 유엔에 가입하고 중국 공산정권의 영속성에 대해 미국이 용인함으로써 비로서 1971년에 중화인민공화국은 국제적 고립으로부터 벗어나게 되었다.

닉슨의 중국 방문 이후 미국과 중국은 공식 대표단을 교환하였으며, 두 나라간의 교역은 급격하게 늘어났지만 공식적인 승인은 카터 행정부에 가서야 비로소 이뤄졌다. 중국이 수립된 지 30년 되던 해인 1979년, 미국은 중국이 더 이상 비공식적이며 불완전한 관계를 받아들이지 않을 것이라는 점을 우려하여 공식적으로 중국을 승인했다. 비록 늦었지만, 그 결과는 대단했다. 중미 간 무역은 1978년과 1979년 사이에 200% 증가했고, 미국인의 중국으로의 관광여행은 300% 증가했다.[20] 마찬가지로 중요했던 것은 중국에 대한 미국인의 생각이 긍정적으로 바뀐 것이다. 1979년 초 미국의 수도 워싱턴과 디즈니월드를 들렀던 덩샤오핑의 미국 방문은 저녁 뉴스를 통해 그의 방문을 지켜보았던 수백만 명의 미국인들로 하여금 중국을 보다 가깝게 느끼도록 만들었다. 매우 최근까지 막강한 군사력과 미국안보에 대한 위협으로 묘사되던 나라에게 있어서 미국 국민들의 인식의 정상화는 외교관계의 정상화만큼 중요했다.

미국과 중국의 외교관계가 완전하게 정상화되자 미국은 더 이상 대만의 국민당 정부를 중국 정부로 인정하지 않았다. 대만에 대한 국가 승인의 취소를 눈가림하기 위하여 대만 주재 미국 대사관은 일시적으로 해고된 국무부 직원들이 일하는 비정부기관이 되었다(이들은 대만에서 일정기간 업무를 끝낸 후 놀랍게도 다시 국무부 직원이 되었다). 대만으로부터 미군의 철수에도 불구하고 대만에 대한 방위공약의 폐지는 보다 더 어려운 문제였다. 미국 의회는 1954년 체결된 상호방위조약을 즉각적으로 폐지하라는 중국의 요구를 수용하는 것에 반대했다. 오히려 의회는 '대만관계법(Taiwan Relation Act)'을 통과시켰는데, 대만관계법은 "대만에 방어용 무기를 제공하고 대만 국민들의 안보 또는 사회경제적 체제를 위협하는 어떠한 무력행사 및 다른 형태의 강압을 막아낼 수 있도록 미국의 능력을 유지하는 것이 미국의 정책이다"라고 명시하였다.[21]

중국은 반대했지만 지나칠 정도로 강력하게 반대하지는 않았는데, 왜냐하면 중국은 소련에 대항하는 지렛대가 필요했기 때문이며, 아마도 보다 중요했던 이유는 미국의 자본과 기술을 얻고 싶었기 때문이다. 그러나 중미관계에는 여전히 난관이 존재했는데, 특히 무기판매 분야가 그랬다. 1979년에 2억 달러 상당의 미국산 무기가, 그리고 1980년에는 6억 2,500

만 달러 상당의22) 미국산 무기가 대만에 판매되었다는 사실은 중국이 생각하던 최악의 의혹, 즉 미국이 실제로는 두 개의 중국 정책을 실현하려고 한다는 의혹을 확인시켜 주었다. 그러나 소련이 아프가니스탄을 침공하자 중국은 미국과 협력하게 되었으며, 미국산 무기를 구입했다. 1980년 1월 미국 국방장관의 베이징 방문 이후 중국은 심지어 소련군의 활동을 감시하기 위하여 신쟝(新疆) 지방에 합동감청기지를 세우는 것을 허락했다.23) 소련의 팽창주의에 대한 우려 및 최근 베트남에서의 군사적 패배에 따른 걱정 때문에 중국 지도자들은 편법적으로 사실상 두 개의 중국 정책을 수용하였다.

## ■ 레이건 행정부

1980년 대통령선거 유세에서 레이건(Ronald Reagan)은 미국의 오랜 동맹국인 대만을 포기한 점에 대해 카터 행정부를 신랄하게 비난하면서 보수적 입장을 택하였다. 레이건은 만약 자신이 당선되면 대만과의 관계 복원을 목표로 중미관계를 재검토 하겠다고 약속했다. 중미 간 우호관계 유지를 지지하는 사람들은 레이건 대통령의 취임에 대해 매우 당황스러운 반응을 보였으며, 중국 역시 긴장했다.

그러나 모든 사람들이 매우 놀랍게도, 특히 보수적 공화당 지지자들이 놀랍게도 레이건대통령은 마침내 키신저도 카터대통령도 반대할 수 없는 그런 대중국 정책을 채택하였다. 1982년 8월 미국의 대만으로의 무기판매에 관한 공동성명이 발표되었다. 이 공동성명에서 레이건 행정부는 대만은 중국의 일부이고 통일은 중국의 국내문제라는 상하이공동성명의 입장을 유지하는 것에 동의했다. 이에 더해서 미국은 대만에 대한 무기판매를 늘리지 않을 것이며, "대만에 대한 미국산 무기판매를 점차적으로 줄여나가서 일정기간이 지나면 완전 중단에 이르게 하는 것"에 동의했다.24) 레이건대통령은 중국에 대한 자신의 시각을 다음과 같이 설명했다. 즉, "중국과 강력하고 영속적인 관계를 수립하는 것은 지난 세 번의 역대 행정부는 물론 현 행정부에 있어서도 중요한 외교정책 목표이다. 중국과의 그런 관계는 장기적으로 우리의 국가안보이익에 긴요하며, 동아시아의 안정에 기여한다. 미국의 국가이익을 위해 이 중요한 전략적 관계를 증진시켜야 한다."[25] 레이건은 자신의 의향을 입증하기 위하여 1984년 4월 중국을 방문했으며, 이는 레이건의 첫 번째 공산국가 방문이었다.

국제안보문제, 인권, 무역, 군사전용 가능한 민간기술의 판매 제한 등에 있어서 의견차이가 그대로 남아있었지만 레이건 행정부는 이런 문제를 외교협상을 통해 해결하려고 했다. 많은 사람들은 중미관계가 증진되었다고 생각했다. 아마코스트(Michael Armacost) 국무차관에 따르면, "협력은 유지되었고, 전체적으로 우리 관계는 증진되었으며, 우리는 가장 곤란한 문제에 대해서도 논의할 수 있었다."[26] 1987년 발생했던 두 개의 사건, 즉 티베트 자치독립운동가에 대한 중국정부의 탄압과 중국의 이란과 사우디아라비아에 대한 미사일 판매에도 불구하고 중미관계는 궤도에서 이탈하지 않았으며, 미국의 중국에 대한 무기수출이 급격하게 늘어나는 것을 막을 수 없었다(표 5.1 참조). 미국 관료나 일반인의 중국에 대한 인식은 계속 긍정적이었다.[27]

레이건이 대통령에 당선되고 나서 대중국 외교정책을 극적으로 바꾼 이유는 무엇이었나? 가장 설득력 있는 설명은 오래된 격언이다. "당신이 서있는 곳이 당신이 앉는 곳이다." 보수주의적 대통령후보로서 대만과의 관계를 위하여 중국과의 외교관계 중단을 주장하는 것은 쉬운 일이다. 그러나 대통령으로서는 그렇게 하기는 훨씬 어려웠다. 중국과의 완전한 관계단절은 대만해협의 긴장관계를 고조시킬 것이며, 이에 대한 대응으로 중국은 심지어 대만에 대한 군사적 압박을 강화할 수도 있었다. 아시아의 다른 국가들도 미국과 관계 맺은 중국보다 어떤 초강대국과도 동맹을 맺지 않은 중국을 더 두려워하였다. 레이건대통령은 전략적, 군사적, 정치적으로 중국이

표 5.1  1981~1990년 미국의 대중국 무기판매

|  | 총 인도액수 (미국 달러) |
|---|---|
| 1981 | 0 |
| 1982 | 1,000,000 |
| 1983 | 209,000 |
| 1984 | 8,043,000 |
| 1985 | 46,671,000 |
| 1986 | 55,790,000 |
| 1987 | 37,814,000 |
| 1988 | 88,013,000 |
| 1989 | 106,215,000 |
| 1990 | 3,615,000 |

출처: Harry Harding, *A Fragile Relationship: The United States and China Since 1972* (Washington, D.C.: Brookings Institution, 1992), p. 371.

대만보다 더 중요하다는 점을 깨달았다. 소련에 대한 레이건대통령이 가졌던 애초의 적대적 태도를 고려할 때 소련에게 불리한 방식으로 전략적 삼각관계를 확실하게 형성하는데 있어서 중미관계는 중요하였다.

## ■ 탈냉전시대

### 부시, 베이징, 바그다드

1989년 1월 부시(George H. W. Bush)가 대통령직에 취임했으며, 중미관계는 아마도 과거 그 어느 때보다 좋아졌다. 대만문제가 지속되고 있었고 무역의 증가와 함께 증가한 무역 쟁점에 대한 논쟁에도 불구하고 중국과 미국의 관계는 어려운 쟁점을 외교적 접촉을 통해 해결하는 정상적인 모습을 갖게 되었다. 더구나 조지 부시는 중국에서 일한 경험이 있었다. 즉 그는 1970년대에 몇 년간 베이징 주재 미국 연락사무소 대표를 지냈었다. 향후 중미관계는 매우 화창할 것으로 전망되었으며, 적어도 안정적일 것으로 전망되었다.

그러나 1989년 6월 4일에 중국군 탱크가 천안문 광장 주변의 시위대를 짓밟는 사건이 발생하면서 중미관계의 정상화에 대한 환상은 산산조각 났다. 전 세계는 격노했으며, 미국 국민과 의회는 중국에 대한 제재조치를 요구했다. 1989년 6월 5일 부시대통령은 시위대에 대한 중국군의 행위에 대한 대응으로 다음과 같은 조치를 취한다고 발표했다.

- 정부 대 정부 차원의 군수물품 판매 및 군수물자의 민간 수출 중지
- 중국과 미국의 군사관계자의 교환방문 중지
- 적십자사의 중국에서 지원활동 연장
- 미국에 유학 중인 중국 학생의 체류기간 연장 요청에 대한 호의적 검토
- 다른 중미 교류 프로그램 및 교류 활동의 재검토[28]

그러나 부시대통령은 중국과의 관계를 완전히 단절하기를 꺼렸다. 접촉을 유지하고 싶은 생각과 일부러 피하는 것보다 직접 대화를 갖는 것이 중국에 보다 더 많은 영향을 줄 수 있다는 생각 때문에 1989년 7월 부시대통령은 비밀 임무를 부여하여 국가안보보좌관과 국무차관을 중국으로 파견했고 12월에는 또 다른 임무를 부여하여 중국에 보냈는데, 이 일들은 끝난 후 나중에 공개되었다. 비무장 시위대에 대해서 사격을 명령한 중국의 지도자들과 건배를 하는 두 명의 부시 대통령 참모들의 사진이 신문에 실리자 부시행정부에 대한 신랄한 비난이 일어났다. 많은 비판자들은 물었다. 중국에 비밀 외교사절을 보내야 했던 이유는 무엇인가? '베이징의 학살자'를 위해 건배를 든 이유는 무엇인가? 겉으로는 천안문 학살에 대해서 비판하면서 몰래 비밀 왕복외교에 몰두하는 방식보다는 차라리 공식적인 외교채널을 통해 냉정한 입장에서 공개적으로 접촉하도록 지시하는 것이 더 낫지 않았나?

그 이후 부시의 대중외교정책에 대한 일반국민 및 의회의 비판은 최혜국대우(MFN: most-favoured-nation treatment, 최혜국대우는 무역 등에서 상호협정을 체결하는 경우, 조약당사국이 다른 외국에 부여하고 있는 가장 유리한 대우를 조약체결 상대국에도 보장하는 것이다. 이것은 원래

양국간에 체결된 상호협정을 여러 국가에게 확대 적용하여 국가간의 무역 기회를 평등하게 보장하는 방법이다. - 역자 주) 무역 특권의 연장을 어렵게 하기 위한 제한조건을 법으로 명시하려는 의회의 시도로 이어졌다. 그러나 두 번의 입법 시도 모두 대통령의 거부권 행사로 좌절되었다. 1991년 예일대학교에서 행한 연설에서 언급된 부시대통령의 중미관계에 대한 철학은 "만약 우리가 최혜국대우를 취소하거나, 사실상 무역을 불가능하게 만드는 조건을 부과하면, 우리는 중국 남부 … 자유시장경제 개혁이 가장 활발하고 중국 중앙정부에 대해 가장 강하게 도전하고 있는 바로 그 지방을 처벌하는 것이다."[29]

아마도 1990년과 1991년에 부시대통령의 입장에서는 중국이 필요했다는 사실 또한 부시대통령으로 하여금 그런 입장을 취하도록 만들었는지도 모른다. 중국은 사담 후세인의 쿠웨이트 침공을 규탄하는 유엔 안전보장이사회의 모든 결의안에 대해서 거부권 행사를 고려할 수 있었으며, 이라크의 쿠웨이트 침공이 시작된 1990년 8월 이후 4개월 동안에 총 12개의 유엔 결의안이 표결에 부쳐졌다. 따라서 중국정부의 천안문 시위 대처 방식에 대한 미국 정부의 공식적 비판은 그 수위가 낮았다. 미국의 이러한 조치에 대해 중국은 이라크에 대한 군사력의 사용 찬반 투표에서 기권을 함으로써 미국에게 보답했다(결의안 678호). 즉, 중국은 두 가지 방향을 모두 택하였다. 군사력의 사용을 승인하지도 않았지만, 그렇다고 군사력의 사용을 반대하지도 않았다. 중국은 미국의 개입을 묵인함으로써 아프리카와 아시아의 동맹국들을 화나게 만들지 않았지만 그렇다고 미국의 군사작전에 대해 거부권을 행사함으로써 미국을 분노시키지도 않았다. 어떤 사람들은 이러한 접근법을 "중국의 권리와 이익은 극대화하고, 중국의 책임과 규범적 손실은 최소화 하는" 정책이라고 말했다.[30]

이라크와의 전쟁에서 승리한 후 부시 행정부는 아마도 그 어느 때보다 가장 높은 국민적 지지를 받았다. 대중국외교정책을 둘러싼 논쟁은 외교정책에 있어서 전문적 능력을 보여준 부시대통령의 쉬운 승리로 끝난 것 같았다. 그리고 부시대통령은 여전히 중국과 우호적 관계를 유지하고자 했다. 그런 목적으로 베이커(James Baker) 국무장관이 1991년 11월에 베이징을 방문하였으며, 중단되었던 중미 간 고위급 접촉이 공식적으로 재개되었다.

    부시행정부의 남은 임기 동안 중국과 미국의 관계는 때로는 증진되었고 때로는 악화되었다. 여러 협정이 조인되어 중미관계를 해치던 무역 및 인권 문제 해결을 위한 기본틀(framework)이 형성되는 것 같았다. 1992년 8월 7일 미국과 중국은 중국에서 강제노동에 의해 생산된 물건을 미국 시장에 수출하지 않는다는 것을 보장한다는 양해각서에 공식적으로 서명했으며, 1993년 12월 두 나라는 중국정부가 수입 제한을 축소한다는 내용의 양해각서에 서명했다. 또한 1991년에 중국은 핵확산금지조약(Nuclear Non-proliferation Treaty)에 가입하였으며, 이어서 1992년 초에 중국은 미사일기술통제체제(Missile Technology Control Regime)에 가입했다.[31] 그러나 1992년 9월 2일 부시행정부가 대만에 대한 F-16전투기의 판매를 승인하면서 이러한 중미관계의 진전 양상은 수그러들게 되었다. 대통령선거운동이 급박했던 부시대통령은 미국의 보수주의 유권자의 표를 얻기 위하여 그동안 여러 해 동안 진행되었던 중미관계 증진 노력을 포기했다. 이에 중국은 말할 것도 없이 달가워하지 않았으며, 부시대통령의 대중국외교정책은 불쾌한 일로 끝났다. 선거에서 패배하자 부시대통령은 대중국외교정책 방향을 다시 바꾸었다. 부시대통령은 대통령 임기를 마치면서 정부인사의 상호교환을 허용하고 무역 및 무기판매의 재개를 허용하는 등 대중국외교정책을 수정하였는데, 알려진 바로는 클린턴 행정부가 백지상태에서 중미관계를 시작할 수 있도록 하기 위한 조치였다.[32]

## 클린턴의 중국 포용정책

클린턴(Bill Clinton) 대통령후보는 중국의 인권상황에 대해 강하게 비판했으며, 그의 임기 첫해 동안 상황은 호전되지 않았다. 국무부 연례보고서는

"중국 정부는 중국 내 비판세력을 탄압하고 있으며 중국군대의 만행을 통제하지 않는 등 중국의 1993년 전반적인 인권상황은 국제적으로 인정되고 있는 규준에 훨씬 미치지 못하고 있다"고 밝혔다.33) 하지만 클린턴 정부는 선거유세 때 취했던 입장을 완화시켰다. 즉, 미국 의회가 중국에 대한 최혜국대우의 갱신을 제한하는 법을 통과시키기 전에 중국으로 하여금 인권문제에 대한 요구를 수용하도록 유도하기 위하여 중국에 대한 포용정책(중국, 북한, 소련 등 공산국가에 대한 미국의 외교정책 기본방침 중 하나인 'engagement policy'는 흔히 우리말로 '포용정책'이라고 번역되고 있다. 하지만, 영어의 'engagement'는 '개입, 관여' 등을 의미하며, 포용을 의미하는 단어인 'embracement'와는 구별되기에 포용정책보다는 다른 용어로 번역해야 한다는 의견도 존재한다. 예를 들어, 아들 부시행정부는 미국의 대북정책에 대한 우리말 번역으로 '포용정책'이 아니라 '접근정책'이 더 적절하다는 입장을 보였다(조선일보 NK리포트, 제29호, 2001년 5월 7일 참조). 그러나 이 책에서는 기존의 관행을 따라 포용정책으로 번역하다. - 역자 주)을 한 단계 높였다. 1993년 5월 클린턴대통령은 "대통령의 전권으로 중국의 최혜국대우를 1년 간 연장함으로써 '잭슨-배니크 수정안(Jackson-Vanik amendment)'의 목적이 실질적으로 실현되었다"라고 결정했다.34) 동시에 클린턴대통령은 최혜국대우를 갱신받기 위해서 중국이 충족시켜야만 하는 조건을 명시한 행정명령 12850호를 발표하였다. 중국 반체제 인사가 대거 수감되어 있었던 1994년 3월 크리스토퍼(Warren Christopher) 국무장관은 베이징을 방문했으며, 방문 당시 중국정부는 중국 정부의 입장에서 볼 때 일부사항은 중국의 주권을 침해하는 것으로 판단되는 이러한 미국의 요구사항을 수용할 생각이 없는 것으로 보였다. 모든 미국 행정부에게 있어서 최혜국대우 갱신 법안을 의회에서 통과시키는 일은 점점 더 정치적으로 큰 부담이 되었다. 표 5.2는 중국으로부터 수입 시 최혜국대우인 경우와 일반 관세율을 적용했을 때 차이를 보여주는데, 중국이 최혜국대우 지위를 유지하려고 하는 이유가 확연하게 나타나있다.

표 5.2  1993년도 중국산 수입물품에 대한 최혜국대우와 일반 관세율 적용 실례

|  | 최혜국 대우 관세율(%) | 일반 관세율(%) |
|---|---|---|
| 조개류 | 무관세 | 무관세 |
| 남성용 바지(합성 섬유) | 29.7 | 90.0 |
| 여성용 편물 스웨터, 식물성 섬유(면 제외) | 5.0 | 45.0 |
| 여성용 실크 의류 | 6.9 | 65.0 |
| 조화(합성 섬유) | 9.0 | 71.5 |
| 원유 | 0.6 | 1.2 |
| 오디오 테이프 녹음기 | 3.7 | 35.0 |
| 미용 기구 | 3.9 | 35.0 |
| 여행용 가방 및 핸드백(직물) | 20.0 | 65.0 |
| 비닐 핸드백 | 20.0 | 45.0 |
| 봉제 인형 | 무관세 | 70.0 |
| 여러 다른 장난감 | 6.8 | 70.0 |

출처: Vladimir N. Pregelj, "Most-Favored-Nation Status of the PRC," *CRS Issue Brief* no. IB92094, July 23, 1993, p. CRS-4.

클린턴 행정부 기간 동안 무역쟁점이 계속해서 중미관계를 어렵게 만들었다. 또 다시 중국과의 협력 주장은 미국의 무역적자 및 중국의 제한된 시장개방을 둘러싼 격렬한 논쟁으로 바뀌었다. 중국의 대미 무역흑자가 일본 다음으로 두 번째 큰 규모인 한 해 250억 달러에 이르자[35] 많은 사람들은 중국의 불공정한 무역관행을 탓하였다. 무역 문제를 논의하기 위하여 클린턴대통령은 천안문 학살 사태 이후 열리지 않았던 합동경제위원회(Joint Economic Committee) 회의를 개최하였다.[36] 중국과 합의에 도달한 여러 협정 중 하나는 섬유협약이었다. 이 협약에서 중국은 중국 섬유제품의 대미 수출의 증가를 제한하고 수출 쿼터의 위반을 방지하기 위한 보다 철저한 노력을 약속하였다.[37]

그러나 중국이 미사일기술통제체제(MTCR: Missile Technology Control Regime, 미사일기술통제체제는 지난 1987년 개발도상국들의 미사일 개발을 막기 위해 미국이 중심이 되어서 설립한 다자간 협의체로 우리나라를

비롯하여 34개국이 참여하고 있다. 미사일의 확산을 방지하기 위해 미사일 관련 제품·부품·기술의 수출을 통제한다. 1987년에 처음 발족했을 때에는 핵무기를 탑재할 수 있는 미사일만이 규제대상이 되어 있었지만, 1992년에 생물무기, 화학무기 등 대량살상무기의 탑재가 가능한 소형 미사일까지 규제대상 범위가 확대되었다. - 역자 주)를 위반하면서 파키스탄에게 미사일을 수출했다는 정보기관의 지적이 있자, 1993년 8월 클린턴 행정부는 10억 달러 상당의 첨단기술의 수출에 대하여 제재조치를 취했다. 제재조치 발표 후 클린턴 행정부는 재빠르게 이 조치의 종식을 위한 협상을 추진하였으며, 1993년 11월에 클린턴 행정부는 미국회사의 중국 국립기상청에 대한 슈퍼컴퓨터 판매를 승인했다. 국방부와 의회는 슈퍼컴퓨터가 군사용으로 사용될 수 있다고 의혹을 제기했지만 클린턴 행정부는 무역 증진과 미국의 대중 무역적자의 축소에 보다 더 관심이 있었다.[38]

1993년에 미국과 중국은 또한 미국 국방부와 중국 군부간의 접촉을 재개하기로 합의했다.[39] 1993년 11월 중국과 미국의 고위급 장성회담이 천안문 사태 이후 처음으로 개최되었다. 무기판매에 대해서는 논의하지 않았지만 양측은 국제 평화유지군 활동과 군수산업을 민간용으로 전환하는 문제 등의 주제에 대하여 '향후 논의'할 것에 동의했다. 미국측 회담대표는 캄보디아에 있어서 중국의 평화유지 활동과 중국의 군수산업의 민간부문 전환을 칭찬했지만, 천안문 광장 학살 때문에 "상호이해의 측면에서 매우 큰 타격을 받았다"[40]고 언급했다.

인권과 무역이라는 서로 얽힌 두 가지 쟁점은 계속해서 중미관계를 괴롭혔다. 중국의 지도자들은 미국이 중국 내 인권문제와 무역을 연계시키는 것에 대해 중국의 안보를 침해하는 것이라고 인식했고, 미국의 모든 권고에 대해 강경하게 대처했다. 1994년 크리스토퍼(Warren Christopher) 국무장관이 베이징을 방문했을 때 중국지도자들의 태도가 매우 명확하게 표출되었다. 크리스토퍼는 운이 없게도 전국인민대표회의(全國人民代表大會)가 열리고 있는 기간에 베이징에 도착했으며, 중국공산당 지도자들은 불만이 늘어나고 있던 정부관료 및 당 관료들에게 당의 건재함을 보여주기 위해 인권문제에 대한 미국 정부의 권고에 대하여 강경한 입장을 취할 필요가 있다고 생각했다. 크리스토퍼 국무장관은 중국정부로부터 무례에 가까운 대접을 받았으며, 망신을 자초했다는 미국 국내의 비판만 불러일으킨 채 아무런 방문 성과도 보여주지 못한 채 베이징을 떠나야만 했다. 중국의 공식적 입장은 "대화는 유익하지만, 압력은 무익하다"[41]는 것이었다.

1994년 5월 24일 클린턴대통령은 "나는 미국이 중국에게 부여한 최혜국대우 지위를 갱신해야 한다고 결정했다. 이 결정이 장기적으로 지속가능한 인권문제의 개선과 미국이 중국에 갖는 다른 이해관계의 증진을 위한 기초를 마련할 수 있는 최선의 기회를 제공해줄 것이라고 확신한다. 따라서 나는 중국의 최혜국 대우 지위의 갱신을 인권문제와 연계시키지 않는 방향으로 입장을 변경한다"[42]라고 발표함으로써 미국의 압력에 대한 중국 정부의 저항을 받아들였다. 클린턴 대통령이 요구한 유일한 조건은 중국으로부터 총기와 탄약 등의 군수품을 수입금지하는 것이었다.

클린턴대통령의 대중국 외교정책이 부시대통령의 대중국 정책과 구별할 수 없을 정도로 비슷하게 된 이유는 무엇인가? 미국과 중국이 인권문제와 무역관계에 대해 뜨겁게 논쟁을 벌이는 동안 중국 정부는 1994년부터 2000년까지 사회기간시설 사업에 약 5,600억 달러를 지출할 예정이었다. 미국의 기업들은 이 사업을 수주하기를 희망하였으며, 중국 지도자들도 미국 기업들의 참여를 권유하였다. 중미관계는 더 이상 소련에 대한 공동대응이라는 전략적 필요성에 기초하지 않았다. 중국 지도자들은 중국의 최혜국대우 지위를 취소시키려는 미국 내 인권 옹호자들의 활동을 약화시키기 위해서는 미국 자본가들의 도움을 얻어야 한다고 생각했으며, 중국 지도자들의 이러한 판단은 정확했다. 미중무역위원회(U.S.-China Business Council)와 미국 경제계를 대표하는 여러 사람들이 중국에 대한 최혜국대우를 갱신하도록 엄청난 로비활동을 전개했다. 역설적이지만 중국의 지식인들과 중국의 기업가들도 이러한 노력에 동참했는데, 이들은 최혜국대우의 폐지로 인하여 중국 강경파의 입장이 더욱 강화되는 것을 우려했으며, 중국체제를 민주화하는데 있어서 경제적 압박보다는 대외무역의 확대가 보다 나은 지렛대라고 생각했다. 우습게도 중국공산당의 온건파는 중국의 경제개발을 위해서 미국의 자본가 및 기업가들과 협력했는데, 이들은 만약 중국에 대한 최혜국대우 지위가 갱신되지 않을 경우 발생할 중국 투자에 손실을 우려했다. 두 나라 모두 손해를 입을 수 있었다. 즉, 중국은 중국산 섬유제품, 장난감, 기타 제품의 수출시장을 잃을 수 있었으며, 한편 미국은 농산품 및 첨단기술 제품의 판매시장을 잃을 수 있었다. 비록 무역 중단에 따른 손실금액에 대한 추산은 일정하지 않지만 중미 우호관계는 심각한 타격을 받을 수 있었으며, 두 나라의 정치적 관계는 경제관계보다 더 심각하게 와해될 수 있었다.

## 제2기 클린턴 행정부

클린턴의 재임기간 동안 중미관계는 한층 더 많은 논쟁을 불러일으켰다. 1997년 초부터 2001년 1월까지 영구적인 최혜국대우 지위, 세계무역기구(WTO: World Trade Organization) 협정, 군비통제 협정 등으로 중미관계는 좋기도 하였고, 또한 한편으로는 베오그라드 주재 중국대사관 폭격사건, 미국 내 중국의 간첩활동에 대한 비판, 중국의 선거자금 모금활동 부정 개입에 대한 고발 등으로 나쁘기도 하였다.

클린턴대통령은 중국 정부를 의혹의 눈초리로 바라보고 있는 미국 유권자들을 달래는 한편 중국과 균형 있는 관계를 유지하려고 노력했다. 그런데도 클린턴대통령은 관계 정상화 이후 대만 문제에 대하여 어느 대통령이 한 발언보다 가장 강력하게 인식되는 언급을 하였다. 1998년 7월 클린턴은 "나는 우리의 대만 정책을 반복하여 말할 기회를 가졌는데, 우리는 대만의 독립, 두 개의 중국, 혹은 하나의 중국과 하나의 대만을 지지하지 않는다. 또한 우리는 대만이 국가의 자격이 요구되는 국제기구의 회원국이 되어야 한다고 생각하지도 않는다. 즉, 나는 우리가 일관된 정책을 가지고 있다고 생각한다"[43]라고 말했다. 당연히 중국은 이러한 클린턴의 발언을 반겼다.

그러나 세르비아군의 공격으로부터 구(舊)유고슬라비아의 일원이었던 코소보를 방어하기 위해 미국과 미국의 북대서양조약기구(NATO) 동맹국들이 연합군을 형성하자 중국은 기분이 좋을 수 없었다(제2차 세계대전 이후 탄생한 유고슬라비아 연방공화국은 다민족국가로 세르비아, 몬테네그로 외에도 지금은 독립국이 된 보스니아헤르체고비나, 크로아티아, 마케도니아, 슬로베니아 등 4개 공화국이 포함되어 있었다. 1970년대 이후 저개발지역에 대한 지원문제를 둘러싸고 공화국간 갈등이 심화되었으며, 1981년에는 심각한 내전양상을 보이기 시작했다. 코소보에 대한 세르비아인의 반감에 힘입어 1989년 세르비아의 밀로세비치가 유고연방의 대통령이 되었고, 그는 코소보 공화국의 자치권을 박탈하는 등 탄압정치를 펼쳤다. 유고연방은 결국 1991년 붕괴되었고, 1992년 세르비아와 몬테네그로 두 공화국만으로 '신 유고슬라비아 연방'이 결성되었다. 신유고연방의 군사적 위협에 대항하여 코소보에서는 1996년부터 알바니아계 무장혁명세력 즉, 코소보민족해방군(KLA: Kosovo Liberation Army)이 출현하여 세르비아군대와 코소보민족해방군 사이에 전투가 벌어졌다. 세르비아 군대는 알바니아계를 마을에서 소개하는 작전을 구사했는데 이들 피난민들이 처한 곤경이 국제사회의 주요 관심사가 됨에 따라 코소보 사태에 대해 국제사회가 중재에 나섰고 정전협상이 진행되었다. 그러나 세르비아의 알바니아계에 대한 대대적 공세 개시로 협상은 결렬되었고, 1999년 NATO군은 유고슬라비아 일부 지역에 폭격을 가하기 시작했다. 이에 대응해 세르비아군은 코소보 내 알바니아계에 대한 대대적인 인종학살을 자행했으며, 학살을 피하기 위해 수천 명의 알바니아계가 인근 알바니아, 마케도니아, 몬테네그로로 몰려들었다. - 역자 주). 중국은 미국과 유럽 국가들이 인권보호를 위한 노력으로 생각했던 NATO의 행동을 유고슬라비아의 내정문제에 대한 간섭으로 간주하였다. 더욱이 중미관계는 1999년 5월 NATO군이 베오오그라드 주재 중국 대사관을 폭격하면서 아주 통제 불능의 상태로 빠졌다. 중국 민간인 3명이 사망했고, 20명이 부상을 당했다. 중국의 반응은 예상대로였다. 즉, 불신과 분노였다. 특히 미국이 높은 기술력을 가지고 있다고 생각하고 있던 중국은 오폭이라고 생각할 수 없었다. 중국 언론과 중국 민중들은 분노를 표출했으며, 일부는 베이징 주재 미국 대사관에 돌을 던졌다. 중국은 미국 정부에게 "중국 정부, 중국 국민, 희생자 가족들에게 공식적으로 공개 사과하고, 유고슬라비아 주재 중국 대사관 폭격에 대하여 철저한 진상조사를 실시하고, 조사결과를 즉각 공개하며, 그 공격에 책임 있는 자를 엄중 처벌할 것"을 공식적으로 요구했다.44) 미국은 조사를 하였으며, 중국 정부에게 조사결과를 알려주었다.

> 폭격은 기본적으로 다음 세 가지 오류에 기인한다. 첫째, 목표물, 즉 유고슬라비아 연방보급조달관리청(FDSP)의 위치를 찾는데 사용된 기술에 심각한 문제가 있었다. 둘째, 목표물에 대한 정보를 검증하는데 사용된 군사 데이터베이스 또는 첩보 데이터베이스는 중국 대사관의 정확한 위치에 대한 정보를 갖고 있지 못했다. 셋째, 목표 점검 과정에 있어서 앞의 두 오류를 감지하지 못했다. 목표된 건물이 연방보급조달관리청(FDSP) 본부가 아니며 실제로는 중국 대사관이라는 점을 알고 있었던 그 어느 누구와도 전혀 상의가 없었다.45)

중국정부는 중국인들이 반미감정을 통제하지 못하는 상황을 우려하였기 때문에 폭격에 대한 중국인들의 극도의 반미감정 표출을 일단 자제시켰다.

클린턴 행정부의 임기가 끝나는 순간까지 클린턴대통령은 중국에 대한 포용정책을 변호하였다. 2000년 3월 클린턴은 다음과 같이 말하였다.

> 영구적인 (최혜국대우) 무역 지위 부여에 반대하는 표를 던진다고 해도 (중국에 있는) 단 한명의 양심수도 석방시킬 수 없으며, 또한 미국에 단 하나의 일자리도 창출하지 못하며, 또한 아시아지역의 미국 동맹국 어느 나라도 안심시키지 못할 것이다. 간단히 말해 최혜국대우 지위 부여에 대한 반대는 중국 정부 내의 가장 경직되고 반민주적인 사람들에게 힘을 실어줄 것이다. 최혜국대우 지위 부여에 대한 반대는 중국 일반인들로 하여금 민주세계와의 교류를 더욱 어렵게 만들 것이며, 중국정부는 외부

세계의 움직임에 대해 보다 강하게 저항할 것이다. 우리의 친구들과 동맹국들은 우리가 30년 동안 중국을 올바른 방향으로 이끌고 와서 마침내 그들이 우리와 함께 하려고 하는 지금 갑자기 방향을 바꾸는 이유에 대해서 의아하게 생각할 것이다.46)

2000년 11월에 중국 정부가 핵무기 개발에 사용될 수 있는 무기의 수출을 제한한다고 발표하자 클린턴 집권기의 중미관계는 고조되었다. 미국은 즉각적으로 반응하였다. 즉, "미사일 관련 부품 및 기술의 수출 통제체제를 강화하겠다는 중국 정부의 약속을 감안하여 우리는 과거 파키스탄과 이란의 미사일 개발프로그램에 대한 중국 정권의 지원으로 부과된 경제제재를 해제한다."47) 비록 클린턴의 첫 번째 임기 4년 동안 중미관계는 좋아졌다 나빠졌다 하는 등 변동이 심했지만, 클린턴 행정부의 임기가 끝나는 시점에서 중미관계는 안정적이었다.

## 조지 W. 부시

부시(George W. Bush)대통령 후보는 독재자와 타협하였다고 클린턴 행정부를 비판했다. 아들 부시대통령은 미국 정부는 중국을 포용하기보다는 '전략적 경쟁자(strategic competitor)'로 간주한다고 발언했다. 많은 사람들은 미국이 국제정치에 있어서 최대 적을 소련으로부터 중국으로 대체하려고 한다고 생각했다. 그리고 확실히 신임 대통령에게 있어서 중미관계는 좋지 않게 시작되었다. 2001년 4월 남중국해에서 중국 전투기와 미국 해군 EP-3 정찰기가 충돌하였다. EP-3 정찰기는 하이난섬(海南島)에 비상착륙했다. 중국은 24명의 미군 승무원을 인질로 잡았으며 처음에는 이 사건을 중국 국민들의 민족주의 감정을 자극하는데 이용했다. 럼스펠드(Donald H. Rumsfeld) 국방장관에 따르면 미국의 입장은 다음과 같았다.

따라서 의문은 충돌의 원인이 무엇인가이다. 정찰기를 띄우는 것은 드문 일이 아니다. 미국은 수백 차례 이 일을 해왔다. 아시아에서는 중국을 포함하여 적어도 6개국에서 정찰임무 수행을 목적으로 정찰기를 띄우고 있다. 5월 31일의 정찰에는 새롭거나 별다른 임무는 없었다. 새로웠던 것은 중국의 조종사들이 최근 몇 달 동안 우리 정찰기에 대하여 공격적으로 곡예비행을 하였다는 것이다. … 우리는 중국 비행기의 행태에 대해서 충분히 우려하였으며, 지난 행정부 시절 … 지난 12월에 베이징과 워싱턴 두 곳 모두에서 미국 정부는 이러한 우려에 대해 공식적으로 항의하였는데, 미국 정부는 중화인민공화국과 인민해방군에게 "문제의 심각성을 직시해야 하며, 이런 사태의 재발을 방지하고, 향후 해상과 영공의 사용에 관한 국제법에 따른 모든 자유와 권리를 침해하지 않을 것을 보장하라"고 요구하였다. 이러한 항의 결과 중화인민공화국은 충분히 이 문제를 인식하였다.[48]

그러나 마침내 중국은 이 위기 상황이 중국의 외교정책 목표에 해가 된다고 결론지었다. 4월 12일에 미군 승무원은 석방되어 본국으로 돌려보내졌다. 부시대통령은 대만에 대한 방위물품 및 서비스의 판매를 승인하였는데, 여기에는 디젤엔진 잠수함, 잠수함요격용 비행기, 구축함 등이 포함되었다. 그러나 2001년 6월 분위기는 바뀌었으며, 럼스펠드 장관은 미국이 EP-3 사건이후 중단된 중국과의 군사접촉을 재개한다고 기자들에게 말했다.

9·11 테러사태로 중미관계의 상황은 아마도 영구적으로 변하였다. 전략적 경쟁자로서의 중국에 대한 관심은 급격하게 줄어들었으며, 반면에 국제사회의 반테러 활동을 도울 수 있는 중국의 능력에 대해서 훨씬 더 관심을 갖게 되었다. 2002년 2월 부시는 중국을 방문하였다. 장쩌민(江澤民)과의 정상회담에서의 부시의 발언은 중미관계에 있어서 대통령으로서의 의무가 선거, 정치적 고려보다 우선시 된다는 점을 다시 한번 보여주었다.

올해로 30년 되었다. 지난 30년간 중미관계 발전의 시작이었던 닉슨의 최초 중국 방문이 30주년을 맞이하는 해이다. 우리의 유대관계는 성숙했고, 정중하며, 우리 양국과 전세계에 중요하다. … 나는 우리의 테러와의 전쟁에 대한 중국의 협조를 환영한다. 나는 중국이 계속해서 한반도, 동남아시아, 서남아시아의 이웃국가들에게 있어서 평화세력으로 남아 있을 것을 적극 권유한다. 세계무역기구(WTO) 정식 회원국으로서 중국은 이제 국제 무역체제의 완전한 동반자가 될 것이며, 자유무역의 규칙을 따르고 시행해야 할 권리와 의무를 갖게 될 것이다. 나의 정부는 중국이 미사일 및 다른 치명적인 기술의 확산에 단호하게 반대하기를 희망한다. 장쩌민 주석과 나는 미국과 중국이 에이즈(HIV/AIDS)의 퇴치를 위해 보다 더 긴밀하게 협력할 것에 합의하였다. 우리의 대화는 허심탄회하였으며, 이것은 매우 긍정적인 일이다. 미국은 중국과 이해관계를 같이하지만 일부 의견을 달리하는 것도 있다. 우리는 상호이해와 존중을 바탕으로 우리가 갖고 있는 차이점에 대해서 논의할 수 있다고 확신한다. … 여러 해 동안 나의 정부는 입장에 변화가 없었다. 우리는 (대만) 문제의 평화적 해결을 확신한다. 우리는 어떠한 도발 행위도 없을 것임을 강조한다. 미국은 계속해서 대만관계법을 유지할 것이다. 중국의 미래는 중국 국민들이 결정할 것이다. 그러나 인간 존엄성에 대한 요구로부터 어떤 나라도 예외일 수는 없다. 중국 국민들을 포함한 전 세계 모든 사람들은 그들이 어떻게 살아갈 것인지, 어떤 신을 숭배할 것인지, 어떤 일을 할 것인지를 선택할 자유를 누려야한다. 지난 30년 동안 중국에 엄청난 변화가 일어났으며, 나는 앞으로도 마찬가지로 엄청난 변화가 일어날 것임을 확신한다. 이러한 중국의 변화는 중국 자신뿐만 아니라 모든 나라에게 지대한 영향을 줄 것이다. 그리고 보다 큰 풍요와 보다 많은 자유를 향한 중국의 역사적 전환에 있어서 미국은 확고한 동반자가 될 것이다.[49]

2002년 말과 2003년 초 미국의 이라크에서의 활동이 세계 언론의 머리기사를 장식했다. 중국의 지도자들은 유엔의 승인 없이 일방적으로 행동하겠다는 미국의 의지에 대하여 우려하였다. 2003년 3월 미군이 '이라크 자유작전(Operation Iraqi Freedom)'을 시작하자, 특히 중국 군부 지도자들은 미국이 세계 패권주의를 추구한다고 인식하고 이에 대해 점점 더 비판적으로 되었다. 중국 군대의 자주국방을 위한 노력은 가속화 되었다. 동시에 중국은 이라크 사태에 대하여 의문을 제기하는데 있어서 다른 많은 나라들과 행동을 함께 함으로써 국제사회에 새롭게 참여하였다. 여러 해 동안 중화인민공화국은 국제체제의 국외자였다. 2003년 미국은 유일한 초강대국임에도 불구하고 어쩌면 유일한 초대강국이기 때문에 배척되었다. 중국은 새로 발견한 자랑스러운 국제적 지위를 만끽하였으며, 동시에 미국이 주도하고 있는 중동 재건 노력이 초래할 결과를 우려하였다.

2004년 부시가 재선에 성공하였을 때 부시행정부에게 있어서 중국은 여전히 논쟁거리로 남아 있었다. 중국은 점점 더 책임 있는 국제사회의 일원이 되었고, 중국과 미국의 경제는 계속적으로 더욱 더 상호의존하게 되었으며, 동시에 미국의 많은 집단들은 의심의 눈초리로, 심지어는 적개심을 갖고 중국을 보았다. 대만을 지지하는 미국인들은(전통적으로 민주당후보를 지지했던 노동집단은 물론 다양한 산업분야의 제조업자들을 포함하여) 중국의 경제성장을 두려워하는 집단, 중국 군사력의 증강을 두려워하는 집단, 인권 단체, 종교 집단 등 제2기 부시행정부 임기 동안 보다 적대적인 중국정책을 촉구하는 집단으로 뭉쳤다. 상하이공동성명서 이후 진행된 중미관계 역사는 우리에게 제2기 부시 행정부는 대중외교에 있어서 또 한 번 균형 잡힌 접근방식을 선호할 것임을 말해주는 것 같다. 시간이 말해줄 것이다.

## ■ 정책대안

### 대안 1: 아시아의 안보

중국의 지도자 및 심지어 지식인조차 걱정과 희망이 뒤섞인 감정으로 미국을 바라본다. 많은 사람들은 중미관계가 악화되면 중국의 사회주의적 시장경제의 목표 달성이 어려질 것이라는 점을 깨닫고 있지만, 일부는 또한 탈냉전시대에 있어서 미국의 패권주의를 우려하고 있다. 기밀로 분류된 중국의 한 분석보고서는 "미국의 에너지가 소진되고 있는 지도 모르지만 미국은 결코 세계 지배의 열망을 포기하지 않고 있으며, 미국의 군사개입은 더욱 더 거침없어지고 있다"[50]라고 진술하고 있다. 심지어 일부는 동유럽과 구소련의 경우처럼 경제적 혼란이 결과적으로 정치적, 사회적 혼란을 야기할 것이라고 예상하고 있으며, 미국은 중국과의 무역관계 중단을 싫어하지 않는다고 확신하고 있다. 미국의 인권문제를 비롯한 압력은 중국지도자에게 주권침해로 간주되고 있으며, 중국인들로 하여금 미국의 통제와 지배를 우려하게 만든다.

　다른 중국의 안보 전문가는, 적어도 2001년 9·11 테러 사태 이전까지, 중국이 아시아 지역에 있어서 미군의 주둔을 정당화 시켜주고 있는지도 모른다고 우려했다.51) 중국의 무기 수출 증가와 함께 1989년부터 중국의 국방비 증가는 중국이 아시아 지역에서 군사적 지배를 추구한다는 미국의 우려에 부채질을 했다. 일본, 한국, 동남아시아의 안보에 대한 우려는 계속적인 미군의 주둔을 요구하는 경향이 있다. 예를 들어, 중국이 미사일기술통제체제의 준수를 꺼리는 것과 같은 논쟁적인 쟁점을 둘러싸고 만약 중미 우호관계가 깨진다면, 미국 관료들이 미국의 계속적인 동아시아 개입에 대해 미국 국민을 설득하는데 있어서 적절한 이유로 중국을 활용할 지도 모른다.

　탈냉전시대에 있어서, 동아시아의 세력균형은 여러 방향으로 변화될 수 있다. 미국으로서는 각각의 가능한 시나리오에 대하여 일관성 있는 대응책을 마련할 필요가 있다. 전 주중 미국대사 로드(Winston Lord)는 "우리는 새롭게 등장하고 있는 우려사항들을 미리 예방하고, 관리하는 새로운 메커니즘을 발전시켜야만 한다. 우리는 태평양 지역에 엄청난 이해관계가 걸려있다. 우리는 우리의 경제정책, 정치정책, 안보정책을 통합해야할 필요성이 있다. 우리는 협력을 위한 새로운 접근법과 구조가 필요하다"52)라고 의회에서 진술하였다. 하나의 시나리오는 전 국무장관 헤이그(Alexander M. Haig Jr.)에 의해서 명확하게 설명되었다. 1993년 10월 헤이그는 천안문 광장 사태가 미국의 정책을 좌우해서는 안 되며 미국은 미국 수준의 인권을 강요할 수 없다고 주장했다. 대신에 헤이그는 동아시아에 있어서 세력균형의 접근법을 주장했는데, 이것은 미국이 중국 및 일본과 우호관계를 추구하여 잠재적 초강대국인 두 나라 사이의 균형을 유지하는 것이다.53) 많은 아시아의 지도자들 또한 미국이 중국과 일본 사이에서 균형자 역할을 해주기를 원하고 있지만, 그렇다고 그 대가로 미국의 이

지역에 대한 지배를 원하지는 않는다.

또한 중국은 중국의 국내문제(예를 들어, 인권 향상 및 정치적 개방)에 개입하는 것으로 생각될 수 있는 미국의 어떠한 시도도 두려워하여 유일한 초강대국 미국이 세계경찰이 되려고 할지 모른다는 점을 우려하고 있는 다른 나라들과 동맹관계를 맺을 수도 있다. 미국의 한 전문가는 "만약 중미관계가 계속 나빠진다면, 그리고 만약 러시아나 일본이 미국의 동아시아 정책과 의견을 달리하는 경우 중국은 러시아와 일본의 좋은 파트너가 될 수 있다. 즉, 만약 21세기 다극체제 세계에 있어서 세력균형의 게임이 확고하게 작동한다면 중러동맹 또는 중일동맹이 가능할 것이다"[54]라고 주장했다. 현재 중국은 어느 한 나라의 영향력이 지나치게 강해지는 것을 방지하는 그런 동아시아 안보관계를 모색하고 있다. 중국의 목표는 동아시아의 안보문제에 있어서 미국, 일본, 러시아, 또는 다른 어떤 나라에 의한 의사결정 과정의 독점을 막는 것이다.

미국은 동아시아와 동남아시아에 있어서 미군의 주둔을 계속 유지할 것인지 여부를 결정해야 한다. 미국의 고립주의가 다시 등장하고 있음에도 불구하고 많은 사람들은 여전히 "미군의 주둔은 이 지역의 군사력 증강을 중단시키지도 못할 뿐만 아니라 늦추지도 못할 것이다. 그러나 미군의 주둔은 군사력의 제한적 증가와 조심스런 사용을 가능케 하는 하나의 틀을 제공할 것이다. 동남아시아에서 소련과 미국의 군사력이 모두 사라진 결과로 인한 갑작스런 긴장완화는 바람직하지 못하다"[55]라고 주장하고 있다. 하지만 미국은 아시아국가 지도자들이 미국이 지배하는 공식적인 안보구조가 이 지역에서 또 다른 미국의 압도적 우세를 초래할 것이라고 우려하고 있다는 점을 인식해야 한다. 특히 중국의 지도자들은 미국이 중국에 대해 동아시아에서 제일 큰 지역 강대국의 지위에 상응하는 존중과 존경을 보여줄 것을 요구하고 있다. 만약 21세기에도 미국이 여전히 군사적 개입을 유지한다면, 미국은 유일한 초강대국임에도 불구하고 이 지역 국가들의 존엄과 주권을 강조하는 새로운 규칙에 부합하는 행동을 보여주어야 할 것이다.

### 대안 2: 경제관계

미국의 일자리 감소, 중국 화폐에 대한 정부보조, 저작권 침해 등의 문제에 대한 지속적인 논쟁과 결합하여 미국의 대중국 무역적자의 증대는 중미 긴장관계의 심화 및 향후 무역갈등을 초래할 수 있다. 중국제품에 대한 미국의 제재조치, 위안화(RMB: renminbi, 人民幣)의 재평가에 대한 요구 압력, 중국에 대한 첨단기술의 판매를 제한하는 노력 등이 이러한 무역 갈등에 포함될 것이다. 비록 중국이 현재 국제무역기구(WTO) 회원국이지만 무역에 관한 쟁점은 여전히 남아있다. 만약 중미 외교관계가 성공적이라면 무역 쟁점은 무역관계 단절을 막기 위해 서로 타협해 가면서 쌍무외교를 통해 논의될 것이며, 만약 외교적 대화가 중단되면 잇따라 무역 전쟁이 일어날 것이다. 중국과 미국의 무역 규모는 표5.3과 5.4에 자세하게 나타나 있다.

### 대안 3: 더 큰 중국

중국은 중국본토와 대만을 통일하는데 있어서 무력 사용을 결코 배제하지 않고 있다. 비록 베이징의 중국 지도자들은 국제사회의 제재로 우려해 언제나 대만해협 건너로 중국군대를 보내기를 꺼려해 왔지만, 새롭게 부활한 중국은 군사력의 사용을 선택할 지도 모르며, 특히 대만의 독립운동이 강화되고 노골화된다면 그럴 것이다. 이에 더해서, 만약 중국의 후계자를 둘러싼 투쟁이 너무 혼란스럽게 된다면, 한 두 개의 파벌이 국민적 지지를 얻기 위해 중국 통일의 원정길에 오를지도 모른다.

중국과 미국 양국에게 암시하는 바는 명백하다. 만약 중화인민공화국이 대만에 대한 군사적 원정길에 오른다면 의회 및 일반국민의 여론을 자극할 것이다. 중국의 지도자는 대만문제에 대한 중국의 해결 및 대만에 대한 무기 판매의 중단에 관한 미국정부의 약속을 환기시킬 수 있다. 미국은 아시아지역의 전쟁에 지상군의 투입을 꺼려하고 있어서 비록 대만의 실제적 방어

표 5.3  1997~2003년 중국의 대미 무역 (단위: 1억 미국 달러)

|  | 1997 | 1998 | 1999 | 2000 | 2001 | 2002 | 2003 |
|---|---|---|---|---|---|---|---|
| 미국 수출 | 128 | 143 | 131 | 163 | 192 | 221 | 284 |
| 변동률 | 67 | 109 | -80 | 244 | 183 | 146 | 285 |
| 미국 수입 | 658 | 751 | 878 | 1,076 | 1,094 | 1,335 | 1,633 |
| 변동률 | 210 | 141 | 169 | 226 | 16 | 220 | 223 |
| 합계 | 786 | 894 | 1,009 | 1,239 | 1,286 | 1,556 | 1,917 |
| 변동률 | 184 | 137 | 129 | 228 | 38 | 210 | 232 |
| 미국 수출입 균형 | -530 | -608 | -747 | -913 | -902 | -1114 | -1,348 |

출처: U.S.-China Business Council, http://www.uschina.org/statistics/tradetable.html.

표 5.4  2003년도 미국의 대중국 수출 상위 품목 (단위: 100만 미국 달러)

|  | 2002 | 2003 | 변동률 |
|---|---|---|---|
| 전기 기계 및 장비 | 3,950.1 | 4,782.6 | 21.1 |
| 발전 장비 | 4,109.1 | 4,639.6 | 12.9 |
| 지방(脂肪)종자 및 지방(脂肪) 과일 | 917.9 | 2,877.4 | 213.5 |
| 비행기 및 우주선 | 3,428.8 | 2,451.2 | -28.5 |
| 의료장비 | 1,258.6 | 1,594.0 | 26.6 |
| 플라스틱 및 관련 물품 | 995.2 | 1,247.5 | 25.4 |
| 철제 및 철강 | 591.1 | 1,213.9 | 105.4 |
| 유기화학제품 | 619.9 | 1,105.3 | 78.3 |
| 면화 | 153.4 | 769.3 | 401.6 |
| 구리 | 319.6 | 652.3 | 104.1 |

출처: U.S.-China Business Council, http://www.uschina.org/statistics/trade table.html.
      2004년 6월 2일

에 대한 미국의 약속은 불확실하지만, 미국은 대만군에게 공군력과 해군력을 지원할 것이다. 이것은 미국과 중국의 모든 화해관계를 종식시킬 것이다.

미국이 원해야 하는 것은 홍콩의 중국으로 점진적 통합, 그리고 이어지는 대만의 '더 큰 중국(greater China)'으로의 경제적 통합이다. 중국, 홍콩, 대만의 경제는 점점 더 서로 긴밀하게 얽히고 있다. 세 나라의 경제가 연결되어 더 큰 경제체제가 되면 유럽 및 미국과 우호적 무역관계를 유지하려는 기세는 더 증가할 것이다. 동시에 중국의 경제가 보다 더 자유주의 시장경제로 이행하면 중국의 정치체제는 개방화의 요구를 받게 될 것이며, 그렇게 되면 인권 문제를 둘러싼 다른 나라와의 마찰도 감소할 것이다. 통합된 중국 경제의 발전은 적어도 4가지 점에서 미국에게 중요하다.

- 중국 남부와 홍콩 및 대만과의 유대관계가 강화되면 광둥성(廣東省)과 푸젠성(福建省) 지방은 베이징보다 이웃의 자본주의 국가로부터 더 많은 영향을 받게 될 것이다.
- 중국 남부와 홍콩, 대만의 경제가 상호의존적으로 되면 홍콩과 대만의 안보는 증진될 것이다.
- 통합된 중국 경제는 미국이 동아시아 지역과 경제적 문화적 유대관계를 발전시킬 수 있는 발판을 제공해줄 것이다.
- 경제성장이 좀 더 이뤄지면 변화를 요구하는 중산층의 성장을 초래할 것인데, 왜냐하면 특히 중산층은 천천히 자유화되고 있는 홍콩 및 대만 사회와 접촉할 것이기 때문이다.[56]

보다 더 큰 경제 통합은 보다 더 많은 정치적 협력관계를 유도할 것이다. 중화인민공화국과 대만의 긴밀한 정치적 유대관계가 그 다음 단계이며, 궁극적으로는 평화적인 정치통합 또는 적어도 정치적 경제적 중화공동체로 이행될 것이다.

### 대안 4: 조용한 외교

중미관계를 연구하는 학자들은 오늘날 '조용한 외교'를 주장하고 있다. 중국에 대한 위협 대신에 당근과 채찍의 접근법을 주장한다. 전 세계은행 총재인 코너블(Barber Conable)에 따르면,

> 우리는 비단 중국뿐만 아니라 세계 어느 곳에서도 우리의 인권 목표를 촉진하기 위한 다른 수단을 개발해야 한다. … 나는 인권 문제를 둘러싼 갈등을 축적된 세계여론의 무게가 영향을 미칠 수 있는 다자간 토론의 장으로 옮겨놓고 싶다. … 다음 몇 달 간 중국과 미국이 17개국의 관심사를 충족시킬 수 있는 일련의 조처들이 만들어져야 한다. 양측에 모두 분명하게 이해가능한 신뢰를 유도하고, 상호호혜적이며 평행한 일련의 조처들이 충분해야 한다.[57]

이러한 생각에 따르면 중국을 고립시키는 것은 더 이상 선택대안이 될 수 없다. 오히려 중국을 변화시키는 최선의 방법은 중국을 포용하는 것이다.

## ■ 토의주제

1. 중국 국내정책의 변화에 대한 미국의 요구와 중국의 이해관계는 어느 정도 일치하는가?
2. 현재 중미관계의 상태는? 두 나라는 동반자인가, 적대국인가, 또는 둘 다인가? 설명하라.
3. 세계강대국으로 떠오르고 있는 중국은 미국으로부터 보다 큰 주권 존중과 평등한 대우를 받을 자격이 있나?
4. 만약 대만이 '하나의 중국' 정책을 포기하고자 한다면 중국과 미국은 어떠한 반응을 보일까?
5. 중미관계에 있어서 인권문제는 어떠한 역할을 하고 있나?
6. 미국으로 하여금 중국의 주권을 존중하고 국제사회에 있어서 중국을 보다 평등하게 대우하도록 만들기 위하여 중국은 다른 나라의 지원을 어떤 방식으로 활용하고 있나?
7. 2001년 9월 11일에 발생한 미국에 대한 테러 공격은 미국의 중국과의 관계에 어떠한 영향을 주었나?
8. 중국 내에 다양한 이해관계가 중국의 미국과의 관계에 어떠한 영향을 주는가? 미국 내에 다양한 이해관계가 미국의 중국과의 관계에 어떠한 영향을 주는가?
9. 미국 내 경제적 이익집단 간 이해관계의 차이를 중국은 중국이 갖는 최대의 강점으로 어떻게 이용하고 있는가?
10. 세계의 다른 지역에서 중국의 역할에 관한 중국과 미국의 의견 차이는 어느 정도인가?
11. 두 나라가 유엔에서 해야 하는 역할에 대한 중국과 미국의 의견 차이는 어느 정도인가?
12. 핵 실험, 핵무기 폐기, 다른 대량살상무기 및 운반체계 등의 쟁점을

둘러싼 중국과 미국의 의견 차이가 극복될 가능성은 어느 정도인가?
13. 냉전체제가 종식되고 국제사회 테러가 미국의 주요 관심사인 오늘날, 중국이 다른 나라와의 관계를 개선하려고 하는 시기에 있어서 중국군의 현대화에 대해서 미국은 어느 정도 협력해야 하는가?
14. 21세기에 등장하고 있는 글로벌 체제에서 중국과 미국은 어떤 점에서 경쟁자가 될 것인가 또는 동반자가 될 것인가? 설명하라.
15. 미국이 다른 어떤 나라보다 중국에 보다 큰 영향을 주는 이유는 무엇인가? 시간이 지남에 따라 중국에 대한 미국의 영향은 늘어날까, 줄어들까, 아니면 그대로 일까? 그 이유는?

## ■ 추천문헌

Bernstein, Robert L., and Richard Dicker. "Human Rights First." *Foreign Policy* no. 94 (Spring 1994), pp. 43-47.

Bert, Wayne. "Chinese Policies and U.S. Interests in Southeast Asia." *Asian Survey* 33, no. 3 (March 1993), pp. 317-332.

Cohen, Warren. *America's Response to China: A History of Sino-American Relations*. 3rd ed. New York: Columbia University Press, 1990.

Copper, John Franklin. *China Diplomacy: The Washington-Taipei-Beijing Triangle*. Boulder, Colo.: Westview, 1992.

Drinan, Robert F., and Teresa Kuo. "The 1991 Battle for Human Rights in China." *Human Rights Quarterly* 14 (February 1992), pp. 21-42.

Dumbaugh, Kerry. *China-U.S. Relations: Issue Brief for Congress*. Washington, D.C.: Library of Congress Congressional Research Service, May 17, 2002. http:// fpc.state.gov/documents /organiz ation/13422.pdf.

Gill, Bates, and Sue Anne Tay. *Partners and Competitors: Coming to Terms with U.S.-China Economic Relationship*. Washington, D.C.: Center for Strategic and International Studies, April 2004. http://www.csis.org/china/0404_partners.pdf.

Harding, Harry. *A Fragile Relationship: The United States and China Since 1972*. Washington, D.C.: Brookings Institution, 1992.

Kristof, Nicholas D. "The Rise of China." *Foreign Affairs* 72, no. 5 (November-December 1993), pp. 59-73.

Lampton, David. M. Same Bed, *Different Dreams: Managing U.S.-China*

*Relations, 1989-2000*. Berkeley: University of California Press, 2001.
Lilley, James R. *China Hands: Nine Decades of Adventure, Espionage, and Diplomacy in Asia*. New York: PublicAffairs/Perseus Books, 2004.
Lilley, James R., and Wendell L. Willkie II, eds. *Beyond MFN: Trade with China and American Interests*. Washington, D.C.: AEI Press, 1994.
Mann, James. *About Face: A History of America's Curious Relationship with China, from Nixon to Clinton*. New York: Knopf, 1998.
Munro, Ross H. "Awakening Dragon: The Real Danger in Asia Is from China." *Policy Review* no. 62 (Fall 1992), pp. 10-16.
Myers, Ramon Hawley, Michel Oksenberg, and David L. Shambaugh, eds. *Making China Policy: Lessons from the Bush and Clinton Administrations*. Lanham, Md.: Rowman and Littlefield, 2002.
Oxnam, Robert B. "Asia/Pacific Challenges." *Foreign Affairs* 72, no. 1 (1993), pp. 57-73.
Ross, Robert S., ed. *After the Cold War: Domestic Factors and U.S.-China Relations*. Studies on Contemporary China. Armonk, N.Y.: M. E. Sharpe, 1998.
_____, ed. *China, the United States, and the Soviet Union: Tripolarity and Policy Making in the Cold War*. Armonk, N.Y.: M. E. Sharpe, 1993.
Schaller, Michael. *The United States and China in the Twentieth Century*. New York: Oxford University Press, 1979.
Suettinger, Robert L. *Beyond Tiananmen: The Politics of U.S.-China Relations*. Washington, D.C.: Brookings Institution, 2003.
Sutter, Robert. "Asia in the Balance: America and China's 'Peaceful Rise.'" *Current History* 103, no. 674 (Sept. 2004), pp. 284-289.
_____. "Why Does China Matter?" *Washington Quarterly* (Winter 2003-2004), pp. 75-89.
Tan Qingshan. *The Making of U.S. China Policy: From Normalization to the Post-Cold War Era*. Boulder, Colo.: Lynne Rienner, 1992.
Terrill, Ross. *The New Chinese Empire*, and What It Means for the United States. New York: Basic Books, 2003.
Tyler, Patrick. *A Great Wall: Six Presidents and China: An Investigative History*. New York: PublicAffairs/Perseus Books, 1999.
Vogel, Ezra F., ed. *Living with China: U.S./China Relations in the Twenty-First Century*. New York: Norton, 1997.

## ■ 주

1) "The Shanghai Communiqué," in Richard H. Solomon, ed., *The China Factor: Sino-American Relations and the Global Scene* (Englewood Cliffs, N.J.: Prentice-Hall, 1981), pp. 296-300.
2) Warren I. Cohen, *America's Response to China*, 3rd ed. (New York: Columbia University Press, 1990), p. 2.
3) Michael Schaller, *The U.S. and China in the Twentieth Century* (New York: Oxford University Press, 1979), p. 30.
4) Ibid., p. 16.
5) Cohen, *America's Response to China*, p. 42.
6) Thomas G. Paterson, J. Garry Clifford, and Kenneth J. Hagan, *American Foreign Policy: A History Since 1900* (Lexington, Mass.: D. C. Heath, 1988), p. 38
7) U.S. Department of State, *The China White Paper: United States Relations with China with Special Reference to the Period 1944-1949* (Stanford: Stanford University Press, 1967), pp. xv-xvi.
8) 많은 미국 국민들은 공산당의 승리가 불가피했던 것이 아니라 국무부 내부의 중국공산당 지지자들이 '등 뒤에서 칼로 찔렀기'(즉, 배신 - 역자 주) 때문이라고 생각했다. 1945년 헐리(Patrick Hurley) 미국대사는 분노 섞인 사임 편지에서 '중국통(China Hands)'이 공산당의 승리를 선호하였기 때문에 자신의 노력을 방해했다고 비난하였다. 여러 명의 외교관들이 '용공주의자(being soft on communism)'로 지목되었다. 서비스(John Service)는 1945년 아메라시아 사건(Amerasia case)에 연루되어 구속되었으며, 1946년, 1947년, 1949년(또한 1950년과 1951년)에 열렸던 충성청문회(loyalty hearing, 상원외교위원회가 국무부 직원의 국가에 대한 배신여부를 조사하기 위해 개최하였던 조사청문회 - 역자 주) 및 안보청문회(security hearing, 하원 법사위원회가 국내 보안 관련 위반 여부를 조사하기 위해 개최하였던 조사청문회 - 역자 주)에서 조사를 받았다. 하지만 이 모든 청문회는 서비스가 무죄라는 결론을 내렸다. 1947년에 빈센트(John Carter Vincent, 미국 국무부 소속 직업외교관으로 극동담당 국장, 스위스주재 미국대사 등을 역임 했다 - 역자 주)는 미국의 대중국외교정책을 고의로 방해했다는 이유로 기소되었으며, 애치슨(Acheson) 국무장관의 적극적인 변호가 있은 후에야 비로소 상원은 빈센트의 커리어 미니스터(CM: career minister)급 직업외교관 임명에 동의했다. 데이비스(John Paton Davies) 또한 1949년 조사를 받았으나 무죄로 판명되었다. 따라서 그 결과 미국 국무부 및 미국 사회에는 매카시(McCarthy: 1940년대 말부터 1950년대 말까지 미국사회에 반공주의를 불러일으킨 미국 상원의원 Joseph Raymond MaCarthy - 역자 주) 시대가 시작되었다.
9) 한국전쟁의 결과, 간첩으로 판결을 받은 11명의 미국 공군을 포함하여 약 50여명의 미국시민이 중국에 억류되어 있었다. 1955년 1월에 하마슐드(Dag Hammarskjold, 스웨덴의 경제학자이자 정치가로 노벨평화상을 수상하였음 - 역자 주) 유엔 사무총장

이 억류되어 있는 미국 시민의 석방을 논의하기 위해 중국을 방문하였으나, 대만해협에서 전쟁이 다시 발발함으로써 중국이 이 문제에 대한 중미 직접 협상을 제기하기 전까지 더 이상의 모든 논의는 중단되었다. 중국은 우호적 입장을 보여주기 위해서 4명의 미국 공군을 5월 말에 석방하였고, 간첩으로 기소되었던 11명을 7월 말에 석방하였다. 제네바에서 대사급회담이 시작된 이후 9명이 추가로 풀려났다. 동시에, 미국은 당시 미국에 체류하고 있는 중국인들 중 본인이 원하는 경우에는 본국으로 돌아갈 수 있도록 허용했다. 1957년에는 오직 8명의 미국 시민이 여전히 중국에 억류되어 있었다. 그러나 이러한 초기의 성과 이후, 미국인 억류문제는 1972년에 닉슨대통령이 중국을 방문할 때까지 교착상태에 빠졌으며, 심지어 미국인 한 명은 중국 감옥에 수감되었고, 이 문제는 중국 관련 압력단체의 강력한 결속 요인으로 남았다.

10) 미국 신문기자들의 중국 방문을 허용하는 문제에 대한 중국과 미국 사이의 논쟁은 1950년대 후반 격렬한 논쟁 주제였다. 1957년 초, 볼티모어 아프로-아메리칸(Baltimore Afro-American) 신문사의 기자 1명과 룩(Look) 잡지사의 기자 2명 등 모두 3명의 미국 신문기자가 중국을 방문하였으며, 미국 언론사의 많은 다른 기자들은 언론사 기자들의 중국방문을 금지한 국무부의 조치에 대해서 비판했다. 덜레스(Dulles) 국무장관은 처음에는 억류되어 있는 미국인들을 언급하면서 금지조치를 옹호했다. 덜레스는 "국교 승인이 없는 나라에 대한 여권발행은 전례가 없는 일"이라고 말했다. 그해 중반 무렵, 미국 정부가 중국에 대한 정보가 미국 국민들에게 알려지는 것을 의도적으로 차단하고 있다는 비난으로부터 자신을 방어하기 위하여, 덜레스는 입장을 바꿔야만 했다. 그는 제한된 숫자의 미국 기자들에게 7개월간의 시험기간 동안 중국에 머무는 것을 허용하였다. 그러나 그는 중국 기자들에게 이에 상응하는 특권을 주는 것에 대해서는 거부했다. 양측으로부터, 특히 미국정부 쪽에서 법적 문제를 강력하게 제기하였지만 이 문제는 사라졌다.

11) Jacob Beam, *Multiple Exposure: An American Ambassador's Unique Perspective on East-West Issues* (New York: Norton, 1978), pp. 139-143.

12) 놀랍게도, 심지어 문화혁명 이후에도, 바르샤바에서 회담이 몇 차례 있었다. 존슨 행정부 기간 동안 모두 합해서 21번의 회담이 있었으며, 1996년 3회, 1967년 2회, 1968년 1회의 회담이 있었다. 미국 대표와 중국 대표 사이의 의사소통도 촉진되었다. "회담의 간격이 길어지게 되면서 바르샤바주재 양국의 대사관은 중국정부와 미국정부의 이해관계에 관한 입장을 상대방에게 전달하는 통로로 점점 더 빈번하게 사용되었다." 이에 더해서 1966년 9월부터 적절한 경우에 있어서 해외주재 미국 정부인사의 중국 정부인사와의 사회적 접촉이 허용되었다.

13) 중국은 "역사적으로 미국의 몇몇 주요 작물의 원산지"이었기 때문에 미국 농무부는 작물 교환에 특히 관심이 있었다. *Administrative History of the Department of State, 1945-1973*, Lyndon B. Johnson Library, p. 42.

14) Administrative History, pp. 42-43.

15) 톰슨(James Thomson)은 여행규제를 완화하려는 노력에 대해 서술하고 있는데, 규제완화가 지연되고 있는 것에 대해 다시 한 번 국무장관에게 책임을 물었다. James Thomson Jr., "On the Making of U.S. China Policy, 1961-69: A Case Study

in Bureaucratic Politics," *China Quarterly* 50 (April-June 1972): 220-243.
16) Special State-Defense Long-Range Study on Communist China, S/P 66-71-2a, June 1966, in *Administrative History*, p. 26.
17) 유엔 총회에서 중화인민공화국의 유엔가입에 대한 표결이 동수를 기록한 이후 워싱턴에는 유엔에서 '두 개의 중국' 정책을 좀 더 노골적으로 추진하자는 이야기들이 있었다. 그러나 이 의견들은 미국 관료들이 내려하지 않고 중국에서 문화혁명이 시작되자 곧 풀이 꺾였다. 톰슨은 다시 한 번 국무장관 러스크(Dean Rusk)의 책임이라고 비난했다. Thomson, "On the Making of U.S. China Policy," p. 240.
18) Cohen, *America's Response to China*, p. 198.
19) Henry A. Kissinger, *Years of Upheaval* (Boston: Little, Brown, 1982), p. 1124.
20) Hong N. Kim and Jack L. Hammersmith, "U.S.-China Relations in the Post-Normalization Era, 1979-1985," *Pacific Affairs* 59, no. 1 (Spring 1986): 72.
21) Taiwan Relations Act, Public Law 96-8, April 19, 1979, 93 Stat. 14.
22) Kim and Hammersmith, "U.S.-China Relations," pp. 77-78.
23) Ibid., p. 73.
24) United States-China Joint Communiqué on United States Arms Sales to Taiwan, August 17, 1982. See Harry Harding, *A Fragile Relationship: The United States and China Since 1972* (Washington, D.C.: Brookings Institution, 1992), pp. 383--385.
25) Tan Qingshan, *The Making of U.S. China Policy: From Normalization to the Post-Cold War Era* (Boulder, Colo.: Lynne Rienner, 1992), p. 101.
26) Harding, *Fragile Relationship*, p. 209.
27) 레이건 행정부 시절 동안 중국에 대하여 우호적인 태도를 가진 미국 국민의 비율은 1983년에 최저 43%부터 1985년 최고 71% 이었다. 1989년 7월에는 오직 31%의 응답자만이 중국에 대해 우호적인 태도를 가지고 있었다. Harding, *Fragile Relationship*, p. 363.
28) 1984년부터 1989년까지 미국은 7,900만 달러의 군사원조를 중국에게 제공하였다. 아울러 1억 9,500만 달러 상당의 무기가 상업적 판매를 통해 중국에 전달되었다.
29) Donald M. Snow and Eugene Brown, *Puzzle Palaces and Foggy Bottom* (New York: St. Martin's Press, 1994), p. 134.
30) Samuel S. Kim, quoted in Michael Yahuda, "Deng Xiaoping: The Statesman," *China Quarterly* no. 135 (September 1993), p. 557.
31) 이라크에 대한 중국의 판매실적은 북대서양조약기구(NATO) 회원국의 실적에 비해서 나쁘지 않았다. Robert S. Ross, "U.S. Policy Toward China," in Robert J. Art and Seyom Brown, eds. *U.S. Foreign Policy: The Search for a New Role* (New York: Macmillan, 1993), pp. 338-357.
32) 특별한 조치에 다음과 같은 것이 포함된다. 중국 정부와의 고위급회담의 공식적 재개, 상업 및 과학 목적을 위한 상호교류의 공식적 재개, 1980년에 판매에 합의하고 돈이

지불되었지만 천안문 사태 이후 미국의 창고에 보관되고 있던 미국산 특수 군용 장비의 중국 배달 허용, 고위급 군사 접촉 허용, 중국에 대한 최첨단 기술의 판매 적극적으로 검토, 방송 및 통신 장비의 수출에 대한 규제 완화 등이다. Robert G. Sutter, *CRS Report for Congress: China Policy Decisions at the Start of the 103rd Congress*, January 19, 1993, p. CRS-3.
33) Steven Greenhouse, "State Department Castigates China on Rights Record," *New York Times*, February 2, 1994, p. A9.
34) Executive Order 12850, http://www.archives.gov/federal_register/executive_orders/pdf/12850.pdf.
35) Thomas L. Friedman, "U.S. Pares Imports of Chinese Fabrics," *New York Times*, January 7, 1994, p. D2.
36) Thomas L. Friedman, "Bank Rules Are Eased by China," *New York Times*, January 22, 1994, p. 37.
37) Patrick E. Tyler, "Textile Accord with China Averts Trade Clash," *New York Times*, January 18, 1994, p. D1.
38) Elaine Sciolino, "U.S. Will Allow Computer Sale to Court China," New York Times, November 19, 1993, pp. A1, A5.
39) Ibid.
40) Patrick E. Tyler, "U.S. and China Agree to Expand Defense Links," *New York Times*, November 3, 1993, p. A13.
41) John Kohut, "Arms Sellers Accused of Stirring Fears," *South China Morning Post*, March 24, 1993.
42) "Clinton's Call: Avoid Isolating China," *New York Times*, May 27, 1994, p. A8.
43) "Clinton Publicly Reiterates U.S. 'Three No's' Principles on Taiwan," www.china-embassy.org/eng/zmgx/zysj/kldfh/t36241.htm.
44) "Chinese Foreign Minister Lodges Serious Representation and Presents an Official Note to U.S. for the Bombing of the Chinese Embassy by U.S.-led NATO," May 11, 2000, http://www.fmprc.gov.cn/eng/wjb/zzjg/bmdyzs/gjlb/3432/3441/t17312.htm.
45) "Oral Presentation by Under Secretary of State Thomas Pickering on June 17 to the Chinese Government Regarding the Accidental Bombing of the PRC Embassy in Belgrade," July 6, 1999, http://www.usconsulate.org.hk/uscn/state/1999/0706.htm.
46) President Bill Clinton, March 8, 2000, quoted in http://www.wcit.org/topics/china/china_report.pdf, p. 7.
47) "Statement by the Acting Assistant Secretary Richard Boucher," U.S. Department of State, Office of the Spokesman, November 21, 2000, http://www.nti.org/db/china/mexport.htm.

48) "Secretary Rumsfeld Briefs on EP-3 Collision," U.S. Department of Defense news transcript, April 13, 2001, http://www.defenselink.mil/news/apr2001/t04132001_t0413ep3.html.
49) "President Bush Meets with Chinese President Jiang Zemin," White House press release, http://www.whitehouse.gov/news/releases/2002/02.
50) Nicholas D. Kristof, "The Rise of China," *Foreign Affairs* 72, no. 5 (November-December 1993), pp. 72-73.
51) Bonnie S. Glaser, "China's Security Perceptions: Interests and Ambi tions," *Asian Survey* 33, no. 3 (March 1993), pp. 259-261.
52) John R. Faust, "East Asia's Emerging Security System," *Journal of East Asian Affairs* 8, no. 1 (Winter-Spring 1994): 89.
53) Patrick E. Tyler, "Haig Scorns U.S. for Its Tough China Policy," *New York Times*, October 28, 1993, p. A14.
54) Charles W. Kegley Jr. and Gregory Raymond, *A Multipolar Peace? Great-Power Politics in the Twenty-First Century* (New York: St. Martin's Press, 1994), p. 207.
55) Wayne Bert, "Chinese Policies and U.S. Interests in Southeast Asia," *Asian Survey* 33, no. 3 (March 1993), p. 332.
56) "Triangular Chinese Economy Quickly Emerging," *United States-China Relations: Notes from the National Committee* (Spring-Summer 1992), pp. 3, 11.
57) "Testimony on U.S.-China Relations from Barber Conable, Submitted to the Subcommittee on Trade, Committee on Ways and Means," February 24, 1994.

# 중국과 아시아 이웃국가들

아시아 없는 중국의 발전은 불가능할 것이며, 중국 없는 아시아의 번영도 불가능할 것이다.
-2002년 4월 말레이시아 방문시 후진타오(胡錦濤)[1)]

중국은 군사적 팽창에는 관심이 없다. 중국은 과거 서구열강이 아시아로 오기 전에 행해졌던 것과 같은 조공무역을 추구할 것이다.
-중국계 필리핀 경제재벌 총수 고콩웨이(John Gokongwei)[2)]

21세기에 있어서 갈수록 동아시아를 지배하는 강대국으로 부상하고 있는 중국이 직면하고 있는 최대 과제 중 하나는 중국 자신의 국가적 목표를 계속 추구하는 동시에 동아시아 지역의 안보와 경제를 튼튼히 하기 위해 주변국과의 관계를 발전시키는 것이다. 냉전이라는 특수한 상황으로 인해 주변국가와 무관하게 군사정책을 추종해야만 했던 중국은 오늘날 소위 '환심 공세(charm offensive)'에 몰두하고 있으며, 특히 동남아시아 국가들에 대해 더욱 그렇다. 중국은 군사적 힘을 과시하지 않으면서 다자간 협력기구의 틀 안에서 아시아 이웃국가들과 경제교류 확대를 위해 협력해야 하며, 위태로운 아시아지역 안보문제를 처리해야 한다. 안보문제에는 다음과 같은 것이 포함된다.

- 핵무기 경쟁의 위험성을 내포한 한반도의 경쟁관계
- 인도와 파키스탄의 핵무기 경쟁

- 향후 중국과 일본의 군사적 경쟁관계에 대한 지속적 우려
- 필리핀의 정치적 불안정
- 남중국해의 경제자원을 둘러싼 중국, 베트남, 대만, 필리핀 사이의 경쟁관계
- 캄보디아, 미얀마(버마), 기타 서남아시아, 동남아시아 국가에 존재하는 잠재적인 정치적 불안정
- 필리핀, 인도네시아, 동아시아 다른 지역 등에 있어서 테러집단의 등장

중국은 다자간 협력에서 주도적 역할을 통해 동아시아 안보에 있어서 주요 행위자가 되는 선택을 할 수 있다. 그러나 만약 이런 접근법이 실패하면, 특히 중국이 선택적으로 몇몇 이웃국가들에게 군사무기를 계속해서 수출하는 경우 중국은 동아시아에서 가장 강력한 군사대국으로서의 역할에 역점을 두는 선택을 할 수도 있다. 아시아의 이웃국가들에게는 향후 동아시아 안보에 있어서 중국의 역할이 점점 더 중요한 관심 사안인데, 특히 1980년 이후 중국의 국방비가 급격하게 늘어났기 때문이다.3) 1990년대 동안 세계적으로 군사비 지출이 감소하였지만, 아시아 지역의 군사비 지출, 특히 중국의 군사비 지출은 증가하였다. 하버드대학의 군사전문가인 헌팅턴(Samuel Huntington)은 중국의 군사력 증강이 지역적 차원과 세계적 차원에서 중요한 의미를 갖는다고 확신한다.

> 서구열강의 군사력에 대한 대응으로서 가장 주목해야할 것은 중국의 지속적인 군사력 확장과 군사강대국이 되고자 하는 중국의 의지이다. 환상적인 경제발전으로 급부상한 중국은 국방비 지출을 급격하게 늘리고 있으며, 중국군의 현대화 작업을 활발하게 진행하고 있다. 즉, 중국은 구소련으로부터 무기를 구입하고 있으며, 장거리 미사일을 개발하고 있다. 1992년 중국은 1메가톤급 핵폭탄 실험을 실시하였다. 공중급유 기술 획득 및 항공모함 구입을 통해 중국은 군사력 투사(power-projection) 능력을 증진시켜왔다. 중국의 군사력 증강 및 남중국해에 대한 영토 주권 주장은 동아시아 지역에 있어서 다자간 군비경쟁을 초래하고 있다.4)

세계적으로 가장 심각한 3대 군비경쟁이 아시아에서 진행되고 있다.

즉, 한국과 북한의 군비경쟁, 중국과 대만의 군비경쟁, 인도와 파키스탄의 군비경쟁이다. 냉전시대 동안 치열한 전쟁과 무력사용을 경험하였던 아시아에서는 현재 중동지역보다 더 많은 군비증강이 이뤄지고 있다.

제2차 세계대전 이후 중국 정부는 한반도에서뿐만 아니라 중국 국경 대부분에서 인접국가와 군사적 충돌을 가졌다. 21세기로 전환하는 시점에서 동북아(남북한), 동아시아(중국과 대만의 군비경쟁), 동남아시아(남중국해에서 중국해군과 베트남해군의 무력 충돌뿐만 아니라 캄보디아와 미얀마에서의 폭력사태), 서아시아(카시미르 지역을 둘러싼 인도와 파키스탄의 군비경쟁 및 군사적 충돌) 등에 있어서 여전히 군사적 긴장이 대단히 높은 상태이다.

중국 국경지역에서는 군사적 긴장상태가 지속되고 있는 것과 반대로 중국이 개방정책을 도입한 이래 중국의 인접국가와의 경제적 관계는 매우 급격하게 증가하였다. 미국과 미국의 유럽 동맹국가들과는 다르게 중국의 비공산주의 아시아 이웃국가들은 천안문 광장 사태에 대해 불안한 생각을 거의 갖지 않았다. 그 결과 중국의 무역 및 관광은 특히 일본, 대만, 홍콩을 상대로 급격히 증가했을 뿐만 아니라 한국과 러시아를 상대로도 늘어났다. 중국과 거의 모든 아시아 이웃국가들 사이의 정치적·경제적·사회적 교류는 양자관계를 통해 지속적으로 확대되고 있다.

20세기 말에는 비록 여전히

> 한국전쟁은 북한군이 38선을 넘어 남침을 시작한 1950년 6월 25일에 시작되었다. 제2차 세계대전의 종전과 함께 한국이 분단된 이후 비록 38선에서 사소한 군사적 충돌들이 있었지만 6월의 사태는 남침으로 인식되었다. 트루먼(Harry Truman) 대통령은 유엔군의 참전을 배후에서 조종하였으며, 유엔군은 참전 처음에는 북한군을 38선 이북으로 몰아냈다. 즉, 미군과 유엔군의 과도한 승리는 중국으로 하여금 안보위협을 느끼게 하였으며, 중국은 100만 명의 의용군을 한국전쟁에 참전시켰다. 3년간의 치열한 전쟁 후, 전쟁 발발 이전과 마찬가지로 38선 주변에서 서로 대치한 상태로 전쟁이 끝났으며, 1953년 7월에 마침내 정전협정이 체결되었다.

제한된 역할이지만 지역차원이 아닌 UN체제 내에서 중국의 역할 확대를 통해 다자간 접촉이 이루어졌다. 북대서양조약기구(NATO)와 유사한 동아시아 안보공동체, 또는 유럽연합(EU)과 유사한 경제공동체의 발전은 전혀 없었다. 중국에 대한 전통적인 불신이 중국의 민족주의 및 고립주의와 결합하여 안보동맹의 형성을 어렵게 하였다. 아울러 일본, 한국, 대만, 홍콩의 수출주도경제는 공동이익을 추구하는 경제공동체의 형성의 필요성에 대한 논리적 근거를 제공해주지 못했다.

그러나 21세기 초에 많은 것이 변하고 있다. 동남아시아 국가에게 중국은 '멋진' 나라로 인식되고 있다. 동남아시아와 중앙아시아 지역의 경제·안보협력체는 다양한 발전단계에 놓여있으며, 경제적 유대관계는 (특히, 그리고 모순되게도 중국과 대만의 경제적 유대관계는) 기하급수적으로 증가하고 있다. 그러나 아직 이러한 통합노력이 유럽에서처럼 개별 국민국가의 관계가 지역 차원의 관계로 대체되는 수준까지 발전되지는 못하고 있다. 아시아에 있어서 더 나아가 소위 '태평양 시대'에 있어서, 중국의 역할을 분석하기 위해서는, 중국과 일본, 두 개의 한국, 동남아시아, 서남아시아, 중앙아시아 등의 관계를 양자관계 차원에서 설명하는 것은 여전히 유용하다.

## ■ 남북한 문제

오늘날까지 한반도 남쪽 지역에서는 냉전의 종식을 대단히 극적인 사건으로 여기고 있다. 놀랍게도 한국의 정책 변화에 영향을 준 핵심 행위자는 미국이 아니라 중국이었다. 첫째, 1991년에 중국은 남북한의 동시 유엔 가입을 찬성했다. 둘째, 소련이 한국을 외교적으로 승인하지 2년 후인 1992년에 중국은 한국을 외교적으로 승인했다.

중국과 한국 모두 국교정상화를 통해 엄청난 이득을 얻었다. 한국은 중국 카드를 사용함으로써 오랜기간 경쟁국가인 북한을 더욱 고립시켰으며, 미국과 일본에 대한 의존도를 줄일 수 있었다. 중국은 한국 카드를 사용함으로써 새로운 주요 무역 상대국을 갖게 되었다. 한국은 중국에 대한 5대 투자국으로 2002년에 10억 달러의 투자와 440억 달러 상당의 쌍방무역이 이뤄졌다. 이것은 연간 600만 달러 미만에 불과한 중국과 북한의 무역과 비교된다.5) 이러한 한국과의 경제적 유대관계는 중국의 협상력을 강화시켰으며, 중국은 다른 국가에 대한, 특히 미국과 일본에 대한 무역 및 투자 의존도를 줄일 수 있었다.

> 북한 주민들이 '위대한 수령'이라고 부르는 김일성 주석은 제2차 세계대전 이후 공산정부를 수립하였다. 김일성은 일본의 지배에 저항하는 무장독립운동세력의 일원이었으며, 소련군이 한반도로 진군하여 김일성에게 정권을 넘겨주었다. 김일성 체제는 세계에서 가장 폐쇄적인 체제로 외부세계와 외교적 경제적 관계가 거의 없었다. 그러나 김일성의 주체사상은 공산권의 붕괴로 심각한 시련에 직면하였다. 소련의 원조가 중단되자, 북한 경제는 급격하게 추락하였다. 생산은 급격하게 떨어지고, 식량 및 필수품의 대대적인 부족 현상이 잇따라 발생했다. 김일성의 아들, '친애하는 지도자' 김정일은 방탕하다는 평판에도 불구하고 1994년 아버지의 지위를 승계했다. 김정일이 방탕하다는 평판은 사실일 수도, 한국의 정보기관이 만들어낸 이미지일 수도 있다.

한국 카드를 사용함으로써 중국은 가장 중요한 외교정책 목표 중 하나를 달성하는 데 진척을 이루었다. 냉전시기 동안 한국과 대만은 격렬한 반공주의에 기초하여 강력한 동맹관계로 뭉쳤었다. 오늘날 대외정책의 수립에 있어서 전통적인 안보·경제적 목표가 이데올로기를 대체하자 한국은 중국과의 화해관계를 위해 대만을 버렸다. 한국과 대만의 관계가 대만과 다른 주요 무역 대상국의 관계와 비슷한 비정부적 경제관계로 강등되었고, 대만은 얼마 남지 않은 외교적 우방국가 중 또 하나를 상실하게 되었다.

냉전의 종식으로 한국은 확실하게 이득을 얻었다. 북한은 명백한 패배자이다. 더 이상 이데올로기가 중요하게 고려되지 않는 오늘날, 고립된 신(新)스탈린체제 북한에 대한 소련/러시아와 중국의 원조는 급격하게 감소하였으며, 지독한 결과를 초래했다. 기근이 너무 심해서 북한정부가 어쩔 수 없이 국제사회의 식량지원을 수용해야 할 정도까지 북한경제는 악화되었다.[6] 다른 협상카드가 없는 상황에서 북한지도자는 핵무기개발프로그램에 착수하여 군사적 위협에 의존하고 있다. 핵무기로 무장된 북한의 군사력에 대해 모든 동아시아의 국가들은 위협을 느끼게 되었으며, 이러한 잠재적 안보 위협에 대응하여 동아시아 국가들은 서로 협력하게 되었다. 하지만 북한의 핵무장은 한국, 일본, 대만의 핵무장을 촉진시킬 수 있다.

## 군비경쟁 또는 평화공존?

세계차원에서 냉전체제가 종식되었음에도 불구하고 남북한은 여전히 서로 갈등하고 있으며, 한반도는 아시아에서 가장 많은 군사력이 집중되어 있는 상태를 유지하고 있다. 북한은 거의 100만 명의 (북한 인구의 5%) 병력을 유지하고 있으며, 한국의 병력수준은 70만 명 이상이다. 여기에 더해서 여전히 4만 명의 미군이 한국에 주둔하고 있다. 북한은 수적 우위로 한국의 보다 현대화된 군사장비 및 기술에 맞서고 있다. 러시아로부터의 지원이 중단되었고 중국의 지원도 불확실한 상황으로 북한은 군사적으로 고립되어 있다. 한국은 배 이상 되는 인구와 활기찬 경제를 가지고 있으며, 국제적 상황도 북한에게 불리한 방향으로 돌아가고 있는 것 같다. 이것이 북한지도자로 하여금 권력 유지를 위해서는 오로지 핵무기 선택 이외에는 다른 어떤 선택도 할 수 없도록 만들었다.

1993년 3월 북한은 핵확산금지조약(NPT: Nuclear Non-proliferation Treaty, 핵보유국이 핵무기, 기폭장치, 그 관리를 제3국에 이양하는 것과 비핵보유국이 핵보유국으로부터 핵무기를 수령하거나 자체 개발하는 것을 막기 위한 국제조약으로 1970년에 발효되었다. 25년의 유효기간이 끝나는 1995년 핵확산금지조약 연장회의에서 평가절차를 강화하는 내용의 결정안과 핵 비확산 및 핵군축의 원칙을 채택함으로써 항구적 조약으로 새롭게 출발했다. 한국은 1975년 86번째로 비준국이 되었다. 북한은 1985년에 이 조약에 가입했으며, 1993년 3월 탈퇴 선언 후 미국의 압력과 설득으로 그 해 6월 탈퇴 유보를 결정하였고, 2003년 결국 탈퇴하여 전세계를 놀라게 하였다. 현재 약185개 국가가 핵확산금지조약에 서명하고 있다. - 역자 주) 탈퇴를 선언했고, 국제사회의 핵사찰을 허용하지 않았다. 이것은 UN 직원들의 현장사찰을 받지 않는 상태에서 자유롭게 핵무기를 개발하겠다는 것으로 추정되었다. 1994년 미국과 다른 관계국들은 북한이 핵시설 건설을 중단하는 조건으로 다른 에너지원을 제공하기로 합의했다. 국제사회는 북한으로 하여금 핵의 사용을 협상카드로써 조차 고려하지 말라고 설득했다. 클린턴 행정부는 제한적 포용정책을 주장하였다. 미국은 북한 핵문제에 관한 1994년 '기본틀(framework)'에 합의했으며, 1997년 발표된 북한과의 관계 개선을 약속한 한국의 '햇볕정책(Sunshine policy)'을 지지했다. 2000년 10월 올브라이트(Madeleine Albright) 국무장관이 평양을 방문했는데, 국무장관 같은 미국 정부 고위급 인사가 북한을 방문하기는 처음이었다. 올브라이트에 의하면 김정일은 북한의 핵개발 프로그램 문제에 대해 다음과 같이 대답하였다.

> 우리는 외화 획득을 목적으로 수출하기 때문에 만약 당신이 이에 대한 보상을 약속해주면 중단할 것이다. … 우리는 또한 주체사업의 일환으로 우리의 군대를 무장하고 있다. … 만약 남한이 500킬로미터 사정거리의 미사일을 개발하지 않는다는 보장만 있다면 우리 또한 이를 개발하지 않을 것이다. 이미 개발된 미사일 문제에 대해서는 우리가 할 수 있는 일이 별로 없다고 생각한다. 당신이 부대 안으로 가서 그것들을 조사할 수는 없지만 생산을 중단하는 것은 가능하다. 소련이 붕괴하고, 중국이 개방하고, 그리고 이 두 나라와 우리가 맺었던 군사동맹이 없어진지 10년이 되었다. 우리의 군부는 새로운 무기를 원하지만 우리는 새로운 무기를 그들에게 줄 수가 없다. 만약 전쟁이 없다면 무기 또한 중요하지 않다. 미사일은 이제 더 이상 중요하지 않다.[7]

부시행정부 또한 북한 핵 프로그램에 대해 군사적 해결보다는 정치적 해결을 강조했지만 북한을 훨씬 더 심한 의혹의 눈초리로 바라보았다. 2002년 국정연설에서 부시대통령이 북한을 '악의 축(Axis of Evil)'에 포함시킨 일은 잘 알려져 있다. 북한이 비밀리에 핵개발을 진행하고 있다고 비판하면서 미국이 북한에 대한 중유 공급을 중단하자, 2002년 12월 북한은 실제로 핵무기를 개발하고 있다고 발표했다(1993년 3월 북한의 NPT 탈퇴 선언에 의한 1차 핵위기는 1994년 10월 21일 북미 간의 제네바 기본합의에 의하여 잠정적으로 일단락이 되었으나, 2002년 10월 미국의 켈리 특사 방북 시 북한이 새로운 핵 프로그램의 존재 사실을 인정함으로써 2차 핵위기가 시작되었다. - 역자 주). 2002년 북한은 우라늄 추출 작업을 진행하고 있다고 밝혔다. 2004년 파키스탄 핵무기 개발의 '아버지'인 칸(Abdul Qadeer Khan)은 북한에게 (그리고 다른 나라에게) 핵개발 비밀기술을 넘겨주었다는 사실을 인정하였으며, 1999년 북한 방문 시 핵무기 3개를 보았다고 언급했다. 더 나아가 미국 정보기관들은 북한이 부시행정부가 배치하려고 하는 미사일 방어체제(MD: missile defense system)에 대응하기 위한 미(未)실험 대륙간 탄도미사일을 보유하고 있다고 확신한다.

그러나 부시행정부는 중동에 관심을 집중하고 있는 상황에서 북한 문제에 대해 계속 신경을 쓸 수 없었다. 의심할 여지없이 미국 정부의 장기적 목표는 북한정권의 교체이지만, 중단기적으로는 한반도의 비핵화이다. 이러한 목표를 달성하기 위해 부시행정부는 북한이 핵무기 개발사업의 중단을 재확인하지 않는 한 어떠한 '당근'의 제시도 거부할 것이다. 미국은 중국과 북한이 선호하는 양자회담보다는 다자간 회담을 주장한다. 북한은 양립할 수 없는 두 가지 선택대안을 가지고 있다. 즉, 하나는 핵무기 개발 사업을 진행하는 가난한 고립, 그리고 다른 하나는 아마도 궁극적으로는 한국과 통일하게 되는 평화공존이다. 따라서 북한은 '대타협(grand bargain, 큰 틀에서의 포괄적인 협상 - 역자 주)' 전략을 주장하고 있다. 이 전략에 따르면 북한은 한 가지 쟁점에 대해서만 협상하지 않을 것이며, 대신에 북한의 생존과 경제회생을 보장하는 일련의 약속을 얻고자 할 것이다.

## 중국의 새로운 대한반도 외교

전 세계에 몇 남지 않은 공산 정권 중 하나인 북한의 우방국가로서 중국은 과거에는 공개적으로 북한에 대해 압력을 가하지 않았다. 그러나 오늘날 중국은 북한에게 주기적으로 신호를 보내고 있다. 중국은 겉으로 드러나지 않게 뒤에서 북한에게, 특히 경제 발전을 위해 중국식 개방정책 모델을 따르라고 압력을 가하고 있다고 전해진다. 북한에 대한 원조비용은 크다. 중국은 북한 핵이 일본 군국주의 부활을 초래할까봐 우려하고 있다. 중국이 가장 두려워하는 최악의 상황은 북한체제가 내부적으로 붕괴하여 한반도에 안보 공백이 발생하고, 한국, 일본, 미국이 이러한 안보 공백을 메우는 상황이다. 또한 중국은 끝없이 늘어나고 있는 탈북 난민 문제를 걱정하고 있다. 과거에 중국은 북한난민을 북한으로 강제송환했지만 여전히 수십만 명의 수많은 탈북자들이 중국 동북부 지역에 남아있다.

한반도의 긴장고조에 대한 중국의 대응방식은 외교를 통해 동북아지역을 주도하겠다는 중국의 새로운 포부를 확연하게 보여준다. 비록 중국은 부시행정부의 대북문제 접근법에 대해 의구심을 갖고 있지만 북한이 (중국과 북한이 선호하는 북미 양자 직접회담에 반대되는) 다자간 회담에 참여토록 촉구하기로 합의했다. 중국은 다자회담에 참여하고 있을 뿐만 아니라 다자회담의 주최국이다. 그러나 역대 미국 행정부들이 인식했듯이 중국의 북한에 대한 영향력은 제한적이다. 2003년과 2004년에 열렸던 6자회담 (북한, 한국, 중국, 미국, 일본, 러시아) 기간 동안 중국의 중재노력은 진솔한 찬사를 받았지만, 미국과 북한의 경직성 때문에 중국은 크게 실망하였다. 예를 들면, 2004년 2월의 제2차 회담은 예정된 공동성명서의 발표 없이 끝났으며, 중국이 혼자 성명서를 발표하고 말았다. 유일한 합의내용은 2004년 6월에 향후 논의를 위한 실무팀을 구성하기로 한 것이었다(그러나 최근 부시행정부 등장 이후 경색되었던 북미관계에 변화 조짐이 보이고 있다. 무엇보다도 다자간 협상의 성과가 나타나기 시작했다. 예컨대, 6자회

> ### 2002년 1월, 부시대통령의 상하양원 합동회의에서의 국정연설
>
> 북한은 미사일과 대량살상무기를 보유하고 있지만 국민을 굶주리게 하는 나라입니다. … 이런 나라들(북한, 이란, 이라크) 및 이들 나라와 동맹을 맺고 있는 테러주의자들은 '악의 축(an axis of evil)'을 형성하여 세계평화를 위협하는 무기로 무장하고 있습니다. 대량살상무기의 보유를 추구하기에 이들 나라의 위험성은 심각하며, 갈수록 커지고 있습니다. 이들 나라는 테러주의자들에게 무기를 제공하여 테러주의자들의 증오에 부합하는 수단을 제공하고 있습니다. 테러주의자들은 우리의 우방들을 공격할 수 있으며, 미국에 대한 공갈협박을 시도할 수 있습니다. 그러나 어떤 경우든 무관심은 최악의 대가를 치를 것입니다.

담을 통해 참가국들(한국, 북한, 미국, 중국, 러시아, 일본)은 북한 핵문제의 평화적 해결을 위한 세 가지의 주요 합의를 이끌어 냈다. 즉, 2005년 9·19 공동성명이 발표되었으며, 2007년 이의 이행을 위한 구체적 시행일정으로 '2·13합의(9·19 공동성명 이행을 위한 초기조치)'와 '10·3합의(9·19 공동성명 이행을 위한 제2단계 조치)'가 채택되었다. - 역자 주).

한반도는 여전히 위험한 지역이다. 미국과 일본은 북한이 다른 선택 대안이 없는 경우 불 속으로 뛰어들 만큼 괴상한 '불량국가(rogue regime)'라고 생각하고 있다. 중국은 북한에게 현재의 불안정한 상태를 유지하면서 점진적 변화를 시도하라고 압력을 행사하면서도 북한이 도대체 무엇을 원하는지 모르겠다고 밝히고 있다. 적어도 가까운 장래에는 북한은 아마도 핵무기를 협상카드로만 사용할 것이다. 그러나 긴장관계가 북한군과 주한미군 및 한국군 사이의 충돌로 비화될 가능성도 존재하며, 그 결과는 비극적일 것이다. 페리보고서(Perry Report)에 따르면 한반도에 전쟁이 발발하면 전쟁 시작 9일 동안에 5만 2천명의 미군 사상자(사망 및 부상)와 49만 명의 한국군 사상자가 발생할 것으로 예상된다.[8] 체제변화(regime change) 또는 체제진화(regime evolution) 둘 중 어떤 접근법이든 향후 동북아시아의 안보에 결정적 영향을 미칠 것이다.

한반도 38선 양쪽의 남북한은 항상 통일을 원하며, 통일은 불가피하다고

공공연히 말하고 있다. 문제는 통일방식이다. 언제나 의심이 많은 북한의 지도자들은 남쪽 동포를 신뢰하지 않는 것 같다. 따라서 조속한 통일은 일어나지 않을 것 같다. 특히 갑작스러운 통일로 사회적 경제적 고통을 초래했던 독일의 경우를 감안해 보면 더욱 그러하다. 대부분의 한국 국민들은 통일과정이 상호신뢰를 구축하고, 경제적 유대를 확장하고, 군사적 위협을 완화시키는 느린 과정이라고 생각한다. 이 과정이 얼마나 긴 기간이며, 얼마나 어려운 과정이냐가 논쟁거리이다. '햇볕정책(Sunshine policy)'으로 노벨평화상을 수상한 한국의 김대중 전 대통령에 따르면,

> 우리는 한반도 평화와 안정의 유지가 지역안보 및 세계안보를 위해 대단히 중요하다는 입장을 견지하고 있습니다. 우리는 한반도가 반드시 비핵화 되어야 하고, 평화와 안정이 유지되어야 하며, 대화를 통해 문제를 해결해야 한다고 생각합니다. 참여국들의 공동노력으로 대화를 통한 한반도 핵문제 해결에 착수하여 두 차례의 6자회담이 북경에서 열렸으며, 한 차례 긴장상황 이후 한반도의 상황은 완화되었습니다. 우리는 대화를 통한 핵문제의 조속한 해결과 한반도의 영구적 평화체제 수립을 위해 동등한 입장에서 상호존중과 협의의 정신에 입각하여, 참가국들과 의견 차이를 좁히고, 합의사항을 늘리고, 상호신뢰를 쌓기를 소망합니다. 언제나처럼 중국은 한반도의 평화와 안정 유지에 적극적 역할을 하겠습니다(2004년 4월 21일 인도주재 중국대사 후아준도(華君鐸)가 인도국방대학에서 행한 연설).

> 이러한 (위험한 대치상태 - 역자 주) 남북관계를 평화와 협력의 방향으로 돌리기 위해 저는 98년 2월 대통령에 취임한 이후 햇볕정책을 일관되게 주장했습니다. 그것은 첫째, 북에 의한 적화통일을 용납하지 않는다. 둘째, 남에 의한 북한의 흡수통일도 결코 기도하지 않는다. 셋째, 남북은 오로지 평화적으로 공존하고 평화적으로 교류협력하자는 것이었습니다. 완전한 통일에 이르기까지는 얼마가 걸리더라도 서로 안심하고 하나가 될 수 있을 때까지 기다려야 한다는 것이 저의 생각이었습니다.9)

## 향후 중국과 남북한 관계

중국과 한국의 관계 개선은 여러 가지 점에서 중국의 국익을 증진시켜준다. 첫째, 늘어나고 있는 한국의 대중국 투자는 일본을 비롯한 다른 나라에 대한 중국의 대외 경제 의존도를 줄여준다. 둘째, 동북아시아에서의 일본과 러시아의 영향력을 억제하는데 있어서 중국과 한국은 공동이익을 갖고 있기 때문에 남북한 모두와 친밀한 관계 유지는 일본이나 러시아와의 관계에 있어서 중국의 정치적 협상 능력을 높여준다. 셋째, 중국, 일본, 미국, 러시아 모두 한반도에서의 군비경쟁 종식에 관심을 갖고 있다. 따라서 남북한 모두와 친밀한 관계를 유지하고 있는 중국은 남북한과 주변 강대국들의 남북협력 증진을 위한 노력에 있어서 중추적 역할을 맡게 되었다.

또한 중국이 북한과의 우호관계를 유지하고자 하는 몇 가지 이유가 있다. 중국이 중재자로서의 신뢰를 얻기 위해서는 북한 지도자로부터 존경받을 수 있어야 한다. 따라서 중국은 북한과의 전통적인 군사동맹 관계의 약화를 초래하여 북한이 고립되거나 버림받는 상황을 용납할 수 없다. 또한, 중국은 북한과의 우호관계를 토대로 중국, 북한, 러시아 국경지역에 경제특구를 설립하는 등 세 나라 모두에게 이익이 되는 동아시아 지역 경제 사업에 북한의 동참을 권유할 수 있다. 중국식 모델을 통해 북한이 근대화하고 경제개발하도록 돕는 것은 동북아시아지역 안정에 도움이 되며, 향후 외부 열강이 개입할 위험성을 줄여준다. 마지막으로 중국이 북한의 가장 중요한 국가이익을 지켜준다면 한반도에서의 위험한 핵무기 경쟁을 배후에서 저지할 수 있을 것이다. 중국은 대안적 안보질서에 대한 협상을 주도하여 북한이 한국과의 분쟁을 해결하는 데 있어 좀 더 유리한 조건을 획득하기 위해 자신의 주요 협상카드였던 핵무기를 포기하도록 할 수 있을 것이다.

시간이 경과하면 중국은 어쩌면 통일한국 – 통일독일의 경우처럼 '속도위반결혼'이 아닌 점진적인 통일과정을 거친 – 으로부터 많은 이득을 볼 수 있다. 21세기 통일 한국은 일본과의 이해관계 및 역사적 경험 때문에 동북아시아 지역에서 일본의 영향력 확대 및 러시아 쇼비니즘 부활 등의 동북아시아 세력균형 문제에 대해 중국과 동맹을 맺을 가능성이 높다. 만약 동북아시아에 시베리아공화국이 분리 독립하면 중국과 통일한국은 동북아시아의 안정을 이룩하기 위해 북방의 새로운 이웃국가와 협력하는 데 이해관계를 같이할 것이다. 반면에 일본은 한반도에서의 세력균형을 유지하기 위해 핵무기를 보유하지 않은 안정된 북한체제의 등장을 희망하는지도 모른다. 일본은 항상 한반도를 자신의 '영향권(sphere of influence)'으로 주목해 왔는데, 동북아 지역 경제발전이 심화되면서 21세기 통일한국은 일본보다 중국과 더 가깝게 지낼 것이라는 점을 인식하고 있다.

### ■ 동남아시아 국가와 사이좋게 지내기

21세기 중국과 동남아시아 국가의 관계는 과거 어느 때보다 매우 긍정적인 방향으로 변화할 가능성이 높다. 인도네시아, 말레이시아, 태국, 싱가포르, 필리핀 지도자들은 중국이 혁명적 수사(修辭)를 폐기하고 동남아시아 국가의 마오주의(Maoist) 정당들에 대해 지원을 중단한 것에 대해 고맙게 생각한다. 아프가니스탄으로부터 소련군이 철수하고, 필리핀으로부터 미군이 철수하자 동남아시아 지도가 획기적으로 바뀌었다. 냉전종식 이전 동남아시아국가연합(ASEAN, 아세안) 회원국의 – 태국, 인도네시아, 말레이시아, 싱가포르, 필리핀, 브루나이 등 6개국과 캄보디아, 라오스, 베트남, 미얀마(버마) 등 신규가입 회원국 4개국 – 최대 관심사는 이 지역에서의 소련의 군사력 증강과 캄보디아와 라오스에 대한 베트남의 영향력 확대였다. 오늘날 아세안 국가의 주요 관심사는 중국의 경제·군사적 힘의 증가, 일본 경제의 상대적 약화, 지역 내 분쟁해결, 회원국들의 국내 정치적 허약성, 특히 인도네시아와 필리핀 국내의 테러 증가 등이다.

동남아시아에 있어서 중국의 정치적 경제적 선택 대안의 폭은 냉전시기 그 어느 때보다 넓어졌다. 그러나 중국의 동남아 이웃국가들은 거대한 자신들의 북방 이웃국가 중국을 항상 염려해왔다. 만약 중국이 동남아시아에 대해 영향력을 확대하려면 조심스럽게 추진해야 한다. 현재까지는 중국은 공산주의 혁명관계를 종식하고 우호협력 성명서 체결을 통한 아세안 회원국들과의 무역관계 증진에 집중하고 있다.

중국의 동남아시아 국가와의 유대관계는 복잡다양하다. 아세안 회원국 국내에는 많은 수의 중국인 화교가 살고 있으며, 중국인 화교들은 흔히 이들 나라의 상업과 비즈니스에서 중추적 역할을 담당하고 있다. 과거에는 적대감과 편견이 화교들을 괴롭혔다. 말레이시아에서 중국인 화교는 공식적으로 차별대우를 받았으며, 태국의 중국 화교는 강제적으로 태국 성(姓名)을 가져야만 했다. 1965년 인도네시아에서는 수카르노 대통령의 친중국 정부가 전복되는 기간 동안 많은 중국 화교들이 죽임을 당했는데, 이것은 동남아시아에 거주하는 중국 화교들은 그들이 살고 있는 나라보다도 중국에 대해 충성할 것이라는 좀체 사라지지 않는 두려움 때문이었다. 해외에 거주하는 많은 중국 화교들은 자신과 자신의 조상들이 살아온 나라의 시민권조차도 얻지 못하고 있다. 많은 동남아시아국가 국민들은 자신들이 생각하는 중국인 파벌주의에 대해 분노하고 있다. 하지만 그러면서도 동남아시아국가 국민들은 중국인 화교들의 사업적 성공을 두려움과 동시에 존경의 눈초리로 바라보고 있다. 반면에 동남아시아국가의 중국 화교들은 자신들의 경제적 성공은 자신들이 열심히 일했기 때문이라고 생각하며, 과거 대부분의 동남아시아국가들이 중국문화의 표출을 제한한 사실에 대해 분개하고 있다.

## 경제적 유대관계

1997년 중국은 국제금융기구들과 특히 미국의 신뢰를 잃는 대가로 아세안 국가들의 신뢰를 얻는데 성공했다. 아시아 금융위기로 인하여 동남아시아 국가에 대한 아시아의 지역 기구 및 미국의 약속은 그 신뢰성이 약화되었다. 그러나 중국은 태국에 대한 자금 지원을 약속하고 국제 경쟁력을 유지하기 위하여 자국 화폐를 평가절하 하지 않음으로써 아시아 금융위기를 중국의 이미지 향상에 활용하였다. 이러한 중국의 노력에 대해서 말레이시아 마하티르(Mahathir) 총리는 감사의 뜻을 표했다.

> 아시아 금융위기에 있어서 중국의 업적은 칭찬할 만하며, 이 지역의 국가들은 … 중국이 (위안)화를 평가절하 하지 않은 것에 대해 대단히 고맙게 생각합니다. 중국의 협조와 높은 책임감 덕분에 이 지역은 보다 심각한 결과를 피할 수 있었습니다. 동아시아를 돕기 위해 중국이 치러야했던 대가는 컸습니다. 말레이시아 국민은 중국의 태도에 대해 진심으로 감사합니다.[10]

중국의 아세안 국가에 대한 수출은 1991년에 41억 달러에서 2000년에 173억 달러로 늘어났으며, 아세안 국가로부터의 수입은 같은 기간 동안 38억 달러에서 222억 달러로 늘어났다.[11] 그러나 동남아시아에 대한 미국의 해외직접투자(FDI: foreign direct investment)는 1990년대에는 전체 해외직접투자의 75%였지만, 2000년에는 10%로 감소하였다. 2004년에 동아시아에 대한 미국 해외직접투자의 80%가 중국에 투자되었다.[12] 또한 중국은 아세안 국가와의 경제적 유대관계를 공고화하기 위해 2002년 12월에 아세안 국가와 포괄적 경제협력에 관한 기본협정(Framework Agreement on Comprehensive Economic Cooperation)을 체결했다. 표 6.1은 아세안의 대중국 무역에 있어서 수입 및 수출을 보여준다.

중국과 아세안 국가는 일정부분 유사한 점이 있다. 이 국가들은 수출목적으로 상품을 생산하는 경향이 있으며, 또한 외국인 직접 투자 대상지역이기도 하다. 이러한 유사성 때문에 아세안의 많은 사람들은 중국의 경제성장 및 무역장벽의 완화에 따른 중국의 수출 증가를 달갑게 여기지 않는다. 아세안 초기 회원국들은 새로운 아세안 회원국과 중국 사이의 무역 증가 속도가 자국과 중국 사이의 무역 증가 속도보다 훨씬 빠르다는 사실에 대해 불안해한다. 하지만 아세안은 이 거대한 국가와 함께 살아야 하며, 이 거대한 국가와의 관계를 효과적으로 관리하려고 노력해야만 한다는

### 표 6.1  1999년도 아세안-중국의 수출 및 수입

| 아세안의 대중국 수출 | 비율(%) | 아세안의 대중국 수입 | 비율(%) |
|---|---|---|---|
| 컴퓨터/기계 | 20.3 | 전기장비 | 26.6 |
| 전기장비 | 17.9 | 컴퓨터/기계 | 20.0 |
| 윤활유/연료/석유 | 11.4 | 곡식 | 4.3 |
| 유지(油脂)와 기름 | 5.4 | 윤활유/연료/석유 | 3.6 |
| 원목 | 5.1 | 선박/배 | 2.5 |

출처: ASEAN-China Export Group on Economic Cooperation, "Forging Closer ASEAN-China Economic Relations in the 21st Century," October 2001, pp. 9-10.

사실을 잘 알고 있다. 그 결과 아세안과 중국 사이에 자유무역지대의 설립 논의가 진행되고 있다(중국은 2007년 초 필리핀에서 아세안 10개국과 서비스 무역협정에 서명, 2010년 자유무역협정(FTA) 체결에 앞서 이 업종들을 먼저 개방하기로 합의했다. 이 지역에서의 경제대국을 꿈꾸는 중국은 1996년 '아세안 협력국' 지위를 획득하였으며, 2002년에는 경제협력조약을 체결, 2010년까지 자유무역기구를 설치하기로 합의했다. 2005년에는 상품 무역협정을 맺어 아세안 국가들과 약 7천개 품목에 대해 무관세 거래를 실현했다. - 역자 주). 자유무역지대의 설립은 지역 내 무역을 증가시킬 뿐만 아니라 비교우위에 따라 생산을 특화시켜 생산원가를 절감케 하고, 즉 수익을 증대시켜서 경제적 효율성도 증대된다.[13] 자유무역 연합이 실제로 형성될 지 여부는 참가국들이 경쟁의 심화, 노동자의 실직, 관세 수입의 감소 등에 대한 우려를 극복할 수 있는지 여부에 달려있다. 이러한 까닭에 중국은 동남아시아에 대해 '환심 공세(charm offensive)'를 펴고 있다. 중국이 동남아시아 국가와의 관계를 좋은 방향으로 관리하려면 이웃국가들이 숨이 막히도록 행동해서는 안 된다.

동남아시아 국가들은 이 지역에 있어서 중국의 정치적·경제적 지배와 중국의 라오스, 미얀마, 베트남과의 관계를 두려워하면서도 중국의 제안을 받아들였다. 중국은 신규 아세안 회원국가에게 성장산업의 보호에 대한 다양한 약속을 하고, 아세안 초기 회원국에게는 전체 아세안 국가의 지속적인 단결을 위해 중국이 맡은 바 책임을 다할 것임을 약속하여, 아세안 국가들의 우려를 완화시키려고 노력하고 있다.14) 21세기에는 과거 일본이 주창했던 '대동아공영권'이 현실화 될 수도 있다. 그러나 우습게도 이것을 지배할 나라는 일본이 아니라 중국일 가능성이 높다.

## 동남아시아 지역안보

정치·안보 영역에 있어서 중국의 행보는 보다 더 어려울 것이다. 이 지역에서 소련군과 미군의 철수를 대신할 다자간 구도의 형성은 거의 이뤄지지 못하고 있다. 심지어 아세안 조차 경제협력 체제를 넘어서 지역 집단안보체제 형태로 발전하지 못하고 있다. 이것은 미국이 미국과의 양자관계가 아닌 다자간 관계를 (적어도 최근 까지) 반대하는 것에 일정 부분 원인이 있다. 마찬가지로 중국은 1980년대 말 고르바초프(Mikhail Gorbachev)의 아시아 집단안보체제 주장을 무시했으며, 호주와 캐나다와 일본이 주최한 아시아태평양안보회의에 참석을 거부하였다. 중국 역시 쌍무적 안보협정을 선호한다. 과거 중국의 지도자들은 다자간 동남아시아 안보체제에 중국이 어떠한 영향도 미치지 못하는 상황을 두려워했다. 중국 지도자들은 동남아시아 국가와 개별적인 안보협력을 통해 중국의 국익을 극대화시킬 수 있다고 생각했었다.

그러나 1990년대에 중국은 생각을 바꿨다. 동남아시아에 있어서 미국의 영향력을 약화시키기 위해서 중국은 모든 아세안 국가들과 정치지도자간에 정기적인 회담뿐만 아니라 일정수준의 군사적 협력활동을 약속하는 안보협정을 체결하였다.15) 아세안 국가와의 관계 증진을 위한 노력의 일환으로 1990년대에 중국은 아세안+3(ASEAN Plus 3, 아세안에 더하여 중국, 일본, 한국), 아세안지역안보포럼(ARF: ASEAN Regional Security Forum) 등 여러 개의 다자간 회담에 참여했다. 중국은 아세안 국가들과의 영토분쟁을 해결하지 못하고 있다가 2001년에 '남중국해에서의 행동지침(Conduct of Parties in the South China Sea)' 협정을 체결하면서 새로운 접근법을 주창했다.

그 후 중국은 남중국해의 관할권(jurisdiction) 분쟁을 해결하기 위한 수단으로 군사력 대신에 대화를 강조하기 시작했다.

## 영토분쟁

동남아시아에 있어서 중국의 영유권 주장은 대만을 넘어서 남중국해 및 동중국해에까지 이른다. 1992년 2월 중국은 주변 다른 나라들도 영유권을 주장하고 있는 난사군도(Spratly Islands, 南沙群島, 스프래틀리 군도), 시사군도(Paracel Islands, 西沙群島, 파라셀 군도), 일본이 실효적 지배를 하고 있는 센카쿠열도(Senkaku Islands, 또는 Diaoyu Dao, 釣魚島諸島, 센카쿠는 일본식 표기이며, 중국명은 '댜오위다오'이다. - 역자 주) 등에 대한 중국의 지배를 주장하는 영해법(領海法)을 통과시켰다. 중국이 난사군도에 대해 영유권을 주장하는 이유는 석유매장 가능성 때문이다. 우선 중국은 1988년 난사군도를 놓고 베트남과 군사적으로 충돌함으로써 세계를 깜짝 놀라게 했다. 그 후 1992년에 중국은 미국 콜로라도 덴버에 본사를 둔 석유회사와 난사군도 한 개 섬 주변에 대한 공동석유탐사 계약을 체결하였다. 위험하게도 베트남과 다른 동남아시아 국가들은 중국 국경보다 자신들의 국경으로부터 훨씬 가까이 위치한 난사군도에 대해 영유권을 여전히 주장하고 있으며, 일부 국가는 31개 섬들 중에 한 개 또는 그 이상의 여러 섬에 군대를 주둔시키고 있다.

비록 중국과 아세안 회원국들이 공식적으로는 영유권 분쟁의 정치적 방식에 의한 해결을 약속하고 있지만 남중국해는 여전히 분쟁지역이며 위험한 지역이다. 2004년에 베트남이 난사군도의 한 섬에 관광객을 보내자, 중국은 이를 주권침해로 간주하여 대응했다. 대만은 과감하게 집을 세웠고, 미국과 필리핀은 이 지역에서 군사훈련을 실시했다. 이러한 각각의 행위들은 상황을 악화시켰다. 비록 어떤 관련국가도 전면적인 전쟁을 일으킬 가능성은 거의 없지만, 남중국해의 지속되는 긴장관계는 걷잡을 수 없는 사태로 쉽게 비화될 수도 있다(난사군도는 영어권에서는 스프래틀리 군도, 베트남에서는 '쯔엉사(Truong Sa, 長沙)'라고 부른다. 난사군도는 베트남과 필리핀에서 500km, 중국 하이난에서 1,300km 떨어져있는 48개의 작은 섬과 산호초 100여개로 이뤄져있다. 현재 난사군도에 대해 영유권을 주장하는 나라는 6개국이다. 베트남(24개), 중국(10개), 필리핀(7개), 말레이시아(6개), 대만(1개) 등 5개국이 48개 섬을 분할 점유하고 있다. 베트남과 중국, 필리핀, 대만은 일부 섬에 군대를 주둔시키고, 수시로 해상훈련을 실시하고 있으며, 베트남 통일전쟁인 1973~1974년 당시 월남군과 중국군 사이에 무력충돌이 일어난 일도 있는 등 주변국가간 갈등관계가 매우 심각한 분쟁지역이다. 최근 난사군도를 둘러싼 영유권 분쟁이 다시 불거지고 있다. 2007년 4월에 베트남은 영국 석유회사와 공동으로 유전을 개발하겠다는 계획을 발표하였고, 아울러 자신들이 점유하고 있는 24개 섬에 대한 국회의원 선거구를 설치했다. 그러자 중국도 2007년 11월 난사군도, 중사군도(中沙, Macclesfield Bank, 매클스필드), 시사군도(西沙, 파라셀, 베트남명은 호앙사, 黃沙) 등 3개 군도를 관할하는 싼사(三沙)시를 정식으로 설치하고 하이난(海南)성의 행정구역에 포함하는 것으로 맞섰다. - 역자 주).

## 캄보디아에서 중국의 역할

1975년에 크메르 루주(Khmer Rouge)는 캄보디아를 장악한 이후에 수도 프놈펜 및 다른 중소도시의 시민들을 킬링필드로 내몰았다. 전체 인구의 1/5에 해당하는 100만 명 이상의 사람들이 학살당하였다. 캄보디아 사회의 교육받은 사람, 사업가, '부르주아(bourgeois)'계급과 유대관계가 있는 사람들 대부분이 제거되었다.

크메르 루주의 만행이 벌어졌던 최악의 기간 동안 중국은 적어도 부분적으로는 공산주의 혁명에 대한 유대감 때문에 폴포트(Pol Pot)와 혁명군 살인자들을 지지했다. 그러나 아마도 보다 더 중요했던 이유는 중국과 베트남 사이에 존재하는 오랜 역사적 적대감 때문이었다. 소련의 지원을 받은 베트남 정권은 1978년에 캄보디아를 침공하였다. 베트남의 캄보디아 침공은 명목적으로는 학살을 종식시키기 위한 것이었지만, 베트남이 전통적으로 캄보디아의 비옥한 농업지역을 탐내었다는 사실을 결코 간과할 수 없다. 베트남은 수도 프놈펜에 훈센(Hun Sen)이 이끄는 꼭두각시 정권을 수립했지만, 크메르 루주는 시골지역에서 계속 전투를 벌였다.

전통적으로 베트남의 또 다른 경쟁국가인 태국은 크메르 루주를 돕기 위하여 중국과 비공식적인 동맹관계를 맺었다. 베트남의 지원을 받고 있는 프놈펜의 훈센정권을 공격하는 데 있어서 크메르 루주는 태국 영토와 태국 영토 내 크메르 루주 난민수용소를 본거지로 사용했다. 중국의 경제적, 군사적 지원이 태국을 통해 크메르 루주에게 전달되었으며, 1978년 말과 1979년에 캄보디아에 대한 베트남 정권의 군사적 개입을 중단시키기 위하여 중국정부는 중국군대에게 중국 남부 국경을 넘어 베트남 북부 지역을 공격하라고 명령했다. 하지만 베트남군은 중국군에게 확실하게 창피를 주었다. 중국은 군사적 시도의 실패에도 불구하고 인도차이나 내전에 있어서 계속해서 주요 참여자로 남았다. 1980년에 이르러 베트남은 라오스와 캄보디아 거의 대부분을 장악하였으며, 크메르 루주는 남부 농촌지역과 태국 국경과 인접한 캄보디아 북서부 지역을 점령하였다.

베트남의 국력 증가와 더불어 베트남의 팽창주의에 대한 소련의 지원은 많은 다른 아시아 국가들에게 경종을 울렸다. 아세안은 베트남을 견제하기 위하여 미국과 연합했으며, 미국은 두 개의 캄보디아 비공산 저항운동세력과 크메르 루주가 참여하는 3자 연립정부를 수립하려고 시도했다. 속칭 연립정부는 심지어 유엔의 승인을 받았는데 이는 유엔총회에서 캄보디아에게 주어진 의석을 연립정부가 차지하도록 허용하는 것이었다. 연립정부의 지지자들은 크메르 루주와의 동맹이 갖는 도덕적, 윤리적 의미보다는 동남아시아 지역에 대한 소련과 베트남의 영향력 확대를 우려하였다.

냉전체제가 끝나면서 아시아 국가들의 베트남 팽창주의에 대한 우려도 끝나게 되었다. 1989년에 거의 모든 베트남군이 캄보디아로부터 철수하였으며, 러시아도 과거 동맹국에 대한 지원에 관심이 없어졌고, 지원할 능력도 없어 베트남으로부터 러시아군을 철수시켰다. 오늘날 베트남은 서유럽 국가를 비롯하여 심지어 중국, 미국과도 국교정상화를 추구하고 있으며, 외국자본의 투자를 원하고 있다. 6억 달러를 투자한 대만과 일본이 베트남 투자에 앞장서고 있다. 1992년에 일본은 사회간접 시설 재건 지원을 위해 베트남에게 4억 달러를 공여하였다. 일본을 비롯한 외국 기업인들은 베트남의 잘 교육받은 대규모의 값싼 노동력에 관심이 많다.

냉전의 종식으로 인해 유엔안전보장이사회의 주도로 호주, 뉴질랜드, 아세안 국가들이 참여하는 캄보디아 사태 해결을 위한 공동 노력이 가능해졌다. 1991년 10월 안전보장이사회는 캄보디아 분쟁에 대한 포괄적·정치적 해결방안을 통과시켰다. 이에 따라 2만 2천명의 막강한 유엔군이 파견되어 캄보디아 내에서 모든 세력의 활동을 중지시키고, 새로운 헌법제정을 감독하여 신정부 수립을 위한 선거의 기틀을 마련했다.

중국은 캄보디아 문제에 대해 개운하지 못한 부분이 있었다. 중국은 안정보장이사회의 상임이사국으로서 유엔의 결정에 따라야만 했다. 그러나 중국이 이 지역 내에서 일본의 영향력 증대를 우려하였음에도 불구하고 유엔은 캄보디아에서의 유엔 활동 지휘 임무를 일본대표에게 부여하였다. 그 결과 일본은 캄보디아에 비군사적 임무를 수행하기 위한 일본군대의 파병을 약속하였다. 아시아 대륙 어느 곳에서든 일본 군대에게 활동을 허용하는 일은 중국 지도자에게는 매우 민감한 문제였다. 1992년에 일본을 방문한 장쩌민(江澤民) 당주석이 일본정부에게 비군사적 부대의 캄보디아 파병계획을 취소하라고 주장할 정도였다.

1993년 5월 유엔 감독 하에 선거가 실시되었으며, 크메르 루주는 선거참여를 거부했다. 그러나 일부 정치적 갈등이 여전히 남아 있었지만 캄보디아는 비교적 정치적 안정을 되찾았다. 이는 당시까지의 상황에 비해서는 확연히 그러했다. 중국의 캄보디아 관계 역시 안정되었다. 장쩌민은 2000년 11월에 캄보디아를 방문하였으며, 두 나라는 우호관계에 관한 공동선언을 발표했다. 2002년 11월에 주룽지(朱鎔基) 총리가 캄보디아를 방문하였으며, 중국은 캄보디아와 정치, 경제, 무역, 문화, 교육, 관광, 기타 분야에 있어서 쌍무적 협력관계를 촉진할 것임을 선언했다. 또한 주룽지 총리는 캄보디아의 부채 일부에 대한 탕감을 선언했다. 2002년 중국-캄보디아 사이의 무역은 2001년보다 15% 증가한 2억 7,000만 달러에 이르렀다. 중국은 캄보디아에 섬유, 철강, 전자제품, 금속기계, 건설자재 등을 수출했고, 캄보디아로부터 고무, 합판, 판자, 가구 등을 수입했다. 뚜렷하게 중국은 '환심공세'를 확대하여 캄보디아에게도 적용하기로 결정하였다. 중국은 캄보디아와 지역 내 경쟁국가 또는 과거의 군신관계에 그대로 머물지 않고 경제적 유대관계 확대와 캄보디아의 아세안 회원국으로서의 역할에 초점을 두고 양국관계에 접근하고 있다.

## 향후 중국의 동남아시아 국가와의 관계

동남아의 안보문제에 이해관계가 걸려있는 모든 국가들은 소련과 미국의 이 지역 내 영향력 감소, 캄보디아의 계속되는 정치적 불안, 지역 내 영토분쟁, 중국의 군사능력 증강에 대해 우려하고 있다. 향후 수십 년 동안 중국은 몇 개의 선택대안 중 하나를 택하는 어려운 결정을 해야 할 것이다. 중국의 결정은 향후 동남아시아 안보 상황에 지대한 영향을 미칠 것이다.

중국은 남중국해와 동중국해의 열도(列島)에 대한 중국의 지배를 주장하기 위해서 쌍무적 협상뿐만 아니라 동시에 군사적 위협을 사용하는 강경노선 정책을 채택할 수도 있다. 군사적 위협의 사용은 지역안보체제를 형성하려는 중국의 노력을 어렵게 할 것이며, 이웃국가와의 우호관계를 악화시킬 것이다. 중국은 동남아시아국가들 사이에 공통된 의견이 결여되어 있고 실질적인 지역집단안보체제를 형성할 능력이 부재하다는 점을 활용할 수 있다. 즉, 중국은 이 지역 외부의 해외투자자들에게 경제사업을 제안하여 개개의 섬마다 영유권을 주장할 수 있다.

향후 수십 년 동안 군사력의 사용을 선호하는 사람들 대신에 온건주의자가 중국을 통치한다면 중국은 이웃국가를 비롯한 지구촌 모든 국가들에게 쌍무적 차원에서의 실력행사를 원하지 않는다는 메시지를 전달할 수 있다. 중국은 실제로는 그렇지 않을지라도 이론상으로는 항상 고수해온 정책인 다른 나라의 국내문제에 대한 불간섭 정책을 다시 천명할 수도 있다. 중국은 동일한 약속을 이웃국가들에게도 요구할 수 있다. 더구나 중국은 아시아 국가 중 유일한 안전보장이사회 상임이사국으로서 동아시아의 평화와 안정을 보장하는 데 있어서 적극적인 동반자 역할을 수행할 것이다.

중국 정부 내에서 이웃국가와 평화적 관계를 강조하는 사람들의 영향력이 증대된다면 이들은 영토분쟁에 대한 타결을 시도할지도 모른다. 1993년 가을 중국은 남중국해 섬들을 둘러싼 분쟁을 평화적으로 해결하기 위해 베트남과 협상을 개시했고, 협상을 통해 석유자원의 공유가 가능하게 될 것으로 기대되었다. 지역문제의 공동해결을 추구하는 새로운 정책은 이 지역에서의 경제협력 증진에 비견할만한 동아시아 안보공동체의 형성과정에서 꼭 필요하지만 현재 결여되어있는 연결고리 역할을 할 수 있다. 남중국해에서의 군사적 대결은 지역 내 군비경쟁(특히 중국과 일본 사이의 군비경쟁)과 이웃국가들로부터 중국의 고립을 초래할 것이다. 반면 협력을 통한 지역분쟁의 해결 노력은 글로벌 국제사회에서 동아시아의 역할을 강화시켜줄 것이다.

## ■ 동남아시아의 세력균형

냉전기간 내내 서남아시아 지역은 동서대결의 격전장으로 당사국인 인도와 파키스탄뿐만 아니라 두 초강대국 미국과 소련도 개입하였다. 중화인민공화국 역시 1950년 티베트의 합병과 1960년대 인도와의 몇 차례 국경충돌을 통해 서남아시아 지역분쟁에 관여했다. 1959년 마침내 달라이 라마가 티베트로부터 망명하자 인도는 달라이 라마에게 망명처를 제공하였고, 이 일 때문에 중국은 네루 정부를 더욱 불신하게 되었다. 소련의 인도에 대한 지원 확대는 중국으로 하여금 안보문제에 더욱 민감하게 만들었으며, 제3세계의 지도자 역할을 놓고 네루정부와 중국은 직접적으로 충돌하게 되었다.

'적의 적은 나의 친구'라는 철학에 따라 파키스탄은 중국과 동맹을 맺고 소련에 대항하였다. 인도가 소련과 동유럽 공산국가로부터 더 많은 군사무기를 지원받으면 받을수록 미국과 중국은 파키스탄에게 더 많은 군사적 지원을 제공하였다. 인도가 동파키스탄(방글라데시)의 독립을 확보하기 위해 개입했던 1971년 동서파키스탄 전쟁 기간, 인도-파키스탄 전쟁은 초강대국의 대리전이었다. 소련은 인도를 지원했고, 미국은 닉슨행정부가 중국과 교섭을 시작하는데 있어서 파키스탄의 도움에 대한 보답으로 파키스탄을 편들었다.

중국-미국-파키스탄의 대소 동맹은 1979년 아프가니스탄에서 동맹의 정당한 이유를 발견했다. 비록 거의 두세기 동안 러시아와 영국이 이 지역에서 지배권을 놓고 경쟁했지만, 제2차 세계대전 이후 소련처럼 그렇게 맹렬하게 영향권을 확장시키려 하지는 않았다. 중국과 미국은 아프가니스탄의 반공주의자들 편에 서서 개입했다. 예상대로 인도는 소련 편을 들었으며, 소련의 아프가니스탄 침공에 대한 유엔의 비난결의안에 반대표를 던졌다. 수많은 반공투사들이 아프가니스탄-파키스탄 국경지역의 캠프를 거점으로 활동하였기 때문에 파키스탄은 아프가니스탄의 반공산주의 저항운동을 지원하는 주요 보급통로가 되었다. 아프가니스탄 내전은 고르바초프가 1989년 소련군을 철수시킬 때까지 서남아시아의 긴장관계를 고조시켰으며, 소련에게 있어서 아프가니스탄 전쟁은 미국에게 있어서의 베트남전과 비교될 수 있다. 소련은 자국군대를 철수시킴으로써 곤경으로부터 빠져나올 수는 있었지만, 소련군의 철수에도 불구하고 아프가니스탄의 사태는 완전히 끝나지 않았다. 그때부터 탈레반(Taliban)이 권력을 장악할 때까지 다양한 '자유투사(freedom fighters)' 집단들이 끊임없이 서로 싸우기 시작했다.

냉전체제가 종식되면서 실질적으로 서남아시아의 긴장관계는 더욱 고조되었으며, 안보동맹관계는 그 어느 때보다 복잡하게 되었다. 1980년대 말 인도와 파키스탄은 거의 전쟁직전까지 갔다고 전해지고 있고, 두 나라가 핵무기 사용을 고려한다는 소문이 있었다. 인도는 1974년에 핵무기 실험에 성공했고, 파키스탄은 1998년에 핵실험을 했다. 소련의 아프가니스탄 침공이 계속되는 상황에서 미국은 핵보유국 대열에 가입하려는 파키스탄의 노력에 대해 눈감아 주었다. 그러나 1980년대 말 부시행정부는 핵무장을 추구하는 국가에 대한 모든 지원을 중단하라는 미국 의회의 결의안을 받아들여 이를 시행했다. 또한 미국은 중국에게 파키스탄에 대한 핵무기 및 미사일 기술의 지원을 중단하라고 압력을 가했다. 그러나 아마도 이러한 압력은 실패한 것으로 보인다. 러시아는 인도에 대한 무기판매를 계속했으며, 마찬가지로 미국도 파키스탄에 민간차원의 무기판매를 지속하였다. 동시에 미국과 중국은 인도와 보다 발전된 관계를 성공적으로 추구해 갔다. 2001년 9월 11일 미국에 대한 테러리스트들의 공격의 여파로 서남아시아의 지역안보 문제가 보다 더 복잡해졌다. 인도는 파키스탄과의 국경 전역에 걸쳐 이슬람 근본주의자들의 반란에 신경을 곤두세웠으며, 중국은 파키스탄과 아프가니스탄 주둔 미군병력의 증강과 미국-인도관계의 증진을 우려하였다.

## 탈냉전시대 국제관계

탈냉전시대 서남아시아의 국제관계는 '이상한 나라의 엘리스'와 같은 특징을 갖고 있다. 즉, 점점 더 흥미진진해 지고 있다. 그리고 불행히도 점점 더 위험해 지고 있다. 미국과 소련의 역할이 감소했음에도 불구하고 기존의 모든 경쟁관계와 갈등들은 그대로 존재한 채 새로운 위험이 등장하고 있다. 인도와 파키스탄의 전쟁가능성과 핵확산은 모든 국가에 경고를 하고 있다. 인도의 이슬람 소수민족에 대한 폭력, 국경갈등, 인도의 카슈미르 점령을 둘러싼 긴장관계 등이 다시 격화될 수도 있다. 비록 파키스탄의 군사력은 인도에 비해서 훨씬 뒤떨어지지만, 파키스탄은 지상군의 열세를 만회하기 위하여 핵무기 및 화학무기를 사용할 수 있으며, 인도도 마찬가지 방식으로 대응할 수 있다. 무엇보다도 중요한 것은 이 지역의 군비증강이 중동지역의 군비증강을 앞질렀다는 사실이다. 인도와 파키스탄 간의 충돌이 발생한다면 세계 최강의 두 군대가 맞서 싸우게 되는 것이다.

## 중국-인도 긴장완화

간디(Rajiv Gandhi) 총리의 1988년 중국 방문은 오랜 두 적대국간 관계정상화의 전조가 되었다. 분쟁해결 노력이 진행되고 있는 중에 인도가 핵실험을 실시하자 1998년에는 과거의 낡은 행태가 다시 나타났다. 2002년 주룽지(朱鎔基)가 인도를 방문해서야 비로소 양국관계는 다시 안정되었다. 대부분의 국경분쟁 문제에 대해서는 아무런 진전도 이루지 못했지만, 인도는 처음으로 티베트를 중국식 명칭, 즉 '시짱 자치구(Tibetan Autonomous Regime: Xizang Zizhiqu, 西藏自治區)'로 지칭하였다. 중국산 소비제품이 인도 시장에 진출하고 있으며, 컴퓨터 산업에 있어서 쌍방무역이 증가하는 등 중국-인도 간 무역은 증가하고 있다. 그러나 중국은 인도의 핵무기 증가를 두려워하고, 인도는 중국의 파키스탄에 대한 무기판매와 군사적·경제적 측면에서 중국의 국력 증대를 우려하고 있어 중국과 인도 사이의 긴장관계는 계속되고 있다. 즉, 일부 중국의 분석가들은 미국이 인도를 비롯한 미국의 동맹국들로 중국을 포위하여 '봉쇄(contain)'하려

> **인도**: 45에서 95개의 핵탄두. 미국 국방부는 인도가 상대적으로 적은 분량의 핵무기 부품을 저장하고 있으며, '수일 또는 수주' 이내에 조립과 배치가 가능한 것으로 추정하고 있다.
> **파키스탄**: 30에서 50개의 핵탄두. 미국 국방부는 파키스탄이 부품형태로 핵무기를 보관하고 있으며, 파키스탄이 '매우 빠르게' 핵무기를 조립할 수 있다고 확신한다.
> 출처: Arms Control Association, "Nuclear Weapons: Who has What at a Glance," April 2004, http://www.armscontrol.org/factsheets/nuclear-weapons whohaswhat.asp.

한다고 두려워하고 있다. 한 분석가에 따르면 "인도와 서방세계는 중국 봉쇄에 대해 전략적 공동목표를 가지고 있기 때문에 (인도의 핵실험에 대한) 미국의 압력을 완화하기 위하여, 인도는 중국과 맞서야 한다."[16] 가까운 장래에 있어서 중국은 서남아시아 지역의 세력균형에 대한 갈망 때문에 십중팔구 보다 어느 한쪽에 치우치지 않는 외교정책을 추구할 것이다. 그 중 하나는 파키스탄 현 정권의 반테러 활동을 지지하면서 동시에 인도와 관계정상화를 기꺼이 수용하는 것이다.[17]

## 향후 중국-파키스탄 관계

인도대륙 및 주변지역에 있어서 파키스탄이 인도의 지배를 견제할 수 있는 유력한 대항세력으로 남아 있는 것이 장기적으로 중국의 국익에 도움이 된다. 힘을 통한 지배가 서남아시아의 풍조로 남아있는 한, 상호억제에 기초한 세력균형 추구는 중국의 국익에 좋다. 그러나 또한 향후 파키스탄에게 재래식 무기는 계속 제공하되 핵개발 지원은 중단하는 것이 중국에게 이롭다. 중국의 무기 판매는 파키스탄의 군산복합체에게 외화를 공급해주며, 인도대륙에 대한 인도의 지배를 저지하기 위한 지역내 군사적 균형의 형성에 대해서 중국과 파키스탄은 이해관계를 같이 하고 있다. 하지만 2000년 이후 중국의 파키스탄에 대한 주요 무기 판매는 알려지지 않고 있다.[18]

과거 적국이었던 인도와 경제적 유대관계 증진을 도모하는데 있어서, 중국은 인도와 국경분쟁에 관한 회담을 개시하고 신뢰구축조치를 전개하는데 대하여 오랜 동맹국인 파키스탄과 상의했다. 중국은 확신했다. "만약 중국이 인도와 보다 좋은 관계를 갖게 된다면 인도는 파키스탄에 대하여 보다 유연한 태도를 보일 것이다."[19] 중국은 최근 서남아시아에 있어서 확실하게 친(親)파키스탄적 입장을 택하는 대신에 모든 서남아시아 국가들과의 평화적인 경제무역관계를 강조하고 있다. 그렇게 함으로써 중국은 탈냉전시대에 있어서 평화지향 국가라는 평판을 얻고자 하는 것 같다.

중국 내부의 개혁주의자 및 비(非)군국주의자의 이해관계 측면에서 볼 때 이것은 또한 중국 국내 군부가 관리하는 공장에서 생산되는 무기가 아닌 소비제품의 교역과 이에 대한 투자를 촉진하는 수단이 될 것이다.

## 역할 모델로서 중국과 인도

중국과 인도는 일반 국민의 생활수준의 향상과 관련하여 자본주의체제 대 공산주의체제의 성공과 실패의 모델로 종종 비교된다. 인도는 국가자본주의를 통해 근대화 및 농업기술의 향상을 추진하고 있다. 제2차 세계대전 이후 다수의 교육받은 중산계층이 성장했고, 농산물 수확은 급격하게 증가하고 있다. 하지만 카스트제도 때문에 도시와 농촌의 사회구조는 바뀌지 않은 채 그대로 남아있으며, 여전히 부의 분배는 불공평하게 이뤄지고 있다. 따라서 농촌의 많은 가난한 사람들이 캘커타 및 다른 대도시로 이주하여, 도시지역 카스트제도의 하위 계급에 합류하여 임시적인 일을 하면서 간신히 연명하고 있다. 인도 정부는 일자리 창출을 위한 보다 효율적이고 생산적인 산업 형성을 위하여 1992년 대규모의 국영산업 민영화, 외국투자자에게 유리한 법률 제정, 심지어 특별경제구역의 설치 등에 착수하였다.

중국의 경제개발 모델은 확연히 다르다. 중국 공산당의 최우선 목표는 사회 모든 차원에 있어서 정치적 통제를 통해 계급 없는 사회를 건설하는 것이었다. 따라서 중국 공산당은 소작농의 집단화를 통해 중공업의 진흥에 사용할 수 있는 잉여금을 창출하는 스탈린식 공업화 모델을 활용하였다. 중국 공산당은 이러한 경제발전 모델이 모든 인민에게 적절한 먹을거리를 제공한다고 주장했지만, 대약진운동과 문화혁명 등 정치적으로 유발된 기근 기간 동안 많은 중국 인민들이 굶주렸다. 농업이 공산당 통제로부터 자유롭게 되기 전까지 농작물 수확량은 실질적으로 늘어나지 않았으며, 중국의 국영산업은 효율성이 떨어지는 문제를 가지고 있었다. 덩샤오핑(鄧小平)의 개혁이후 중국경제는 빠르지만 불균등하고 불평등하게 성장하기 시작했다. 그러나 이는 인도의 경제와 다르지 않다. 인도와 중국

두 나라 모두 경제개혁을 실시하였기 때문에 두 나라 각각의 경제 발전 모델의 차이점에 대하여 논의하는 것도 더 이상 설득력이 없게 되었다. 표 6.2에 설명되고 있듯이 중국과 인도의 발전에 대한 통계수치를 비교해 봐도 어느 한 쪽도 우세하지 않다. 1인당 국민소득은 중국이 인도보다 높다. 인권상황은 일반적으로 중국보다는 민주주의 국가인 인도가 더 높게 평가된다. 하지만 대규모의 아랍민족을 비롯하여 인도에 살고 있는 많은 소수민족들은 종종 정부 당국으로부터 무자비한 학대를 받고 있다.[20] 중국은 초등교육과 영아사망률에 있어서 인도를 앞선다. 그러나 이 차이는 공산혁명의 최대 성과 중 하나인 기초 의료보장제도를 중국이 포기한다면 줄어들 수도 있다. 탈냉전시대에 있어서 이념적 원리에 집착하는 교조주의적 경제발전 모델은 사회주의적 요소와 자본주의적 요소를 혼합한 경제실험들에 의해서 밀려나고 있다. 중국과 인도 모두 다른 개발도상국들에게 어떤 하나의 명확한 경제발전 모델을 제시해 주지는 않는다.

**표 6.2 중국과 인도의 발전지표, 1998~2002년**

|  | 1998 | | 2001 | | 2002 | |
| --- | --- | --- | --- | --- | --- | --- |
|  | 중국 | 인도 | 중국 | 인도 | 중국 | 인도 |
| 총인구(1억명) | 12 | 9 | 13 | 10 | 13 | 10 |
| 인구성장률(연평균비율) | 10 | 17 | 7 | 16 | 7 | 16 |
| 일인당국민소득(미국 달러) | 740 | 420 | 900 | 460 | 960 | 470 |
| 국민 빈곤율(인구에서 차지하는 비율) | 46 | – | – | – | – | – |
| 평균수명(년) | – | – | – | – | 707 | 634 |
| 출산율(여자 일인당 출산) | – | – | – | – | 19 | 29 |
| 영아사망률(신생아 1천명당) | – | – | – | – | 30 | 65 |
| 전체 문맹률(15세 이상 인구에서 차지하는 비율) | 838 | 557 | – | 613 | – | – |
| 여성 문맹률(15세 이상 인구에서 차지하는 비율) | 761 | 435 | – | – | – | – |

출처: World Development Indicators Database, August 2003, www.worldbank.org/data/.

## 지역 강대국으로서 중국과 인도

중국과 인도는 전통적 경쟁관계를 유지할 것으로 보인다. 이러한 일은 국경을 맞대고 있는 두 지역 강대국들에게 있어서는 드문 일이 아니다. 따라서 중국이 파키스탄에 대한 지원을 중단할 가능성은 별로 없다. 왜냐하면 인도대륙에 있어서 파키스탄은 인도와 대적할 수 있는 국가이며, 중국의 우방국가인 파키스탄은 중국 국경지역의 새로운 중앙아시아 이슬람 공화국들의 온건파들에게 영향을 줄 수 있기 때문이다. 더 나아가 탈냉전시대에 있어서 중국-인도 사이의 경제경쟁이 새로운 쟁점으로 등장했다. 비록 중국-인도 사이의 무역은 늘어났지만,[21] 이 두 나라는 외국투자와 세계은행(World Bank)의 개발원조를 놓고 경쟁하고 있다. 또한 중국과 인도는 동남아시아 시장을 놓고 경쟁하고 있으며, 중국은 인도의 베트남과의 관계개선 시도를 우려하고 있다.

경쟁자로서든 아니면 잠재적 동반자로서든 중국과 인도의 관계는 서남아시아의 안정뿐만 아니라 최근 등장하고 있는 글로벌 체제에 있어서 제3세계 지도국가의 위상에도 지대한 영향을 미칠 것이다. 과거의 경험을 근거로 미래를 예측해 본다면 중국은 두 가지 접근법을 동시에 추구할 것으로 생각된다. 중국은 인도와 쌍무적 차원에서 정치·경제적 관계 개선을 희망하고 있다. 하지만 서남아시아에서 진행되고 있는 핵무기 및 재래식 무기의 군비경쟁을 종식시키기 위한 다자간 군비통제협상에서 인도는 분명히 어느 시점이 되면 핵의 군사적 사용 포기를 규정한 뉴델리협정의 조건과 동일한 핵무기 폐기를 중국에게 요구할 것이다. 현재까지 중국의 정치지도자 및 군사지도자는 세계 전체가 참여하는 핵무기 폐기 협정이라면 모르지만 그렇지 않은 양국차원에서의 핵무기 폐기를 전혀 고려하고 있지 않다.

## ■ 정책대안

### 대안 1: 양자관계 강조

이웃국가들을 상대하는데 있어서 중국의 가장 쉬운 선택은 일본, 남북한, 동남아시아, 서남아시아에 대한 현재의 대외정책을 대부분 고수하는 것이다. 즉, 과거의 행태를 근거로 판단할 때 중국은 이웃국가들과의 관계에 있어서 다자간관계보다는 양자관계에 의존할 것이다. 중국의 시각에서는 이러한 대외정책 추구가 확실히 유리하다. 다자간 회담은 정치·안보 및 경제적 문제와 관련하여 중국이 아니라 다른 아시아국가에게 유리한 방향으로 관계구도가 형성될 수 있기 때문에 중국의 입장에서는 이웃국가와 개별적으로 상대하는 것이 보다 유리하다. 중국의 지도자들은 중국이 경제적으로 더욱 발전하게 되면 정치·경제적 쟁점에 대한 중국의 협상력이 증가될 것이기 때문에 향후 이러한 접근법이 중국에게 보다 더 큰 이익을 가져다 줄 것이라고 느끼고 있는 것 같다.

중국은 다자간협상보다는 양자협상이 모든 국가에게 최선의 방법이라는 점을 이웃 국가에게 부지런히 설득해야만 할 것이다. 하지만 만약 다른 아시아 국가들이 중국의 군사비 증가를 안보위협으로 간주한다면 이러한 설득이 갈수록 더욱 어려워질 것이다. 그러나 경제관계에 있어서 중국의 이웃국가들은 자국의 국익을 지키기 위해서는 아시아의 지배적 경제주체인 일본이 지배하는 지역경제모임에 속하기 보다는 오히려 개별적 협상을 선택하는 것이 보다 더 바람직하다는 중국의 의견에 동의할 지도 모른다. 실제로 중국 화교가 다수 인구를 차지하고 있는 싱가포르를 선두로 최근 동아시아와 동남아시아지역에서는 양자조약의 수가 증가하고 있다. 21세기에 있어서 만약 중국의 경제가 현재의 성장률을 계속 유지하면서 성장한다면, 그리고 만약 일본이 국내적으로 경제적 어려움을 갖게 되면 아마도 중국은 모든 지역경제모임에서 자국의 이익을 지킬 수 있다는 강한 자신감을 갖게 될 것이다.

## 대안 2: 지역주의 지지

만약 중국의 바람과 상관없이 지역 내 협력기구가 등장하면 중국은 오로지 자국의 국익(즉, 중국이 원하지 않는 정책을 다른 나라들이 추구하는 경우에 입을 수 있는 피해를 최소화 하는 것)을 지키기 위한 목적만을 위해서라도 의심할 여지없이 지역협력기구에 가입할 것이다. 중국이 아시아 이웃국가들에게 '환심공세'를 전개하고, 아시아의 다자간 기구에서 활동을 확대하고 있다는 사실에서 알 수 있듯이 이것이 바로 21세기 초 중국이 채택하고 있는 외교정책인 것 같다.

## 대안 3: 동북아시아 지역분쟁의 해결

현재의 아시아지역 세력균형은 중국에게 유리하기 때문에 중국은 이 균형을 깨뜨릴 수 있는 아시아의 분쟁에 대해 이웃국가들과 함께 노력하는 것이 합리적이다. 특히 동북아시아에 있어서 분쟁의 해결은 일본의 재무장 위험 및 러시아의 시베리아 개발 파탄 위험을 최소화 할 수 있기 때문에 중국의 국익에 도움이 된다. 한반도에 있어서 핵무기 경쟁의 완화 또한 중국에게 이로운 일이 된다. 현재 중국은 이를 위해 겉으로 드러나지 않은 상태에서 조용하게 남북한 사이의 중재자로서 노력하고 있으며, 동시에 중국은 공개적으로 북한에 대한 안보공약을 재확인하고 한국과의 대화에 있어서 북한의 입장을 대변하고 있다.

현재 북한의 지도자를 제외한 이 지역의 모든 주체의 입장에서 볼 때 아마도 가장 이상적인 안보구조는 캐나다와 미국 사이에 존재하는 안보구조와 유사한 낮은 수준의 비공식적 안보공동체의 형성이다. 150년 동안 미국과 캐나다는 공식적 지역안보구조가 부재한 상태에서 정치·경제적 갈등을 아무런 군사적 위협 없이 협상을 통해 해결했다. 논리적으로 볼 때 이 같은 비공식적인 지역안보체제의 등장을 촉진시키는 것이 중국의 이익이며, 이는 기능적 경제통합을 통해 형성될 가능성이 가장 크다. 비공식적인 평화지대는 근대역사에 있어서 중국의 두 적대국 러시아와 일본이 향후 군사적으로 위험한 행동을 할 가능성을 감소시켜줄 것이다.

### 대안 4: 동남아시아에서의 영향력 행사

중국의 시각에서 볼 때 동남아시아의 상황은 동북아시아의 상황과 매우 다른 것 같다. 동남아시아 지역에서 미군과 소련군이 철수하거나 감축된 현재 상황에서 중국은 동남아시아 지역에서, 특히 남중국해에서 지배적 강대국으로 등장하고 있는지도 모른다. 최근 공군력과 해군력의 증강으로 중국은 난사군도와 시사군도 지배에 대해 도전하는 어떤 역내 국가도 격퇴할 수 있는 능력을 갖게 되었다. 그러나 중국지도자들은 군사력을 증강할 때 다른 국가들이 자체적으로 군사력을 증강하거나 지역 외부 열강과 동맹관계를 복원하도록 자극해서는 안된다. 그러나 이렇게 하기는 쉽지 않다. 왜냐하면 지금의 탈냉전시대는 근대역사에 있어서 처음으로 중국이 과거 조상들이 지배했던 중화제국(Middle Kingdom)의 복원을 동남아시아지역에 부분적으로 실현할 수 있게 된 시기이며, 이 점에 대해서 대부분의 중국 국민들이 민족적 자부심을 가지고 있다.

### 대안 5: 동남아시아에 평화 창출

동남아시아국가의 재무장화는 일본의 군사력 증강을 촉발할 수 있다. 따라서 중국은 이를 피하기 위해서 여태까지 꺼려했던 접근법을 추구해야한다는 점을 깨달을 수 있다. 즉, 어떤 하나의 강대국이나 동맹체제가 동남아시아 지역을 지배할 수 없도록 이 지역에 있어서, 특히 남중국해에 있어서 지역분쟁의 해결을 적극적으로 추진하는 것이다. 그러나 북미지역에 존재하는 것과 유사한 비공식적 안보공동체를 형성하는 것은 대단히 어려운 일이다. 중국은 남중국해를 자국의 배타적 영역으로 간주하는 시각에 바탕한 정책으로부터 탈피해야 한다. 과거 중국은 남중국해에 있어서 석유 및 어업조업권을 베트남, 말레이시아, 싱가포르, 브루나이, 필리핀, 대만

등을 비롯하여 다른 어떤 나라와도 공유할 의사를 전혀 보이지 않았다. 아울러 중국은 미얀마에 중국 해군기지 건설 계획도 포기해야만 한다. 왜냐하면 이것은 동남아시아 및 서남아시아 지역을 불안정하게 만드는 요인이기 때문이다.

### 대안 6: 서남아시아에 평화적 세력균형체제 형성 촉진

1949년 공산당 정권이 수립된 이후 서남아시아 지역의 불안정성 때문에 이 지역 국가들에 인접한 중국 국경지역의 안보 및 치안유지는 강화되었다. 만약 인도와 파키스탄이 서로에 대해서 군사력을 집중한다면 이 지역에 있어서 세력균형의 유지는 티베트에 대한 지역 외부의 영향으로부터 중국이 자국의 국익을 지키는 데 도움이 될 것이다. 하지만 서남아시아에 있어서 중국의 근본적인 국가이익과 주요 목표는 지역 안정과 세력균형이다. 이러한 목적을 위해 중국은 인도와 어느 정도 화해를 이루었다.

중국의 분석가 장구이홍(張桂紅)에 따르면,

> 중국은 파키스탄과 전통적인 우호관계를 향상시켜야 하며, 다른 한편 인도와 건설적 관계를 수립해야만 한다. 지역 문제에 있어서 인도의 영향력이 증가하고 있는 점을 고려할 때, 인도 지도자들과 개인적으로 유대관계를 형성하고, 국경분쟁 협상 촉진에 보다 적극적인 행보를 보이는 등 인도에 대해 보다 더 많은 관심을 가져야만 한다. 이것은 중국이 파키스탄의 경제재건 및 사회적 변동에 보다 더 많이 투자해야 한다는 것을 의미한다. 건강한 파키스탄은 중국에게 이롭다. 핵확산금지 문제와 관련해서는 인도와 파키스탄에게 핵확산금지조약(NPT) 및 포괄적 핵실험금지조약(CTBT)에 가입을 요구하는 것이 중국에게 이롭다. 동시에 중국은 파키스탄의 핵무기 안전관리 능력 향상을 도와줘야하며, 서남아시아에서 핵전쟁의 발발 가능성을 저지하기 위해 미국 및 국제사회 공동체와 함께 노력해야만 한다. 중국은 인도와 파키스탄을 상하이협력기구(Shanghai Cooperation Organization)에 끌어들여야 한다. 상하이협력기구는 이들 국가와 협력증진을 위한 제도적 틀을 제공해줄 것이다. 이것은 또한 서남아시아와 중앙아시아지역에서 미군의 영향력에 대항하는데 있어서도 유용하다.[22]

## ■ 토의주제

1. 민족주의적 자긍심을 높이고 아시아에서 지도국가의 역할을 추구하는 데 있어서 중국의 군 현대화 및 군비증강은 21세기 초 아시아에 있어서 중국의 역할을 강화시켜줄 것인가 또는 약화시킬 것인가?
2. 향후 아시아에 있어서 중국의 안보는 이웃국가들과의 일방적 또는 양자관계를 통해서 증진될 것인가 또는 동아시아, 동남아시아, 서남아시아, 중앙아시아지역에 있어서 다자간 안보협력체제의 형성 노력을 통해서 증진될 것인가?
3. 향후 남북한이 계속해서 분단국가로 남아있는 것과 통일된 하나의 한국이 되는 것 두 가지 경우 중 어떤 것이 중국의 안보를 위해 더 좋은가?
4. 21세기 초 일본과 대등한 경제대국이 되기 위하여 중국은 무엇을 할 수 있나?
5. 유럽공동체(European Community) 또는 북미자유무역협정(NAFTA)과 비슷한 아시아 공동경제시장의 형성을 지지하는 것이 중국에게 이로운가?
6. 이웃국가들의 대립되는 주장을 고려할 때 중국은 난사군도 및 시사군도 일부 섬에 대한 점령정책을 계속 유지해야만 하는가? 중국이 이들 열도(列島)에 매장되어 있는 경제적 자원을 단독으로 개발하는 것보다 주변국가와의 공동개발에 참여하는 것이 중국에게 유리한가?
7. 아시아의 향후 발전에 대한 주도적 결정에 있어서 중국은 일본과 협력관계를 추구해야 할까? 또는 아시아에 있어서 일본의 지배적인 경제적 역할 및 잠재적인 정치적 역할을 봉쇄하기 위하여 다른 아시아 국가들과 연합해야 하는가?
8. 인도와 파키스탄 사이의 핵무기 및 재래식 무기경쟁의 종식을 추구하는 것이 중국에게 이로운가?
9. 중앙아시아에서 국가이익을 증진하기 위해서 중국의 지도자들은 터키, 이란, 파키스탄에 대하여 어떤 대외정책을 추진해야 하는가?
10. 미국의 서남아시아에 대한 대외전략 변화는 중국에게 무엇을 암시하는가? 미국-인도-파키스탄 삼각관계의 변동에 대해서 중국은 어떻게

생각하는가? 그리고 역시 중국이 관심을 가질만한 가치가 있는 미국-인도-중국, 미국-파키스탄-중국, 중국-인도-파키스탄 삼각관계는 어떠한가?[23]

## ■ 추천문헌

Albright, Madeleine. *Madam Secretary: A Memoir*. New York: Hyperion Books, 2003.

ASEAN-China Export Group on Economic Cooperation. *Forging Closer ASEANChina Economic Relations in the 21st Century*. October 2001. http://www.aseansec.org/asean_chi.pdf.

Ba, Alice D. "China and ASEAN: Renavigating Relations for a 21st Century Asia." *Asian Survey* 43, no. 4 (July-August 2003), pp. 622-647.

Bennett, Michael. "The People's Republic of China and the Use of International Law in the Spratly Islands Dispute." *Stanford Journal of International Law* 28 (Spring 1992), pp. 425-450.

Brown, Frederick, ed. *Rebuilding Cambodia*. Washington, D.C.: Johns Hopkins Foreign Policy Institute, 1992.

Choo, Yong Sik. "Handling North Korea." *Strategy and Issues* 23, no. 1 (Winter-Spring 2003), pp. 43-51.

Clark, Cal, and Steve Chan, eds. *The Evolving Pacific Basin in the Global Political Economy: Domestic and International Linkages*. Boulder, Colo.: Lynne Rienner, 1992.

Dittmer, Lowell. "East Asia in the 'New Era' in World Politics." *World Politics* 5 (October 2002), pp. 38-65.

Faust, John R. "The Emerging Security System in East Asia." *Journal of East Asian Affairs* 8, no. 1 (Winter-Spring 1994), pp. 56-89.

Foot, Rosemary. "Chinese-Indian Relations and the Process of Building Confidence: Implications for the Asia-Pacific." *Pacific Review* 9, no. 1 (1996), pp. 58-76.

Frankel, Francine R., and Harry Harding, eds. *The India-China Relationship: What the United States Needs to Know*. New York: Columbia University Press, 2004.

Garver, John. *Protracted Contest: Sino-Indian Rivalry in the Twentieth Century*. Seattle: University of Washington Press, 2002.

Heo, Uk, and Shale Horowitz. *Conflict in Asia: Korea, China-Taiwan, and India-Pakistan.* New York: Praeger, 2003.
Kim, Samuel S., ed. *The International Relations of Northeast Asia.* Lanham, Md.: Rowman & Littlefield Publishers, 2004.
Malik, J. Mohan. "South Asia in China's Foreign Relations." *Pacifica Review* 13, no. 1 (February 2001), pp. 73-90.
Mitra, Pramit. "A Thaw in India-China Relations." *South Asia Monitor* no. 62 (September 1, 2003).
Norbu, Dawa. "Tibet in Sino-Indian Relations: The Centrality of Marginality." *Asian Survey* 37, no. 11 (November 1997): 1078-1095.
O'Hanlon, Michael, and Mike Mochizuki. "Toward a Grand Bargain with North Korea." *Washington Quarterly* 26, no. 4 (Autumn 2003), pp. 7-18.
Pollock, Jonathan D. "The United States and Asia in 2003." *Asian Survey* 44, no. 1 (January-February 2004), pp. 1-13.
Scobell, Andrew. "China and North Korea: The Limits of Influence." *Current History* (September 2003), pp. 274-278.
Sommers, Justin, rapporteur. "The India-China Relationship: What the United States Needs to Know." Asia Society/Woodrow Wilson Center for International Scholars Conference Report, November 30, 2001.

## ■ 주

1) 다음 논문에서 인용. Alice D. Ba, "China and ASEAN: Renavigating Relations for a 21st Century Asia," *Asian Survey* 43, no. 4 (July--August 2003), p. 647.
2) 다음 논문에서 인용. James Hookway, "Now It's Hip to Be Chinese," *Wall Street Journal*, March 16, 2004, p. A18.
3) Samuel S. Kim, "China as a Regional Power," *Current History* (September 1992): 248.
4) Samuel P. Huntington, "The Clash of Civilizations?" *Foreign Affairs* 72, no. 3 (Summer 1993): 47.
5) Andrew Scobell, "China and North Korea: The Limits of Influence," *Current History* (September 2003): 276.
6) 2003년 4월부터 2004년 1월까지 미국은 약 10만 톤의 식량을 북한에게 지원했다. 1995년 이래 유엔은 200만 미터톤(M/T), 액수로는 5억 달러 어치의 식량을 북한에 제공했다. Christopher Marquis, "Modest U.S. Aid for North Korea," *New

York Times, April 27, 2004, p. A6.
7) Madeleine Albright, *Madam Secretary: A Memoir* (New York: Hyperion Books, 2003), p. 463.
8) Yong Shik Choo, "Handling North Korea: Strategy and Issues," *SAIS Review* 23, no. 1 (Spring 2003), p. 47.
9) 2000년 12월 10일 오슬로에서 행해진 노벨평화상 수상자 김대중의 노벨상 수상 연설. http://www.nobel.no/eng_lect_2000k.html.(원문의 영문연설문을 번역하는 대신에 김대중도서관[http://www.kdjlibrary.org]에 등재되어 있는 노벨평화상 수상식 한글 연설문을 옮겨놓았음을 밝힌다. - 역자 주).
10) Ba, "China and ASEAN," p. 637.
11) ASEAN-China Export Group on Economic Cooperation, *Forging Closer ASEAN-China Economic Relations in the 21st Century*, October 2001, p. 7.
12) Caryle A. Thayer, "Southeast Asia's Marred Miracle," *Current History* 103, no. 672 (April 2004), p. 178.
13) ASEAN-China Export Group, *Forging Closer*, pp. 30-31.
14) Ba, "China and ASEAN," pp. 639-640.
15) Thayer, "Southeast Asia's Marred Miracle," p. 181.
16) J. Mohan Malik, "South Asia in China's Foreign Relations," Pacifica Review 13, no. 1 (February 2001): 80.
17) "A Thaw in India-China Relations," *South Asia Monitor*, September 1, 2003.
18) Ibid.
19) Jay Solomon, Charles Hutzler, and Zahid Hussain, "China Steps Up Diplomatic Role," *Wall Street Journal*, December 8, 2003, p. A13.
20) M. Ali, "Kashmir Keeps South Asia Hostage While Visitors to U.S. Seek Solution," *Washington Report on Middle East Affairs* (October 1992), pp. 43-44.
21) 가장 최근의 중국 통계에 의하면 2003년 1월부터 4월까지 두 이웃국가 사이의 쌍무무역은 23억 1,300백만 달러를 기록하고 있다. 이것은 2002년 같은 기간에 비해서 70.8% 증가한 액수이다. 비록 2003년 1월부터 4월까지 인도의 대중국 수출은 2002년 같은 기간에 비하여 무려 100.5% 증가했지만, 중국의 대인도 수출은 42.1% 증가하였다. 2003년 초 3개월 동안의 무역수지는 인도가 3억 5,400만 달러의 흑자를 보았다. (http://economictimes.indiatimes.com/articleshow/msid-37123.prtpage-1.cms?) *The Economic Times Online*, "China, India to Cooperate in WTO Talks: Jiabao," June 23, 2003.
22) Zhang Guihong, "U.S. Security Policy Towards South Asia After September 11 and Its Implications for China: A Chinese Perspective," *Strategic Analysis: A Monthly Journal of the IDSA* 27, no. 2 (April-June 2003).
23) Ibid.

# 중국과 일본

7

근대시기 일본의 군국주의는 우리에게 엄청난 피해와 고통을 주었다. 그러나 일본국민들 또한 희생자였다. … 일본인들에게 그 책임이 있는 것은 아니다. … 역사를 반면교사로 삼아, 우리는 미래를 향해 나아가기를 원한다. 나는 역사가 절대로 반복되지 않기를 희망한다.

- 중국 총리 주룽지(朱鎔基, 1998~2003), 일본에서 행한 연설.[1]

21세기 초, 아시아와 세계의 지정학적 구조는 10년 전과 크게 다르다. 중국과 일본은 아시아의 지배세력으로서 그 중요성이 더욱 높아졌다. 양국이 서로를 협력자로 인식하고 행동하는가 아니면 경쟁자로 인식하고 행동하는가의 여부는 향후 100년이 아시아의 번영과 세계 지도력의 세기가 될 것인지, 아니면 비극과 고통의 세기가 될 것인지를 결정할 것이다. 지난 세기에 세계대전과 지역분쟁을 겪은 중국과 일본의 경험은 앞으로 그러한 고통을 피하도록 하는 충분한 자극제가 될 것임이 틀림없다.

그러나 이를 위해서 중국정부와 일본정부는 국내적으로, 그리고 양국 간의 관계에 있어서 어려운 결정을 내려야만 할 것이다. 중국과 일본의 경제 기적과 잠재적 군사력으로 인해 미래 양국의 관계는 단지 그들 자신뿐만 아니라 아시아 및 전체 세계의 안녕에도 치명적인 영향을 미칠 수 있다. 소련 붕괴 이전에 이미 일본은 미국 절반 정도의 인구규모에도 불구하고 미국 생산의 3/5에 해당하는 세계 제2의 경제대국으로 성장하였다.

세계은행은 만약 중국이 1992년과 1993년 같이 연 11~12%의 생산 증가율을 지속한다면, 2010년에는 일본의 생산규모를 능가하여 미국이나 유럽연합과 경쟁하게 될 것이라고 예측하였다.[2]

그러나 많은 비평가들이 양국의 경제기적이 지속될 수 있을지에 대해 의문을 제기하고 있는데, 왜냐하면 중국과 일본의 국내 및 대외 시장 관계에 많은 문제가 존재하기 때문이다. 일본에서는 고위 정치인들이 연루된 부패사건으로 인해 주요 정당에 대한 국민의 불신이 높다. 자민당을 비롯한 일본 정당의 지도자들이 기업 특혜에 대한 대가로 뇌물을 받았다는 것이 대중매체를 통해 폭로되었다. 정치적 스캔들과 아울러 일본 경제는 장기침체로 고통을 겪고 있다. 가까스로 버티고 있는 허약한 연립정부로부터 국내외 정책과 경제적 문제에 대한 어려운 결정이 내려지기를 기대할 수 없다.

아시아의 주도적 경제대국이자 미국에 이어 세계 제2의 무역 및 투자국인 일본의 경제적 역할을 고려할 때, 중국정부와 다른 나라의 정책결정자들은 일본의 정책결정자들이 지역 및 글로벌 차원에서 이러한 일본의 경제적 역할에 부합하는 정치안보 역할을 수행할 대책을 언제 수립할 것인지, 그리고 과연 그러한 대책을 수립할 의사를 가지고 있는지에 대해 의문을 제기한다. 중국정부는 제2차 세계대전 이후 일본이 오직 자위대만 보유하고 있다는 사실을 다행스럽게 생각한다. 중국은 강력한 일본경제의 일차적 수혜자이기도 하다. 그러나 중국과 일본은 향후 외부의 경쟁에 대해 자국 경제를 어느 정도 개방할 것인지와 관련하여 어려운 결정을 내려야 한다. 또한 양국의 경제 및 군사안보를 위협하게 될 중일 군비경쟁을 어떻게 예방할 것인지도 매우 중요한 문제이다. 그러나 일부 평론가들은 미래의 역할을 둘러싼 일본의 정체성 위기는 단지 일시적 현상이라고 믿는다. 그들은 일본이 점차적으로 자유주의적 시장개방의 패러다임을 충실하게 실천하여 강력한 경제강국으로 부상하고, 정치안보 사안을 다루는 세계 주도 국가가 될 것이라고 전망하고 있다.[3]

## ■ 일본: 협력 혹은 경쟁?

중국과 일본은 동아시아의 양대 강국이다. 지난 세기동안 아시아에서 지배적인 영향력을 행사해 왔던 또 다른 강대국가인 미국과 러시아는 아시아에서의 역할을 축소하고 있다. 따라서 향후 10년 동안 극동아시아의 안정과 평화에 있어서 중일관계가 관건이 될 것이다. 일본은 중국의 가장 중요한 무역상대국이며, 양국이 이웃국가인 러시아를 여전히 경계하고 있는 만큼, 양국 사이에는 협력을 추구하는 강한 원동력이 존재한다. 그러나 양국을 경쟁으로 몰고 가는 힘도 마찬가지로 강하다. 즉, 제2차 세계대전 기간에 고조되었던 역사적 적대감이 그것이다. 이 두 나라가 향후 10년 동안 협력과 경쟁을 향한 상반된 힘들을 어떻게 관리할 것인가의 문제는 동아시아, 그리고 아마도 세계 전체 국제관계의 앞날에 결정적인 영향을 미칠 것이다.

### 군사적 경쟁

중국의 인구 규모와 아시아 대륙에서의 지정학적 위치, 그리고 중국이 아시아에서 최대 규모의 상비군과 핵무기를 보유하고 있다는 사실을 보면, 군사적 우위를 차지하기 위한 중국과 일본 간의 경쟁에서 중국이 유리한 듯 보인다. 그러나 일본은 오직 자위대만을 보유하고 있음에도 불구하고, 국방예산의 규모가 미국, 러시아, 중국에 이어 세계 제4위를 차지한다. 그 결과, 일본의 군사기술과 국방예산은 이웃국가들로 하여금 제2차 세계대전 제국주의의 공포를 상기하게 하는 수준의 군사력을 유지하게 한다. 표 7.1은 일본 국방비 지출 규모의 상대적 순위를 보여준다.

제2차 세계대전의 종전과 함께 일본의 대동아공영권 건설 시도가 실패한 후, 냉전시기 일본의 군비태세는 전적으로 방어적 성격을 지녔다. 미국 맥아더(Douglas MacArthur) 장군이 작성한 1947년 전후 헌법의 제9조는 일본이 공격목적의 어떠한 군사력을 보유하는 것도 금지하고 있다. 그 결과, 일본 자위대의 규모는 25만 명 수준으로 제한되었다. 미국의 도쿄 폭격과

**표 7.1  5대 군사비 지출국, 2003년**

| 순위 | 시장 환율 기준 순위 | | | 구매력 기준 순위 | |
|---|---|---|---|---|---|
| | 국가 | 규모<br>(10억 달러) | 전 세계 비중<br>(%) | 국가 | 규모<br>(10억 달러) |
| 1 | 미국 | 417.4 | 47 | 미국 | 417.4 |
| 2 | 일본 | 46.9 | 5 | 중국 | 151.0* |
| 3 | 영국 | 37.1 | 4 | 인도 | 64.0 |
| 4 | 프랑스 | 35.0 | 4 | 러시아 | 63.2* |
| 5 | 중국 | 32.8* | 4 | 프랑스 | 38.4 |

출처: Information from Stockholm International Peace Research Institute, SIPRI, http://www.sipri.org/contents/milap/mex_major_spenders.pdf. 2004년 11월 29일 접속.
주: 수치는 2000년 고정가격 및 환율을 토대로 계산. 단위는 10억 달러.
* SIPRI 추산.

히로시마와 나가사키에 대한 핵폭탄 공격의 기억이 여전히 생생하게 남아 있는 가운데, 대다수의 일본인과 주요 정당들은 전후 헌법의 반전(反戰)조항을 수용하였다.

동아시아가 극도로 불안정했던 냉전기간 동안, 일본이 반전조항을 인정한 이유 가운데 하나는 미국의 지상군과 핵우산의 보호 때문이었다. 현재 약 5만 명의 미군이 일본에 주둔하고 있으며, 미국은 원자폭탄과 수소폭탄, 그리고 미사일 운반체계를 비롯하여 일본의 군사적 잠재력의 신속한 현대화를 지원할 수 있는 능력을 가지고 있다. 중국의 지도자들은 일본 군사력의 현대화 시나리오를 저지하는 방법과, 아울러 중국 군대의 위상과 능력을 증대시킬 방법을 고민하고 있으며, 중국 군사력 강화는 중국의 정당한 권리라고 생각한다.

## 경제적 상호의존

20세기 초엽 중국의 지식인들은 유럽열강을 물리치게 해 줄 근대국가 건설의 모델로 일본 모델에 주목하였다. 당시 중국의 많은 혁명가들과 마찬가지로 근대 중국의 '아버지'로 불리는 쑨원(孫文)은 일본에서 유학하고 있었다. 중국 혁명가들은 '부국강병'을 혁명운동의 목표로 정하고, 이에 도달할 수 있는 방법을 찾고 있었다.

일본이 1905년 제정러시아에 승리하였을 때, 일본의 군사력은 모든 아시아인들에게 경이감을 불러일으켰다. 일본이 네덜란드, 포르투갈, 그리고 (1853년 페리제독에 의해) 미국에 대해 개항한 후, 수십 년이 채 지나지 않아 유럽 최강의 군사강국 가운데 하나인 러시아에게 굴욕스러운 패배를 안겨주었기 때문이다. 신속한 근대화와 산업화가 이러한 군사적 승리의 기반이 되었다. 일본사회는 1868년 메이지 유신을 통해 사회를 개혁하고, 서구의 과학기술과 자본주의 경제체제에 대해 문호를 개방하였다. 미쓰비시와 같은 거대한 복합기업체인 일본 재벌집단(zaibatsu)이 등장하였고, 정부의 행정은 근대화되었으며, 대중교육이 강조되었다. 이 모든 변화는 일본사회와 경제에 대한 외국인의 실질적인 침투가 거의 없이 이루어졌다. 제2차 세계대전 이후, 맥아더 장군은 그나마 남아있던 일본경제의 붕괴를 두려워하여 자신의 경제 구상을 농촌지역의 토지 개혁에 한정하였다. 따라서 일본 재벌집단은 그대로 살아남을 수 있었으며, 많은 미국인들이 일본산 차를 소유하고 있는 것으로 알 수 있듯이 번성하였다.

중국의 공산주의자들은 처음에 신속한 산업화를 위해 소련의 정책을 따르고, 일본의 발전모델을 도외시하였다. 스탈린이 소련 농민을 무자비하게 집단화한 것처럼 마오쩌둥(毛澤東)은 중국 농민을 집단화하였고, 스탈린이 다른 무엇보다도 중공업 육성에 치중했던 것과 마찬가지로 마오쩌둥도 동일한 정책을 추진하였다. 마오쩌둥은 경제발전을 위해 변덕스럽게 여러 가지 모델들을 실험하였지만, 이러한 실험은 사회주의적 생산양식 틀 내에서 이뤄진 것이었다. 1980년대 일본의 국민총생산이 소련의 국민총생산을 능가하였다는 사실에도 불구하고, 마오쩌둥을 비롯한 중국 정치지도자들은 여전히 소련을 목표로 삼았으며, 일본의 국가 자본주의를 전혀 고려하지 않았다.

중국이 4대 현대화를 추진할 것이라는 저우언라이(周恩來)의 선언은 일본 경제모델에 대한 중국의 태도에 변화를 가져왔다. 저우언라이와 그의 후계자인 덩샤오핑(鄧小平)은 (제3장에서 지적한 바와 같이) 일본모델이 '네 마리 작은 호랑이'(대만, 한국, 홍콩, 싱가포르) 경제 기적의 본보기였다는 사실에 주목하였다. 토지개혁, 중앙집권적이고 권위주의적인 정치권력, 고속 성장을 위한 산업투자에 대한 강조, 수출 촉진 등이 결합된 일본모델은 중국 지도자들에게 매력적이었다.

4대 현대화를 실행하기 위해 중국은 자본투자가 필요했다. 어느 한 국가에 지나치게 의존하게 되는 것에 대한 우려에도 불구하고, 중국은 높은 수준의 일본투자를 허용하였다. 그러나 동아시아에서 일본의 경제적 주도권의 확대는 중국뿐만 아니라 대다수 동남아시아 국가들의 일본의 투자와 무역에 대한 의존도를 높이는 것이었으며, 이것은 중국 지도자들에게 주요 걱정거리가 되었다. 중국에게 일본은 기술과 자본재의 최대 공급원이고, 반면에 중국은 일본 산업에 대한 원자재의 주요 공급원이다. 일본은 아시아, 호주, 그리고 잠재적으로 시베리아 원자재의 주요 시장이다. 일본의 첨단 기술상품은 수입, 합자기업, 혹은 일본 자회사 등을 통해 이미 아시아 시장 대부분을 지배하고 있다. 아시아 국가들 간에 무역장벽을 낮추기 위한 협정의 진전은 일본의 지배를 더욱 강화시킬 것이며, 그 결과 전쟁이 아닌 평화적 수단으로 실질적인 일본 공영권이 탄생할 것이다. 중국은 값싼 원자재와 노동집약적 공산품을 판매하고, 비싼 첨단 기술상품 및 완제품을 일본으로부터 구입하고 있기 때문에, 아시아의 다른 국가들과 마찬가지로 중국 또한 일본과의 무역수지에서 적자를 보이고 있다.

## 미래의 중일관계

아시아의 연안지대가 세계에서 가장 빠르게 성장하는 경제지역으로 등장하고 있는 상황에서 아시아의 군비증강이 계속되고 있는 현실을 고려할 때, 아시아의 경제번영과 지역안보에 있어서 제일 중요한 문제는 아마도 중일관계일 것이다. 현재까지 중국과 일본의 교류는 무역, 기술, 투자, 학술적 교류, 여행, 외교와 같이 안보와 무관한 영역에서 이루어졌다. 중국은 아시아 전체지역의 무역과 투자에서 일본의 주도권 확대를 우려하고 있는 반면, 일본의 투자와 선진기술, 그리고 일본과의 무역 확대를 필요로 한다. 또한 중국은 일본에 석탄, 석유, 목재, 농산품 등을 비롯하여 다양한 자연자원을 공급하고 있기에, 근본적으로 일본과 중국은 자연스러운 무역 파트너이다.

이러한 경제관계가 양국 모두에게 큰 이득을 가져다주긴 하지만, 문제가 존재한다. 중국의 지속적인 경제 발전으로 양국은 서로를 아시아 연안지대의 경쟁자로 바라보고 있다. 일본은 중국에 지나치게 의존하지 않기 위해 동남아시아와 서남아시아를 값싼 원자재 공급지, 일본 상품 시장, 노동집약적 투자 대상지 등으로 활용할 수 있을 것이다. 게다가 일본이 21세기 아시아의 주요 경쟁국에 대해 일본의 기술적 우위를 유지하려고 하기 때문에, 일본의 보다 발전된 기술이 중국으로 수출되지 않을 수도 있다. 또한 일본은 무기구입과 중국자체의 국방과학기술 발전을 통한 중국의 군사력 현대화를 우려하고 있다. 일본은 중국의 국방과학기술 현대화를 지원할 의사가 없으며, 서구의 우방국들도 일본의 이러한 정책을 따르고 있다.

현재 중국과 일본은 서로에게 안보위협이 되지 않는다. 문제는 미래에 있다. 아시아에서 군비경쟁이 계속된다면, 일본은 중국이 확대된 경제력을 이용하여 아시아의 지배적인 군사강대국으로 등장하는 상황을 용인하지 않을 것이다. 중국 또한 아시아에서 일본의 정치・군사적 역할(예를 들어, 제2차 세계대전 이후 처음으로 동남아시아에 일본군대가 파견된 사례인 일본이 주도했던 캄보디아 유엔 평화유지활동)을 우려하고 있다.

## ■ 무역과 투자

아시아의 무역 및 투자 양상이 더욱 복잡해짐에 따라, 중국은 점차적으로 일본과 연결되고 양국은 나머지 아시아 국가들과 연결되고 있다. 일본의 외무성에 따르면, "2002년 중일무역 총액은 2001년에 비해 15% 증가하였다. 즉, 중국은 미국을 추월하여 일본에 대한 최대 수출국이 되었으며, 일본은 중국의 최대 교역국이다. 2002년 회계연도 상반기, 일본의 중국에 대한 투자는 계약기준으로 1,132억 엔(약 9억 달러)으로, 이는 1년 전 동일한 기간에 비해 23.2% 증가한 것이었다."[4] 표 7.2와 7.3은 중일 간 제1차 상품의 교역 통계를 보여준다.

그러나 미국은 여전히 일본과 중국의 최대 수출시장으로 남아있다. 또한 아시아의 새로운 경제거인으로 등장하고 있는 이 두 나라는 미국에 대해 세계 최대 규모의 무역흑자를 기록하고 있다. 2002년 일본의 대미 무역흑자는 700억 달러였으며, 중국의 대미 무역흑자는 1,030억 달러였다. 일본의 대미 무역흑자로 인해 일본정부는 오랫동안 미국정부로부터 집중적인 비난을 받았다. 이제 미국정부의 비난의 화살은 중국을 겨냥하고 있다.

중국, 일본, 미국, 그리고 여타 아시아 국가들 간의 경제적 상호의존의 복잡성과 중요성은 투자 양상에도 나타난다. 앞 장에서도 언급했듯이, 중국 본토에 대한 해외투자의 75% 이상이 홍콩, 대만, 화교 등의 투자이지만, 일본과 미국 또한 중국에 대한 주요 투자국이다. 일본은 특히 전력, 운송, 통신과 같은 사회기반시설 개발에 중요한 투자국이며, 미국은 현재 중국 민간 항공기의 주요 공급국이다. 일본은 동남아시아의 최대 투자국이며, ASEAN 국가의 화교는 일본인과 매우 긴밀하게 협력하고 있다. 동시에 동남아시아의 화교는 중국본토에 대한 최대 투자자이다.

아시아에서 경제적 상호의존 증가는 다른 지역, 특히 미국과의 상호의존과 연결되어 있다. 이러한 상황은 아시아 경제발전의 성장엔진인 중국과 일본이 상호 간뿐만 아니라 다른 아시아 국가, 또는 미국, 서방세계와도 상호 호혜 원칙에 입각하여 경제관계를 조정해야 할 필요성을 제기한다. 아시아는 유럽과 라틴아메리카를 추월하여 미국의 최대 교역상대로 등장하였다. 그러나 일본과 중국은 아시아의 다른 교역국들과 마찬가지로 향후 무역전쟁을 방지하기 위해서 미국과의 무역관계 불균형 해소를 위해 노력해야 한다.

## 표 7.2 일본이 중국으로부터 생명별 수입, 1994년~2000년 (단위: 백만 엔)

| | 1994 | 1995 | 1996 | 1997 | 1998 | 1999 | 2000 |
|---|---|---|---|---|---|---|---|
| 총 수입 | 2,811,395 | 3,380,882 | 4,399,676 | 5,061,673 | 5,061,673 | 4,875,385 | 5,941,358 |
| 식품 | 482,214 | 440,805 | 547,438 | 609,509 | 599,098 | 598,224 | 633,120 |
| 섬유 원자재 | 34,842 | 18,414 | — | — | — | — | — |
| 광석 | 4,782 | 6,450 | 5,309 | 10,662 | 1,268,419 | — | — |
| 기타 원자재 | 92,744 | 103,192 | 154,606 | 168,250 | 171,574 | 143,480 | 161,658 |
| 광물성 연료 | 196,671 | 196,765 | 261,352 | 292,526 | 201,175 | 153,803 | 232,628 |
| 화학제품 | 96,143 | 124,270 | 151,930 | 177,946 | 220,751 | 152,316 | 176,132 |
| 기계 장비 | 287,088 | 485,743 | 795,669 | 1,058,728 | 1,136,053 | 1,175,947 | 1,553,423 |
| 기타 | 1,616,912 | 2,005,243 | 2,483,372 | 2,744,051 | 1,247,064 | 2,651,614 | 3,184,398 |

출처: Web Japan, http://www.web-japan.org/stat/stats/08TRA38.html, 2004년 6월 2일 접속.

주: 반올림으로 인해 합산 총액이 맞지 않음.

표 7.3 일본의 대중국 상품별 수출, 1994년~2001년 (단위: 백만 엔)

| | 1994 | 1995 | 1996 | 1997 | 1998 | 1999 | 2000 | 2001 |
|---|---|---|---|---|---|---|---|---|
| 총 수출 | 1,913,705 | 2,061,960 | 2,382,363 | 2,630,721 | 2,620,905 | 2,657,428 | 3,274,448 | 3,763,723 |
| 식품 | 5,453 | 8,848 | 13,045 | 13,331 | 12,260 | 11,388 | 15,039 | 19,911 |
| 섬유 및 섬유 제품 | 183,420 | 221,043 | 283,680 | 307,106 | 279,847 | 292,212 | 318,947 | 346,045 |
| 화학제품 | 139,080 | 192,079 | 222,414 | 267,112 | 301,471 | 341,798 | 429,941 | 476,112 |
| 광물질 | 25,330 | 24,558 | 39,749 | 41,132 | 47,013 | 43,669 | 65,395 | 69,700 |
| 금속 및 금속제품 | 277,971 | 292,729 | 258,412 | 295,134 | 301,126 | 290,378 | 351,845 | 405,921 |
| 기계 장비 | 1,131,601 | 1,152,472 | 1,354,048 | 1,427,263 | 1,435,981 | 1,423,550 | 1,797,894 | 2,066,577 |
| 기타 | 150,851 | 170,232 | 211,015 | 279,642 | 243,208 | 254,432 | 295,386 | 379,457 |

출처: Web Japan, http://www.web-japan.org/stat/stats/08TRA38.html, 2004년 6월 2일 접속.

주: 반올림으로 인해 항산 총액이 맞지 않음.

## ■ 중일 협력의 가능성

일본이 지역차원 및 세계적 차원에서의 정치역할 및 안보역할과 관련하여 우유부단한 태도를 보이고 있지만, 중국의 대외개방 과정에서는 핵심적 역할을 수행하였다. 일본은 또한 대만과의 무역 및 비외교적 관계를 유지하고자 하는 국가들과 중국이 외교관계를 정상화하는 문제를 교묘하게 처리할 수 있도록 중국에게 도움을 주었다. 미중 수교 8년 전인 1971년에 일본은 중국과의 외교관계 수립과 동시에 대만과의 외교관계를 단절하였고, 경제 및 다른 비외교적 기능을 수행하는 비정부 사무소를 대만에 설치하였다. 이러한 독창적인 방식은 중국, 대만, 일본 모두에게 이로운 것이었을 뿐만 아니라, 미국을 비롯한 다른 나라들이 대만에서 중국으로 외교관계를 교체하는데 있어서 전례로 사용되었다.

일본은 중국의 무역 및 투자 개방에 있어서도 중요한 역할을 하였다. 일본은 중국이 세계은행과 국제통화기금 회원국 지위를 회복하도록 성공적으로 도왔다. 천안문 사태 이후 미국이 세계은행의 중국차관 중단을 관철시켰을 때, 일본은 다른 G7 국가들을 설득하여 세계은행이 중국차관 재개 결정하는 데 주도적인 역할을 하였다. 세계은행에 따르면, 중국은 2003년 13억 달러의 차관을 받았으며, 아르헨티나, 터키, 브라질에 이어 제4대 세계은행 차관 수혜국이었다. 또한 관세 및 무역에 관한 일반협정(GATT)의 우루과이라운드(UR)가 국제무역 장벽을 낮추고, GATT를 세계무역기구(WTO)로 승격시키기 위해 출범하였을 때, 일본은 중국이 참관국 자격으로 1987년~1993년 우루과이 협상라운드에 참여하는 것을 지지하였다. 일본은 또한 중국의 WTO 가입을 찬성하였다. 일본은 중국 국내의 인권정책이 중국의 글로벌 경제체제로의 편입을 허용하는데 있어서 판단기준이 되어서는 안 되며, 중국의 국제무역관계에 조건을 두어서는 안 된다는 입장을 취하였다. 표 7.4는 1980년~2001년 일본의 중국에 대한 개발 원조를 정리한 것이다.

표 7.4 일본의 대중국 공식 개발지원, 1980년~2001년 (단위: 억 엔)

| 회계연도 | 차관원조 | 무상원조 | 기술지원 | 총액 |
|---|---|---|---|---|
| 1980 | 660.00 | 6.80 | 5.64 | 672.44 |
| 1981 | 1,000.00 | 23.70 | 10.17 | 1,033.87 |
| 1982 | 650.00 | 65.80 | 19.78 | 735.58 |
| 1983 | 690.00 | 78.31 | 30.45 | 798.76 |
| 1984 | 715.00 | 54.93 | 26.77 | 796.70 |
| 1985 | 751.00 | 58.96 | 39.48 | 849.44 |
| 1986 | 806.00 | 69.68 | 48.10 | 923.78 |
| 1987 | 850.00 | 70.29 | 61.92 | 982.21 |
| 1988 | 1,615.21 | 79.58 | 61.49 | 1,756.28 |
| 1989 | 971.79 | 56.98 | 40.51 | 1,069.28 |
| 1990 | 1,225.24 | 66.06 | 70.49 | 1,361.79 |
| 1991 | 1,296.07 | 66.52 | 68.55 | 1,431.14 |
| 1992 | 1,373.28 | 82.37 | 75.27 | 1,530.92 |
| 1993 | 1,387.43 | 98.23 | 76.51 | 1,562.17 |
| 1994 | 1,403.42 | 77.99 | 79.57 | 1,560.98 |
| 1995 | 1,414.29 | 4.81 | 73.74 | 1,492.84 |
| 1996 | 1,705.11 | 20.67 | 98.90 | 1,824.68 |
| 1997 | 2,029.06 | 68.86 | 103.82 | 2,201.74 |
| 1998 | 2,065.83 | 76.05 | 98.30 | 2,240.18 |
| 1999 | 1,926.37 | 59.10 | 73.30 | 2,058.77 |
| 2000 | 2,143.99 | 47.80 | 81.96 | 2,273.75 |
| 2001 | 1,613.66 | 63.33 | 77.77 | 1,754.76 |
| 총액 | 28,292.75 | 1,296.82 | 1,322.49 | 30,912.06 |

출처: Japanese Ministry of Foreign Affairs, *Overview of Japan-China Relations*. *(Diplomatic Bluebook 2003: Regional Diplomacy)*, http://www.mofa.go.jp/policy/other/bluebook/2003/chap2-a.phf.
주: 반올림으로 인해 합산 총액이 맞지 않음.

일본은 대가로 무엇을 얻었는가? 좋은 기회들이 찾아왔다. 예를 들어, 규제가 완화됨에 따라 일본의 유통업체들은 중국에 판매망을 확대하였다.5) 일본의 한 유통업체인 야오한(Yaohan)은 일본인 근로자 한명의 고용 비용으로 중국인 근로자 12명을 고용할 수 있다고 한다.6) 중국은 석유, 석탄, 농산품 등과 같은 원자재의 주요 공급원이며, 아울러 일본의 대중소비상품의 공급원으로도 점점 더 중요성이 높아지고 있다.

중·일 관계에 있어서 중국과 화교의 유대관계도 중요하다. 앞서 언급했듯이 화교는 동남아시아 기업가 계층의 대다수를 차지한다. 화교들은 비공식적 관계를 통해 동남아시아에 대한 주요 투자자인 일본 다국적기업들을 돕고 있으며, 일본의 투자자 및 무역업자와 긴밀하게 협력하고 있다. 화교, 중국본토, 일본 사이의 비공식적 유대관계에 기초한 삼각 협력관계가 발전하였고, 이를 통해 일본, 동남아시아, 대중화권(Greater China)뿐만 아니라 나머지 세계와의 경제적 통합과 상호의존이 더욱 확대되었다.

아시아의 경제협력과 정치적 협력을 적극 지지했던 대표적 인물이 싱가포르의 원로정치가인 리콴유(李光耀) 전 수상이었다. 리콴유는 아시아인들이 공동의 유산을 가지고 있으며, 아시아의 현대화와 발전에 자긍심을 느끼고 있고, 유교(가족 가치와 질서에 대한 욕구)와 열심히 일하고자 하는 욕구와 같은 가치를 공유하고 있다고 주장하면서 아시아인 대다수를 대변해왔다. 중국계인 리콴유는 아시아인들이 많은 바람직한 특성을 공유하고 있다고 믿는다. 그 가운데 교육과 근면을 통한 자기 개발과 같은 특성들은 서구에서는 이미 쇠퇴하고 있다고 생각한다. 무엇보다도 리콴유는 중국인, 일본인, 한국인, 동남아시아인들이 21세기를 아시아의 세기로 만들기 위해 동반자로서 함께 일하고자하는 열망을 공유하고 있다고 확신한다.[7] 이것을 이루기 위해 리콴유는 말레이시아가 제안한 폐쇄된 아시아 무역체제에 반대하였으며, 대신 아시아 국가들 사이의 무역장벽뿐만 아니라 아시아 국가들과 나머지 세계 사이의 무역장벽도 점차적으로 제거하는 방안을 지지하였다. 중국과 일본은 아시아, 북미, 혹은 아시아와 북미 사이의 폐쇄된 무역체제를 반대하는 리콴유와 미국의 입장에 동조하였다. 그러나 중국과 일본은 아시아와 북미 사이의 무역장벽 제거를 위한 공식적인 양자체제의 형성에 반대하였다. 양국은 그러한 체제에 대한 미국의 지배를 두려워하기 때문이다.

그 대신 일본과 중국은 글로벌 무역체제를 통한 접근을 선호한다. 양국은 중국과 일본의 국내시장 진입과 관련한 중국과 일본의 정책 변화 유도를 목표로 하는 미국과의 쌍무적 무역협정에 대해 불만을 갖고 있다. 과거에 양자 협상을 통해 처리되었던 교역 당사국 사이의 불만은 한층 강화된 세계무역기구를 통해 해결되어야만 한다. 향후 무역과 인권문제 간의 관계를 둘러싼 미중 간 입장 차이 및 미일 간 입장차이(일본 시장을 개방시키기 위해 일본에 특별 보복조치를 부과하려는 위협)는 이론적으로 WTO를 통해 해결될 수 있을 것이다. 따라서 중국의 국제무역 레짐으로의 복귀는 중국과 일본 양국 모두에게 이득을 준다.

## 안보문제에 대한 협력

중일 안보관계는 훨씬 어려운 문제이다. 양국은 모두 냉전 이후 등장하고 있는 아시아의 새로운 지정학적 구조로부터 안보 이득을 얻고 있다. 이러한 이득을 지속적으로 확보하기 위해서 동아시아의 주요 강대국인 중국과 일본은 양국 간의 경쟁을 피하는 방법을 반드시 찾아야 한다. 그렇지 않으면 중국과 일본뿐만 아니라 다른 아시아 국가들도 군비경쟁에 참여할 것이며, 이로 인해 결국 모두가 피해를 입게 될 것이다.

중국과 일본이 안보문제에서 협력해야하는 일차적 이유는 아시아의 경제 번영과 불안정 및 혼란 방지에 있다. 그러나 과거 20세기 초반의 중국과 일본의 역사적 관계는 양국 간 협력을 저해하는 요인으로 작용하고 있으며, 양국의 지도자들로 하여금 비공식적 대화에 의존하도록 만들고 있다. 실제로 일본 정부와 중국 정부 사이에 비공식적 대화가 진행되어 왔다. 그들은 북한의 핵무기 위협 해소와 같은 안보문제에 대해 협력할 수 있다. 그러나 중국과 일본이 서로의 안보역할에 대해 신뢰하지 못한다면, 중국과 일본은 잠재적으로 심각한 경쟁자가 될 수 있으며, 심지어는 정치 이데올로기를 둘러싼 대립이 아닌 오로지 지정학적 고려 및 국가이익에 근거한 새로운 형태의 냉전(혹은 열전) 하에서 군사적 적대국가가 될 수도 있을 것이다. 미래 중국과 일본의 군사적 잠재력을 고려할 때, 양국은 향후 21세기 아시아의 안보와 안녕에 결정적 열쇠를 쥐고 있다.

냉전종식 이후 아시아 지역에서 외부 세력의 영향력이 축소됨에 따라, 지역 안정과 안보 증진을 위한 일본의 이니셔티브는 1992년~1993년에 보다 확대되었다. 당시 일본수상 미야자와는 유럽안보협력회의(CSCE: Conference on Security and Cooperation in Europe)를 모델로 하여 아시아의 안보문제를 논의하기 위한 지역포럼 창설을 요구하는 미야자와 독트린을 선언하였다. 냉전시대 일본은 1950년대 수상 요시다의 정책에서 이름 붙여진 요시다 독트린을 따르고 있었다. 요시다 독트린은 일본이 국내 경제 발전에 집중할 것을 요구하였고, 아시아 및 세계와의 무역 및 투자를 증가시켰다. 일본은 군사적으로 일본을 보호하는 미국의 '안보 우산(security umbrella)'에 의존하면서 경제발전을 추구하였다. 따라서 일본은 오직 일본열도에 대한 방어만을 책임지는 25만 명의 자위대 이외에 그 어떤 군비증강도 피할 수 있었다. 일본 국민들뿐만 아니라 대다수 정치 지도자들도 방어목적 이외의 모든 전쟁행위를 엄격하게 금지하는 일본헌법 제9조를 기꺼이 받아들였다.

미야자와 독트린 아래서 일본은 미국과의 군사적 동맹을 지속하면서, 동시에 지역차원 및 글로벌차원에서 안보 역할을 정상화하기 위한 독자적인 이니셔티브를 취하였다. 유엔 평화유지활동 참여, 유엔 안전보장이사회 상임이사국 진출, 탈냉전 시대 아시아 안보문제를 논의하기 위한 아시아 지역포럼 활성화 등이 가능한 이니셔티브이다. 일본이 아시아 안보문제 논의를 위한 다자간 포럼에 미국, 캐나다, 유럽공동체(현재 유럽연합)가 포함되어야 한다고 주장하였음에도 불구하고, 1기 부시 집권시절 미국은 아시아 지역 안보포럼에 대한 지지를 주저하였다. 그러나 클린턴 행정부는 1993년 6월 동남아국가연합(ASEAN: Association of Southeast Asian Nations) 회의와 이어 ASEAN의 대화 상대국(한국, 호주, 뉴질랜드, 캐나다, 미국, 유럽연합)에서 일본이 제안한 이니셔티브를 지지하였다. ASEAN과 대화 상대국들은 또한 러시아, 중국, 베트남을 참관국 자격으로 ASEAN 지역안보포럼(ARF: ASEAN Regional Forum)에 포함시키는 것에 동의하였다.

일본은 항상 모든 지역안보체제에 중국이 포함되어야 한다고 주장하였다. 그러나 다른 아시아 국가들과 더불어 중국, 러시아, 베트남을 포함시키는 것은 단지 시작에 불과하다. 동아시아 안보기구가 성공하기 위해서는 회원국들이 그 구조 내에서 활동할 의사가 있어야 한다. 북대서양 조약기구(NATO: North Atlantic Treaty Organization)와 유럽공동체가 이러한 목표를 달성할 수 있었던 것은 무엇보다도 외부의 위협 때문이었다. 그러나 모든 동아시아 국가 지도자들을 단결시키는 그러한 종류의 위협은 오늘날 존재하지 않는다. 그 대신 아태지역의 약소국들은 중국과 일본의 경제적 군사적 힘이 커지고 있는 것에 대해 점점 더 불안해하고 있다.

## 중·일 경쟁: 구조적 현실주의와 세력균형

> 일본이 다소 소극적으로 변하는 반면, 중국은 더 적극적으로 나설 수도 있다. 아시아의 약소국들이 하나가 아닌 두개의 거대한 이웃국가에 직면하는 시대가 오고 있다는 것이 보다 현실적이다. 거대한 두 이웃국가는 지대한 영향을 발휘하며, 지역 대내외의 정치에 점점 더 많은 관심을 가지고 있으며, 수많은 새로운 요구를 할 수 있는 능력이 점점 더 커지고 있다.[8]

중국과 일본, 나머지 아시아 국가들 사이에 경제적 상호의존의 삼각관계가 등장한 것과 마찬가지로, 아시아에는 동아시아와 동남아시아의 약소국들이 아시아의 양대 강대국을 두려워하는 구조적 세력체제(structural power system)가 형성되고 있다. 이 체제에서 일본 및 다른 아시아 국가들은 중국이 군사강대국으로 등장하여 중국 동부와 남부의 이웃국가에 압력을 행사하려 할지도 모른다는 우려를 갖고 있다. 이미 세계 최강 군사강대국 중의 하나인 중국의 국방예산이 끊임없이 증가하고 있다는 사실로 인해 이러한 우려는 더욱 심각해졌다.

계속되고 있는 중국의 군비증강, 특히 중국군의 해군, 공군부대의 증설 및 현대화와 중국의 원양 해군력에 대해 일본 정치지도자들의 우려가 커지고 있다. 중국은 일본에게 어려운 선택을 강요하는 특별한 영유권을 주장하고 있다. 일본은 동중국해의 유전탐사 관련 거래에 대한 중국의 허가에 대해 어떻게 대응해야 하는가? 정치적으로 대응해야 하는가 아니면 다른 추가적인 대책을 강구해야 하는가? 이 해역은 중국본토보다 일본의 센카쿠열도(釣漁臺群島)에 근접해있다. 일본은 1890년에 대만과 오키나와(일본열도의 한 부분)의 중간에 위치한 센카쿠열도에 대한 영유권을 주장하였다. 그로부터 한 세기가 지난 이후, 1992년 2월 중국은 센카쿠열도를 남중국해의 파라셀 제도 및 난사군도와 더불어 중국 영토라고 선언하였다.

이 모든 것은 제2차 세계대전 종전 직전에 러시아가 장악한 쿠릴열도 4개 섬에 대한 일본의 반환 요구로 인해 러일 관계에 긴장상태가 계속되고 있는 상황에서 발생하였다. 북한의 핵무기 개발 의혹을 둘러싼 한반도의 긴장 또한 계속 고조되고 있다. 러시아, 프랑스, 독일, 영국 등 다른 국가들이 국방예산을 축소하고 있는 시기에 중국의 군사력 팽창과 영토분쟁은 일본을 비롯한 이웃국가를 불안하게 하고 있다.

이러한 변화에 대한 대응으로 일본에서는 향후 안보정책에 대한 격렬한 논쟁이 진행되고 있다. 미야자와 독트린을 지지하는 방향으로 합의가 도출된다면, 그것은 다음의 내용을 포함할 것이다. (1) 미국과의 군사적 관계를 유지하고, (비록 그 규모는 축소된다 할지라도) 미군의 주둔을 유지할 것, (2) 해군, 공군력을 점차적으로 확대하고, (3) 자위대 규모를 현재 수준(25만 명 - 중국 인민해방군의 1/10에 못 미치는 규모)으로 유지할 것. (4) 핵무기 보유에 관한 결정을 미래로 보류 할 것 등이다.9) 일본과 미국은 또한 미일동맹관계(1996년) 약속의 유지를 확인하고, 신방위협력지침(1997년)을 발표하였다.

중일 군사·안보 관계에서 북한 또한 주요한 역할을 하고 있다. 2003년 북한이 일본해에 미사일을 발사하고 핵무기 실험을 단행할 것이라고 선언한 이후, 일본 정부의 지도자들은 미국의 보호에 전적으로 의존하기보다 독자적인 미사일 방어망 구축을 추진하기 시작했다. 이것이 외견상으로는 여전히 '자위(自衛)' 범위 내에 해당하는 것으로 보이지만, 중국정부는 일본의 미사일 방어가 일본 재무장의 첫 단계라고 우려하고 있다. 아시아

국가들과 세계는 중국이 위협을 느끼고, 동일한 방식으로 대응하여 일본에 대항하는 공격적 군사력을 확대할지도 모른다고 우려하고 있다. 특히 예측 불가능한 북한이라는 와일드카드가 전체 판을 뒤흔들 수 있는 상황에서, 지역을 불안정하게 하는 중국과 일본의 군비경쟁은 최악의 가상시나리오 라고 할 수 있다.

또한 일본의 정치엘리트들 사이에는 유엔에서 일본의 역할에 대한 합의가 형성되고 있다. 일본이 해외에 군대를 파병하는 경우, 당분간은 평화유지활동이 그 수단이 될 것이다. 1992년 여름, 일본의회에서의 심각한 격론 끝에, 일본 정부는 유엔평화유지군 활동 가운데 비군사적 임무를 수행하기 위한 2,000명 규모의 일본군대 파병을 결정하였다. 파병 결의안에 따르면, 600명의 비전투인력(기술자 및 비군사적 지원인력)을 캄보디아에 파견하여 일본인 야스시 아카시(明石康, 유엔 사무차장 - 역자 주)가 지휘 하는 유엔 잠정통치기구(UNTA: UN Transitional Authority)의 활동(보다 자세한 내용은 제6장 참조)을 지원하게 된다. 그 이후, 일본자위부대 50명이 모잠비크의 유엔평화유지활동에 파견되었는데, 이것은 일본 최초의 아프리카 파병이었다.

일본국적의 사람들이 유엔체제의 다른 직책들, 예를 들어 유엔 세계보건기구(WHO: World Health Organization) 의장과 유엔 난민고등판무관(UNHCR: UN High Commissioner for Refugees) 등으로 활동하고 있다. 아카시는 캄보디아 유엔활동의 지휘임무를 성공적으로 수행한 점을 높이 인정받아, 나중에 그보다 더욱 어려운 보스니아 유엔평화유지활동의 최고책임자로 임명되었다. 일본은 유엔 안보활동에 대한 최대 재정지원국가임에도 불구하고 (일본은 유엔 예산의 약 20%, 미국은 25%, 중국은 1%를 분담하고 있다), 유엔의 지도적 역할의 하나인 안전보장이사회의 상임의석을 아직 갖지 못하였다. 이를 위해서는 공식적으로 유엔헌장의 수정이 요구되는데, 이는 탈냉전 시대 일본에게 잠재적 군사위협이 되고 있는 중국과 러시아의 동의를 필요로 한다.

## ■ 일본의 안보역할에 대한 중국의 인식

중국 정부는 일본이 지역 차원 및 글로벌 차원의 군사관계에 있어서 주요 행위자로 등장하는 것을 원하지 않는다. 시걸(Gerald Segal)에 의하면, "중국은 일본이 자신의 부차적 역할을 인정하기를 기대할 것이다."[10] 중국 정부는 여러 가지 이유에서 일본의 군비증강과 더불어 지역 및 글로벌 차원에서 모든 형태의 안보역할 증대를 저지하려고 한다. 즉, 일본 제국주의에 대한 기억, 아시아의 주요 군사적 강대국이 되고자 하는 중국 자신의 욕망, 현재 아시아 경제에 있어서 일본의 지배적 역할에 상대할 수 있는 중국의 역량 부재 등이 그 이유이다. 시걸에 따르면, "일본의 자위대가 캄보디아 유엔잠정통치기구에 참여하였을 때, 중국 정부는 이에 강력히 반대하였다. 중국은 일본이 '비정상국가(an abnormal state)'로 남아 중국에 도전하지 않기를 원하기 때문이다."[11]

일본이 최초로 주요 유엔 평화유지활동에 참여한 것은 1989년에 27명의 선거감시인단이 나미비아의 유엔과도정부지원단(UN Transition Assistance Group)에 파견되었을 때였다. 그 이후 1992년 국제평화협력법(International Peace Cooperation Law)이 제정되어, 일본은 유엔평화유지활동에 민간지원단뿐만 아니라 자위대 병력을 파병할 수 있게 되었다. 그 법률에 의거하여 일본은 앙골라, 캄보디아, 모잠비크, 엘살바도르, 동티모르의 유엔 평화유지활동에 참여하였고, 1996년 이후에는 골란고원 유엔 분리감시군(UN Disengagement Observer Force)에 자위대를 파병하였다. 일본의 자위대 병력은 또한 국제 인도주의적 활동의 일부인 르완다 난민과 동티모르에서 추방된 난민들을 지원하는 데에도 파병되었다. 더 나아가 일본은 1998년과 2000년 유럽안보협력기구(OSCE: Organization for Security and Cooperation in Europe)가 주도하는 보스니아-헤르체고비나의 국제선거감시활동에 협력하였다. 아울러 현재까지 일본은 현물지원에 기여하고 있다. 예를 들어, 일본은 1999년 코소보 난민과 동티모르 난민에 대한 지원으로 천막과 이불 같은 난민구호물품을 유엔 난민고등판무관(UNHCR)에게 전달하였다. 같은 해 일본은 1999년 8월 직접선거를 지원하는 차원에서 동티모르 유엔 선거감시단에게 공공정보 전달에 사용할 수 있도록 라디오를 제공하였다.12)

이라크 전쟁활동에 대한 일본의 기여는 논란을 불러일으켰다. 1991년 반(反) 이라크 연합군의 압력을 받아 (일본 의회의 열띤 논쟁을 거친 후) 일본 정부는 이라크 전쟁에 130억 달러를 지원하였다. 전쟁이 끝난 후에 일본은 4척의 소해정(掃海艇)을 파견하여 걸프해역 선박 항로의 지뢰제거를 지원하였다. 2003년 매우 힘든 심의와 논쟁을 거친 후, 일본은 미국 주도의 이라크 안정화 작업을 지원하기 위해 수백 명의 일본 병력을 파병하기로 결정하였다. 자위대의 이라크 파병은 제2차 세계대전 이후 일본군 최초의 전투지역 활동을 의미했다.

일본이 평화유지활동에 대한 지원을 전폭적으로 확대하기로 결정한다면, 이것은 중국에게 문제가 될 것이다. 그럼에도 불구하고 안전보장이사회의 다른 상임이사국들은 현재 군사예산의 부족 때문에 향후 유엔 평화유지활동에 있어서 일본이 경제적으로, 그리고 아마도 군사적으로 보다 많은 기여를 하도록 일본을 압박할 것이다.

## 아시아의 미래 세력균형체제

21세기 아시아의 세력균형체제는 많은 지정학적, 경제적 변수에 따라 다양한 형태를 띨 수 있다. 아마도 일본은 새로운 세력구조를 주도하기보다는 일본 4개 주요 섬 외부의 사건에 대응하는 차원에 머물 것이다. 일본은 즉각적인 안보위협이 부재하고 상대적인 안정성이 유지되고 있는 현재 체제에서 이득을 보고 있다. 동시에 일본은 아시아 경제발전의 성장엔진이며, 최대 투자국 및 교역국이지만 안보문제에 있어서는 본질적으로 무임승차자로 머물면서, 지역경제 및 글로벌 경제에서 일본의 중요성을 강조해 왔다. 앞서 지적한 바와 같이, 한국의 경우에서와 마찬가지로 계속적인 미군의 일본 주둔은

도표 7.1 동아시아의 군사비 지출, 1994년~2003년

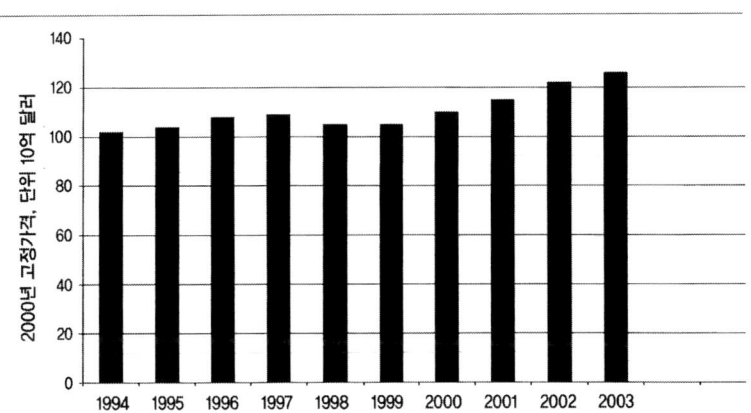

출처: 스톡홀름 국제평화연구소(SIPRI: The Stockholm International Peace Research Institute), http://web.sipri.org/contents/milap/milex/mex_graph_asia_e.html.

일본으로 하여금 일본의 경제적 중요성을 높이는데 일본의 자원사용과 과학연구를 집중할 수 있게 해주었다. 일본인들은 가능하면 핵에 대한 선택을 의식적으로 회피하는 것을 비롯하여, 놀라울 정도로 군사적 저자세 유지에 전념하고 있다. 극우세력을 제외한다면, 20세기 상반기 아시아의 패권 국가였던 과거 일본의 군사적 위력을 부활시키고자 하는 욕망은 거의 존재하지 않는다.

## 패권국으로서 중국

중국본토에서는 상황이 전혀 다른 방향으로 전개될 수 있다. 중국의 이웃 국가들이 중국본토의 안보에 주요 위협을 가하고 있지 않음에도 불구하고 진행되고 있는 중국의 군비증강에 대한 일본 정부의 우려는 이미 언급하였다. 베이징이 21세기 아시아의 지배적 군사강대국이 되기를 원하는 몇 가지 이유는 앞장에서 제시하였다. 일본의 가능한 대응을 살펴보기 전에, 향후 중국의 외교정책 선택대안을 검토하는 것이 중요하다.

- 중국 공산당 지배엘리트의 권력 기반을 비롯하여 중국의 중앙권력이 위협을 받는다면, 중국 지도자들은 민족주의적 수정주의와 중화제국으로서 고대중국의 위대함에 대한 자긍심에 호소하게 될 것이다.
- 차세대 지도자들이 아시아의 지역 패권국가로서 중국의 새로운 힘을 입증하기 위해 권력의 지방분권화를 가로막게 된다면, 주변 국가들은 계속되고 있는 중국의 군비증강을 위협으로 인식하게 될 것이다.
- 중국이 현재의 성장률로 경제적 성장을 지속하고, 일본을 비롯한 다른 국가들이 현재의 대중국투자율을 유지한다면, 다른 국가들의 중국시장에 대한 의존은 더욱 심해질 것이다. 중국 정부는 이웃국가와의 분쟁을 해결하는 방법에 있어서 다른 국가들이 선택의 여지없이 중국의 입장을 수긍할 수밖에 없다고 믿을 것이다.
- 중국이 21세기 경제적으로, 군사적으로 지역패권을 차지하게 된다면, 중국은 고대 중화제국 지도를 근거로 하여 중국의 (해양과 육지영토) 영유권 확대에 새로운 힘을 사용하기를 원할 것이다.
- 대만이 어떤 시점에 독립을 선언한다면, 중국 정부는 중국본토에 대한 대만의 투자를 몰수함으로써 대만을 강제로 굴복시키려고 할 것이다. 아니면 베이징은 점점 강해지고 있는 군사력을 사용하여 독립국가를 추구하는 대만인들을 강제로 굴복시킬 것이다.
- 러시아의 시베리아에서 불안정한 상황이 발생한다면, 중국 정부는 점점 강해지고 있는 경제적, 군사적 힘을 사용하여, 한때 고대 중화제국의 일부였거나, 중국의 영향권에 속했던 이 지역에 대한 중국의 영향력을 확대하기를 원할 것이다.
- 중국이 군사적 패권을 획득한다면, 중국은 이웃국가에게 희생을 강요하며, 동중국해와 남중국해의 해역과 자원에 대한 영유권 주장을 확대할 것이다.

일본은 위에 언급한 시나리오에 대해 어떻게 반응할 것인가? 이러한 사건들은 일본의 주의를 환기시킬 것이 틀림없다.

## 핵 선택

반전주의 반핵 정서가 일본에 매우 강하게 남아있기 때문에, 일본이 중국과 재래식 무기 경쟁 혹은 핵무기 경쟁에 나선다는 것은 거의 불가능하다. 보다 가능성 있는 시나리오는 일본이 외부로부터의 핵 공격 및 재래식 공격을 예방하는 제한적인 2차 핵 공격력을 키우는 것이다. 현재까지 일본은 NATO국가나 한국과 마찬가지로 미국의 핵우산에 의존해왔다. 그러나 외부로터의 심각한 핵 위협에 직면하여, 일본은 미국이 일본 국민을 보호하기 위해 자기 파괴의 위험을 감수하려 하지 않을 것이며, 따라서 일본을 지켜준다는 약속을 어길 수 있음을 두려워하고 있다. 21세기 아시아에 주둔하고 있는 미군 병력의 감축이 계속된다면, 미국의 안전보장이 2차 핵 공격력에 의해 보완되어야 한다고 일본인들은 더욱 확신하게 될 것이다.

일본은 가까운 미래에 재래식 무기 및 핵무기 능력에서 중국과 맞서서 경쟁을 할 수 없을 것이다. 일본의 최상의 선택은 각각의 무기 종목에서 중국과 경쟁하기보다, 강력한 방어능력을 준비하는 것이다. 그러나 이것이 중국방위력과 동일한 수준이거나 보다 우수한 능력으로 중국본토를 위협해서는 안 될 것이다. 일본인은 1메가톤 수소폭탄 4개로 일본의 4개 주요 섬이 완전히 사리질 수 있다는 일본이 처한 지정학적 상황을 잘 인식하고 있다. 21세기 중국의 핵 군사력 팽창으로 인한 위협에 대항하기 위해 일본은 원양에서의 2차 공격력을 선택하려 할 것이다. 이 시나리오에서 일본의 모든 핵능력은 잠수함에 배치될 것이며, 일본은 중국본토에 심각한 피해를 줄 수 있는 능력을 보유하여 중국의 선제공격을 저지할 수 있을 것이다. 그러나 일본은 한 번의 1차 선제공격으로 중국을 파괴할 수 있는 능력, 즉 기습공격을 통해 상대방의 핵 보복능력을 파괴하여 승리할 수 있는 능력을 갖지는 않을 것이다.

## 세력균형

중국이 21세기 아시아의 패권국가가 되고자 한다면, 일본이 주요 반대세력이 될 것이다. 일본이 중국의 지상병력과 경쟁하거나, 중국본토나 아시아 다른 지역에서 일본 지상병력의 사용을 고려할 가능성은 거의 없다. 과거 일본 군국주의가 여전히 중국과 다른 아시아 국가의 두려움을 자극하고 있을 뿐만 아니라, 물리력으로 다른 국가를 점령하거나 통제하려는 시도와 결부되는 현실을 생각한다면 그러한 대응에 대해 반론이 제기될 것이다. 가장 최근에 군사력을 사용하여 베트남을 지배하려던 미국의 노력과 아프가니스탄을 지배하려던 소련의 노력과 마찬가지로 나폴레옹, 히틀러, 무솔리니, 스탈린, 도조가 연상된다.

그 대신 일본은 다른 국가와 단결하여 향후 아태지역에서 중국의 패권에 반대할 것이다. 미국이나 러시아와 같은 다른 강대국들은 뒤를 받쳐주는 역할을 수행할 것이며, 일본이 필연적으로 중국의 강압적 위협이나 실제 군사갈등 조장에 대항하는 미래 연합군의 지도자가 될 것이다. 이것은 영국이 해군력을 사용하여 균형자적 역할을 수행하였던 고전적인 유럽의 세력균형과 유사한 형태가 될 것이다. 마찬가지로 일본은 강화된 공군력을 활용하여 균형자 역할을 담당하고자 할 것이다.

## 중국 국내 갈등

일본이 아시아에서 보다 확대된 정치안보 역할을 담당하도록 자극하는 또 다른 시나리오는 중국 국내에 긴장이 고조되어 권력분산이나 중국 내부 지역분쟁을 초래하는 경우일 것이다. 그 가능성은 앞장에서 언급하였다. 그러한 사태에 대한 일본의 반응으로 다음과 같은 시나리오가 가능하다.

- 중국인민해방군(PLA: People's Liberation Parmy)의 경제시설 중 80%가 민간용 상품을 생산하여 PLA 대부분의 전체 수입을 충당하고 있으며, 그 결과 PLA가 점차로 정부 안의 정부가 되고 있기 때문에, 향후 중국 국내에서 베이징과 다른 지역 사이에 위기가 발생한다면, 군대는 중앙권력보다는 지방권력을 지지할 가능성이 높다. 이것은 일본에게 문제를 야기할 것이다. 중국의 육군, 공군, 해군뿐만 아니라 핵무기 부대가 분파로 갈려 대립하여 일부는 베이징의 지도부를, 다른 일부는 강력한 지방권력을 지원할 수 있기 때문이다.

- 중국본토가 실제로 여러 지역으로 분열된다면, 논리적으로 일본은 적어도 전술적인 차원에서 시장경제와 자유주의 정치 가치를 옹호하는 분파를 지지할 것이다. 분열된 중국은 약한 중국이며, 이것은 (권력의 분화가 혼란으로 이어지지 않는다면) 일본이 원하는 상황일 수 있다. 아시아지역에서 일본의 일차적 안보목표는 무역과 투자에 도움이 되는 안정된 질서를 유지하는 것이다. 중앙정부의 통치력을 회복하기 위한 베이징의 시도로부터 촉발될 가능성이 높은 것으로 중국 국내에서 전쟁이 일어나는 경우, 일본이 군사적으로 개입할 가능성은 없다. 일본의 지도자들은 직접개입을 피하면서 중재자 역할을 모색할 가능성이 훨씬 높다.

## ■ 21세기에 과거 끌어내기

1995년 일본총리는 제2차 세계대전 기간 동안 일본의 행위에 대한 '사죄' 성명을 발표하였다. 중국은 오랫동안 기다려왔던 일본의 과거 제국주의 역사에 대한 공식 사과를 높이 평가하였다. 이것은 1998년 처음으로 중국 국가주석이 일본을 방문한 경우였던 장쩌민의 일본방문 길을 열어주었다.

중국과 일본 사이의 영토분쟁은 21세기에도 계속해서 진행될 것이다. 센카쿠/댜오위(Senkaku/Diaoyu, 釣漁島) 섬은 전통적으로 대만을 포함하는 열도(列島)의 일부로 간주되었다. 그러나 제2차 세계대전에서 일본이 패배한 후, 이 섬들은 명목상으로 일본의 관할 하에 남아있었다. 중국인들은 오래전부터 이 섬들에 대한 일본의 관할에 이의를 제기하였으며, 특히 1990년대 후반 이 사안과 관련하여 일본이 더욱 강력한 주장을 내세우자 분노하였다. 2004년 3월 중국의 시민운동가들은 센가쿠/댜오위 섬에 상륙하여 이 섬이 중화인민공화국의 영토라고 주장하였다. 일본의 반응은 신중하였다. 일본은 중국인들을 체포하지 않고 집으로 돌려보냈으며, 베이징의 선동적인 언사를 무시하였다. 덩샤오핑에 따르면, "댜오위 섬의 문제는 … 당분간 유보할 수 있다. 아마 다음 세대가 우리보다 현명하게 실용적인 해법을

> 그리 오래되지 않는 과거의 어떤 시기에 일본은 잘못된 국가정책으로 인하여 전쟁으로의 길을 걸었다. 일본인들을 오로지 파멸의 위기에 빠뜨리고, 그리고 식민지통치와 침략을 통해 많은 나라, 특히 아시아 국가의 사람들에게 엄청난 피해와 고통을 야기하였다. 미래에 다시는 그러한 실책을 하지 않을 것이라는 희망을 가지고 나는 의심할 여지도 없는 이러한 역사적 사실을 겸허한 마음으로 바라보고, 다시 한 번 통절한 반성과 마음으로부터 우러나오는 사죄를 전한다. 또한 나는 모든 국내외 역사의 희생자들에게 깊은 애도를 표한다. (일본총리 무라야마 도이치(村山富市)의 제2차 세계대전 종전 50주년 기념사).

찾을 것이다."[13] 그러나 여전히 덩샤오핑의 예언은 앞으로 실현되어야 할 과제로 남아있다.

중일관계는 제2차 세계대전의 기억을 상기시키는 사건들로 인해 긴장이 반복되고 있다. 2003년 사건들은 과거 역사의 힘이 여전하다는 것을 보여준다. 예를 들어 일부 남아있던 일본이 투기한 미란성 독가스(mustard gas)를 발견한 중국 건설노동자들이 피독되었고, 그 가운데 한 명은 목숨을 잃었다. 중국정부는 (일본의 - 역자 주) 응답을 요구하였다. 차오 깡추안(曹剛川) 국방부장관에 따르면, "일본 침략군이 남긴 화학무기는 여전히 중국인민과 중국환경의 안정을 위협하고 있다. … 일본정부는 이 문제의 중요성을 인식해야하며, 이 문제를 신속히 해결하기 위해 효과적인 대책을 마련해야 한다."[14] 이에 대한 응답으로 일본은 희생자에 대한 보상을 제안하였다. 2003년 중국은 또한 일본 여행객들이 일본의 만주점령 기념일에 난잡한 섹스파티에 가담했다고 비난하였고, 시안 지방의 학생들은 며칠 동안 반일 폭력시위를 벌였다. 오래된 기억은 쉽게 사라지지 않는다. 특히 중국정부가 그것을 자신의 목적을 위해 이용하려 한다면 더욱 그럴 것이다. 한 중국의 학자에 따르면 "일본인들은 사실을 감추려 하지만, 중국인들은 (과거를 - 역자 주) 잊기 어렵다. 일본 침략의 역사는 가족 내에서 세대와 세대를 통해 전해진다. 많은 개인적 사례가 존재한다. 즉, 모든 가족들이 삼촌과 조카와 딸을 잃었다. 일본인들에 의해 그 많은 친척들이 목숨을 잃었다는 사실을 잊는다는 것은 어려운 일이다. 나는 내 아들에게 이야기할 것이고, 내 아들은 내 손자에게 이야기할 것이다."15)

## ■ 갈림길에 선 중국과 일본

21세기에 중국과 일본은 경쟁자가 아니라 동반자가 될 가능성이 높다. 양국은 복잡한 상호의존과 지역 및 글로벌 차원에서의 협력관계에서 증대되는 이점에 주목할 것이다. 중국과 일본뿐만 아니라 다른 아시아 국가들 또한 싱가포르 원로정치가인 리콴유와 유사한 감정을 공유한다. 그들은 극단적 형태의 개인주의가 지배하는 아시아의 미래를 거부하고, 강한 공동체 가치에 기반을 둔, 질서 있는 시민사회를 선호할 것이다. 유사한 사회적 가치와 강력한 경제적 유대관계는 이들을 결속시키는 끈이 될 것이다.

중국과의 관계뿐만 아니라 다른 아시아 국가와의 관계에 있어서 일본이 어떻게 행동할 것인지는 이미 살펴보았다. 중국의 지도자들은 국내 정책과 대외 정책에 있어서 폭넓은 선택을 할 수 있을 것이다. 중국 지도자들이 점차로 자유주의적 패러다임을 채택하고, 이웃국가들과의 협상과 타협을 통해 지역의 안정을 모색한다면, 일본을 경쟁자가 아니라 강력한 친구이자 동반자로 인식하게 될 것이다. 그러나 중국이 패권국가로서의 역할을 모색한다면, 틀림없이 일본은 다른 국가들을 단결하여 중국이 그런 역할을 포기하도록 설득할 것이다.

냉전이 역사 속으로 퇴장함에 따라 경제적, 정치적 이데올로기를 둘러싼 경쟁은 사라지고 대안적 시나리오가 등장하였다. 민족주의 갈등이 재등장하여 복합적 상호의존에 대한 호소와 맞서고 있다. 세계적으로 확산되고 있는 복합적 상호의존은 상호이익의 개념에 기반하여 모두가 이득을 취하는 것이다. 미래의 갈등을 방지하려면 일본은 이웃국가들의 희생을 대가로 자국의 이득을 얻기 위해 자신의 경제력의 사용을 피해야 하며, 이를 위한 보다 진전된 조치를 취해야 한다. 중국은 경제문제뿐만 아니라 정치·안보 문제와 관련하여 보다 자유주의적 패러다임을 채택할 것인지의 여부에 대해 결정을 내려야 할 것이다.

## ■ 정책대안

베이징의 정책결정자들은 일본과 관련한 다음의 정책들을 신중하게 고려해야 한다. 이러한 정책들은 기회와 위험을 동시에 내포하고 있다.

### 대안 1: 일본의 무역과 투자에 대해 보다 유리한 조건 조성

- 무역 및 투자에 있어서 더 많은 양보에 대한 대가로 일본은 중국에게 선진기술, 특히 고급 컴퓨터와 같은 군사전용가능 기술을 제공하게 될 공동생산 협정에 동의해야 할 것이다.
- 중국이 일본에게 더 많은 양보를 한다면, 이것은 중국산 소비재 상품 및 다른 상품에 대한 일본의 자국시장 개방을 조건으로 할 것이다.

### 대안 2: 일본과 다른 국가들에 대한 양보의 균형

- 중국의 내수시장과 생산이 증가하면, 중국은 중국의 높아진 협상 입지를 이용하여 다른 국가들에게도 유사한 양보를 요구하고, 이를 통해 일본이나 다른 국가의 중국에 대한 영향력과 균형을 이루어 나가야 한다.
- 일본을 비롯한 다른 국가와의 양자협상이 WTO나 지역 경제체제를 통한 일반적 양보보다 오히려 유리할 수 있다.

### 대안 3: 조건 없는 일본원조 추구

- 천안문사태 이후 미국과 달리 일본은 중국 국내의 인권정책을 문제 삼지 않고 중국에 대해 계속 지원하였다. 일본의 정책결정자들이 조건부 무역, 투자, 원조를 피하려는 중국의 입장을 충분히 이해하고 인정하기 때문에, 중국은 일본을 IMF, 세계은행 그룹, GATT/WTO 와 같은 글로벌 체제에서 중국의 이익을 지지하는 중재자로 이용할 수 있다. 일본은 중국의 GATT 재가입과 WTO 가입을 강력하게 지지 하였다.

## 대안 4: 아시아 안보문제 해결을 위한 일본과의 비공식적 협력

- 중국과 일본 모두 공식적인 지역안보 조직에 동의하지 않는다. 그러나 아시아의 주요 강대국으로서 중국과 일본은 지역에서 자국의 영향력을 확대하기 위해서 무력의 위협이나 사용을 원하지 않는다는 가정 하에서 지역의 안보위협을 해소하는데 공통의 이해관계를 가진다.
- 중국이 일본의 군비증강을 억제하기 원한다면, 중국은 양국 및 지역의 다른 행위자들의 정당한 군사력에 대해 결정하기 위해 일본의 정책결정자들과 비공식적으로 협력해야 한다. 동아시아의 다른 국가들이 핵무기를 보유하지 않고 있는 상황에서 중국이 계속해서 핵 보유 능력을 확대한다면, 중국은 일본이 핵무기보유 선택을 영원히 회피할 것이라고 기대할 수는 없다.
- 한반도와 서남아시아의 핵무기 및 재래식 무기의 군비경쟁 위험을 제거하기 위해 가까운 미래에 중국은 일본과 긴밀하게 협력할 필요가 있다.
- 중국과 일본은 양국 간 군비경쟁과 (예를 들어 센가쿠 열도를 둘러싼) 잠재적 갈등뿐 아니라 또한 지역 전체의 잠재적 갈등을 방지하기 위해 막후에서 조용히 협력하고, 따라서 지역 긴장에 대한 비군사적 해결을 강화해야 한다.

## 대안 5: 글로벌 안보에 대한 일본과의 상호이해 추구

- 중국은 유엔 안전보장이사회의 구조개혁을 위해 일본과 협력하여, 부유한 서방국가의 역할과 개발도상국의 역할 사이의 불균형을 개선할 수 있다. 중국의 입장에서 일본의 상임이사국 지위의 획득은 양국의 안보역할에 대한 보다 확대된 합의뿐만 아니라, 비서방 세계의 안보역할 증대(중국과 일본에 더하여 비서방 국가의 상임이사국 진출)를 위한 협력을 요구할 것이다.
- 일본과 중국은 아시아 및 다른 지역에서의 유엔 평화유지활동에 대한 참여와 지지를 포함하여 미래 글로벌 안보에 있어서 각자의 역할에 대해 중요한 논쟁을 진행하고 있다. 따라서 양국은 유엔에서 서로의 안보역할에 대한 이해의 폭을 넓혀야 하며, 그것을 통해 양국은 21세기 자신들이 긴장을 야기하지 않을 것이라는 확신을 가질 수 있어야 한다.

## ■ 토의주제

1. 경제발전에 있어서 중국은 어떤 방식으로 일본모델을 모방하였는가?
2. 어떻게 중·일 경제관계가 서로에게 이득이 되었는가?
3. 지역차원 및 글로벌 차원의 경제관계에 대한 중국과 일본의 입장은 어떤 측면에서 유사하며, 어떤 측면에서 상이한가?
4. 중국본토, 화교, 일본의 기업들은 어떤 이해관계를 갖는가?
5. 21세기에 중국과 일본이 경제 분야에서 동반자가 될 가능성, 또는 경쟁자 될 가능성의 근거는 각각 무엇인가?
6. 정치·안보와 관련한 중국정부의 결정이 어떤 측면에서 미래 핵무기 선택을 비롯한 일본정부의 정치안보 결정에 영향을 미치는가?
7. 어떤 일이 발생하든지 간에 21세기 중국과 일본 군대의 역량과 목적이 다양한 측면에서 서로 다를 수밖에 없는 이유는 무엇인가?
8. 중국과 일본의 정책결정자들은 유엔 안전보장이사회와 유엔 활동에 대한 인식을 비롯하여 지역 및 글로벌 안보구조에 대해 어떤 측면에서 동일한 입장을 가지며, 어떤 측면에서 상이한 입장을 갖는가?
9. 어떠한 상황이 미래 안보문제에 있어서 중일 경쟁을 야기할 수 있는가?
10. 중국과 일본이 서로 상대방 및 아시아의 다른 국가를 어떻게 인식하고 행동하는지의 문제가 21세기 아시아의 우세와 안녕에 어떠한 결정적인 영향력을 미치는가?
11. 중국과 일본의 정책결정자들은 미국과의 관계에 있어서 어떤 측면에서 유사한 입장을 가지며, 어떤 측면에서 서로 다른 입장을 갖는가?

## ■ 추천문헌

Armacost, Michael, *Friends or Rivals? An Inside Account of U.S-Japan Relations* New York: Columbia University Press, 1996.
Chalmer Johnson, *Japan: Who Governs? The Rise of the Developmental State*. New York: Norton, 1996.
Drifte, Reinhard, *Japan's Security Relations with China since 1989: From Balancing to Bandwagoning?* New York: Routledge/Curzon, 2003.

Hamani, Andrew K., "Japan and the Military Balance of Power in Northeast Asia," *Journal of East Asian Affairs*, 8, No.2, (Summer-Fall 1994), pp. 363-395.

Iriye, Akira, *China and Japan in the Global Setting*, Cambridge: Harvard University Press, 1992.

Soderberg, Marie, ed. *Chinese-Japanese Relations in the 21st Century: Complementarity and Conflict*, New York: Routledge, 2002.

## ■ 주

1) 2000년 10월 13일, http://www.seaiba.com/sinoasian/chinajapan.htm.
2) Gerald Segal, "China's Changing Shape," *Foreign Affairs*, 73, No.3, (May-June 1994) 참조. 시걸은 세계은행이 보수적인 평가를 하기로 명성이 나 있다고 지적한다. 또한 현재 중국의 경제규모는 공식 환율로 인해 감추어져 있다. 저평가 결과로 세계은행과 국제통화기금은 중국의 실질 구매력이 중국의 공식 일인당 국민총생산이 나타내는 것보다 3배가 클 것이라고 확신한다.
3) Merrill Goozner, "Don't Be Behinded by Bright Talk of a Japan on the Wane," *Chicago Tribune*, July 3, 1994, sec.7, pp. 17,20.
4) Japanese Ministry of Foreign Affairs, *Overview of Japan-China Relations (Diplomatic Bluebook 2003: Regional Diplomacy)*, http://www.mofa.go.jp/policy/other/bluebook/2003/chap2-a.phf.
5) Jennifer Cody, "Big Japanese Retailers Rush to Set Up Operations in Asia's Developing Markets," *Wall Street Journal*, July 8, 1994, p. A4.
6) Ibid.
7) Fareed Zakira, "A Conversation with Lee Kuan Yew," *Foreign Affairs*, 73, No.2 (March-April 1994), pp. 109-126 참조.
8) Charles F. Doran, "Security and Political Economy in U.S.-Asian Relations," *Journal of East Asian Affairs*, 8, No.2 (Summer-Fall 1994), p. 240.
9) David Arase, "Japan's Evolving Security Policy After the Cold War," *Journal of East Asian Affairs*, 8, No.2 (Summer-Fall 1994), pp.413- 415; Selig S. Harrison, "A Yen for the Bomb?", *Washington Post*, October 31, 1993, p. C1; "Official Says Japan Will Need Nuclear Arms If North Korea Threatens," *Los Angeles Times*, July 29, 1993, p. A4 참조.
10) Andrew K. Hamani, "Japan and the Military Balance of Power in Northeast Asia," *Journal of East Asian Affairs*, 8, No.2 (Summer-Fall 1994), p.374에서 인용.
11) Ibid.
12) Japanese Ministry of Foreign Affairs, *UN Peacekeeping Operations*, http://

www.mofa.go.jp/policy/un/pamph2000/pko.html., 2004년 6월 2일 접속.
13) Charles K. Smith, "Senkaku/Diaoyu Island Dispute Threatens Amiability of Sino-Japanese Relations," *Power and Interest News Report*, May 3, 2004, http://www.pinr.com/report.php?ac=view_report&report_id= 165&language_id=1.
14) "Chinese, Japanese Defence Ministers Discuss War, Chemical Weapons," Space War, htttp://www.spacewar.com, 2004년 5월 18일 접속.
15) Robert Marquand, "Japan's War Past Sparks Chinese Rage," *Christian Science Monitor*, November 14, 2003, http://www.csmonitor.com.

# 중국과 글로벌 레짐

오늘날 세계는 중대한 전환점에 있다. 낡은 구조는 해체되었지만, 새로운 구조는 아직 형성되지 않았다. 세계는 다극화의 방향으로 움직이고 있다. 세계 곳곳의 사람들은 세계평화와 국가 안정, 경제발전을 염원하고 있다.

– 리펑(李鵬), 1992년 1월 11일 유엔 안전보장이사회 정상회담 연설.

1945년 이후 존속했던 세계질서는 1991년 8월에 붕괴하였다. 양대 초강대국이 세력 균형을 이루고 피후견 국가를 견제했던 양극체제는 해체되었다. 이러한 상황은 불확실성과 일부 지역에서는 혼란을 초래하였다. 오늘날 새로운 세계질서는 아직 등장하지 않았으며, 위험요인이 내재되어 있는 국제체제는 여전히 불안정하다. 유엔 안전보장이사회 회원국을 비롯한 세계의 강대국들은 앞으로 등장할 글로벌 레짐에서 자국의 역할을 재규정하기 위해 노력하고 있다.

## ■ 평화공존

국제체제에서 국가 간의 바람직한 관계에 대한 중국의 철학은 '평화공존 5대원칙'에 요약되어 있다.

1. 모든 국가는 자국의 상황에 맞게 자국의 정치적, 경제적, 사회적 체제를 선택할 권리를 갖는다.
2. 세계의 모든 국가, 특히 강대국들은 내정불간섭의 원칙을 엄격히 준

수해야 한다.
3. 모든 국가는 타국을 존중하고 평등하게 대우하며, 호혜적 협력을 추구하고, 조화롭게 공존하며, 입장 차이를 해소하는데 있어 공통기반 마련을 위해 노력해야 한다.
4. 국제 갈등은 무력이나 위협이 아니라 평화적 방법을 통해 공정하게 해결되어야 한다.
5. 모든 국가는 그 크기와 국력에 상관없이 국제문제 해결을 위한 협의에 평등하게 참여할 권리를 갖는다.[1]

중국의 국가 간 행위의 원칙은 지난 350년 동안 유럽과 국제체제를 이끌어 왔던 기본적 규범과 일치한다. 1648년에 체결된 웨스트팔리아 조약은 국가주권과 국가 간 평등의 원칙을 확립하였다. 냉전시기 동안 중국과 다른 제3세계 국가들은 두 개의 초강대국이 지배하는 세계에서 행동의 자유를 확보하고, 웨스트팔리아 체제의 규범을 유지하기 위해 고군분투했다. 냉전종식은 모순적으로 웨스트팔리아 체제의 요소들을 강화하면서 동시에 약화시켰다.

이론적으로 소련의 붕괴는 약소국을 과거 냉전 각축전의 볼모라는 역할에서 벗어나게 하고, 자신의 영토 및 국제체제에서 모든 국가의 행동의 자유를 확대시키는 것을 의미했다. 그러나 탈냉전 시대에 있어서 중국을 포함한 많은 국가들은 자신이 패자가 될 수 있음을 두려워했다.

유엔 안전보장이사회에서 러시아는 1991년 이라크 전쟁의 승

> **웨스트팔리아 체제**
>
> 웨스트팔리아 체제의 규범은 다음과 같다. 모든 국가는 자신의 영토 내에서 주권을 갖는다. 모든 국가는 다른 국가와의 관계에 있어 평등하다. 국가보다 상위의 권력은 없다. 국내적으로 국가의 주권은 지배엘리트에게 귀속된다. 국민은 그들의 정부에 종속되며 그것의 정당성은 좋은 정부에서 도출된다. 국제안보는 국가가 자기이익을 추구하면서 타국의 내정에 간섭하지 않는 세력 균형체제에 기초한다. 국제적 상호작용은 국내의 개인 혹은 집단이 아니라 정부에 의해 주도된다. 한 국가의 시민이 다른 국가를 여행할 경우, 여행국가의 법률에 적용을 받는다.

인과 같은 여러 중대한 안건의 표결에서 서방진영과 뜻을 같이 하였고, 중국만이 유일하게 제3세계 이해의 옹호자를 자처하는 국가로 남게 되었다. 한 국가의 힘만으로 제3세계의 이익을 대변하는 것은 어려운 일이다. 또한 미국과 러시아의 안보이익에서 가난한 나라들이 차지하는 중요성이 줄어들었기 때문에, 가난한 나라들에 대한 경제 원조도 감소하였다. 새로운 질서에서는 그 어느 시기보다 제3세계의 힘과 영향력이 축소되었다.

## 상호의존

소련 붕괴 이전부터 웨스트팔리아 체제는 세계적인 상호의존의 증가로 인해 서서히 잠식되고 있었다. 개방정책의 실행 이후 중국 자신도 국제무역과 국제금융체제에 편입되었다. 화교들은 중국사회의 모든 단위와 자유롭게 교류하고 있고, 막대한 규모의 중국 투자를 통해 엄청난 영향력을 행사하고 있다. 따라서 중국이 한때 자랑스럽게 내세웠던 자립경제는 이제 세계무역의 추세와 베이징정부의 권한이 미치지 않는 외부에 거주하는 중국인들의 금융적 이해관계로부터 영향을 받게 되었다.

국경을 초월한 대중 매체와 대중적 이동의 시대에 점점 더 많은 중국의 이익집단과 시민들은 중국정부의 영향력에서 벗어나 독자적으로 다른 국가의 이익집단 및 시민들과 교류하고 있다. 관광, 학생과 연구자들의 교류, 전자통신매체는 베이징정부의 권력을 제한하고 있다. 예를 들어 천안문 시위 기간 중 중국의 대학생들은 외국취재기자들의 기사전송이 국영통신사에 의해 차단이 된 후에도 팩스를 이용하여 중국 국내에서 무슨 일이 벌어지고 있는지를 외부세계에 알렸다. 지금은 비록 검열을 받고 있지만, 인터넷을 통해 다양한 정보가 중국전역에 유포되고 있다. 공산당 권력자들은 중국 국경 밖으로부터의 '정신적 오염'을 우려하고 있지만, 그들은 더 이상 정보의 유통을 완전히 통제할 수는 없다. 세계적인 상호의존이 증대하는 시대에 어떤 정부도 자국의 영토 내에서조차 진정한 자율성을 갖지 못한다.

## 글로벌 공유재

세계적인 상호의존의 증대는 글로벌 자원이 공유재(commons)라는 점을 부각시키고 있다. 전통적으로 모든 국가는 자국 영토 내의 자원을 통제하여 왔다. 비록 그러한 자원이용의 결과가 미래에 국경을 넘어 다른 많은 사람들의 안녕에 영향을 줄 수 있다 하더라도, 국가들은 자국 영토 내의 자원을 자국 이익을 위해 사용한다. 어느 한 국가 혹은 한 집단이 갖는 당장의 이익이 미래에 글로벌 공동체가 책임지게 될 비용보다 중요하게 여겨진다. 예를 들어 17세기 영국 농민들은 촌락공유지에서 자신들의 소를 방목하였다. 농민들은 무제한의 방목이 자신들을 파멸시킬 수 있다는 것을 인식하고 있었음에도 불구하고, 여전히 자신들이 소유한 가축수의 증가가 가져다주는 당장의 이익을 추구하였다. 이러한 행위는 '공유재의 비극(tragedy of the commons)'이라고 알려져 있다.

환경보호와 글로벌 공유재의 공정한 배분은 매우 복잡한 사안으로, 최근에 들어서야 현재 국제체제에서 다루어지기 시작한 문제들이다. 글로벌 공유재의 공정한 배분과 과거 환경오염 정화에 대한 책임을 분담하려는 각각의 시도는 종종 주요 서방국가들과 제3세계 국가 사이의 대립으로 얼룩졌다. 해양법(해양에서의 경제적 권리를 규정)과 관련된 논쟁을 야기한 1992년 리우데자네이루 세계환경회의, 기타 국제환경레짐 제안들은 이러한 문제점을 극명하게 보여주고 있다.

글로벌 공유재 문제의 공평한 해결은 초국가적 권한을 갖는 글로벌 기구의 창설을 필요로 한다. 다시 말하면 이것은 웨스트팔리아의 통치체제와는 대조적으로 모든 국가가 자신 주권의 일부를 국제체제에 이양할 것을 요구한다. 자국의 국가이익이 아니라 국가간 상호이익에 기초한 자발적인 글로벌 레짐은 세계 모든 국가들로부터 승인을 받아야 할 것이다.

전환기에 있어서 모든 국가는 새로이 등장하는 글로벌 레짐의 요구에 맞게 자국의 정책을 조정해야 할 것이다. 중국 또한 새로운 국제적 환경에 맞추어 변화해야 할 것이다. 그것이 국가주권, 상호의존, 혹은 자발적 글로벌 레짐이든지 간에 어떤 하나의 접근만으로 충분하지 않을 것이다. 오히려 중국의 지도자들은 국제체제로부터 중국의 보다 큰 자율성을 선호하는 이들의 요구와 그 어떤 국가도 글로벌 기구 혹은 경제, 정치적 교류에 무관심할 수 없다고 믿는 지도자들의 요구 사이에서 어느 한쪽에 치우쳐서는 안 될 것이다.

## ■ 중국, 유엔, 새로운 시대의 집단안보

20년 동안 중화인민공화국의 유엔 가입을 거부했던 유엔총회는 1971년 표결을 통해 중화인민공화국을 중국의 유엔 공식의석 보유국으로 지정하였다. 그와 함께 중화민국(대만)은 유엔 안전보장이사회로부터 축출되었다. 유엔총회의 표결이 진행되고 있을 때 닉슨대통령의 국가안보 보좌관 키신저(Henry Kissinger)는 북경을 방문하고 있었다. 그 동안 중국이 걸어온 긴 여정을 이보다 더 분명하게 보여주는 것은 없었다. 한때 유엔총회에서 한반도 '침략국'으로 비난을 받아 유엔가입이 거부되었던 중화인민공화국은 이제 세계질서를 책임지는 가장 중요한 5대 국가 중 하나가 되었다.

서방진영은 안전보장이사회에서 공산주의 중국의 존재를 두려워하였다. 그러나 안전보장이사회에서 중국은 논쟁적 사안에 대해 거부권을 행사하기보다는 기권을 함으로써 보수적으로 행동하였다. 올브라이트(Madeleine Albright) 미국무부장관에 따르면,

> 중국은 다른 국가의 내정간섭과 관계된 유엔의 그 어떤 행위에 대해서도 강한 거부감을 가지고 있다. 한 안전보장이사회 회의에서 … 나는 중국 측 대표자가 단단한 고무공을 주물럭거리면서 근육을 단련하는 것을 보았다. 나는 그에게 쪽지를 보내 작은 공을 갖고 무엇을 하고 있는지를 물었다. 그는 그날 표결에서 사실은 손을 들어 찬성을 할 예정인데, 그것을 위해 (팔) 힘을 기르고 있는 중이라고 대답했다.[2)]

역설적이게도 중국은 유엔가입을 통해 제3세계의 강력한 대변자가 되었지만, 동시에 제3세계의 많은 국가들이 불평등을 이유로 혐오하는 국제체제의 주요 행위자로 등장하게 되었다.

안전보장이사회에서 소련의 상임이사국 지위가 러시아에게 주어졌을 때, 베이징의 지도자들은 유엔에서 중국이 새로운 기회와 동시에 새로운 위험에 직면하였음을 인식하였다. 러시아는 미국, 영국, 프랑스와 함께 유엔의 안보 활동을 강화하기 시작했다. 현재 안전보장이사회에서 중국은 제3세계의 입장을 대변하는 유일한 상임이사국임을 자처하고 있다.

> **유엔 안전보장이사회의 개혁**
>
> 안전보장이사회의 조직개편을 위한 몇 가지 구상이 제안되었다. 즉, 프랑스, 독일, 영국이 순차적으로 공유하는 순환제 유럽 의석의 도입, 독일과 일본의 상임이사국 승인, 기존 5개 상임이사국에게만 거부권 행사를 허용하되, 브라질, 나이지리아, 이집트, 일본, 독일에게 상임이사국 지위를 부여하는 것 등의 내용을 포함한다.

새로이 등장하고 있는 글로벌 체제에서 전통적인 국가주권의 문제는 국제안보와 글로벌 공유재와 관련한 새로운 문제에 자리를 내주었다. 냉전 종식으로 세계대전 발발의 두려움은 완화되었지만, 그 대신 위험스러운 문제들이 새로이 발생하고 있다. 즉 극단적 민족주의 부활로 인해 야기되고 있는 지역분쟁, 국내 사회의 불안, 인권침해의 증가, 인종 간, 종족 간 증오의 폭발, 그리고 중상주의적 경제정책을 추구할 것인지, 또는 경쟁우위에 입각한 글로벌 경쟁에 경제를 개방해야 할 것인지를 둘러싼 국가 간 대립으로 인해 야기될 수 있는 경제전쟁의 위협 등이 그것이다. 중국의 정책결정자들의 입장에서는 정책을 선택하기가 매우 어렵다. 탈냉전 시대의 혼란 속에서 안전보장이사회가 주도한 정책적 제안은 종종 미국과 그 동맹국들이 주창한 것이었고, 이러한 정책적 제안은 글로벌 차원에서 서방진영의 역할을 확대시켜 주는 것으로 여겨졌다. 동맹국을 얻기 위해 두 초강대국이 경쟁했던 냉전기의 중국과 제3세계는 서로의 충성을 맹세함으로써 양 초강대국에 대해 영향력을 행사할 수 있었다. 그러나 미국이 유일한 초강대국으로 남게 되자, 동맹국을 얻기 위한 경쟁은 약화되었다. 또한 많은 제3세계 국가의 국내 정치적, 경제적 문제가 심각해지고 있는 시기에, 유엔은 여러 가지 측면에서 과거에 비해 제3세계 국가의 요구를 덜 받아들이고 있다. 더구나 오늘날 유엔에서 미국의 역할은 중국을 매우 곤혹스럽게 하고 있다. 2003년 이라크전쟁 준비과정에서 부시(George W. Bush) 행정부가 유엔을 조작한 것과 유엔이 미국의 행동을 막지 못했다는 사실은 자국 혹은 타국의 주권침해에 대해 항상 민감한 중국 지도자들의 경각심을 높였다.

### 유엔 구조의 변화

소련 붕괴 이후 유엔 안전보장이사회의 구조개혁에 대한 요구가 증가하였다. 거부권을 소유한 안전보장이사회의 상임이사국들은 제2차 세계대전의 승전국들이었다. 그러나 21세기에 있어서 이러한 구조는 구시대적인 것으로 여겨진다. 유엔 개혁에 대한 중국의 공식적 입장은 다음과 같다.

> 중국은 보다 강력하고 효율적이며, 시대의 흐름에 발맞추는 조직으로 탈바꿈하려는 유엔의 개혁노력을 지지한다. 개혁에 있어서 개발도상국의 정당한 권리와 이익이 반드시 고려되어야 하며, 사회 경제적 발전을 촉진하는 유엔의 역할이 강조되어야 한다. … 중국은 안전보장이사회의 권한을 강화하고, 의사결정의 운용방식과 투명성을 증진시키며, 효율성을 높이기 위해 적절하고 필요한 개혁을 희망한다. 개혁은 개발도상국 권한의 강화에 우선권을 부여하고, 지리적으로 균등배분의 원칙을 따르는 것이 요구된다.[3]

중국과 다른 163개의 회원국이 유엔 예산의 20% 미만을 담당하고 있는 상황에서, 유엔헌장의 '1국가 1투표' 규정을 변화시켜 회원국의 운영예산에 대한 기여도를 좀 더 정확하게 반영하려는 그 어떤 시도에 대해서도 중국이 단호하게 반대할 것이라는 데에는 의심의 여지가 없다. 중국의 유엔 예산 기여는 안전보장이사회에서 중국의 불확실한 역할을 반영한다. 다른 4개의 상임이사국이 유엔 정규예산의 거의 절반 이상을 분담하고 있는 것에 반해, 중국의 분담금은 1%도 채 되지 않는다. 제1세계와 제3세계 대부분의 국가들은 인구수에 비례하여 의석수를 결정하는 그 어떤 개정안에도 반대할 것이다. 그렇게 되면 중국과 인도가 유엔총회에서 최대 의석을 차지하게 될 것이기 때문이다. 그리고 거의 모든 유엔 회원국들은 서방의 지배를 강화하거나 유지하도록 하는 헌장의 개정에 대해 강력하게 반대하고 있다.

유엔헌장 개혁에 대한 중국의 입장은 자신이 안전보장이사회 상임이사국이라는 사실 때문에 더욱 복잡한 양상을 보이고 있다. 비록 중국이 제3세계의 지도자 역할을 추구하고 있긴 하지만, 다른 제3세계 국가, 특히 21세기 아시아지역 주도권을 둘러싼 두 개의 최대 잠재적 경쟁국 중의 하나인 인도와 안전보장이사회에서 상임이사국 지위를 공유하는 가능성에 대해서 흔쾌히 여기지 않는다. 일본의 상임이사국 진출 또한 중국지도자들을 불편하게 하고 있다. 그러나 탈냉전 시대를 반영한 안전보장이사회의 조직재편 요구들이 늘어날 것이 분명하다. 만약 안전보장이사회에 제3세계 참여가 확대된다면, 오래전부터 유엔에서 제3세계 세력의 확장을 옹호해 왔던 중국은 역설적이게도 다른 어떤 상임이사국 보다 더 많은 것을 잃게 될 것이다. 중국은 안전보장이사회 조직개편과 관련하여 자신이 동의할 수 없는 그 어떤 제안도 거부할 수 있지만, 실제로 중국의 선택대안은 제한되어 있다.

## 유엔의 평화정착 및 평화유지

평화정착 및 평화유지를 위해 유엔이 취할 수 있는 행동 범위에 관한 수많은 세부조항이 존재한다.

- 유엔헌장의 제41조는 외교관계의 단절 또는 수출입의 제한(안전보장이사회에 의해 구속력 발휘)과 같은 정치·경제적 제재를 가할 수 있는 권한을 부여한다.

- 제42조는 침략을 저지하거나 그에 저항하기 위한 군사행동(안전보장이사회에 의해 구속력 발휘)을 취할 수 있는 권한을 부여하고 있다.
- 1950년 채택된 '평화를 위한 단결(Uniting for Peace)'에 따라 유엔총회는 정치·군사·경제적 성격의 제재를 제안할 수 있다. 이러한 제안은 유엔 회원국에 대해 구속력을 갖지 않는다. 이러한 관례에 의거하여 유엔총회는 자발적인 차원에서 평화정착 및 평화유지 활동을 포함하는 여러 가지 활동들을 제안할 수 있었다. 그 내용은 다음과 같다.
- 안전보장이사회는 질서유지 또는 질서회복의 목적으로 제한적인 군사행동을 취하는 군대를 창설할 수 있다.
- 안전보장이사회는 선거를 감시하거나 관리하기 위해 다국적 군대를 창설할 수 있다.
- 안전보장이사회는 질서회복을 위한 목적에서 다국적 병력을 창설하거나, 한 국가의 군대를 대신하여 전투력을 무장해제할 수 있다.
- 안전보장이사회는 정부의 통치기능이 붕괴한 지역에서 효과적인 정부활동의 회복을 위해 행정, 금융, 통신, 의료와 같은 정부활동을 제공할 수 있다. 이러한 활동은 1960년부터 1964년까지 벨기에 령 콩고와 1992년부터 캄보디아에서 수행되었다.
- 유엔은 휴전협정을 감시하고 협정 위반행위를 보고하기 위해 다국적 군대를 창설할 수 있다. 이러한 활동은 통상적으로 안전보장이사회가 수행했으나, 1956년 중동주둔 긴급배치연합군의 창설에서 보여주듯이 유엔총회를 통해서도 이루어졌다.
- 평화유지 활동의 과정에서 많은 관행이 만들어졌으며, 다음과 같은 내용을 포함한다. 즉, 평화협정의 당사국 가운데 적어도 한 나라는 자국 영토 내에 유엔 병력 파견을 허용할 의사가 있어야 한다. 간단한 무장만을 갖춘 유엔 감시단은 오직 자기방어를 위해 무력을 사용하도록 지도되어야 한다. 평화유지군은 모든 평화협정 당사국들이 동의하는 나라들로 구성되어야 한다.
- 평화정착 및 평화유지 활동에 필요한 재원은 유엔총회 예산의 할당액, 개별 국가의 자발적 기여, 파병국가의 군대 보급자들에 의한 부분적 혹은 전적인 재정 부담 등의 다양한 방식으로 조달된다.

탈냉전시대의 성격 변화와 지역적 불안정성에 대한 글로벌 차원에서의 해결 요구가 증가함에 따라 안전보장이사회의 활동에서 중국의 역할은 더욱 복잡해졌다. 새로운 세계질서는 아직 존재하지 않는다. 그 대신 유엔은 탈냉전시대 불안정성에 대해 임시방편적으로 대응하고 있다.

냉전시기에 유엔의 안보활동은 대부분 두 초강대국이 동의하는 평화유지 활동으로 제한되었다. 미국과 소련 양국은 자신들의 이익을 저해하는 모든 행동을 저지하기 위해 즉각적으로 거부권을 행사하였다. 따라서 평화유지군이 파견되는 시점에는 교전당사국과 초강대국 모두가 유엔감시단을 인정했다는 점에서 상황의 위험성이 어느 정도 진정된 상태라고 할 수 있다.

1956년 이후에 많은 평화유지 활동이 이루어졌던 것과는 대조적으로 집단안보 행동은 유엔의 창설 이후 단 두 차례만 수행되었다. 첫 번째 사례는 1950년 한국전쟁이었다. 안전보장이사회는 남한을 방어하기 위해 유엔군의 파병을 결의하였다. 이 결의안이 통과될 수 있었던 유일한 이유는 소련이 유엔에서 중국의석을 베이징이 아닌 대만이 유지하고 있는 것에 항의하며 안전보장이사회 회의참석을 거부했기 때문이다. 또 다른 집단안보행동은 냉전 종식 이후에야 가능하였다. 이라크에게는 충격적이었던 1990년 안전보장이사회 결의안 678호는 쿠웨이트 주권회복을 위한 무력사용을 허용했다. 서구로부터의 경제적 지원을 기대한 러시아는 동맹국 이라크를 포기하고, 결의안에 찬성하였다.

중국의 지도자들은 중국이 세계무대의 다른 주요국들과 동등하게 글로벌 차원에서 적극적인 역할을 담당하게 되기를 희망한다. 그러나 중국은 대체로 자국의 국경 외부에서 발생하는 일에 간섭하지 않고 있다. 한국전쟁 동안 유엔이 중국의 행동을 비난하자, 중국은 서방이 주도하는 안전보장이사회의 글로벌 차원의 행동에 대해 더욱 깊은 의혹을 갖게 되었다. 안전보장이사회 진출 이후, 중화인민공화국은 일반적으로 유엔 평화유지활동 참여를 기피하여 왔다. 따라서 1990년과 1991년 중국의 지도자들은 서방이 주창하는 이라크 결의안을 불안한 눈초리로 바라보았다. 중국은 이라크의 쿠웨이트 침공을 비난하였지만, 무력사용보다는 제한적인 제재를 선호하였다. 중국이 거부권을 행사하지 않는다면 결의안 678호가 통과될 것이 분명해지자 중국은 기권을 선택하였다. 이에 대한 답례로 미국은 천안문 사태 이후 시행되었던 세계은행의 중국차관 중단조치를 해제하였다.

이외에도 중국은 탈냉전시대 안전보장이사회의 의사결정과정에 있어서 여러 다른 어려움에 직면하였다. 예를 들어 중국은 리비아 테러용의자들을 미국이나 프랑스의 법정에 기소할 수 있도록 하는 리비아에 대한 제재 결의안에 동의하지 않고 기권을 택하였다. 중국은 전통적으로 아랍세계를 지지하였지만, 거부권 행사로 인해 서방과 소원해지고 싶지 않았다. 또한 베이징은 구 유고슬라비아에 대한 인도주의적 지원활동과 관련한 안전보장이사회의 제한적인 결의안에 대해서는 찬성하는 한편, 베오그라드에 대한 경제제재에 대해서는 기권하였다. 많은 이슬람국가들이 세르비아에 대한 강력한 제재에 찬성하고 있었기 때문에, 유고슬라비아 문제에 대한 중국의 태도는 이전 리비아 문제와 관련하여 중국이 아랍세계로부터 얻었던 지지기반을 손상시켰다. 소말리아와 관련하여 미국은 기아에 굶주리고 있는 사람들에 대한 식량공급확보 및 질서회복을 목적으로 미국 주도의 다국적 연합군 파견을 주장하였고, 결국 베이징 지도자들은 미국이 제출한 안전보장이사회의 결의안에 찬성하였다. 베이징은 항상 다른 어떤 군사 활동 보다 유엔의 깃발을 내건 군사 활동을 선호하기 때문에, 미국 주도의 소말리아 파병 결정을 거부할 의사가 없었다.

탈냉전시대 안전보장이사회의 결의과정에서 중국이 일관되지 않는 투표행태를 보인 이유는 명백하다. 스스로가 주도권을 장악할 수 없는 상태에서 중국은 전통적인 평화유지 활동을 넘어서는 서방의 제안을 지지할 것인지 아니면 기권할 것인지를 결정해야만 했다. 만약 중국이 안전보장이사회의 나머지 4개 상임이사국과 그 동맹국들이 지지하는 결의안에 대해 거부권을 행사한다면 유엔 내부의 주요 집단으로부터 고립되는 위험을 안게 된다. 또한 중국의 거부권 행사는 안전보장이사회로 하여금 '평화를 위한 단결'결의안을 발의하게 만들 것이다. '평화를 위한 단결'결의안은 교착상태에 빠진 안전보장이사회에게 의제의 조속한 결정을 위해 유엔총회 회의를 소집할 권한을 부여한다. 유엔총회의 결의안은 권고사항에 불과하여 구속력을 갖지 않는다. 그러나 안전보장이사회에서 중국의 거부권 행사로 인해 유엔의 활동이 유엔총회를 통해 결정되도록 만든다면, 이것은 중국이 스스로 자신을 세계의 다른 모든 국가들로부터 고립시키는 것이다. 이러한 상황을 베이징이 원한다고 보기는 어렵다.

1990년대 후반부터 중국은 유엔의 평화유지 노력에 선별적으로 참여하기 시작했다. 이러한 활동을 유엔의 다른 국가들에게 더 이상 양보하지 않겠다는 입장 하에, 중국의 참여가 시작되었다. 중국은 1990년에 최초로 유엔 평화유지 활동에 참여하였고, 2004년 3월 현재, 총 648명의 감시단, 민간경찰, 병력이 유엔 평화유지활동에 기여하였다.4) 표 8.1은 현재까지 중국이 참여한 유엔 평화유지활동을 열거하고 있다.5) 중국이 참여를 결정하는 원칙은 평화유지로 분명하게 정의 내려진 활동은 승인하고, 반면에 주권침해의 문제가 제기될 수 있는 모든 활동에 대해서는 거부의 입장을 취하는 것이라고 할 수 있다.

## 유엔의 미래

1992년 1월 세계 주요 강대국의 지도자들은 유엔 정상회담을 개최하여 세계의 안정과 평화를 증진시키기 위한 방법들을 제안하였다. 중국의 리펑 총리는 주요 참석자였다. 리펑 총리와 안전보장이사회의 다른 상임이사국 정상들이 유엔 사무총장에게 평화유지와 전쟁방지를 위해 보다 효과적으로 유엔 체제를 활용할 수 있는 계획을 마련할 것을 요청하였다. 그러나 유엔 사무총장의 최종보고서는 위기발생시 즉각적으로 활용가능한 5만 명의 유엔 평화유지군 창설을 제안하였다. 이 제안서는 유엔공동사령부를 요구하고 있기 때문에, 미국과 다른 국가들은 이를 수용하지 않을 것으로 보인다. 비록 유엔의 글로벌 군사 활동이 2004년 5만 명을 넘는 규모로 확대되었다할지라도, 임시방편적 차원에서의 자발적인 참여가 지속될 것이다. 중국은 무임승차자(free rider)로 머물면서, 중국이 참여할 평화유지 활동을 조심스럽게 선택할 것이다.

### 표 8.1 중국의 유엔 평화유지활동 참여

| 활동지역 | 약칭 | 기간 | 감시요원 수 |
| --- | --- | --- | --- |
| 유엔정전감시기구(UN Truce Supervision Organization, 팔레스타인 분쟁 - 역자 주) | UNTSO | 1990년 4월부터 | 66 |
| 유엔 이라크-쿠웨이트 감시단(UN Iraq-Kuwait Observation Mission) | UNIKOM | 1991년 4월부터 | 161 |
| 유엔 서부 사하라 주민투표지원단 (UN Mission for the Referendum in Western Sahara) | MINURSO | 1991년 9월부터 | 214 |
| 유엔 캄보디아 과도정부기구(UN Transitional Authority in Cambodia) | UNTAC | 1991년 12월부터 1993년 9월까지 | 97 |
| 모잠비크 유엔평화유지군 (UN Operation in Mozambique) | ONUMOZ | 1993년 6월부터 1994년 12월까지 | 20 |
| 유엔 라이베리아 감시단 (UN Observer Mission in Liberia) | UNOMIL | 1993년 11월부터 1997년 9월까지 | 33 |
| 유엔 아프가니스탄특별파견단(UN Special Mission in Afghanistan ) | UNSMA | 1998년 5월부터 2000년 1월까지 | 2 |
| 유엔 시에라리온 감시단 (UN Observer Mission in Sierra Leone) | UNOMSIL | 1998년 8월부터 | 24 |
| 유엔 동티모르 과도정부기구(UN Transitional Authority in East Timor) | UNTAET | 2000년 1월부터 | 178* |
| 에티오피아-에리트레아 유엔평화유지군 (UN Mission in Ethiopia and Eritrea) | UNMEE | 200년 10월부터 | 15 |
| 보스니아-헤르체고비나 유엔평화유지군(UN Mission in Bosnia and Herzegovina) | UNMIBH | 2001년 1월부터 | 20* |
| 콩고민주공화국 유엔평화유지군) (UN Mission in Congo Kinshasa) | MONUC | 2001년 4월부터 | 20 |

출처: Permanment Mission of the People's Republic of China to the UN, White Paper on China's Defense(중국방위백서), December 9, 2002. http://un.fmprc.gov.cn.eng/39095.html.

주: * 민간 경찰 수

향후 중국의 유엔 정책을 결정하는 일차적 요인은 중국 외부의 사건일 것이다. 비록 상호의존이 증대하고 있지만, 국제체제에서 중국과 다른 국가들은 글로벌 사안에 대해 계속해서 임시방편적으로 대응할 것이다. 여전히 중국의 지도자들은 주권과 국가의 운명을 스스로 관리하는 것을 제약하는 지역 및 글로벌 레짐에 동참하기를 주저하고 있는데, 이 점에서 베이징의 지도자는 서구의 지도자들과 다르다. 과거에 베이징은 지역적, 글로벌 사안과 관련하여 그것이 정치적, 경제적, 환경적, 인도주의적 차원이든지 간에 능동적이라기보다는 수동적으로 대응해 왔다. 1648년 웨스트팔리아 조약 이후, 국제체제의 지배적인 가치인 국가의 자기이익 추구는 유엔과 국제무대에서 중국의 행동을 이해하는 열쇠가 되었다. 그러나 1990년대 들어 중국 및 다른 국가들이 자국 국가이익이 무엇인지를 결정하는 일은 동서 진영 간 경쟁이 지역 차원 및 글로벌 차원에서 세력균형을 결정하는 나침반으로 작용했던 냉전시기와 비교하여 훨씬 불확실해졌다. 21세기 초, 중국은 '그들과 싸워 이길 수 없다면, 그들과 함께하라'는 입장을 취하기로 마음먹었다. 중국은 다양한 국제기구에 보다 적극적으로 참여하는 것과 주권 및 국가이익에 대해 민감한 전통적인 태도 사이에서 중용을 택하고 있다. 지금까지 중국은 그 두 가지 사이에서 적절하게 균형을 잡을 수 있었다. 그러나 만약 중국이 둘 중 하나의 선택을 강요받는다면, 다른 강대국들과 마찬가지로 주권과 국가이익을 우선할 것이다.

## ■ 군비통제 혹은 군비경쟁? 중국의 대안

냉전의 종식은 세계대전의 위험을 현저하게 감소시켰고, 그 결과 미국과 구소련에서 광범위한 군사적 재편을 가져왔다. 긴장완화를 위해서, 그리고 긴장완화의 결과로 인해, 고르바초프(Mikhail Gorbachev)와 부시(George H. W. Bush)는 유럽주둔 병력 감축, 중거리 핵무기 폐기, 전략적 핵무기의 대폭적인 축소에 동의하였다. 소련의 붕괴로 협정이행이 어렵게 되었으나, 신생 공화국들은 실제로 실천한 것은 아니지만, 적어도 구두 상으로는 협정내용의 이행을 다짐하였다.

군사 안보와 관련한 중국의 입장은 1991년 사건(소련의 붕괴 - 역자 주)으로 인해 근본적으로 변화하였다. 오랜기간에 걸쳐 중국은 국경선에서 소련에 대한 철저한 방어에 집중하였다. 비록 신생국가들이 소규모 군비경쟁을 벌이고 있지만, 현재 중국의 북부 및 서부 국경지역에 더 이상 강대국의 위협은 존재하지

> **중국의 핵정책**
>
> 냉전종식과 함께 중국은 공식적 관계의 문제점을 안게 되었다. 소련과 미국이 핵무기 보유량을 대폭 축소하기로 동의하기 이전, 중국은 만약 모스크바와 워싱턴이 핵무기고의 절반을 폐기한다면, 자국의 핵무기를 감축할 것이라고 주장하였다. 제3차 전략핵무기감축협정(Start III) 이후, 중국은 종래의 입장을 변경하였다. 중국은 러시아와 미국이 여전히 대량의 핵을 보유하고 있다는 사실을 들어, 중국이 핵감축을 위한 중대한 협상의 시작을 고려하기 이전에, 양국의 보다 전격적인 핵감축이 우선적으로 필요하다고 주장한다.

않는다. 이러한 상황은 아시아에서 미군의 단계적 철수와 더불어 베이징에게는 기회이자 동시에 위험을 의미한다. 서구 제국주의자들이 중국에 첫발을 디딘 이래 처음으로 중국의 지도자들은 이제 자신들이 우세한 외국 군대로부터 압력을 받기보다는 국외의 사건에 영향력을 발휘할 수 있는 위치에 서 있다는 사실을 발견하였다.

중국은 현재 자신의 군사력을 확장시키고 국방예산을 증가시키고 있다. 여기에는 국내적 이유와 대외적 이유가 동시에 존재한다. 공산당이 권력을 잡기 위한 대장정을 시작한 이후, 군대는 매우 중요한 역할을 수행하였다. 마오쩌둥(毛澤東)의 인민군은 필요 이상으로 많은 인력과 열악한 무기로 무장한, 제대로 훈련받지 못한 농민군이었다. 그러나 그들은 한국전쟁에서 훌륭한 전과를 올렸고, 신뢰를 받은 군대는 문화혁명의 광폭을 진압하는 데 이용되었다. 1989년 천안문 광장의 시위대를 진압했을 때, 중국군대는 다시 한 번 정치적으로 중요한 역할을 수행했다.

그러나 군사 예산이 군대의 정치적 역할과 항상 비례하는 것은 아니었다. 덩샤오핑(鄧小平)은 인건비를 줄이고 군대를 잘 훈련된 직업군으로 개혁하기 위해 병력을 4백만에서 3백만 명으로 대폭 감축했다. 국방예산은 중국군대가 천안문 광장에서 충성심을 과시한 후에야 대폭적으로 증가하기 시작했다. 외부로부터의 위협이 감소했음에도 불구하고 중국의 정규 국방예산은 1989년 이후 매년 10% 이상의 실질 증가율을 기록하고 있다. 더욱이 러시아 군사장비의 대량 구입은 중앙군사위원회의 비밀자금으로 지불되었다고 한다.6)

장기간의 낮은 국방예산은 중국과 국제체제 양측에 의도하지 않은 부작용을 초래하였다. 덩샤오핑의 개혁 초기에는 군대에 남은 병사들에게 급여가 인상되지 않았다. 구매력 상실로 인해 군의 사기는 저하되었다. 부족한 정부지원금을 보충하기 위해 많은 군부대가 외부에서 재원을 찾기 시작했다. 광조우와 같은 도시에서 군부대는 나이트클럽, 관광호텔, 기타 사업체, 심지어는 대중 사격연습장을 운영하였다. 보다 위험스러운 일은 중국의 많은 군부대가 국제시장, 특히 아시아와 중동지역에서 무기판매를 시작했다는 것이다. 경쟁적으로 가격이 형성되는 재래식 무기뿐만이 아니라 군사적으로 전용 가능한 핵기술과 중·단거리 미사일이 서방의 무기판매 금지로 인해 곤란에 처한 국가들에게 판매되었다. 중국군대는 인맥(개인적 선물과 사례)을 이용하고, 무기수출 회사들은 종종 중국 고위지도자들의 자제들을 고용하였으며, 이로 인해 외무부에 의해 파악되지 않는 비밀스러운 거래가 진행되었다.7)

국내적 안정이 군사력 증강의 주요원인이긴 하지만, 다른 이유도 존재한다. 베이징은 대만과의 통일이 평화적으로 해결되지 않는다면, 궁극적으로 무력을 사용할 권리가 있다고 늘 주장해 왔다. 특히 무역관계를 비롯하여 중국과 대만과의 관계가 크게 개선되었음에도 불구하고, 베이징은 미국 및 다른 국가들의 대만에 대한 무기판매에 대해 상당히 당혹스러워한다. 1992년 9월 부시 대통령이 대만에 대한 60억 달러 규모의 F-16 전투기

150대의 판매를 발표하자, 베이징은 미국이 대만에 대한 무기 판매를 늘리지 않겠다고 합의한 1982년 중미 공동선언을 명백히 위반한 것이라고 비난했다. 이어 프랑스는 대만에 중·단거리 미사일 2천 기를 판매하는 수십억 달러 규모의 거래를 성사시켰다. 중국은 러시아 군사장비 구입으로 이에 대응하였다. 가장 최근에 2기 부시 행정부는 대만에 17억 800만 달러 규모의 조기경보 레이더시스템 판매 계획을 추진하였다. 베이징의 대응은 예상 가능한 것이었다. 중국 외무부의 대변인은 이렇게 말했다. "대만 해협과 관련하여 현재의 매우 복잡하고 민감한 상황에서 우리는 미국에게 말한 것과 약속한 것을 지키는 일에 충실하고, 대만의 독립(을 추구하는 세력)에게 잘못된 신호를 보내지 말 것을 요구한다."[8]

메시지는 분명하다. 즉 베이징의 지도자들이 의도하는 것은 강력한 군사력을 유지하여 대만의 지도자들에게 중국으로부터의 독립이 불가능하다는 것을 깨닫도록 하는 것이다. 중국의 명예와 자존심 또한 그만큼 중요하다. 베이징은 세계의 신흥강국으로서 중국이 지역적 차원과 국제적 차원에서 보다 큰 역할을 담당할 자격이 있다고 믿고 있다. 중국은 모든 국가가 군사력을 현대화할 자격이 있다고 믿는다. 베이징은 중국의 군비증강은 정당할 뿐만 아니라, 글로벌 차원의 세력균형을 위협하는 요인이 아니라고 주장한다.

## 지역 무기판매: 중국의 시각

비록 중국이 보다 막강한 군사력을 키워나가고 있지만, 최근 서구의 논평자들이 가장 우려하고 있는 것은 중동, 서아시아, 남아시아지역에서 주요한 무기거래상으로 등장하고 있는 중국의 역할이다. 소련붕괴 이전, 중동지역에서 중국의 역할은 상대적으로 미약했지만, 1990년대 베이징의 무기거래상들은 중동지역의 세력균형 구조에서 중요한 요소로 등장하였다. 중국의 외교활동 또한 크게 확대되었다. 1991년 베이징은 사우디아라비아와 같은 다수의 주요 아랍 국가들과 외교관계를 수립하였다. 양측과 동시에 손을 잡기 위해 1992년 중국은 이스라엘과도 외교관계를 수립하였다.

중국은 미국, 구소련, 서유럽 및 동유럽 국가들이 중동지역에 엄청난 규모의 군사 장비를 판매하고 있는 사실을 지목하며 자국의 중동에 대한 무기판매를 정당화하고 있다. '사막폭풍작전(Operation Desert Storm, 1991년 걸프전 시 미국이 주도한 다국적군의 작전명 - 역자 주)' 이래 이러한 국가들의 대량 무기판매에 견주어, 베이징은 자신들도 중동에 무기를 판매할 권리가 있다고 믿고 있다. 러시아 및 서구와 마찬가지로 중국의 방위산업은 현금이 필요하고, 미국과 그 우방국들이 이란, 시리아, 수단, 중동의 다른 국가들에 대한 중국의 무기 및 군사기술 판매를 금지시키려는 시도는 정당하지 못하다고 중국은 믿는다. 베이징의 시각에서 서방, 특히 미국의 지도자들은 이중적이다. 핵무기 보유 가능성을 비롯하여 이스라엘에게 허용되는 것이 아랍 국가에게는 인정되지 않는다.

통계자료는 이러한 시각을 입증하고 있다. 스톡홀름 국제평화연구소(SIPRI)에 따르면,

> 5년 간 평균수준 국제 무기거래의 움직임을 보면, 1997년에서 2001년 사이 거래가 감소하였다. 이것은 주로 미국으로부터의 공급 감소에 의해 설명될 수 있다. 1998년 이후 무기 공급이 65% 감소하였음에도 불구하고, 1997년부터 2001년까지 미국은 여전히 최대 무기 공급자였다. 동일한 시기에 러시아가 2위의 자리를 차지하였다. 2000년에서 2001년 사이 러시아의 무기거래는 24% 증가하여, 2001년 러시아는 세계 최대 무기수출국이 되었다. 2001년 중국의 무기 수입은 전년과 비교하여 44%가 증가하였고, 압도적인 차이로 세계 최대 무기수입국이었다. 인도의 무기수입은 50% 증가하여 2001년 세계 3대 무기수입국이었다. 1997년에서 2001년 사이, 이외의 주요 무기수입국은 사우디아라비아, 대만, 터키였다.[9]

## 핵무기와 미사일 발사체계

실제로 무기 판매와 군사 전용기술의 거래에 관한 중국의 입장은 국제체제의 다른 행위자들의 입장과 다르지 않다. (이라크의 쿠웨이트 침공 이전)

사담 후세인이 핵폭탄 및 핵미사일 개발 프로젝트에 사용했던 다양한 구성부품을 미국이 이라크에게 판매했다는 것은 현재 널리 알려져 있다. 마찬가지로 "베이징이 중동과 아시아의 독재자들, 예를 들어 북한을 미사일의 생산국과 거래국으로 만들고 있다는 비판이 일고 있다."10)

동시에 중국은 미국과 심각한 협상 끝에, 1992년 3월 결국 1968년 핵확산금지조약(Nuclear Nonproliferation Treaty)을 비준하였다. 중국은 이제 형식적으로는 타국의 핵 보유능력 개발을 지원해서는 안 된다. 1990년 초 중국은 유엔 국제원자력기구(IAEA: Internatioanl Atomic Energy Agency)의 감시 하에 이란 및 알제리의 원자력발전소 개발을 지원하기로 협정을 맺었지만, 20년이 넘도록 파키스탄에 군사 전용가능 기술을 공급하였다.

마찬가지로 부시 행정부가 미국의 슈퍼컴퓨터 기술을 중국에 판매하는 것과 미국의 우주탐사에 중국 위성을 사용하는 것을 제안한 후에, 베이징은 1987년 '미사일기술 통제체제(MTCR: Missile Technology Control Regime)'를 지지하였다. '미사일기술 통제체제'는 중동과 남아시아에서 더 이상의 군비증강을 억제하기 위한 미국과 미국 우방국들의 노력의 산물로 탄생하였고, 신진 미사일기술이 이들 지역으로 수출되는 것을 막는 것이었다. 그러나 1992년 미국 정부기관의 보고서는 베이징이 이란과 파키스탄에 미사일을 판매함으로써 그 협정의 정신을 위반했다고 지적하였다. 1992년 12월 파키스탄에 대한 미사일 판매와 관련한 다른 보고서는 임기가 끝나가던 부시 행정부의 고위관료들 사이에 논쟁을 촉발시켰다. 상무부와 국무부는 초고속 컴퓨터의 중국판매가 지속되기를 원했으나, 중국의 약속 불이행과 초고속 컴퓨터가 중국 군사력 강화에 사용될 가능성을 우려하는 국방부와 군비통제 및 군축위원회(Arms Control and Disarmament Agency)는 이에 반대하였다.11)

## 수출통제

1990년대 베이징이 점차적으로 국제 군비통제 레짐에 참여하게 되면서,

중국은 중국의 미사일 수출에 대한 미국과 다른 국가들의 반응에 더욱 민감해졌다. 2000년 11월 중화인민공화국은 "불안정한 중동과 서남아시아 정권에 대한 미사일 판매를 중단할 것과 수출통제 레짐을 설치할 것을 클린턴 행정부에게 약속하였고, 미국은 기존의 중국에 대한 특정기술 수출 금지조치의 해제를 약속하였다."[12] 2001년 9월 11일 테러사태 이후 중국과의 관계가 개선되었지만, 양국 간에 무기수출 관련 문제가 주기적으로 대두되었다. 베이징은 무기 수출을 통제하기 위해 보다 엄격한 규제를 주장하지만, 미국은 중국인들 혹은 군대와 연관 있는 중국기업들이 많은 나라 가운데 이란과 파키스탄에 여전히 무기를 수출하고 있다고 확신한다. 따라서 미국은 정기적으로 특정 기업에 대하여 제재조치를 취했다. 예를 들어, 2003년 7월 부시 행정부는 이란에 미사일기술을 판매한 혐의를 받고 있는 5개 중국기업에 대해 경제제재를 가하였다. 그러나 워싱턴은 '테러와의 전쟁'에서 베이징의 협력이 필요했으며, 동시에 반 테러활동에서 파키스탄과 공조하여왔기 때문에 그 제재는 한계가 있었다.

많은 국제적 사안에 대한 입장과 마찬가지로 무기 수출에 대한 중국의 입장은 오랜 기간에 걸쳐 회의주의적 입장에서 지원입장으로 변화하였다. 과거의 입장은 "비확산이 국가 간의 정상적이고 정당한 기술적 협력관계를 해쳐서는 안 되며, 개발도상국에 대한 차별 수단이나 심지어는 의도적 제재조치의 변명수단으로 사용되어서도 안 된다. 소수의 차별적이고 배타적인 무기수출 통제기구들은 개혁되거나 해체되어야 하며, 필요하다면 보다 공정하고 투명한 대표성에 기반을 두는 국제적 제도가 이를 대체해야 한다"는 것이다.[13] 그러나 2003년 중국에서 발간된 비확산 정책 관련 백서는 다음과 같이 서술하고 있다. "중국은 비확산을 위한 국제적 노력에 적극적으로 참여할 것이며, 현존하는 유엔 틀 내의 비확산 국제법 체제를 유지하고 강화하기 위해 더욱 노력할 것이다. 중국은 다자간 비확산 기구들과의 협의와 교류를 지속적으로 증대시킬 것이다. … 그리고 비확산에 관련된 국제적 논의에 적극적으로 참여할 것이다."[14]

## 국제금융: 국제통화기금과 세계은행

글로벌 경제레짐에서 중국의 역할은 안보문제에서 다소 비밀스럽고 고립된 태도와 분명한 대조를 이룬다. 1978년 이전 베이징의 경제 및 안보관계는 쌍무적 관계에 치중했다. 그러나 덩샤오핑의 개방정책과 동시에 중국은 국제경제기구들에 대한 자신의 시각을 수정하였는데, 이는 거의 혁명적인 변화에 가까웠다. 1949년 마오쩌둥이 권력을 장악한 후의 중국은 혁명을 통한 자본주의 체제의 전복을 지원하였고, 세계은행과 국제통화기금(IMF: International Monetary Funds)과 같은 국제경제레짐을 서방 자본주의자들의 꼭두각시로 간주하였다. 소련이 중국 안보의 일차적인 위협으로 등장하고, 1970년대 베이징이 모스크바를 견제하기 위해 워싱턴과 협력하기 시작하면서, 중국은 국제경제체제의 전환(transformation)이 아니라 개혁(reformation)으로 선회하였다.

1971년 중화인민공화국은 유엔 의석을 회복한 후에 유엔의 제3세계 위원회인 '77그룹'에 참관국 지위를 획득하였고, 새로운 국제경제 질서를 위한 '77그룹'의 요구를 강력하게 지원하였다. 1978년 이후 베이징은 자신의 입장을 다시 한 번 수정하여 국제부흥개발은행(IBRD: International Bank for Reconstruction and Development)과 저발전국가에 단기차관을 제공하는 국제개발협회(IDA: International Development Association), 민간부문에 투자자금을 조달하는 국제금융공사(IFC: International Financial Corporation)와 같은 IBRD의 소속기구들, 국제 통화거래를 증진시키고 조건부(예를 들어 IMF의 구조개혁 권고안에 대한 동의) 단기차관을 제공하는 IMF 등 현존하는 자본주의적 국제기구에 가입을 열망했다.

베이징의 사고가 이렇게 급격하게 변하게 된 배경은 무엇인가? 덩샤오핑과 그의 추종자들은 자본주의적 다자간 체제가 자본뿐만 아니라 기술지원, 기술훈련, 중국의 발전과 현대화를 이루는 방법에 대한 정보를 제공받는데 중요한 원천이라는 결론에 도달한 것이 분명하다. 이러한 국제

경제레짐이 중국의 에너지, 교육, 발전소, 통신, 운송과 같은 사회간접시설 프로젝트에 자금을 지원한다면, 중국에 투자하는 외국 정부와 민간투자가들에게 보다 큰 신뢰를 줄 수 있을 것이라고 생각했다.15) 1978년 유엔개발계획(UNDP: United Nation Development Program)에서 중국의 지위를 원조제공국에서 원조수혜국으로 전환시켜 달라는 중국의 요구가 받아들여짐에 따라, 중국의 국제경제체제로의 통합은 더욱 확대되었고, 이를 통해 이전에 중국에게는 자격이 주어지지 않았던 광범위한 기술지원 자금을 받을 수 있었다.

1971년 유엔의석을 회복한 후, 중국은 세계보건기구(WHO: World Health Organization), 식량농업기구(FAO: Food and Agricultural Organization), 유엔 교육과학문화기구(UNESCO: UN Educational, Scientific, and Cultural Organization)가 수행하는 사업에 참여하기 위해 유엔의 다양한 특별기구들과 긴밀한 협력관계를 발전시켰다. 유엔 서방국가들의 자발적 기부금에 의존하여 대부분의 재원을 조달하는 UNDP 기금은 제한적이기 때문에 UNDP로부터의 지원은 중국에게 그다지 의미가 없었고, 1980년에 가입한 세계은행그룹(World Bank Group)과 국제통화기금(IMF)의 자금지원이 보다 중요한 역할을 담당하였다.

또한 베이징은 지역 차원에서 다자간 유대를 더욱 확대시켜 나갔다. 예를 들어 1986년 5월 중국의 아시아개발은행(ADB: Asian Development Bank)가입 신청이 승인되었다. 그러나 대만이 ADB 창립회원국이며 동시에 ADB가 지원하는 아시아 전역의 개발 사업의 주요자금원이었기 때문에, 중국의 ADB 가입은 심각한 문제를 야기했다.16) ADB의 다른 회원국들은 중국의 가입을 지원하면서 동시에 대만이 회원국 지위를 계속 유지하기를 희망하였다. 과거 대만과 중국의 동시 가입 문제가 제기되었을 때 베이징은 대만이 회원국으로 가입해 있는 그 어떤 국제기구에도 참여하는 것을 거부하였다. 그러나 ADB의 경우, 중국은 대만이 '중국 타이베이(Chinese Taipei)'라는 명칭으로 회원국 지위를 유지하는 것에 동의하였다. 이 규정은 '하나의 중국, 두 개의 체제' 원칙을 따른 것이었다. 대만과 중국의 ADB 동시가입으로 두 체제가 점진적으로 우호적인 관계를 습득해 나간다면, 이는 향후 양국 정부 간 화해를 증진시키는 데 기여하는 전례가 될 것이다. 대만은 '대만, 중국(Taiwan, China)'이라는 명칭으로 세계은행그룹의 회원국이기도 하다. 중국의 WTO 가입이 승인된 후, 대만 또한 '중국 타이베이' 이름으로 WTO 가입이 승인되었다. 대만은 근대화와 경제발전을 이룩한 세계적인 경제 성공신화의 주역 중 하나 일뿐만 아니라 국제무역과 투자에 있어서도 중요한 지위를 점하고 있기 때문에, 베이징과 대만의 국제기구 동시가입은 이러한 기구들을 더욱 강화시켜 주고, 아시아뿐만 아니라 세계 모든 지역에서 경제통합과 발전을 촉진시키는 데 도움이 될 것이다.

## 중국과 국제통화기금

1980년 중국은 국제통화기금(IMF) 가입으로 개방정책과 국내 발전의 성공에 매우 중요한 이득을 즉각적으로 누릴 수 있었다(표 8.2 참조). IMF 출자금을 지불한 후, 베이징은 국제수지 적자 보전을 위해 상당한 규모의 무이자

표 8.2 중국과 국제통화기금의 자금거래 1984년~1992년 (단위: 특별 인출권)

|  | 총 지급액 | 총 상환액 | 총 지불금/<br>지불 이자 |
|---|---|---|---|
| 1984 | 0 | 0 | 1,547,633 |
| 1985 | 0 | 0 | 1,547,634 |
| 1986 | 597,725,000 | 30,952,668 | 1,508,201 |
| 1987 | 0 | 61,905,336 | 37,833,954 |
| 1988 | 0 | 61,905,336 | 37,511,116 |
| 1989 | 0 | 61,905,336 | 52,342,638 |
| 1990 | 0 | 360,767,836 | 48,243,068 |
| 1991 | 0 | 329,815,170 | 17,427,183 |
| 1992 | 0 | 0 | 241,157 |

출처: IMF http://www.imf.org/external/np/tre/tad/extrans1.cfm?memberkey1=180&enddate=2004%2d03%2d31&finposition_flag=yes, 2004년 5월 5일 접속.

IMF 차관을 받을 수 있었다. 중국의 국제통화기금 차관 상환 기록이 매우 우수하기 때문에, 중국은 IMF로부터 유리한 이자율의 단기 차관을 제공받을 수 있었고, 동시에 추가적인 차입에 적용되는 IMF의 엄격한 요구조건을 피할 수 있었다. IMF와의 관계에서 중국은 IMF 차관 상환의 어려움을 겪으며 추가 차관에 대한 조건으로 IMF가 제시한 경제개혁안을 수용해야 하는 다른 많은 제3세계 국가들과는 제3세계 국가들과 대조적으로 상대적으로 유리한 처지에 있다.

## 중국과 세계은행

중국의 세계은행 가입은 IMF 가입과 동시에 이루어졌다. 중국은 유리한 이자율의 IBRD 대규모 차관뿐만 아니라, 세계은행이 중국 정책당국과 공동으로 수행하는 중국경제에 대한 광대한 연구 작업을 통해서도 많은 이득을 얻고 있다. 세계은행은 1980년 이후 지속적으로 중국경제의 거시적, 부문별 연구 작업을 진행하고 있다. 2001년~2005년 기간 동안 중국과 관련하여 세계은행은 다음과 같은 목표를 제시하고 있다.

1. 매년 7% 경제성장률을 통해 2010년까지 경제 산출량을 두 배로 확대 (2006년~2010년 기간 목표 성장률은 7.4%).
2. 농업 및 국유기업의 생산성 증가를 통한 지속가능한 발전. 서비스부문을 포함한 노동집약적 산업을 권장하여 고용 창출. 집체기업, 민간기업, 자영업을 발전시켜 도시지역에서 4천만 개의 새로운 고용 창출. 자연자원 기반 보호.
3. 경제구조개혁, 농촌개혁, 개방. 이 목표는 효율적인 거시경제 관리, 재정개혁, 금융안정을 통해 도달할 수 있을 것이다. 현대적인 기업지배구조 확립. 경쟁적이고 국제적으로 통합된 시장 확립. 수익증가를 위한 농업생산 다각화와 농촌개혁 가속화. 생산과정에 과학기술 투입 증진. 다른 국가와의 협력 강화.
4. 삶의 질에 대한 관심을 높여 경제와 사회 발전의 조화. 이 목표는 인적자원에 대한 투자(예를 들어, 빈곤퇴치 정책, 교육환경 개선), 자연자원

보호(예를 들어, 생태보존과 환경보호 강화), 사회적 보호(예를 들어, 사회보장제도 강화), 법치 향상과 민주적 참여 확대(예를 들어, 정치개혁과 입법기관 감시기능 강화)를 통해 이루어 질 수 있다.
5. 경제적, 사회적으로 후진적인 서부 및 중부지역의 발전. 이 목표는 운송, 수자원관리, 에너지, 광산 등 물리적 기반시설에 대한 전략적 투자를 통해 경제발전특구를 육성하고, 위에서 언급한 기타 발전목표 달성을 가속화하며, 지역 산업의 고도화와 경쟁력 향상을 위한 선진기술 도입을 통해 이룰 수 있을 것이다.[17]

중국은 개방정책을 지속적으로 수행하고 경제체제 이행에서 귀중한 지원과 차관을 얻기 위해 세계은행과 국제통화기금을 이용하였다. 실제로 중국은 IMF와 세계은행 차관의 최대 수혜국 중의 하나가 되었다. 중국은 국제개발협회(IDA)가 생활수준이 낮은 국가들의 개발 사업에 무이자 차관을 제공하는 IBRD의 우대자금창구(soft loan window)를 통해 세계은행 차관의 50%를 제공받았다. 다른 제3세계 국가들은 중국의 경제적 수준이 그들보다 훨씬 높다며 이에 대해 불만을 토로하였고, 1980년대 중국에 대한 IDA 차관은 세계은행 차관의 40%로 축소되었다(표 8.3참조).

천안문 시위 사태 이후 미국은 세계은행의 중국에 대한 지원을 중단시켰다. 그러나 1990년 일본 수상은 중국에 대한 세계은행의 새로운 차관을 허용하도록 G-7(미국, 영국, 프랑스, 독일, 이태리, 캐나다, 일본) 국가들을 설득하기 위해 노력하였다. 1990년 말 중국은 쿠웨이트로부터 이라크 축출을 위한 유엔 안전보장이사회의 무력사용 결의안에 대해 거부권을 행사하지 않고 기권하는 조건으로 IBRD의 중국차관에 미국이 동의를 하도록 압력을 행사할 수 있었다. 중국의 관점에서 은행차관을 국내 문제와 결부시키는 것은 불법적인 내정간섭이었다. 따라서 베이징은 이러한 불법적 행위를 저지하기 위한 방법으로 다른 사안에서 미국에 대해 영향력을 행사할 수 있는 권리가 있다고 믿었다. 중국은 미국의 정책을 바꾸어 세계은행 차관을 부활시키는데 성공하였다.

표 8.3  중국에 대한 세계은행 차관, 1981년~2003년 (단위: 백만 달러)

| | |
|---|---|
| 1981 | 200.0 |
| 1982 | 330.0 |
| 1983 | 538.5 |
| 1984 | 896.5 |
| 1985 | 1,166.9 |
| 1986 | 1,237.0 |
| 1987 | 1,471.6 |
| 1988 | 1,718.0 |
| 1989 | 1,297.0 |
| 1990 | 1,202.9 |
| 1991 | 6,293.9 |
| 1992 | 4,036.6 |
| 1993 | 6,479.3 |
| 1994 | 9,770.7 |
| 1995 | 9,157.8 |
| 1996 | 6,401.7 |
| 1997 | 8,013.0 |
| 1998 | 7,098.9 |
| 1999 | 5,364.6 |
| 2000 | 5,203.3 |
| 2001 | 1,472.6 |
| 2002 | 3,533.9 |
| 2003 | 2,475.9 |

출처: http://www.worldbank.org.

1989년 천안문 사태 직후 미국의 주도로 중국을 응징하기 위해 세계은행을 이용하려는 시도가 있었지만, 중국에게 이러한 시도는 단지 일시적인 후퇴에 불과했다. 천안문 사태 이전과 이후 중국은 계속해서 국제금융공사(IFC)의 지원을 받아 경제 민영화를 추진하였다. IFC는 제3세계 국가의 민간투자를 활성화하기 위한 민영화사업의 출발자금을 제공한다. 중국에서 이러한 사업은 중국기업과 홍콩, 대만, 한국, 싱가포르, 일본, 미국, 서유럽 등에 본사를 두고 있는 다국적 기업과의 합작 사업이 주를 이루었다. 예를 들어, 2002년 IFC는 중국의 금융기관, 특히 상업은행에게 국제적 수준의 교육을 제공하는 상하이의 합자 국제은행금융연구소의 설립자금을 조달하였다. 상하이 국제은행금융연구소 설립목표는 은행과 금융부문에서 최상의 국제적 업무관행 습득에 대한 중국의 급증하는 요구를 충족시키는 것이다.[18] IFC 사업은 종종 중국에 대한 민간투자를 더욱 활성화하는데 있어 주요한 선례가 되었다. 위험부담 자본(venture capital)의 일부가 세계은행 차관으로 조달되면 다국적기업은 보다 적극적으로 그 위험을 감수하려는 경향이 있다.

IBRD와 IMF의 중국 지원은 중화인민공화국이 국민총생산(GNP: Gross National Product) 성장률을 연평균 8~9%로 달성하는데 도움을 주었다. 세계은행의 차관도 계속 증가하고 있다. 역설적이게도 공산국가인 중국은 IBRD와 IMF의 지원을 계속 받고 있는 반면, 러시아, 우크라이나와 같은 구 공산국가들은 세계은행의 차관을 얻는데 여전히 어려움을 겪고 있다. 이것은 이 국가들의 경제적 조건이 세계은행의 기준을 충족시키지 못하기 때문이다.

## ■ 국제무역: 개방 혹은 폐쇄 체제

지난 20년 동안 중국 수출의 폭발적인 증가는 최근 국제무역에서 가장 주목할 만한 발전 가운데 하나이다. 중국의 무역은 급속한 성장을 지속하고 있고, 수출은 연평균 8~9%의 국민총생산(GNP) 성장보다 훨씬 빠른 속도로 증가하여 왔다. 홍콩은 중국의 최대 교역 상대이며 다른 목적지로 향하는 중국수출의 교량역할을 하고 있다. 중국의 2위 교역국은 일본이며, 미국이 그 뒤를 잇고 있다.

급성장한 중국의 대외무역은 세입과 자본의 주요 원천 가운데 하나였다. 1980년대 중국의 수출특구에 해외투자자들은 거의 제한을 받지 않고 투자를 했으며, 원자재를 들여와 최소한의 규제와 관세 혜택을 받고 수출을 할 수 있었다. 따라서 수출특구는 중국 최고의 경제성공스토리를 제공하였다. 중국의 농업생산물 또한 중국의 수출품목이 되었다. 1980년대 중화인민공화국은 세계 제2위의 옥수수 생산국이자 수출국으로 세계시장 점유율 14%를 기록하였다. 1993년 중국은 1억 850만 메트릭 톤 쌀 생산량을 기록하여 세계 최대 쌀 생산국이었을 뿐만 아니라, 밀 생산량 1억 100만 메트릭 톤의 세계 최대 밀생산국이기도 하였다. 덩샤오핑의 통치기간 동안 중국의 곡물생산량은 두 배로 증가하였다. 1990년대 중국은 밀 수입국으로 바뀌어 미국을 비롯한 다른 밀 수출국들의 주요 고객이 되었다.[19] 1990년대 여러 차례에 걸쳐 중국은 세계시장에서 거래되는 밀의 최고 17%, 비료의 25%, 대두유의 28%를 수입하였고, 세계시장에서 거래되는 옥수수의 최고 10%를 수출하였다. 그러나 세계 농산물 교역에서 중국이 차지한 비중은 1980년 30%에서 1999년 7%로 감소하였는데, 이는 수출 지향적 경제성장을 반영한 것이다(도표 8.1 참조).[20]

미국 농업부(Department of Agriculture)에 따르면,

> 거의 13억 소비자와 제한된 자연자원을 가진 나라로서 중국의 식량수입은 놀라울 정도로 낮은 수준을 보이고 있다. 중국은 거의 식량자급을 이루고 있고, 가공식품, 음료, 축산품, 야채, 생선 및 해산물, 차, 과일 등 다른 많은 식품의 경우 주요 순수출국이다. 중국의 농산물은 일본, 한국을 비롯한 주변 아시아 국가에 일차적으로 수출되고 있는데, 이 국가들은 미국 농산물의 최대 수출시장이기도 하다. 중국은 대량의 1차 상품, 주로 밀의 순수입국이다. 중국은 어떤 해에는 옥수수와 면화의 주요 수입국이었다가 다른 해에는 동일한 생산품의 수출국이 되기도 하였다. ⋯ 1990년대 중국은 지방종자, 식물성 기름, 가축사료를 수입하는 주요 시장으로 등장하였다.[21]

### 양자무역협정 및 지역무역협정

1984년 다자간 섬유협정에 대한 중국의 지지를 제외하면 중국 무역협정의 대부분은 양자 협정이었다. 1980년 미국이 중국에게 최혜국대우 지위를 승인한 것이 덩샤오핑의 개방정책 실행 이래 가장 중요한 중국의 무역협정

**도표 8.1  중국의 농업 수출과 수입, 1992년~2000년**

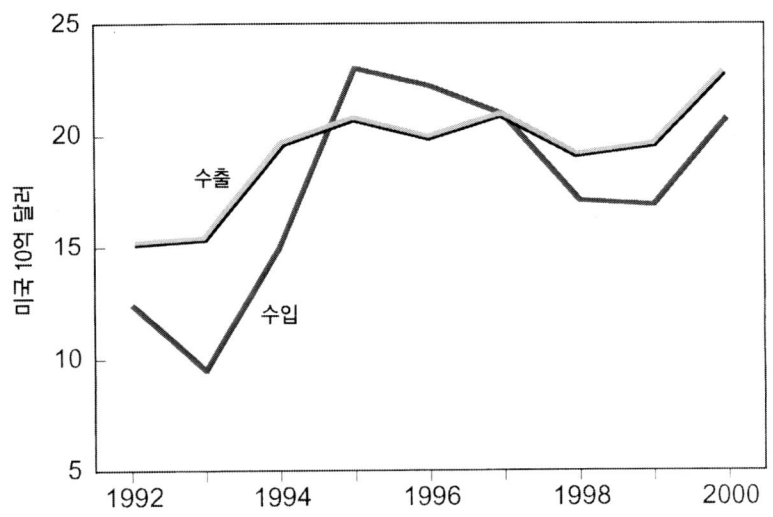

출처: ERS analysis of China customs statistics reported in Hsin-Hui Hsu and Fred Gale, *China: Agriculture in Transition*, USDA/ERS Agriculture and Trade Report no. WRS-01-2, November 2001, app. tabs. 5-6: www.ers.usda.gov/publications/aib775/aib775k.pdf.
주: 인플레이션을 감안하지 않은 통계임.

이었다. 장난감, 섬유를 비롯한 많은 상품에 있어 중국의 대미 수출 관세가 대략 50%에서 8%로 일거에 축소되었다. 그 이후 양자 협상을 통해 미국과 중국은 저작권 보호, 교도소 수감자에 의해 생산된 상품의 수출금지, 많은 비관세 무역장벽 제거를 포함하여 무역에 관한 서로의 권리를 보호하는 많은 협정에 조인하였다. 과거에 중국은 수입에 대해 광범위한 제한을 두고, 그에 대한 보상차원에서 민간항공기와 밀 같은 상품의 대량구매를 선호하였다. 예를 들어 1993년 보잉사는 중국정부로부터 43대의 항공기 주문을 받았는데, 이는 서구 항공사들 간 경쟁과 경기침체로 인해 주문이 감소되고 있던 당시 보잉 총생산의 7%에 해당하였다. 다른 제3세계 국가들과는 달리 중국은 그 시장규모 때문에 양자 협정에서 막대한 영향력을 행사할 수 있다.

표 8.4에서 보여주듯이 중국은 해외직접투자에 있어 세계에서 가장 매력적인 국가이다. 그러나 1990년대 지역무역블록의 등장으로 인해 세계무역에서 중국의 영향력은 제한을 받게 되었다. 유럽공동체는 1993년 역내 무역장벽을 제거하면서 다양한 수입품, 특히 농산물에 대해서 수많은 제한을 부과하였다. 동시에 유럽공동체는 밀과 같은 특정한 수출에 대해서 정부보조금을 지원하였다. 1992년 조인되어 1993년 비준된 미국, 캐나다, 멕시코 간의 북미자유무역협정(NAFTA: North American Free Trade Agreement)은 북아메리카를 세계에서 가장 큰 자유무역지대로 만들었다. 값싼 노동력을 지닌 멕시코가 없었다면 이러한 투자와 무역은 중국과 기타 환태평양권 국가들의 몫이 되었을 것이다. NAFTA로 인해 중국은 멕시코에 제조공장을 설립하는 것을 고려하고 있다.

환태평양권은 세계에서 가장 빠르게 성장하고 있는 경제지역이며 이미 유럽공동체를 뛰어넘어 미국 상품의 최대시장이다. 그러나 동남아시아국가연합(ASEAN: Association of Southeast Asian Nations)의 제한적인 협정을 제외하면, 과거 아시아에서 지역무역협정은 거의 존재하지 않았다. 아시아 국가들은 양자 협정과 WTO의 국제무역체제 가운데 어느 하나에

**표 8.4 해외직접투자에 가장 매력적인 국가**

| | |
|---|---|
| 1 | 중국 |
| 2 | 인도 |
| 3 | 미국 |
| 4 | 태국 |
| 5/6 | 폴란드/체코 |
| 7/8 | 멕시코/말레이시아 |
| 9/10/11 | 영국/싱가포르/한국 |

출처: UNCTAD-DITE, Global Investments Prospects Assesment (GIPA) 2004, http://unctad.org/templates/webflyer/asp?intitemid=3005&lang=1.

의존해 왔다. 1990년대 중국은 이러한 양자 협정에 핵심적 역할을 담당하였는데, 현재 양자 협정은 중국, 일본, 홍콩, 한국, 태국, 대만, 인도네시아, 심지어는 1979년 중국과 국경분쟁을 일으켰던 베트남까지 포함하며 확대되고 있다. 중국은 일본에 의해 주도되는 아시아 무역블록 형성을 저지하는데 다른 아시아 국가들과 공통의 이해관계를 가지고 있다. 더욱이 중국은 다양한 제조업 상품생산에서 비용의 경쟁우위를 갖고 있기 때문에 아시아, 북미, 혹은 유럽 그 어느 지역이든지간에 무역블록이 등장하는 것에 반대한다. 그럼에도 불구하고 21세기 초 중국은 국제적 추세에 조응하며, ASEAN의 자유무역연합 제안을 주도하고 있다.

## 중국과 세계무역기구

중국이 지역무역협정에 대한 지지를 거부하는 것과는 반대로 1980년대 이후 베이징은 WTO(전신은 GATT: General Agreement on Tariffs and Trade)가입을 위해 노력하였다. WTO는 관세 및 비관세 무역 장벽을 낮추기 위한 국가 간 다자적 협상을 위한 회의체이다. 1971년 중국이 유엔에 복귀했을 때 GATT 회원국들은 중국이 GATT의 적극적인 회원이 되기를 요청하였으나, 중국은 이 요청을 거절하였다. 덩샤오핑이 권력을 장악했을 때, 그는 GATT와 다른 국제경제레짐을 세계 금융과 시장에 접근하는 수단으로 생각하였다. IMF와 IBRD 가입 2년 후인 1982년 GATT는 중국에게 참관국 지위를 부여하였고, 1986년 중국은 정규 회원국으로의 재가입을 추구하였다. 중국의 GATT/WTO 재가입은 세계 시장경제에 전면적으로 참여하기 위한 노력의 필연적인 결과였다. 그러나 재가입은 GATT/WTO 무역관행 및 회원국 규정을 충족시키지 못하는 중국 무역관행의 개혁을 의미하였다. 실제로 2001년 WTO 가입이 최종적으로 승인되기 전까지 중국은 미국과 일련의 어려운 협상을 감내해야 했다(홍콩은 1995년에 가입하였고, '타이베이 중국'은 2002년 가입이 이루어졌다). 중국의 WTO 가입은 중국을 국제체제에 연결시키는 것으로 그 연결 방식은 과거 어떠한 대가를 치르면서도 지켜왔던 중국의 주권을 직접적으로 침범하는 것이다. 관세가 인하되고, 아무런 제약을 받지 않는 중국으로의 수출이 허용되고, 사업거래는 국제적 수준의 투명성을 가지고 진행될 것이다. 중국은 더 이상 경제의 모든 유출입을 전적으로 통제하는 독자적인 행위자가 될 수 없다.

### ■ 환경에 대한 대처

> 환경과 발전은 국제사회의 두 가지 핵심적 관심사안이다. 수년간 지난한 노력, 특히 산업혁명 이후 진행된 노력을 통해 인류는 자연을 변화시키고 경제를 발전시키는데 눈부신 성과를 거두었다. 그러나 산업화과정에서의 환경 방치, 특히 자연자원의 비이성적 개발과 이용은 전지구적인 환경오염과 생태계의 파괴를 야기하였고, 이는 인류의 생존과 발전에 실질적인 위협이 되고 있다. 따라서 생태 환경을 보호하고 지속가능한 발전을 유지하는 것은 세계 모든 국가에게 긴급하고 막중한 과제이다.[22]

발전과 환경 사이의 긴장은 세계 모든 국가들, 특히 제3세계 국가들에게 중요한 관심사이다. 제3세계 국가들은 발전과 빈곤타파를 그들의 일차적 과제라고 믿는다. 이러한 관점에서 본다면, 제3세계 국가들은 사실 그들의 환경보호를 위한 대책을 강구해야만 한다. 그러나 많은 제3세계 국가들은 과거 산업화과정에서 대부분의 환경파괴를 야기한 선진공업국가들에게 환경복원의 일차적 책임이 있다고 믿는다.

환경파괴에 대한 개념정의에 있어서도 선진공업국가들과 제3세계 및 중국 사이에 차이가 존재한다. 서방의 많은 국가들은 기후 변화, 오존층 파괴, 생물의 다양성에 집중적으로 관심을 가지며, 모든 중국가정이 자동차와 냉장고를 소유할 경우 글로벌 환경에 미칠 영향에 대해 우려하고 있다. 그러나 중국인들은 환경문제를 토양침식, 사막화, 목초지 감소, 가뭄, 수해[23]와 과잉인구의 문제 등과 같은 제3세계 국가의 오염과 생태계 파괴로 정의하고 있다.

환경문제에 대한 중국의 대처에 대해 일관된 결론을 내리는 것은 쉽지 않다. 중국을 방문하는 사람은 누구나 심각한 공기오염을 직접 확인할 수 있다. 산업시설에 공기오염 통제장치는 거의 설치되지 않았다. 폐수처리장치가 만약 있다하더라도 극히 미미하고, 가정과 공장의 폐수는 흔히 아무런 처리 없이 주변 강으로 그대로 방출된다. 보건당국은 산업화의 정도가 높은 일부 지역에서 지역 주민들이 공해와 연관된 질병으로 고통을 당하고 있다는 의혹을 제기한다. 중국은 다른 제3세계 국가들이 산업화과정에서 겪었던 공기와 수질 오염문제를 마찬가지로 가지고 있다.

중국은 자신의 환경을 파괴해왔다. 과거 2세기에 걸친 인구증가는 사전정보가 없는 사람도 한 눈에 확인할 수 있는 명백한 삼림 벌채로 이어졌고, 그 결과는 치명적이다. 내린 비는 흡수되지 않고, 대신 말라버린 협곡을 따라 급류를 형성하여 무방비 상태의 마을과 도시로 휩쓸려 내려간다. 토양비옥도가 낮아지고 농산물 수확량은 감소하고 있으며, 부의 증가의 부산물인 화학비료 사용의 증가는 역설적으로 흐르는 빗물을 오염시켰다. 그 결과 농산물 수확량의 지속적 감소와 오염의 심화라는 악순환을 가져왔다.

중국 정부는 엄격한 오염 규제대책을 공식적으로 옹호하고 있다. 국내적으로 오염 규제를 위한 모든 단위에서의 공동 대책, 부처 간 조정, 법률조치 등을 지지하고 있다. 중국정부는 1998년 전국환경보호청(NEPA: National Environmental Protection Agency) 후신으로 국가환경보호국(State Environmental Protection Administration)을 설치하였다. 또한 정부의 전문가들은 지역 공해문제의 원인과 해결책을 연구하기 위해 해외 연구자들과 정기적으로 교류하고 있고, 국제적 차원의 환경사업과 회의에 정기적으로 참여하고 있다. 세계은행은 심지어 중국의 환경규제레짐에 찬사를 보내고 있다.

중국의 환경보호법, 규제와 기준 목록은 상당히 광범위하고 지속적으로 갱신되고 있으며, 효과를 높이고 새로이 등장하는 문제점들을 포괄하기 위해 확대되었다. 비교 가능한 개발도상국들 가운데 중국은 질문의 여지없이 선두주자이다. 그러나 중국은 그에 만족할 수 없다. 중국은 전례없는 환경오염의 압박에 직면하고 있고 동급국가들 가운데서 최고라는 것에 안주할 수 없다. 중국은 세계 최고수준의 OECD(Organization for Economic Cooperation and Development)국가들과 비교하여 자신의 성과를 평가해야 한다. 이러한 기준에서 볼 때 중국의 갈 길은 여전히 멀다. 중국은 법적 행정적 조치를 강화하고, 발전전략 기반을 올바른 방향으로 이끌어 나가며, 인적자원 발전을 위해 더욱 노력해야 한다. 무엇보다 중요한 것은 환경차원으로 지속가능한 발전 구상을 모든 정책문서의 제1면으로 옮겨야 한다.[24]

그러나 현실은 많이 다르다. 현지조사에서 중국 정부가 환경문제에 관심을 기울인다는 주장이 항상 입증되지는 않았다. 세계 10대 공해도시 가운데 4개가 중국에 위치하고, 중국북부의 탄진(炭塵, coal dust) 배출은 WHO 기준치의 5배이다. 중국인이 사용하는 식수 중 60%는 WHO의 기준을 충족시키지 못하며, 산성비는 심각한 문제로 대두되고 있다.『뉴욕타임즈』에 인용된 판 우에(Pan Yue) 중국 국가환경보호국의 부국장에 따르면 "중국 면적의 2/3에 산성비가 내린다. 지난 해 조사한 340개 주요도시 가운데 60%가 심각한 대기오염 문제를 안고 있다. 중국 7대 주요 운하의 오염은 너무 심각하여 고기가 살기에 적합하지 않다. … 중국은 지금 직면하고 있는 압박을 더 이상 지탱할 수 없으며, 인구와 자원의 압박 … 그것은 간과될 수 없다. … 우리가 직면하고 있는 심각한 문제는 사람의 부족이 아니다. … 보다 중요한 것은 우리에게 환경보호를 강제할 수 있는 법률과 권한이 필요하다는 것이다. 이것은 체제개혁을 요구한다."[25] 적절한 환경관리는 정부의 협조적인 계획과 감시, 상대적으로 부패하지 않은 사법체계, 환경전문가, 의식 있는 시민을 필요로 한다. 중국에서 권력의 지방분권화로 인해 중앙정부는 환경보호대책을 강제할 수 있는 역량을 상당부분 상실하였다.

## 인구와 환경

세계에서 가장 포괄적인 산아제한 정책을 실행하고 있음에도 불구하고 중국의 인구는 매년 1,500만 명씩 증가하였는데, 이는 전 세계 인구증가의 거의 1/5에 해당한다. 중국인은 전 세계 인구의 1/4을 차지하며, 중국 면적의 11%만이 경작 가능하고 경작지의 최대 10%가 침식과 도시화로 인해 소실되었다. 중국인구의 70~80%는 여전히 농촌지역에 거주하고 있으며, 인구가 밀집한 지방의 인구밀도는 1평방킬로미터 당 1,100명 이상으로 증가하였다.

인구의 압박은 과다한 경작과 한계지(한계지란 생산력이 적

> **중국의 인구**
>
> 중국의 변함없는 인구증가문제에 어떻게 대처해야 하는가? 전문가들은 여러 가지 제안을 내놓고 있다.
> 1. 중국의 인구문제는 전 세계의 문제이기도 하기 때문에 국제사회로부터의 더 많은 도움이 필요하다.
> 2. 국내적, 국제적으로 추가적인 자금지원이 요구된다.
> 3. 여성의 교육 및 취업기회를 넓히기 위한 투자가 요구된다.
> 4. 국민 모두를 위해 국가가 지원하는 연금제도가 필요하다.
> 5. 높은 품질의 새로운 피임형태가 요구된다.
> 6. 의료서비스와 상담네트워크를 발전시키기 위해 해외의 기술지원이 요구된다.

어, 경작을 하여도 생산비 이상의 이익을 낼 수 없는 열등한 토지를 말한다. - 역자 주)까지 경작이 확대되는 결과를 가져왔다. 이것은 또한 삼림파괴와 토양침식을 야기했다. 도시와 농촌 인구에 물 공급은 점점 더 부족해지고 있으며, 베이징 우물의 1/3은 고갈되었다.

마오쩌둥과 공산당 지도부는 초기에 인구증가를 장려하였지만, 1950년대 중반까지는 산아제한과 피임을 권장하고 있었다. 문화혁명의 초기에 산아제한을 위한 모든 시도는 이데올로기적 순수함의 엄격한 적용 - 홍위병들은 전투와 마찬가지로 사랑을 실천하였다 - 에 희생되었다.

그러나 1971년 4대 현대화 정책의 수립과 함께 중국의 지도자들은 산아제한을 권장하고 혼인시기를 늦추기 위한 대규모 사업에 착수하였다. 많은 논란이 일고 있는 '한 가족 한 자녀' 사업은 1979년에 시작되었다. 단 한명의 여아를 갖는다고 해도 조상님들이 노하지 않을 것이라는 확신을 중국가

정에 심어주기 위해 강압과 금전적 유인 방법을 동시에 사용하였다. 현재 농촌과 도시지역의 산아제한에 매년 10억 달러가 넘는 비용이 지출되고 있다. 유엔 인구기금(UN Population Fund)과 같은 국제기구로부터 매년 1,000만 달러 규모의 기술지원을 받고 있긴 하지만, 비용의 거의 대부분은 국내에서 충당된다. 유엔의 지원은 제한적이었는데, 이는 중국정부가 산아제한의 수단으로 낙태를 장려한다는 우려에서 레이건과 두 부시행정부가 자금제공을 거부하였기 때문이다. 출산율을 늦추기 위한 운동은 인구 1,000명당 출생률 및 여성의 출산율을 급격히 하락시키는 곤란한 상황을 야기하였다. 즉, 1988년 인구 1,000명당 출생률은 22.4, 여성 한 명당 출산율은 2.5였는데 1992년에는 각각 18.2와 1.9로 감소하였다. 유엔에 따르면 2004년에는 인구 1,000명 당 출생률은 14.3, 여성 한 명당 출산율은 1.8이었다.[26] 더욱이 정부가 1989년 출산율 제한을 강력하게 추진하였을 때 신고 된 신생아 중 여아 100명에 대해 남아 수가 113.8명을 기록하였다.[27] 이는 오래된 중국의 남아선호로 인해 여아살해가 발생하고 있음을 시사한다.

1980년 초반 중국의 인구성장률은 저하되었다가 1980년 중반에 다시 증가하기 시작하였으나 1990대 초반에 다시 감소하는 현상을 보였다. 출산율이 이렇게 증가에서 다시 급격히 감소하는 갑작스런 변화를 보이는 원인이 무엇인지를 묻자, 중국 국가가족계획위원회(State Family Planning Commission)의 위원장은 다음과 같이 답변하였다. "무엇보다도 모든 단위의 정부 및 당 관료들이 산아제한에 대해 보다 큰 관심을 가지고, 보다 효과적인 대책을 실시하고 있기 때문이다." 여기서 보다 효과적인 대책이란 피임 및 불임수술 사용의 증가뿐만 아니라 보도된 바와 같이 지방 관료들이 사용하는 강제낙태와 같은 방법까지 포함되어 중앙정부를 당혹스럽게 하고 있다.[28]

역설적이게도 중국의 생활수준이 향상되자, 과잉인구의 위험에도 불구하고 더 많은 아이를 낳고 싶어 하는 열망도 강해지고 있다. 농촌지역의 많은 가정들은 더 많은 아이를 갖기 위해서라면 얼마의 벌금과 뇌물이 요구되더라도 이를 지불할 의사가 있다. 그 결과 현재 농촌가정은 평균 3명의 아이를 가지고 있다. 민영화의 부정적 효과로 공산주의가 약속했던 사회안전망이 해체되었기 때문에 노년기에 접어들었을 때, 노년보장을 위해서 부모세대들은 아이들이 필요하다. 도시지역에서는 한 자녀 정책이 상대적으로 성공적이었는데, 정부통제가 비교적 잘 확립되어 있고, 많은 사람들이 노년과 실업에 대한 사회보장 혜택을 제공하는 국유부문에 고용되어 있기 때문이다.

중국의 한 자녀 정책은 의도하지 않은 많은 결과를 초래하였다. 출생률은 안정화되고 있지만(표 8.5 참조), 이는 일정한 경제적·사회적 비용을 동반하게 될 것이다. 한 자녀 가정에서 응석받이로 자라나는 '작은 황제'들은 그들이 사회로 진출하여 독립을 시도할 즈음에 늙어가는 부모세대를 부양해야만 할 것이다. 가난한 중국 청년들의 경우에는 이미 신부감의 고갈을 경험하고 있으며, 이로 인해 여성을 납치하는 사건도 발생하여 인구학자들은 걱정하고 있다. 이러한 상황은 사회의 불안정으로 이어질 수 있다.

일부에서는 결혼을 하지 못해 불만이 가득한 미혼남성들이 군대에 지원할 경우, 적대감으로 가득 찬 군대가 만들어질 수도 있다는 추측이 나오기도 한다. 대체로 둘째로 태어난 여아들은 때로는 낙태되거나 때로는 입양

**표 8.5 중국의 인구, 1950년~2050년**

|  | 1950 | 2000 | 2015 | 2025 | 2050 |
|---|---|---|---|---|---|
| 총인구<br>(중간정도, 단위 1,000명) | 554,760 | 1,275,215 | 1,402,321 | 1,445,100 | 1,395,182 |
| 총 출산율<br>(여성 1인당 평균 아이 수) | 1.80 | 1.83 | 1.85 | 1.85 | 1.85 |
| 연 인구증가율 (%) | 0.90 | 0.73 | 0.54 | 0.22 | -0.37 |

출처: UN Population Network, World Population Prospects: The 2002 Revision, http://www.un.org/esa/population/publicaions/wpp2002/w2002annextables.pdf.

으로 내보내진다. 한 자녀 정책은 중국의 난제인 인구증가에 대한 납득할 수 있는 대응이었다. 그러나 21세기 초 그러한 정책의 실용성이 점차로 약화되고 있다. 정책을 성공적으로 실행하기 위해 필요한 가혹한 체제가 중국에 더 이상 존재하지 않기 때문이다. 더욱이 정부는 특히 농촌지역에서 대중의 정서가 한 자녀 이상을 선호한다는 것을 일정 정도 의식하고 있다. 따라서 베이징은 한 자녀 정책을 수정하기로 결정하였다. 바이거(Zhao Baige) 국가가족계획위원회의 사무총장에 의하면, "모든 사람에게 획일적으로 적용되는 무차별적인 가족계획정책은 더 이상 성공할 수 없다. … 중국은 다양한 시민과 다양한 요구가 존재하는 대단위 사회이다."[29]

## 에너지, 자원, 환경

연평균 8~9%의 국민총소득 성장률과 1.5%의 인구증가율은 모든 자원, 특히 에너지, 물, 토지에 대해 엄청난 압박으로 작용한다. 경제규모가 확대되면, 자원고갈과 오염도 마찬가지로 악화된다. 예를 들어, 중국인들은 난방과 조리의 90%, 전력발전의 50%를 석탄과 목탄에 의존하고 있다. 이러한 석탄 사용량 때문에 중국은 구소련과 미국에 이어 세계 3대 이산화탄소 배출국이다.

정부보조금은 전국 물 공급에 유해한 영향을 미치고 있다. 베이징의 경우 정부보조금 덕택으로 물의 가격은 1 입방미터 당 2.5 센트에 불과하다. 1970년대 이래 중국 북부지방은 심각한 물 부족과 지하수면 저하라는 문제를 안고 있다. 중국 정책당국은 2000년까지 중국 북부지방의 물 수요가 789억 입방미터에 이를 것이나 공급은 740억 입방미터에 불과할 것이라고 예측하였다. 지속적으로 증가하는 물 수요를 충족시키기 위해 중국정부는 현재 일련의 운하건설을 통해 중부지방에서 북부지방으로 물을 운송하는 복합적인 계획을 진행하고 있다.[30] 물 사용에 대한 막대한 정부보조금과 국토의 절반을 가로지르며 물 공급로를 변경하는 것이 물 사용료 증가로 인해 중국 도시주민들의 분노를 사는 것에 비해 위험부담이 적은 것은 분명하다. 이러한 문제에 대처하는데 있어 중국의 지도자들은 경제발전과 환경 및 자원문제를 저울질하며 어려운 선택에 직면하고 있다. 세계은행은 정부의 석탄보조금 폐지를 포함한 에너지 효율성을 높이고 공해를 줄이는 방법들을 제안하였다. 정부보조금 폐지는 동시에 재정적자문제를 완화시키고, 석탄사용의 효율성을 증가시키며, 이산화탄소 배출을 10%가량 줄일 수 있을 것이다.[31] 석탄보조금 중단으로 매년 150억 달러의 정부비용을 절약할 수 있지만, 3백만 명을 고용하고 있는 탄광업은 중국의 주요 산업 중 하나이다. 정부는 생산성이 낮은 국유 탄광들 가운데 일부를 폐쇄하려는 시도를 하고 있지만,[32] 각각의 탄광을 수익과 손실 기준으로 평가하는 일은 실업이라는 난처한 문제를 초래한다.

에너지 및 자원 문제를 해결하기 위해 중국은 점차적으로 다자적 발전기구와 외국인투자에 눈을 돌리고 있다. 예를 들어 중국은 세계 최대 댐 가운데 하나인 양쯔강 삼협댐 건설에 세계은행 기금을 사용하고 있다. 그 실현가능성을 둘러싼 논쟁이 오랫동안 진행되었지만, 완성된 댐은 중국 전력의 1/6을 제공할 것으로 예상된다. 그러나 홍수피해가 잦은 인근 지역의 1백만 명이 넘는 주민을 이주시키는 것을 포함하여 환경비용 또한 막대할 것이다. 그런데 최근까지 세계은행은 자신이 재원을 조달하는 사업의 환경비용을 무시해 왔다.

21세기 초 중국은 환경개선을 위한 대책을 마련해 왔지만, 일보전진은 일보후퇴로 이어지고 있는 것 같다. 환경관련 법과 규제는 개선되었지만, 그것의 실행여부는 여전히 문제로 남아있다. 국유기업의 공기오염물질 배출은 감소하고 있지만, 민간기업과 유사 민간기업에 대하여 환경법을 강제로 적용하기가 어렵다는 것이 입증되고 있다. 공장굴뚝 배출에 대한 통제가 관심사였다면, 다른 한편에서는 개인 자동차의 수가 기하급수적으로 증가하고 있다. 자원에 대한 예상치 못한 수요급증은 삼림 벌채, 탄광으로부터 공해 및 다른 해로운 결과를 초래하였다. 급속한 경제성장과 지속가능한 환경성장을 결합하는 것은 결코 쉬운 과제가 아니며, 많은 논란을 불러온 딕 체니 부대통령의 에너지 정책 보고서는 미국 또한 경제성장과 환경보호 사이의 모순에서 자유롭지 않다는 것을 보여주었다. 중국은 국민들에게 맑은 공기, 깨끗한 물과 토양을 제공하면서 성장을 조절해야 하는 어려운 시기를 맞을 것이다.

## ■ 정책대안

21세기 중국은 국제안보 증진을 위한 유엔의 역할, 무기 판매, 새로 등장하고 있는 글로벌 금융 및 무역체제, 글로벌 환경파괴의 문제와 개별 국가 정책 사이 연계의 심화 등과 같은 중요한 사안을 둘러싼 국제적 논의에 적극적으로 참여하기 위해 노력하고 있다. 그러나 이 모든 사안에 있어서 주요 행위자로서 중국의 중요성이 점차로 증대하고 있지만, 대부분의 이니셔티브는 여전히 탈냉전시대 등장하고 있는 글로벌 레짐에서 지배적인 역할을 담당하고 있는 제1세계에 의해 주도되고 있다.

### 대안 1: 손해의 제한

유엔의 조직개편 문제에 관해 베이징은 안전보장이사회, 유엔총회, 사무국의 조직과 역할의 변화에 대한 다른 국가들의 제안 가운데 자신에게 가장 불리하지 않은 제안을 지지함으로써 피해를 줄이는 정책을 추구할 가능성이 높다. 이러한 조직들이 탈냉전시대에 요구되는 과제에 효과적이고 효율적으로 대처하지 못할 수도 있겠지만, 유엔헌장 개정을 포함하여 제안되고 있는 변화의 내용은 특히 안전보장이사회에서 중국의 이익과 영향력에 불리하게 작용할 수 있다.

- 안전보장이사회에서 베이징은 상임이사국의 거부권을 폐지하는 그 어떤 제안도 효과적으로 반대할 것이다. 1945년의 이 헌장규정이 탈냉전시대의 군사적 경제적 세력균형의 구도에서 진부하게 여겨질 수 있으나, 중국은 안전보장이사회의 유일한 제3세계 권력으로서 특권적 지

위를 유지하고자 한다. 다른 상임회원국들이 거부권 폐지나 상임이사국 의석추가에 반대하는 한, 베이징은 미국, 영국, 프랑스, 러시아와 보조를 맞추는 것에 만족할 것이다.
- 특히 안전보장이사회에서 자신들의 발언권을 높이기 위한 제3세계 회원국들의 요구가 증가함에 따라 만약 변화가 불가피하다면, 베이징은 브라질, 나이지리아, 이집트, 인디아와 같은 국가들에게 추가 상임이사국 의석을 부여하고, 유엔총회의 더 많은 회원국들을 안전보장이사회에 포함시킴으로써 제3세계의 대표성을 강화하는 변화를 지지할 것이다. 여기서 대안국가들의 대부분은 유엔총회에서 거대블록을 형성하고 있는 제3세계 국가일 것이다.
- 독일과 일본에게 상임이사국 지위를 부여하려는 서방의 압박에 대한 대응을 통해 중국은 많은 양보를 얻어 낼 수 있을 것이다. 예를 들어 중국의 지도자들은 5개 상임이사국이 보유한 거부권을 갖지 않는 브라질, 나이지리아, 이집트, 인도와 같은 제3세계 세력의 참여를 동시에 요구할 수 있다. 중국은 일본과 독일이 안전보장이사회 상임이사국 의석의 일 순위 후보라는 점에 동의하면서도 이 두 국가는 거부권을 가질 수 없다고 주장할 것이다. 또한 중국의 지도자들은 특히 독일, 일본과 같이 새로운 상임의석 후보 국가들과 거래를 시도하여 중국이 지원하는 대가로 이들 국가로부터 장기적인 경제적 양보를 얻어낼 수도 있을 것이다.
- 재정분담금에 의거한 대표의석 배분과 관련하여 중국은 제3세계 회원국들을 주도하여, 유엔 예산에 대한 기여도와 무관하게 한 국가에 한 표를 인정하는 현 체제의 변화에 반대할 것이다. 중국은 인구수에 의거한 대표성을 지지하겠지만, 이러한 변화는 서방국가들뿐만이 아니라 대다수 제3세계 국가들의 저항에 부딪힐 것이다. 예산개혁은 과거뿐만 아니라 현재에도 유엔이 직면한 중요한 사안이다.
- 유엔 사무국과 특별기구의 행정개혁에 관해 중국은 예산 및 인력 감축, 특별기구의 비정치화를 요구하는 서방의 입장을 지지하지 않을 것이다. 행정개혁에 관한 문제에 있어서 베이징은 일반적으로 제3세계의 입장을 채택하고 있다.

## 대안 2: 유엔 안보활동의 제한적 지지

즉자적인 형태(ad hoc)의 평화정착 및 평화유지활동을 확대하는 것 또한 베이징의 정책결정자들에게 어려운 선택을 안겨주었다. 중국의 지도자들은 한편으로는 유엔의 새로운 안보활동에 참여하고 협의하기를 원한다. 그러나 중국은 이러한 활동에의 참여를 단지 실험적인 차원에서 증가시켜 왔으며, 서구세력에 의해 통제되고 있다고 믿는 활동에 대한 자금 및 인적 지원에 대해서 여전히 주저하고 있다.

- 중국이 유엔의 새로운 평화정착 및 평화유지활동에서 주도권을 행사할 가능성은 거의 없지만, 안전보장이사회의 나머지 4개 상임이사국이 지지하는 활동에 대해 거부권을 행사하지는 않을 것이다.

## 대안 3: 중국의 무기 판매

중국의 군사 동맹국이 없는 상황에서 대량살상무기의 문제에 대한 중국의 시각은 서방의 입장에서는 이해하기 어렵다. 중국의 지도자들은 중동과 서남아시아에서 진행되고 있는 군비경쟁이 전통적으로 군사력을 통해 해결해 왔던 지역 간 이해갈등의 산물이라고 믿고 있다. 중국의 관점에서는 지역 군비경쟁의 일차적인 책임은 미국, 러시아와 그 우방국들에게 있다. 이 국가들은 어느 한쪽을 편들면서 지역 분쟁을 중단시키기 위해 충분한 압력을 행사하지 않았다. 이와 비교하면 중국의 외교적 역할은 미약하고, 중국 무기 판매의 총 가치는 미국, 러시아 및 다른 많은 나라들에 비해 상당히 낮다. 마찬가지로 중국은 핵확산금지조약과 국제원자력기구 사찰의 필요조건을 준수하고 있다고 주장한다.

- 중국은 항상 부차적인 핵국가였고, 다른 국가들이 분쟁이 잦은 지역에 더 많은 군사기술을 판매해 왔기 때문에, 미국, 유럽 및 구 공산주의 국가들은 그들의 무기 판매를 제한하고 분쟁지역 국가들의 정당한 요구를 존중하는데 더 많은 노력을 기울여야 한다. 상호이익에

의거한 평화를 실현하는데 주요한 이니셔티브는 이 국가들로부터 시작되어야 한다.
- 베이징은 서방세력이 무시하고 있는 중동과 서남아시아지역 국가들의 정당한 안보 이익을 고려함으로써 이 지역의 평화에 기여하고 있다. 핵확산금지조약 혹은 베이징이 승인한 특별 협정을 위배하지 않는 무기지원은 이 지역에 필요한 균형을 제공한다. 또한 중국의 중동과 서남아시아 국가에 대한 무기지원은 이 지역의 평화실현을 위한 협상에서 중국이 적극적인 역할을 수행하는데 필요한 수단으로 활용할 수 있기 때문에, 중국의 안보이익에도 도움이 된다.
- 이 지역의 국가들이 자신들의 분쟁을 종식시키기 위해 더 많은 노력을 기울이고, 주요 무기 판매국들이 막대한 무기 판매를 축소시킴으로써 분쟁 당사국의 정당한 이익을 지지하려는 노력이 강화되기 전에는 군사적 대처라는 보편적 비극은 계속될 것이다. 중국은 이러한 상황에서 정당한 자국 이익을 증대하기 위한 수단으로써 무기를 원하는 국가들에게 무기를 판매할 것이다.
- 베이징의 지도자들은 미국과 같은 국가들이 무기 판매 및 군사 안보 문제를 무역관계 및 무역협정의 문제와 연계시킬 권리가 없다는 주장을 계속할 것이다.
- 지역 핵무기 경쟁에 관한 문제에서 중국은 북한과 남한의 협상 및 파키스탄과 인도의 협상에 직접적으로 참여하고 있다. 베이징은 남북한 관계가 개선되기를 원하고 있으나, 중국이 오랫동안 견지해 왔던 북한에 대한 책임감은 북한 공산주의 정권에 직접적인 압력을 행사하는 것을 가로막고 있다. 그러나 베이징은 의심의 여지없이 동북아시아의 안정이 증대되기를 희망하며, 한반도의 핵무기 경쟁이 일본에게 핵무기 개발의 빌미로 사용되는 것을 막으려 한다. 서남아시아에서 인도와 파키스탄이 핵무기 경쟁의 위험을 해소하는데 실패한다면, 베이징은 조심스럽게 파키스탄의 입장을 지지할 것이다.
- 베이징은 모든 핵무기의 전면적 폐기 요구를 계속할 것이다. 그러나 세계 전역에 핵무기 확산의 위험이 존재하고 있어, 전면적 폐기는 거의 불가능하다. 미국과 러시아가 각각 2002년까지 3,500개로 핵탄두 감축을 동의하였음에도 불구하고 양국은 여전히 현재 중국이

보유한 핵무기의 10배에 해당하는 핵무기를 보유하고 있다. 더욱이 모든 국가가 핵무기 폐기를 거론하고 있지만, 전면적 폐기를 진지하게 고려하고 있는 나라는 거의 없다.

## 대안 4: 글로벌 금융 및 무역레짐 참여

글로벌 레짐은 그것이 국제금융, 투자, 또는 무역, 무엇에 관한 것이든지 간에 서방세계에 의해 통제되고 있는 것은 분명하다. 따라서 특히 중국의 보수적 지도자들이 시각에서는 위험성이 존재하긴 하지만, 베이징은 명백하게 세계 경제체제로의 보다 깊숙한 통합을 선택하였다.

- 과거와 마찬가지로 미래에도 중국에게 있어서 국제통화기금과 세계은행 그룹은 기술적 지원 및 조언의 유익한 원천이자 국제적 재원조달의 주요한 원천이 될 것이다. 중국이 과거 15년과 마찬가지로 미래에도 발전을 지속하려면, 중국의 지도부는 차입금 상환에서의 우수한 실적을 이용하여 유리한 조건에서 새로운 재원 조달이 가능한 지위에 있어야 한다.
- 중국은 자국 시장을 더욱 개방하고, 수입과 관련한 많은 규제를 없애야 하지만, 중국의 지도부는 WTO 가입을 통해 얻은 것이 잃는 것보다 많다고 확신하고 있다. 국유기업이건 민간기업이건 간에 중국 기업들은 중국시장에의 접근이 더욱 용이해진 외국기업과 경쟁하기 위해서 효율성을 높여야 할 것이다. 그러나 중국의 경제가 발전하면 자국시장과 해외시장 모두에서 중국이 상대적으로 이점을 갖게 될 것임을 확신하고 있는 듯하다.
- 이러한 글로벌 레짐의 회원국으로서 중국은 대만의 참여를 배제시킬 수 있는 위치에 있으며, 또한 홍콩과 대만이 세계은행, IMF 혹은 WTO에 (독립적 회원이 아니라) 준회원이나 참관자 자격으로 참여하는 것과 관련된 문제들을 중국의 입장에서 조정할 수도 있다. 베이징은 대만이 중국본토와 투자 및 무역관계를 증가시키면, 양자관계 뿐만 아니라 국제적 차원에서도 대만에 대한 중국의 영향력이 커질 것이라고 확신하고 있는 듯하다.

## 대안 5: 인구제한

비록 환경 대 성장의 수수께끼에 대한 분명한 해답은 없다할지라도, 전 세계 거의 모든 발전문제 전문가들과 환경주의자들은 인구통제가 지속가능한 발전에 있어서 결정적 요인이라는 점에 동의하고 있다. 인구통제는 환경에 대한 부담을 줄일 뿐만 아니라 발전을 촉진하고, 생활수준을 높이며, 정치적 안정 증대에 도움이 된다. 중국의 지도자들은 이 모든 점에 동의할 것이다. 중국에게는 산아제한을 장려할 것인가 말것인가가 아니라 어떤 강도로 그리고 어떤 방식으로 할 것인가의 문제가 중요하다. 핵가족 형태를 강력하게 추진하는 정책 선택은 많은 대가를 수반할 것이다.

- 1978년 경제개혁 이후 생활수준의 실질적인 향상으로 인해 특히 농촌지역의 중국인들은 더 많은 아이를 가질 수 있다고 느낀다. 그들은 대중으로부터 호응을 얻지 못하고 있는 산아제한정책과 관련하여 당 지도자와 관리들을 비난하고 있다. 당은 농촌지역 유권자들의 불만을 사지 않으면서 엄격한 출산통제정책을 실행할 수 있을 것인가?
- 중국정부는 이미 산아제한 병원과 피임약에 매년 10억 달러를 지출하고 있다. 농촌가정의 규모를 세 아이 이하로 줄이는데 있어서 정부의 무능력이 입증된 상황에서, 운송, 전력발전, 통신, 항구시설과 같은 다른 목적에 정부재원을 사용하는 것이 더 낫지 않을까?

높은 GNP 성장률과 생활수준 향상으로 인해 중국의 지도자들은 산아제한 노력이 더 이상 필요하지 않다고 느낄 수도 있다. 인구통계학적 연구는 생활수준이 향상되면 사람들은 당연히 소가족을 원하게 된다는 것을 보여준다. 이러한 현상은 대만, 한국, 홍콩, 싱가포르와 같이 상대적으로 높은 생활수준을 가진 아시아 사회에서 이미 나타나고 있다. 일본의 출산율은 현재 인구보충출생률(총인구를 유지하는데 필요한 출생률-역자 주) 이하에 머물고 있다. 그러나 한 사녀 운동을 포기하기 전에 중국의 지도자들은 다음과 같은 사항을 고려해야 한다.

- 현재 산아제한 노력에도 불구하고 먹여 살려야 하는 입이 매년 1,500만 개씩 추가되는 상황은 안정, 환경, 완전고용, 적절한 사회보장서비스, 전반적인 삶의 질을 위협한다. 중국은 단순히 높은 생활수준과 적은 수의 아이에 대한 욕구가 출산율 저하를 가져와 인구 전환이 이루어질 때를 기다리고 있을 수는 없다.
- 부정적인 위협과 처벌이 대중적 호응을 얻기 어렵지만, 일련의 긍정적인 제재조치는 당의 이미지, 관료체제, 지도부의 정당성을 개선할 수도 있다. 예를 들어, 특히 농촌지역의 경우 지방정부와 생산단위에 사회사업의 확장을 권장해야 한다. (특히 여성들을 위한) 교육, 연금 혜택을 제공하고, 가족계획이 어떻게 사회에 이득이 되는지와 불임수술과 낙태에 의존하지 않는 보다 저렴하고 현대적인 피임방법에 대한 정보를 제공할 수 있다. 국제사회로부터 자금조달을 확대하는 것은 불가능하지만, 중국의 지도자들이 외국의 전문 지식과 기술을 사용한다면, 도움이 될 것이다.

## 대안 6: 지속가능한 발전 촉진

에너지, 수질개선 및 수자원 공급, 삼림 벌채, 목재산업, 농업, 광물산업과 같은 문제와 관련하여 베이징이 신중하게 고려한다면, 다양한 선택이 가능하다.

- 화석연료에 대한 정부보조금을 중단하는 것만으로도 에너지 사용의 효율성을 높이고, 공해를 줄이고, 석탄과 석유에 대한 재생에너지 자원의 경쟁력을 동시에 높일 수 있을 것이다.
- 식림노력을 지속하면서 중국은 수출을 통해 벌어들인 외화로 목재를 수입하거나 해외 목재산업에 투자할 수도 있을 것이다.
- 농업생산을 증가하기 위해 생명공학 및 다른 기술을 유용하게 사용하면서, 밀, 사료곡물과 같은 농산물의 수입을 늘일 수도 있다.
- 중국은 시장기제의 비용과 이득을 신중하게 고려하여 토양, 물, 대기 오염을 줄여 나갈 수 있다. 국내외 환경주의자들과 경제학자의 도움을 받아 현재 및 미래의 오염 비용을 추산하여, 이를 근거로 국유 및 민간

생산자들의 효율성을 높이고 오염규제를 사용하도록 자극하는 세금혜택 또는 처벌 효과와 비교 검토할 수 있다. 아마 중국은 시장유인을 도입하는데 있어 민주주의 사회보다 유리한 점을 가질 것이다. 이러한 대책에 대한 대중의 반대 및 조직적 저항이 발생할 가능성이 서구사회에 비교하여 상대적으로 낮기 때문이다. 광범위한 정보프로그램은 이러한 환경적 유인에 대한 지지를 얻는데 도움을 줄 수 있을 것이다.

## 토의주제

1. 중국이 유엔의 평화정착 및 평화유지 활동에 최소한의 참여라는 정책을 수정할 것인가? 중국은 인도 사례를 따라 이러한 활동을 위해 군대와 인력을 세계의 다양한 지역에 파견할 것인가?
2. 유엔 안전보장이사회의 상임이사국 수를 확대시키는 것과 상임국의 거부권을 폐지하는 문제에 대해 중국은 어떠한 입장을 취하고 있는가?
3. 핵무기 확산과 생화학무기에 관한 국제협정을 지지하는 차원을 넘어서 중국은 대량살상무기 폐지를 위한 추가적인 행동을 지지할 것인가 아니면 반대할 것인가?
4. 중국은 중동과 서남아시아 지역에 대한 무기판매와 관련하여 어떤 정책을 취할 것인가?
5. 이미 국제통화기금의 회원국인 중국은 완전한 통화태환성에 동의할 것인가?
6. 서방세력이 국제통화기금과 세계은행을 지배하고 있다는 점을 고려하여, 중국은 이러한 국제기구들로부터 보다 많은 권고와 재정적 지원을 원하는가 아니면 그러한 지원을 덜 받기를 원하는가?
7. 중국이 WTO에 가입한 것과 무역장벽 제거에 관한 모든 규정의 준수에 동의한 원인은 무엇인가?
8. 중국은 환경과 개발문제와 관련하여 제3세계 국가들에 대해 지도자 역할을 취할 것인가, 혹은 그것의 지지자가 될 것인가?
9. 중국의 인구가 해마다 증가하고 있는 사실을 고려할 때 인구증가를 통제하기 위한 추가적인 조치가 필요한가? 만약 그렇다면, 그것은 어떠한 조치들일까?

10. 중국의 에너지, 자원, 개발의 요구들을 염두에 둔다면 인구증가를 통제하고 공기, 물, 토지, 삼림의 질을 유지 혹은 개선하기 위해 중국은 어떠한 추가적인 조치를 취해야 할 것인가? 중국은 이러한 문제들을 해결하기 위해 국제기구 및 다른 국가들과 어떠한 방식으로 협력할 것인가?

## ■ 추천문헌

Boutros-Ghali, Boutros, *An Agenda for Peace*, New York: United Nations, 1992.
Conly, Shanti R., and Sharon L. Camp, *China's Family Planning Program: Challenging the Myths*, Washington D.C.: Population Crisis Committee, 1992.
Dai Qing, John G. Thibodeau, and Philip Williams (eds.), *The River Dragon Has Come! The Three Gorges Dam and the Fate of China's Yangtze River and Its People*,(Ming Yi 번역), N.Y.: M.E. Sharpe, 1998.
Edmonds, Richard Louis (ed), *Managing the Chinese Environment*, Oxford: Oxford University Press, 1998.
Fravel, M. Taylor, "China's Attitude Toward U.N. Peacekeeping Operations Since 1989," *Asian Survey* 36, No.11 (November 1996), pp. 1102-1122.
Gill, Bates, *Chinese Arms Transfers: Purposes, Patterns, and Pros pects in the New World Oder*, Westport. Conn.: Praeger, 1992.
Gill Bates, and Kim Taeho, *China's Arms Acquisitions from Abroad: A Quest for "Superb and Secret Weapons"*. SIPRI Research Report, No.11, Oxford: Oxford University Press, 1996.
Jing, Jun, "Environmental Protests in Rural China," in Elizabeth J. Perry and Mark Selden (eds.), *Chinese Society: Change, Conflict, and Resistance*. Asia's Transformations, London: Routledge, 2000, pp. 143-160.
Lee, Yok-Shiu and Alvin Y. So (eds.), *Asia's Environmental Movements: Comparative Perspectives*. Armonk, N.Y.: M.E. Sharpe, 1999.
Poston, Dudley L., Chiung-Fang Chang, Sherry L. McKibben, Carol S. Walther, and Che-Fu Lee (eds.), *Fertility, Family Planning, and Population Control in China*, London: Routledge, 2004.
Smil, Vaclav, *China's Past, China's Future: Energy, Food, Environment*. New York: Routledge/Curzon Press, 2003.
World Bank, China: Air, *Land, and Water-Environmental Priorities for a*

*New Millennium*, Washington D.C.: World Bank, 2001.

## ■ 주

1) 중화민국 대사관 보도자료, No. 27, 1990년 12월 27일.
2) Madeleine Albright, *Madam Secretary* (New York: Hyperion, 2003), p. 159.
3) Ministry of Foreign Affairs of the People's Republic of China, *Position Paper of China on the 58th Session of the UN General Assembly*, August 12, 2003, http://www.fmprc.gov.cn/eng/wjb/zzjg/gjs/gjsxw/t24859.htm.
4) Contributors to UN Peacekeeping Operations, *Monthly Summary of Contributors*, http://www.un.org/depts/dpko/dpko/contributors/countriessummary-march2004.pdf. 2004년 5월 5일 접속.
5) Permanent Mission of the People's Republic of China to the United Nations, *Peacekeeping Operations of the UN*, http://un.fmprc.gov.cn/eng/7283.html, 2004년 5월 12일 접속.
6) Willy Wo-Lap Lam, *South China Morning Post*, November 19, 1992.
7) Peter Grier, "China Arms Policy Puzzles West," *Christian Science Monitor*, July 3, 1992.
8) "China Denounces U.S. Arms Sales to Taiwan," http://www.chinadaily.com.cn, 2004년 5월 12일 접속.
9) Stockholm International Peace Research Institute (SIPRI), *SIPRI Yearbook 2002*, chap.8, "International Arms Transfers, 2002", http://editors.sipri.se/pubs/yb02/ch08.html.
10) A. M. Rosenthal, "Missile Mongering", *New York Times*, April 10, 1992. p. A19.
11) 1992년 중국의 미사일 판매에 대한 미국의 우려는 *New York Times*, January 31, 1992. p. A19, September 11, 1992. p. A3, December 4, 1992. p. A5 참조.
12) Kerry Dumbaugh, *China-U.S. Relations: Issues Brief for Congress* (Washington D.C.: Library of Congressional Research Service, May 17, 2002). http://FPC.State.gov/documents/organizations/13412.pdf.
13) "An Introduction of China's Export Control System," 중국외무부 군비통제군축국 소속 푸 공 (Fu gong) 의 1997년 12월 11/12일 비확산 수출통제 레짐 도쿄 워크숍에서의 발언. China/MTCR, Monetary Institute for Nonpro liferation Studies에서 인용. http://www.nti.org/db/china/excon.htm, 2004년 5월 12일 접속.
14) Ibid.
15) 중국의 현대화에서 다국적 경제레짐의 역할에 관한 분석은 William R. Freeney, "Chinese Policy Toward Multilateral Economic Institutions," in Samuel S. Kim (ed.), *China and the New World: New Directions in Chinese Foreign Relations*, 2nd ed. (Boulder, Colo.: Westview, 1989), pp. 237-263.

16) Freeney, "Chinese Policy," pp. 252-254.
17) "Memorandum of the President of the IBRD and the IFC to the Executive Directors on a Country Assistance Strategy of the World Bank Group for the PRC," January 22, 2003, p. 29. http://www.worldbank.org.cn/english/content/cas03.pdf.
18) International Finance Cooperation, http://ifcln.ifc.org/ifcext/spiwebsite1.nsf/results517200481202pm?openview, 2004년 5월 17일 접속.
19) 중국의 곡물생산, 수출, 수입에 관한 자료는 Scott Kilman, "U.S. Steadily Losing Share of World Trade in Grain and Soybeans," *Wall Street Journal*, December 31, 1992, pp.1,6에서 발췌. 1991년 구 소련은 붕괴 이전 2억 5900만 부셸(약35리터)의 밀을 수입하였고, 중국은 2억900만 부셸을 수입하였다. Joe Grant, "U.S. 5th in Wheat Production Worldwide," *Charleston Illinois Courier*, December 3, 1992, p. A8.
20) Colin A. Carter and Scott Rozelle, "Will China's Agricultural Trade Reflect Its Comparative Advantage?", http://www.ers.usda.gov/publications/aib775/aib775k.pdf, 2004년 5월 17일 접속.
21) Fred Gale, "China at a Glance: Statistical Overview of China's Food and Agriculture," Economic Research Service/USDA China's Food and Agriculture: Issues for the 21st Century, AIB-775, http://www.ers.usda.gov/publications/aib775/aib775e.pdf, April 2002.
22) 리펑총리, 리오 유엔 환경개발회의 정상회담, 1992년 6월 2일. Chinese Embassy, Washington, D.C. Presse Release, No.7, June 15, 1992.
23) Ibid.
24) World Bank, *China: Air, Land, and Water* (Washington D.C.: World Bank, 2001), p. xvi.
25) Jim Yardley, "Bad Air and Water, and a Bully Pulpit in China," *New York Times*, September 25, 2004.
26) 2004 ESCAP Population Data Sheet, http://www.unescap.org/esid/psis/population/database/data_sheet/2004, 2004년 9월 27일 접속.
27) Nicholas D. Kristof, "China's Crackdown on Births: A Stunning, and Harsh, Success," *New York Times*, April 25, 1993, pp. A1, A12.
28) Ibid, 인용.
29) Hannah Beech, "China's Baby Bust," *Time Asia*, July 30, 2001에서 인용. http://www.time.com/asia/news/magazine/0,9754,168514,00.html.
30) Dong Shi, "Water Crisis in North China and Counter-Measures," *Beijing Review* (April 2-8, 1990), pp. 31-33.
31) Bjorn Larsen and Anwar Shah, "Combatting the Greenhouse Effects," *Finance and Development*, (December 1992), pp. 20-21.
32) Nicholas D. Kritof, "China Plans Big Layoffs of Coal Mine Workers," *New York Times*, December 12, 1992, p. C1.

# 대안적 시나리오들

중국의 부상은, 만약 계속된다면, 다음 세기 세계무대에서 가장 중요한 흐름을 형성하게 될 것이다. … 중국은 세계에서 가장 빠르게 성장하고 있는 경제이며, 가장 빠르게 증가하는 국방예산을 가지고 있다. 핵무기를 보유하고 있으며, 대부분의 주변국가들과 국경분쟁을 하고 있으며, 빠르게 현대화되고 있는 군대는 – 아마도 10년 이내에 – 과거의 분쟁들을 중국에게 유리하게 해결할 수 있을 것이다. 미국이 한 세기가 넘도록 세계에서 가장 큰 경제를 소유하고 있지만, 현재 중국의 궤도라면 다음 세기 전반부에 중국이 미국을 대신하여 세계의 일등 경제가 될 것이다.

— 크리스토프(Nicholas D. Kristof)[1]

21세기가 시작되면서, 중국의 지도자들은 커다란 도전과 기회를 동시에 맞고 있다. 근대 역사의 어느 시기보다 외부적 환경이 우호적이기 때문에, 가장 큰 도전과 기회는 아마도 중국 국내에 존재할 것이다. 이탈리아의 정치적 현실주의자인 마키아벨리가 16세기에 지적하였듯이, 정책결정자의 선택들은 기회와 위험을 동시에 포함하지만, 대부분은 '포투나(fortuna: 결정자가 통제할 수 있는 범위를 벗어난 상황)'에 의해 결정된다. 마키아벨리는 효과적인 지도력의 핵심은 정책결정자들이 그때의 가능한 선택에 기초하여 어떤 일련의 행동들을 선택하느냐 하는 것이라고 믿었다. 지금까지 우리는 중국의 지도자들이 과거부터 현재까지 직면해왔던 위험과 기회에 대해 살펴보았다. 이 결론부분은 냉전 시기와는 매우 상이하게 보이는 글로벌 체제가 등장하는 과정에서, 미래 중국의 역할에 대해 점검해 볼 것이다.

## ■ 국제 안보 체제 등장 속에서 중국의 역할

> 중국은 경제성장을 중심으로 눈부신 발전을 경험하고 있다. 중국의 외교정책은 경제성장을 위해 안정적인 국제환경이 지속될 수 있도록 도와야만 한다. … 현재, 선진국이건 개발도상국이건 간에 모든 나라들은, 한 나라의 경제적 국력이 21세기 그 나라의 위상을 결정할 것이라는 견해를 공유하고 있다. 그래서 모든 나라들은 경제성장과 협력에 가장 큰 중요성을 두고, 그들의 관심을 국내적 문제로 돌리는 중이다. 모든 국가들은 점점 상호의존적이고, 조화적이며, 상호보완적이고, 상호 제한적이 되어 가고 있다.[2]

위의 인용문은 새롭게 등장하는 글로벌 체제에서 안보문제에 대한 중국의 입장을 설명하고 있다. 국내적 성공이 다른 국가와의 선린관계와 상호이익에 기초하여 증가하는 경제적 상호의존과 연관되어 있는 시대에, 그 요체는 내부적 안정과 경제 발전인 것 같다. 베이징은 국경 너머로부터의 어떠한 군사적 위협보다, 중화제국을 불안정하게 할 수 있는 내부적인 요인에 더욱 관심이 있는 것 같다. 안보는 경제적 번영에 의존하기 때문에 덩샤오핑(鄧小平)의 개방정책이 지속되는 것에 의존되는 것이다. 무역과 외국인 투자는 21세기 중국의 발전과 생활수준 향상 그리고 자신을 보호할 수 있는 현대적 군사력을 발전시키는 데 필수적이다. 중국의 지도자들은 국내에서는 권위주의적 질서를 유지하면서도 경제적 상호의존과 시장경제를 독려함으로써, 고르바초프(Mikhail Gorbachev)가 도입한 변화로 인해 구소련의 안보와 번영이 약화되었던 러시아 증후군을 피하고자 한다.

대부분의 전문가들은 국내 안전과 국가 간 안보를 확실하게 보증하는 세계질서가 출현하고 있다고 생각하지 않는다. 그러나 전문가들의 대다수는 무력으로부터의 보호와 국내문제에 대한 외부의 간섭으로부터의 보호(모두가 베스트팔리아 조약의 정신)보다는 더 넓게 안보개념이 정의될 필요가 있다는 점에 의견을 일치하고 있다. 이런 관심은 21세기에도 중요한 것으로 남을 것이나, 안보란 점차 지속가능한 환경, 즉 지구의 유지를 또한 의미할 것이다. 인류와 지구 환경과의 관계, 즉 마실 공기와 물, 토양 그리고 인간의 생명과 번영을 지탱할 생물적 다양성 등을 제공하는 모든 문제는 종국적으로 안보의 기본이다.

중국의 지도자들은 지구의 필수적인 자원 보존을 위한 국제 협력이 포함된, 광범위한 안보의 정의에 동의한다. 동시에 중국지도자들이 광의의 안보개념 정의에 있어서 경제, 사회, 환경적 요소를 포함하지만, 그들은 좀 더 광범위한 안보의 정의의 한 부분에서 민주주의나 정치적 표현의 자유는 제외시키고 있다.

두 개의 아랍어 단어인 술라(sullah)와 살람(salaam)이 중국의 국제사회에서의 안보 역할에 열쇠를 제공할지 모른다. 세계의 많은 지역에서 술라를 실천한다는 것은 점령을 통해 분규를 해결하려고 고안된 행위인 무력과 위협의 사용을 상징하고 있다. 반면, 살람은 모든 이들에게 혜택이 돌아가는 상호 이익, 신뢰 그리고 다양한 협상 게임에 기초하여 안보문제를 해결하고자 하는 것이다. 요약하면 이웃이 안전하지 않으면 자신도 안전할 수 없다는 것이다. 중국이 유엔의 글로벌 역할을 지지하는데 계속 머뭇거리는 이유는 중국의 안보를 증진하는 데에는 양자적 관계가 가장 좋은 수단이라고 중국의 지도자들이 믿고 있기 때문이다. 특히 21세기에 중국 경제가 일본이나 미국을 포함한 다른 국가들보다 더 빠르게 성장하기 위해서는 양자적 관계가 최선이라고 생각한다.

전세계적 차원에서 중국은 보스니아, 소말리아 혹은 쿠웨이트처럼 자신들을 보호할 수 없거나 운이 나쁜 국가들의 안전 보장을 위한 노력에 힘을 쏟는 주요한 공여자라기보다는 주로 안전에 대한 소비자였다고 할 수 있다. 중국은 안보 위협을 제거하거나 적어도 통제하기 위해 국제기구를 이용하는 다른 나라들, 특히 서방 국가들의 노력을 경계해 왔으며, 이러한 국제적 노력이 인권보호를 겨냥한 것이라면 더욱 민감하게 반응해 왔다.

## ■ 지역 세력으로서의 중국

현재 중국의 동북아시아, 동남아시아, 남아시아, 중앙아시아 그리고 러시아와의 관계는 증진되고 있으며, 중국의 안보 환경은 기본적으로 개선되어 왔다. 중국공산당 14차 전국대회에 제출된 보고서는 중국이 1949년 인민공화국을 성립시킨 이래 가장 좋은 시기에 있다고 지적하고 있다.[3]

21세기 중국의 지역적 역할과 관련, 중국은 아시아에서 많은 어려운 선택들에 직면할 것이다. 현 시기 중국의 정책은 이중노선을 취하고 있다. 심지어 어떤 이들은 이를 야누스의 얼굴을 가진 정책이라고 부르는데, 중국이 한편으로는 군사적 증강과 위협을 추구하면서, 동시에 다른 한편에서는 이웃 국가들에게 양자적 협력과 다자적 협력을 약속하고 있기 때문이다. 예를 들어, 증대하고 있는 중국의 해군력이 이 지역에서 분쟁의 전조가 될 수 있을 것이다.[4]

수년간 중국 외교정책에 대해 글을 써온 사무엘 킴(Samuel Kim)은 "중국의 지역 안보정책은 세계정세에 대한 중국의 생각이 변화하고 있는 것처럼, 선명치 않은 이미지 그 이상은 아니다"라고 말한다.[5] 미래에 중국이 이 두 가지 정책을 유지하는 것은 점점 더 힘들어질 것이다. 중국의 지도자들은 아시아의 이웃들과 좋은 관계를 유지하기 위해서 양자 협력과 군사력 증강 가운데 어느 것이 더 중요한지 결정해야 한다.

### 아시아에서 지역안보체는 가능한가?

공산주의 체제의 해체가 경제적 혼란과 정치적 혼돈, 그리고 심지어는 전쟁까지 불러온 동유럽 및 구소련 지역과 비교하여, 아시아는 탈냉전 시기에 상대적으로 안정적인 것처럼 보인다. 그러나 서유럽이 목표로 하여 진전시키고 있는 경제적 그리고 안보적 통합은 여전히 아시아에서는 이루어지지 않고 있다. 유럽 작가인 스트럼(Peter Strum)은 두 지역을 비교하면서, 아시아에서 유럽과 유사한 지역 경제 및 안보의 통합이 이루어질 가능성은 거의 없다고 말한다. 그는 아시아 국가들이 기꺼이 따를 만한 지역 지도자가 없다고 지적한다. 만약 아시아 국가들이 그들의 이익을 지켜야만 하는 상황이 강요된다면, 일본이나 중국의 지도력을 받아들이기 보다는 지역 외부의 행위자들에게 더 기대게 될 것이라고 스트럼은 믿는다.[6]

중국 역시 지역안보체제를 받아들이는 것을 꺼리고 있다. 베이징의 지도자들은 러시아나 일본의 제안을 비롯하여, 지역 국가들이 제안한 모든 지역안보체제 구상을 거부했었다. 21세기 초반, 중국은 아시아의 안보에 대한 다자간 대화에 더욱 적극적인 것으로 보인다. 일본의 시각에서 보면, 지역안보를 확보하기 위해 아시아 공동 안보체제가 필요하다. 그러나 일본은 중국이 포함되는 지역안보체제를 선호하는데, 이것은 중국이 배제된 어떤 지역안보체제도 아시아에서 군사적 안정을 제공할 수 없기 때문이다. 그러나 중국이 자국의 안보적 군사적 이익을 지역기구에 종속시키는 것을 원하지 않기 때문에, 일본의 시각에서 다른 대안은 아시아 국가들과 미국 같은 역외 세력 사이에 안보적 협력을 지속하는 것이다.[7]

## 아시아에서 지역 경제공동체는 가능한가?

비록 중국이 아시아지역 안보에 대한 다자간 접근을 거부하고 있지만, 다자간 경제협력에는 동의하고 있다. 중국을 포함한 아시아 지역의 경이적인 경제 성장에 기반을 둔 여러 가능성들이 있다. 첫째, 종국에 북미자유무역협정(NAFTA)과 유사한 구조적인 지역시장 체제를 만들고자 중국은 다른 국가들과 함께 노력할 수 있다. 말레이시아의 전 수상인 마하티르는 동아시아 경제 그룹(EAEG)이라고 알려진 계획을 주장했는데, 이것은 "북미와 오세아니아가 배제된, 동아시아로 제한된 지역통합 건설을 의미한다." "미국이 주도하는 시장 자유화 시도에 맞서 … 역내 시장자유화를 촉진하고, 공통기준을 만듦으로써, 아시아 지역의 경제적 거래를 활성화"하는 것이었다.[8]

두 번째 접근은 북미와 오세아니아 국가들 즉 호주, 뉴질랜드 그리고 태평양 도서 국가들이 모두 참여하여 무역 장벽을 제거하는 보다 느슨한 형태의 지역경제협력 방안이다. 아시아 국가뿐 아니라 호주, 뉴질랜드, 캐나다와 미국도 포함하는 아태경제협력체(APEC) 회의가 이런 접근의 기반이 될 수 있다. 이러한 협정이 가지는 장점은 아시아가 폐쇄적인 무역 블록이 되기보다, 무역관계에 있어서 외향적이 된다는 것이다. APEC은 현재 중국, 홍콩, 대만이 모두 포함된 아시아 지역의 유일한 국제협력체제이다. 만약 유럽연합이 북미와 아시아 생산품에 대해 강도 높은 무역 규제를 가한다면, APEC 형태의 구조가 유럽의 보호주의에 대항하여 이 두 지역을 하나로 묶을 수 있을 것이다.

세 번째 접근은 세계무역기구(WTO) 가입을 통해 전 지구적 자유 시장 체제를 촉진하는데 전면적으로 참여하면서, 동시에 양자적 무역 협정을 강화하는 것이다. 베이징은 세계무역기구의 회원자격을 회복하는데 열성적이어서, 독립국가로서의 지위는 아니라 하더라도 대만이 준회원 자격으로 WTO에 가입하는 것을 기꺼이 받아들였다. 이것은 중국에게 유리한 결정이었다. 중국은 세계무역기구의 회원으로, 대만을 포함하는 더 큰 대중화권의 엄청난 시장 잠재력을 이용할 수 있게 되었다. 이러한 사례들로는 추가적인 국제적 재정지원, 해외로부터의 투자 확대 그리고 중국 상품 수출시장 확대 등이 포함될 수 있다.

위 세 가지의 대안 중 어느 것이 결국에 현실화될 것인지는 일본의 정책적 입장이 결정하게 될 것이다. 일본의 전문가들은 폐쇄된 아시아 경제 블럭보다는 개방적인 글로벌 무역 체제를 대다수의 아시아 국가 및 일본과 중국이 선호한다고 보고 있다. 후자, 즉 폐쇄된 아시아 경제 블럭은 일본의 지도력을 전제로 하는데, 그것은 일본이 아시아 전체를 통틀어 가장 큰 무역국이자 투자국이기 때문이다. 중국과 다른 아시아 국가들은 일본 주도의 폐쇄적 지역경제블럭을 반대할 것이다. 아시아로 제한된 체제나 혹은 아시아와 북미가 포함된 체제보다는 글로벌 차원의 시장 자유화로부터 다른 아시아 여타 국가들처럼 일본도 더 많은 이익을 얻을 것이다.[9]

## ■ 중국과 제3세계

> 전 세계 인민들이 염원해 온 진정한 평화는 냉전의 종언과 함께 도래하지 않았다. … 새로운 문제들이 오래된 문제에 덧붙여졌고, 균형상태가 깨지면서 무력분쟁이 잇달아 일어났다. 패권주의와 권력정치는 계속 존재하고 있다. 몇몇 강대국이 정치적 경제적으로 개발도상국을 통제하려는 시도들이 더욱 더 명확해지고 있다. 오랫동안 감추어졌던 민족갈등들이 복수전의 형태로 표면화되었다. 남북간의 모순은 더욱 확대되었다. 평화와 발전을 위한 길은 … 가시로 덮여 있다.[10]

1955년 저우언라이(周恩來) 중국 총리는 인도네시아 자카르타에서 열린 비동맹 운동의 선구자격인 회의에 참석했다. 나중에 비동맹운동으로 알려진 이 회의의 목적은, 두 개의 초강대국 진영인 서구 제국주의와 '패권적 동구' 제국으로부터 독립적인 제3의 세력으로 참가 국가들을 결집하려 한 것이다. 중국에 의해 사용된 '패권적 동구'라는 용어는 제3세계를 지배하려는 소련 진영의 시도를 범주화한 것이었다.

냉전의 종식과 함께, 비동맹운동은 존재 이유를 부분적으로 상실하였다. 그럼에도 불구하고 중국을 포함한 제3세계 지도자들은 군대는 철수했지만 서구의 경제적 지배가 유지되는 신제국주의의 도래에 대해 얘기한다. 중국은 항상 자신을 제3세계의 일원으로 생각해왔다. 여러 방법으로 제3세계에 대한 지도력을 발휘할 방법을 찾아왔으며, 현재 체제를 지배하고 있는 부유한 서방 국가들로부터 제3세계 국가들이 더 많은 지원과 공정한 대우를 받도록 세계 경제체제를 바꾸고자 한다.

1960년대 초반 비서구 개발도상국들이 유엔총회에서 다수가 되었을 때, 제3세계는 그들의 경제적 이해를 대변하기 위한 유엔무역개발회의(UNCTAD)를 요구하였다. 중국은 UNCTAD 창설 회원국이 아니었다. 제3세계 운동이 계속되면서 다른 UNCTAD 회원 국가들은 그들과 중국과의 관계가 불분명하다고 여겼다. 그들은 중국이 그들의 동반자인지 아니면 경쟁자인지 확신하지 못한다. 제3세계의 우려는 제2세계(소련과 그 위성국들)가 붕괴되면서 더욱 복잡해졌다. 중국을 비롯한 구 공산권 국가들은 양자적 혹은 다자적 원조나 투자에서 제3세계국가들과 경쟁하고 있다. 중국과 마찬가지로 동유럽 국가들과 구소련 공화국들은 시장경제로의 이행 과정에서 도움이 필요하다. 이 지역에 대한 원조와 투자가 증가하면서 아프리카, 라틴 아메리카, 중동, 남아시아 및 동남아시아에 대한 원조와 투자총액은 감소하였다.11) 따라서 제3세계와 연대를 강조하는 중국의 주장에 대해 UNCTAD 회원국들은 의심을 가지고 있다.

### 중국과 제3세계: 유사점과 차이점

비록 중국이 한국, 대만, 홍콩 그리고 싱가포르 같은 몇몇 이웃들보다는 낙후되어 있고, 덜 발전적이지만, 대다수의 아프리카 국가나 남아시아와 라틴 아메리카에 있는 나라들보다는 훨씬 더 발전해 있다. 예전에 자립적 사회주의 발전모델로 제3세계의 본보기가 되고자 했던 중국은 이제 권위주의적 정치체제와 경이적인 경제성장이 결합된 모델을 제시하고 있다.

**민족주의와 하위 민족주의.** 한 연구에 의하면, 냉전종식 이후 여러 지역에서 나타난 민족자결권과 민족주의 이데올로기는 제3세계와 과거 제2세계를 통틀어 인민들을 통합하고 분열시키는 가장 강력한 힘으로 정의될 수 있다고 한다.12) 전 세계 거의 모든 지역에 하위집단과 민족자결 문제 사이에 심각한 갈등이 존재하고 있다.

중국은 티베트나 신쟝(新疆) 같은 변방 지역의 심각한 문제에도 불구하고,13) 인도나 다른 제3세계 국가와 비교하면, 매우 높은 수준의 민족적 단결을 유지하고 있다. 하위 민족주의(하위 민족주의란 한 국가 내의 종족집단의 민족주의를 의미한다)와 민족감정에 기초한 분열의 위험은 중국보다는 인도를 비롯한 많은 제3세계 국가들에서 더 심각하다. 다수민족인 한족은 중심부를 지배하고 있으며, 베이징에 저항할 때마다 진압되었던 소수민족들의 반란은 앞으로도 성공 가능성이 없는 것 같다. 오히려 중국 내부 분쟁은 증가하는 실업, 경제발전에서의 불평등, 공산당의 부패와 당의 통치에 대한 지지상실 등의 결과로 나타날 것이다.

**민주주의 대 권위주의.** 중국과 제3세계가 가장 관심을 가지는 주제의 하나는 전통적 사회에서 근대사회로 이행하는 과정에서 민주주의가 가지는 장단점에 관한 것이다.14) 많은 학자들과 정치인들은 대의 정부라든지 개인의 자유 같은 서구적 사상에 기초한 민주주의가 완전한 시장 경쟁 체제와 경제적 성공을 이루는데 필수적이라는 점에 대하여 동의하고 있다. 이 관점에서 보면, 사상의 자유로운 경쟁, 개인적 자유, 그리고 지도자의 대중적 선출 등은 상품의 생산과 분배가 성공적으로 이루어지는 환경을 제공한다. 그러나 다른 이들은 공동의 이익을 위한 개인의 권리에의 복종과 권위에 대한 존중에 의해 민주주의가 조정되어야만 한다고 믿는다.

제1차 세계대전 종전 이후 영국의 정치 평론가인 브라이스 경(Lord Bryce)은 다른 정부체제에 대해 민주주의의 승리를 선언하였다. 그러나 20세기 남은 기간 동안 민주주의는 수차례 좌절을 경험하였다. 구 공산권 국가들이나 제3세계의 많은 나라에서 완전한 민주주의의 실현은 여전히 의문으로 남아 있다. 1960년대에 이론가들이 극구 칭찬하였던 근대화와 민주주의를 동반한 발전과의 상관관계는 아직도 명확하게 나타나지 않았다. 실제로 내부로부터의 민주화는 천천히 진행되었을 뿐 아니라, 변화를 위한 외부로부터의 압력도 별 효과가 없었다. 예를 들어, 중국의 최혜국 대우 연장을 둘러싼 논쟁에서 미국의 산업계는 인권과 통상 이슈가 연관되지 않도록 강력하게 로비를 하였다. 중국이나 많은 제3세계 국가들에 투자한 자본주의자들은 종종 그 정치체제가 얼마나 민주적인가 하는 것에는 무관심하다. 그들은 사실상 안정을 보장하고 민주적인 노동운동이나 대중운동을 허용하지 않는 권위주의 정권을 선호할 수도 있다.15)

중국 지도자들은 인권향상에 대한 열쇠는 정치체제가 아니라 경제성장에 있다고 믿고 있다. 스스로 민주주의 국가라고 지칭하는 필리핀이나 인도에서 농부들은 여전히 전통적인 지배계급에 의해 착취당하고 있으며, 인민의 이익과 복지를 위해 정부가 거의 노력을 하지 않는다고 베이징은 지적한다. 중국 농촌의 생활수준을 특히 필리핀이나 인도 같은 나라들과 비교하면, 중국의 상황은 훨씬 좋다. 아프리카, 라틴 아메리카, 남아시아의 많은 지역에서 민주주의 국가를 수립하려는 노력에도 불구하고, 농촌지역에서 즉각적인 생활수준의 향상에 대한 희망은 거의 보이지 않는다.

그렇다면 제3세계 국가들이 안정과 질서뿐만 아니라 발전과 생활수준 향상을 위한 대안으로 중국모델을 심각하게 고려해봐야 할까? 질서, 문맹 개선, 교육, 음식, 의복, 주거, 일할 권리, 보건 등이 가장 중요한 인권이라고 주장하는 중국의 견해를 제3세계 국가들은 어떻게 생각해야 하는가? 전 중국외교부장인 치엔치천(錢其琛)은 1992년 제47차 유엔총회에서 다음과 같이 말하였다.

> 역사적 배경이나 문화전통 그리고 실제적 상황의 차이를 무시한 채, 개발도상국의 인권 상황에 대해 언급하는 것은 분명히 무책임하고, 일방적이며, 해로운 것이다. 개발도상국 인민들에게 생존권과 발전에 대한 권리는 의심할 바 없이 근본적인 것이며, 무엇보다 가장 중요한 인권이다. 수년간 심각한 자연재해로 인해 고통받는 지역의 사람들은 굶고 있고 전쟁이 휩쓴 지역에서는 수백만이 난민이 되었다. 이런 조건에서 사는 사람들이 어떻게 '인권'을 향유할 수 있겠는가?[16]

인도와 필리핀처럼 농촌 인구가 많고, 높은 출생률과 높은 실업률 수준을 가진 나라들은 아마도 중국의 발전모델을 본뜨고 싶어 할 것이다. 예를 들어, 농민들이 집체(집단으로)건 개체(개인으로)건 합자(여러 개인이 함께)건 간에 기업을 설립하도록 독려한 덩샤오핑의 정책을 적용할 수 있다고 생각한다. 그들은 또한 1978년 이래 진행된 개혁의 결과 중국 농촌

수입의 절반 이상이 비농업 부문에서 나오는 것도 주목하고 있다. 더군다나 공공부문이 점진적으로 민영화되거나 정부의 특별 융자나, 보조, 고용 보장과 가격 보장 등을 폐지함으로써 시장 규율을 강화하려는 중국의 이중 경제 체제의 장단점도 고려할 수 있다. 만약 중국이 러시아처럼 시장 개혁을 실행하기 전에 서구식 민주주의를 도입했더라면, 지금보다 더 잘살게 되었을까?

## 제3세계 지도자로써의 중국: 협력자인가 아니면 경쟁자인가?

세계 차원에서 중국은 발전문제와 관련해서 제3세계와 협력해왔다. 1970년대 유엔에 파견된 중국 대표단은 신 경제질서를 호소하는 제3세계를 강력하게 지지하였다. 거의 모든 개발도상국은 세계 경제체제가 불공평하게 선진공업국가 쪽으로 기울어 있다고 느끼고 있었고, 선진공업국들이 무역, 금융, 그리고 투자에 대한 국제레짐을 통제하고 있는 것에 분개하였다. 중국은 개발도상국의 이러한 견해를 지지하였고, 선진공업국들이 더 많은 원조와 무역과 금융에서 더 좋은 조건을 제공해야 한다는 것에 동의하였다. 그런데 1980년대 UNCTAD가 대립적 노선을 수정한 것과 마찬가지로 중국은 다른 제3세계 국가들과 함께 국제체제에 대한 도전자가 아니라 협력자로, 세계체제의 일원이 되려고 노력하였다.

이것이 덩샤오핑의 개방정책의 핵심이다. 그는 세계은행이나 국제통화기금(IMF) 그리고 관세와 무역에 관한 일반 협정(GATT)과 그의 후속인 세계무역기구(WTO)를 배격하거나 개혁하려고 노력하기보다, 더 많은 국제원조와 투자를 얻기 위해 이러한 국제레짐에 참여하고자 하였다. 라틴아메리카에서는 멕시코가, 남아시아에서는 인도가 비슷한 길을 걸었다. 따라서 중국은 여러 측면에서 이들 국가의 경쟁자였다.

앞서 지적한대로, 평화적인 의도라는 선언에도 불구하고, 베이징은 때때로 '공유지의 비극'이라는 접근을 취하고 있는 것으로 보인다. 특히 무기 수출에 있어서 중국은 사실상 제3세계 국가들 사이의 군비경쟁을 부추기고 있다. 이라크와 이란이 이 문제를 잘 보여주고 있다. 베이징은 외화를 벌기 위해 양 측 모두에 무기를 팔았다. 중국은 또한 국내의 반대자들을 억압하는 데 무력을 사용하는 것으로 악명이 높은 많은 제3세계 국가들에게 무기를 판매하고 있다.

비군사적인 무역에서도 중국은 제3세계의 여러 나라에 대해 큰 영향을 갖는다. 왜냐하면 다른 제3세계 국가들이 일본, 미국, 그리고 서유럽 등에 팔고 싶어 하는 경공업 제품에서 특히 중국이 경제적 우위를 가지고 있기 때문이다.[17] 역설적이게도 세계가 점점 더 다극화되고, 상호 의존이 심화되어 감에 따라, 중국을 비롯한 제3세계는 수사학적 차원에서만 단결될 수 있는 것 같다. 정치, 안보 및 경제 이슈를 둘러싸고 제3세계 국가들 내부에서 분열이 심화되고 있다. 자본주의는 거의 모든 지역에서 마르크스주의에 대해 승리하였다. 그러나 이것은 경제적 의미에서 '공유지의 비극'으로 이어질 수 있다. 왜냐하면 제3세계 국가들이 수출, 외국인 투자, 그리고 제1세계로부터 원조를 얻기 위해 서로 경쟁하고 있기 때문이다. 모든 나라들이 인접국을 제치고 무역, 원조, 투자를 유인하기 위해서 더 많은 양보를 제공하도록 강요당하고 있다. 이러한 경쟁에서, 중국은 서구가 원하는 것들 즉, 큰 시장, 더 큰 안정성, 숙련된 저임금 노동력을 제공하는데 있어 훨씬 유리한 위치에 있다. 다른 제3세계 국가들은 중국과 경쟁하기 위해서는 기준을 더 낮추어야 한다고 믿을지 모른다. 아동 노동이나 안전 감독, 합리적인 노동시간이나 적절한 임금 등의 노동 조건은 이 과정에서 희생되고 있다. 제3세계 국가들이 더 좋은 경제 조건을 위해 집단적으로 협상할 수 없거나, 협상하려 하지 않기 때문에, 신 국제경제질서는 하나의 신기루에 불과하다. 불완전 고용, 실업, 제3세계의 높은 출생률, 그리고 과잉생산 등의 문제가 존재하는 세계에서, 중국의 비교 우위는 단지 숙련되고 값싼 노동력만이 아니라, 고도의 권위주의적 체제에 의해 보장되는 안정과 질서에서도 기인한다.

## ■ 중국과 신 세계질서: 문제와 해결

중국 지도자들이 미래를 바라볼 때 그들에게 불가항력적인 국내외적 도전은 불확실성으로 가득차 있다. 21세기에 외부 세계는 1980년대나 1990년대와 사뭇 다르지만, 실제 도전은 중국 국내에 존재한다. 베이징의 지도자들은 자신들이 호랑이의 등 위에 올라탄 것 같은 기분을 느낄 것이다. 그들이 자유롭게 풀어준 힘들에 의해 소멸될 것이 두려워서 그 등에서 내려올 수가 없을 것이다. 마오 시대부터 격랑의 바다에서 나침반이 되어 준 이데올로기적 좌표는 거의 남아 있지 않다. 마르크스주의는, 이론적인 측면이 아니라면, 사실상 대부분 신뢰를 잃었고, 당의 독재에 기초를 둔 레닌주의도 중국 내부에서 의심받고 있다. 대중적 저항이 금지되어 있음에도 이런 현상은 특히 젊은 층과 지식인에게 나타나고 있다.

운 좋게도 도전이 내부에서 자라는 것으로 보이기 때문에, 외부세계는 덜 위협적인 것처럼 보인다. 레닌주의적인 당의 지배를 엄격하게 고수하는 것을 제외한다면 베이징의 지도자들은 갑작스런 위험을 피하고자 그들의 정책들을 조정하면서 실용주의적 접근을 취하고 있다. 21세기에 들어서면서, 보수파건, 중도파건 혹은 개혁파건 중국의 지도자들은 무엇보다도 동유럽과 구소련에서 일어난 사건에 대해 뒤돌아보기를 계속하였다. 고르바초프식의 접근은 덩샤오핑 사후 어느 잠재적 지도자들에게도 모델이 될 수 없었다. 모든 중국 지도자들은 어떤 희생을 치르더라도 구공산주의 국가에 살고 있는 사람들이 직면한 경제적, 정치적 어려움을 피하고 싶어 한다.

### 미래 내부의 도전들

미래를 바라보면서 베이징의 지도자들은 1978년 이래 중국 내부에서 성취해온 것에 대하여 굉장한 자부심을 가질 수 있다. 비록 지역별로 차이가 있지만 농촌의 여러 지역과 도시 대부분의 생활수준이 공산 혁명 전보다는 분명히 나아졌다. 중국 농촌의 상황도 제3세계의 많은 나라와 비교하면 나은 것이며, 도시의 경우도 역시 그러하다. 특히 촌급과 향급에서 중국 인민은 새로운 에너지를 발산하고 있으며, 지금 생활은 분명히 마오시대 보다 더 풍요롭다.

또 다른 중요한 발전은 소비주의의 등장이다. 기술 혁신, 양질 생산품의 증가, 다양한 농업 및 공업 제품의 공급확대는 중국의 대중들이 물질적인 것과 함께 서구 대중문화에 탐닉하는 문화적 열광(文化熱)을 조성하였다. 소비주의 현상은 중산층뿐 아니라 서민들도 재화와 서비스에 대한 대량 소비를 통해 만족을 추구하는 글로벌 자본주의의 상승과도 밀접하게 연관되어 있다. 그러나 물질적인 것에 대한 욕망의 증가와 함께 나타난 자원 부족현상 그리고 부족한 사회기반 시설로 인해 더 나은 삶에 대한 대중들의 욕구가 충족되지 못하면 미래에 혼란의 위험이 도래할 것이다.

경제의 붕괴는 의심할 바 없이 새로운 시위와 소요를 불러일으킬 것이며, 이는 천안문 사건 이후에 중국 지도자들이 항상 염두에 두고 있는 것이다. 베이징의 지도자들은 어려운 결정을 내려야만 할 것이다. 스펙트럼의 한쪽 끝은 마르크스주의와 레닌주의에 기초한 과거 이데올로기와 실천이다. 다른 한 쪽 끝에는 서구적 가치와 실천에 가까운 선택이다. 중국 사회가 현대화되고 더욱 복잡해짐에 따라, 중국 지도자들은 서구 지도자들과 비슷한 것을 느끼게 될 것이다. 최상의 선택은 없고, 단지 다른 선택보다 덜 손해가 간다든지 혹은 선의가 악의를 넘기를 바라는 선택과 같이, 여러 선택의 조합만이 있을 것이다.

중국이 내부적 문제를 어떻게 다루는가는 21세기 중국의 전지구적 역할과 지역적 역할에 중요한 영향을 줄 것이다. 이런 문제들이 통제될 수 있다면, 중국은 안정과 경제적 변영을 촉진하는 국제사회의 주요한 공헌자가 될 수 있을 것이다. 그러나 국내의 질서가 파괴되고 지역적인 군벌 등이 등장한다면, 중국의 미래는 예측하기 어렵다. 그러나 권력이 중앙에서 지방으로 분산된다면, 중국의 국제사회에서의 역할은 여러 방법으로 변화할 것이다.

1. 중국 내부에서의 정치적, 경제적 경쟁은 특히 지역차원에서 국제 행위자로서의 중국의 영향력을 크게 약화시킬 수 있다.
2. 불안정은 국제 투자를 유인하는데 있어서 중국의 괄목할만한 성장을 역전시킬 수 있다.
3. 불안정은 또한 당의 통치에 대한 불만과 위협을 야기할 수 있다.
4. 일부 지역에서, 특히 연해 지역에서는 무역과 투자를 보호하고 촉진시키기 위해 서방과 더 밀접한 관계를 추구할 것이다.
5. 내부적 불안정과 당 지배의 약화가 가까운 미래에 서구식 민주주의나 개인의 자유를 가져오지는 않을 것이다. 지난 400년 동안 중국의 안정과 불안정한 시기 모두는 권위주의적 통치에 의해 특징지어져 왔다. 여러 다른 지방 내부에서 혹은 지방들 사이에 공개적인 정치적 분쟁이 발생한다면, 개인의 행복과 인민의 권리는 심각하게 고통 받게 될 것이다. 이는 냉전 이후 아프리카, 중동, 동유럽 그리고 러시아 등 많은 지역에서 국제공산주의가 몰락하여 내부적으로 혼란이 초래되어 겪었던 고통과 같은 것이다.

1978년 이래 생활수준의 급격한 향상에도 불구하고, 쉽게 국내적 불안정으로 이어질 수 있는 불만족의 신호가 많이 있다. 예를 들어, 대다수가 농민인 1억 이상의 인민들은 과거 10년 간 농업생산품의 증가와 산업화가 가져온 혜택을 맛보지 못하고 있다. 이들 중 많은 사람들은 취업 허가 없이 급속하게 발전하는 중국의 연해지역으로 이주하지만, 거기에서 일자리를 발견할 수 없었다. 또한 정치와 경제 체제에서 부패가 점점 더 만연하면서, 가난한 사람들의 인내심은 한계에 도달하고 있다. 역사적으로 농민계급에게서 권력을 가져왔다고 주장하는 중국공산당에게 불길하게도, 농민들은 최근에 지방의 부패와 수확에 대한 미지불에 항의하여 시위를 하고 있다. 또한 중국 지식인 사이에서도 불만의 징조가 나타나는데, 많은 지식인들이 덩샤오핑 경제 개혁의 혜택을 받지 못하였고, 천안문 사건 이후에 정치적 자유나 개인적 권리의 확대에 실패한 것을 후회하고 있다. 최근 이런 불만족을 보여주는 심층적인 증거는 농촌과 도시의 수천의 중국인들이 더 나은 생활을 위해 불법적으로 서방으로 이주하는 것을 도와주는 인간 밀수꾼들에게 그들의 평생의 재산을 기꺼이 맡긴다는 것이다. 중국 내부에서 질서의 붕괴가 발생한다면, 하나의 결과는 중국인의 대규모 국제 이주일 것이며, 그것은 현재의 수준을 훨씬 능가하여 또 다른 국제적인 난민 위기를 야기할 것이다.

## 미래 외부의 도전들

냉전 이후에 자원, 지리적 위치, 변화하는 기술이 국가들의 상대적 역량에 미치는 영향을 고려하여 외교 정책을 수행하는 지정학적 접근은 중국외교정책에서 지속적인 역할을 하고 있다. 환경이 국제정치에 미치는 영향에 관한 해롤드 스프라우트(Harold Sprout)와 마가렛 스프라우트(Magaret Sprout)의 고전적 연구에 따르면, 실제적인 역량뿐만 아니라 서로의 역량과 의도에 대한 정책결정자들의 인식도 중요하다고 한다.[18] 베이징의 지도자들은 미국이나 러시아, 일본 같은 나라의 지도자들의 인식의 변화에 관심을 가지고 있다. 이것은 중국과 이들 국가와의 관계에 심각하게 영향을 줄 수 있기 때문이다. 어떤 특정 국가의 정책 변화로부터 자신을 보호하기 위해, 베이징은 일본, 미국과 서유럽 국가들과 같은 주요 국가들과의 관계에서 어느 한 국가에 지나치게 의존하는 것을 피하고, 균형을 이루려고 노력하는 것 같다.

중국이 자국의 영역을 넘어 다른 국가의 정책에 점차 민감해짐에 따라, 외국과의 관계에서 균형을 이루는 것이 더욱 중요해지고 있다. 국제정치 이론가인 커헤인(Robert Keohane)과 나이(Joseph Nye)는 국가들은 그들의 관계가 복잡해짐에 따라 점점 더 상호의존적이 된다고 지적하였다. 이런 이유로, 중국, 일본, 미국 같은 나라들은 상대국의 정책에 대해 민감할뿐 아니라 때때로 취약하기까지 하다. 커헤인과 나이에 따르면, 한 국가의 중대한 이익이 다른 국가에 의해 위협을 받게 되면 그 국가는 상대국의 행위에 민감해진다. 통신의 증대, 국경을 넘어서는 사람들의 이주, 외국인 투자, 수출입 정책의 변화로부터 야기되는 민감성에서 벗어나기 위한 행동을 취하는 것이 가능하지 않을 때, 한 국가는 취약해진다. 때때로 이러한 초국가적 상호작용은 외교사무소나 국가당국이 무엇이 일어나고 있는지를 인지하지 못한 채 발생한다.[19]

덩샤오핑의 개방 정책이 시작된 이후, 중국과 외부 세계와의 사이에 일어나고 있는 것이 이것이다. 심지어 레닌주의적 권위주의 정부에서도, 베이징은 중국 국경 너머, 특히 지방과 지역 차원에서 발생하고 있는 사회 경제적 거래들을 점차 통제하지 못하고 있다. 국제적 무역, 금융, 투자, 통신과 관광 등의 결과로 중국의 통합이 더욱 심화되면 그 과정은 더욱 가속화될 것이다. 이미 매년 수백만의 화교들과 수십만의 다른 관광객과 투자자들 그리고 전문직 종사자들이 중국을 왕래하고 있다.

## 정책의 갈등?

지역적 차원과 글로벌 차원에서 중국의 정책들은 사실상 모순적일 수 있다. 중국은 외부로부터의 문화적 오염과 안보에 있어서 외부에 의존하는 것을 피하기 위해, 웨스트팔리아적인 정책을 추구하고 있다. 반면에, 글로벌 경제레짐의 참여를 포함하여 경제적 상호의존에 대한 복합적인 접근인 개방정책으로 인해, 중국은 다른 국가의 행위에 점차로 민감해지고 있으며, 취약해질 가능성도 있다.

유엔을 통한 글로벌 안보에 중국이 기여한 것은 별로 없지만, 중국은 다른 나라에 의해 시작된 글로벌 안보정책에 대한 거부권을 가지고 글로벌 안보문제를 둘러싼 논의에 참여하고자 한다. 그러나 만약 중국이 현재 수준의 경제발전을 지속하고, 외부 세계에 대한 경제적 의존이 증가한다면, 중국의 미래지도자들은 중국의 경제적 이익을 보호하기 위해 다자적 안보협의체에 중국의 참여는 필수적이라고 생각할 것이다. 중국의 시각에서 보면, 투자자와 무역종사자 그리고 정부 등 외부 세력들을 다루는 능력에 따라, 복잡한 상호의존은 유리할 수도 불리할 수도 있다. 경제 영역에서 상호의존을 받아들임으로써, 중국이 경제적 영역에서 점차 강해질 것이라고 판단하고 있다.

중국의 지도자들은 중국에게 분명한 경제적 이득이 있다면 이를 실현하기 위해 양자적 관계 또는 글로벌 레짐을 통해 시장에서의 영향력을 적절하게 사용할 수 있을 것이다. 중국의 지도자들은 또한 경제적 성공이 공산당의 장기간 정치적 지배를 보장할 것이라는 기대를 걸고 있는 것 같은데, 이것은 덩샤오핑이 경제 개혁을 시작한 기본적 이유이기도 했다.

## ■ 정책대안

이 책을 통해 중국의 지도자들이 직면한 내부적 그리고 외부적 도전에 대한 여러 결론들이 제시되었다. 이제 우리는 보다 일반적 차원에서 21세기 중국의 정책적 선택들을 살펴볼 것이다.

### 대안 1: 글로벌 안보에서 소극적 역할

가까운 미래에 중국은 외부로부터의 중대한 위협에 직면하지 않을 것이다. 다른 국가들은 유엔에서 안보 활동을 조직하는데 더 활발한 활동을 하고 있는데 반해, 베이징은 중국 국경 바깥으로 힘을 투사할 현재의 제한된 능력으로 인해, 중국의 이해가 직접적으로 관련된 사안을 제외하고는 그 역할을 최소화하기를 바랄 것이다.

- 미래에 중국이 더 큰 역량을 가질 때, 중국은 더 큰 책임을 지려고 할 수도 있다. 그러나 현재는 자세를 낮추는 것이 중국의 이익에 가장 부합되는 것처럼 보인다. 중국은 기본적으로 글로벌 안보 문제에 있어 무임승차자이다. 중국은 다른 나라들에게 안보책임을 미루고 있다.
- 그럼에도 불구하고, 안보리 상임이사국인 중국은 협의의 대상이 되기를 원하며 다른 나라의 시도에 대해 승인 혹은 거부할 권리를 가지고자 한다.

### 대안 2: 글로벌 레짐에 참여

베이징 지도자들은 세계은행, 국제통화기금 그리고 세계무역기구 같은 글로벌 경제레짐에서 더 큰 역할을 담당할 수 있다.

- 비록 이러한 경제레짐들이 시장 지향적이고 서방에 의해 통제되지만, 중국지도자들은 이 레짐들을 통해 잃는 것보다는 얻는 것이 더 많다고 믿고 있다. 사실상, 중국은 이런 레짐으로부터 이득을 얻을 것이라고 베이징의 지도자들은 믿고 있다. 왜냐하면 중국이 경제적으로 발전하면서, 국제 투자나 금융 그리고 무역에서 중국이 더 큰 영향력을 행사할 수 있기 때문이다.
- 세계무역기구와 같은 조직에의 가입은 또한 무역제재의 사용 같은 양자적 관계의 위협을 감소시키고, 중국의 이익에 손해가 될 수 있는 지역 무역체제, 예를 들어 일본에 의해 지배되는 아시아 무역 블럭의 등장과 같은 경우를 피하는데 도움이 된다.

## 대안 3: 지역차원에서 동맹의 회피

아시아에서 탈냉전적 세력균형에 따라 중국은 중대한 위협에 직면하지 않고 있으며, 지역 차원의 정치, 안보관계 및 경제 관계에서 중국은 다자적 접근보다는 양자관계를 선호할 수 있다.

- 만약 현재의 경제 성장률을 유지한다면, 중국은 이웃 국가들과의 양자관계를 통해 안보와 경제정책에서 더 큰 영향력을 행사할 수 있을 것이다.
- 가까운 미래에, 중국의 관점에서 보면, 지역 차원의 정치-안보레짐은 중국 보다는 다른 아시아 국가들, 예를 들어 일본이나 동남아의 아세안 국가들의 이해에 더욱 봉사하는 것이 될 것이다.

## 대안 4: 모든 국가와 좋은 양자 관계를 찾는 것

역사적으로 중국에게는 영원한 적도 영원한 친구도 없었으며, 동맹 관계에 대해서 의심을 가지고 있었다. 몇 가지 예외를 제외하고, 중국지도자들은 상호 이익을 촉진하는 실용적인 협정에 기초한 양자관계에서 중국의 이익이 가장 잘 구현된다고 믿는다. 웨스트팔리안적인 가치들은 이런 양자관계에 기반을 두고 있다. 내정 불간섭을 통해 정치적 안보와 경제적 상호이해가 촉진될 수 있다고 베이징은 확신하는 것 같다.

### 대안 5: 국내적 안전, 중국 공산당의 천명 유지, 지속적 경제 발전

베이징의 외교 정책은 분명하게 국내문제에 의해 결정된다.

- 중국 내에서 지속적 경제발전이 없다면, 공산당 지도자들은 그들이 권력을 유지할 기회가 없다고 믿는다. 전통적으로 통치자가 인민의 요구에 부응해야 한다는 대중적인 인식에 권력이 기초하고 있기 때문이다.
- 국제사회에서 중국의 의무이행을 최소화하고 경제적 상호의존을 증대하기 위해 고안된 외교정책이 중국의 내부적 발전과 국내적 필요에 가장 잘 봉사할 수 있다.
- 중국의 지속적 경제발전은 이중 경제체제, 불균등한 지역 발전, 그리고 정치적 부패에서 기인한 국내적 모순의 제거에 의존한다.
- 베이징의 지도자들은 서구식 민주주의는 중국의 필요에 맞지 않으며, 중국의 필요는 조직적인 정치적 반대와 당의 계속적인 지배에 대한 공개적 도전이 없는 권위주의적 통치체제를 통해 가장 잘 만족될 수 있다고 확신한다.

## ■ 토의주제

1. 새로이 등장하고 있는 글로벌 체제는 중국의 시각에서 어떤 측면에서 유리하고 어떤 측면에서 불리한가?
2. 등장하고 있는 글로벌 안보 및 경제레짐에서 중국은 어떤 역할을 추구하는가?
3. 아시아 지역의 정치-안보체제나 경제체제 설립에 대해 중국은 어떻게 생각하고 있는가? 왜 중국이 그렇게 생각하는지를 설명하라.
4. 다른 제3세계 국가나 중국의 경우에 서구식 민주주의가 시장경제의 발전과 관행에 필수적인 것인가?
5. 냉전이후 중국의 발전모델이 다른 제3세계 국가들의 필요에 얼마나 적합한 모델인가?

6. 어느 정도로 제3세계 국가들이 중국을 제3세계의 지도자로 인식하고 있는가?
7. 등장하는 글로벌 체제에서 중국외교정책의 수립에, (a) 웨스트팔리아 가치 체계, (b) 지정학, 그리고 (c) 복잡한 상호의존이라는 요인은 어떻게 적용될 수 있는가?
8. 국외적 도전보다 국내적 도전이 왜 중국 지도자들에게 더 큰 위험을 주는가?
9. 세계 평화와 국제 안보를 촉진하기 위해 중국은 어떤 측면에서 문제의 일부이고, 해결의 일부인가?

## ■ 추천문헌

Boutros-Ghali, Boutros. *Agenda for Peace*. New York: United Nations, 1992.
Faust, John. "The Emerging Security System in East Asia." *Journal of East Asian Affairs* 8, no. 1 (Winter-Spring 1994), pp. 56-89.
Halperin, Morton H., David J. Scheffer, and Patricia L. Small. *Self-Determination in the New World Order*. Washington, D.C.: Carnegie Endowment for International Peace, 1992.
Huntington, Samuel P. *The Clash of Civilizations and the World Order*. New York: Touchstone, 1996.
Kaplan, Morton. *System and Process in International Politics*. New York: Wiley, 1957.
Kim Samuel S., ed. *East Asia and Globalization*. Lanham, Md.: Rowman & Littlefield, 2000.
Klare, Michael T. *Resource Wars: The New Landscape of Global Conflict*. New York: Owl Books, reprint edition 2002.
Krieger, Joel, ed. *The Oxford Companion to the Politics of the World*. 2nd ed. New York and Oxford: Oxford University Press, 2001.
Kristof, Nicholas D. "The Rise of China." *Foreign Affairs* 72, no. 5 (November-December 1993), pp. 59-74.
Mingst, Karen. *Esssentials of International Relations*. 3rd ed. New York: W.W.Norton, 2004.
Nye, Joseph S., and John D. Donahue, eds. *Governance in the Globalizing World: Visions of Governmance for the 21st Century*. Washington:

Brookings, 2000.
Robinson, Thomas W., and David Shambaugh, eds. *Chinese Foreign Policy: Theory and Practice*. New York: Oxford University Press, 1994.
Shih, Chih-yu. *China's Just World: The Morality of Chinese Foreign Policy*. Boulder, Colo.: Lynne Rienner, 1992.
Sklair, Leslie. *Globalization: Capitalism and Its Alternatives*. Oxford: Oxford University Press, 2003.
Snow, Donald M. *Distant Thunder: Third World Conflict and the New International Order*. 2nd ed. New York: St. Martin's Press, 1997.

■ 주

1) Nicholas D. Kristof, "The Rise of China," *Foreign Affairs* 72, no. 5 (November-December 1993), pp. 59-74.
2) 전 중국 외교부장 치엔치천(錢其琛)이 1992년 12월 29일 중국 외교 정책에 대한 인터뷰에서 신화통신 기자의 질문에 대답한 것. People's Republic of China embassy, Washington, D. C., 언론보도문(Press Release) no. 11, December 30, 1992, p. 1.
3) 위 언론보도문 no. 11, pp. 1-2.
4) 다음을 보라. Nicholas D. Kristof, "China Builds Its Military Muscle, Making Some Neighbors Nervous: Filling a Perceived Power Gap in Southeast Asia," *New York Times*, January 11, 1993, pp. A1, A4. 크리스토프(Kristof)는 "만약 중국이 적어도 인접한 일곱 개 국가와 국경분쟁이 없었다면, 인민해방군의 점증하는 군사력 증강이 그렇게 큰 문제가 되지는 않을지 모른다"고 지적한다. 미얀마에 중국 해군 기지 설치에 대해 언급하면서, "미얀마 해안 도서에 해군 기지와 감청 기지를 설치하는 권리를 얻는 대가로 중국이 미얀마에 무기를 팔고 있다는 점증하는 정보"로 볼 때 우려가 커지고 있다고 그는 지적한다. 또한 다음을 보라. David Stenberg, "China Cultivates Its Burmese Connection," *New York Times*, January 19, 1992, p. 14.
5) Samuel S. Kim, "China as a Regional Power," *Current History* (September 1992), p. 248. 그리고 다음을 보라. Michael T. Klare, "The Next Great Arms Race," *Foreign Affairs* 72, no. 3 (Summer 1993), pp. 135-152. 클레어(Klare)는 남중국해의 도서들에 대한 중국의 군사력 증가와 점령은 동남아 지역에서 지역 군비 경쟁을 유발하고 있으며, 아세안 국가연합의 국가들은 중국의 군사적 행동에 대항하여 지금 스스로의 군사력을 증강하려 한다고 믿고 있다. 그는 또한 지적하기를 (아세안) 지역 외부의 국가들에게서 안전 보장을 찾으려는 새로운 이해가 아시아 국가들에게서 나타나고 있다고 지적한다. 다자협상에 기초한 지역안보체의 발전에 대한 지지를 거부하면서, 베이징은 지역적인 군비 경쟁을 억제하고 지역적인 분쟁을 해결하기 위한 광범위한 대화체를 창설하려는 주변국들의 노력에 참여하는데도 실제적으로 관심이 없어 의심을 사는 것 같다.

6) Peter Sturm, "Risks of Conflict Increasing As Asia Becomes Less Stable," *Frankfurter Allegemeine Zeitung für Deutschland*, December 4, 1992.
7) 다음을 보라. Takashi Inoguchi (도쿄대 정치학부 교수), "Japan's Foreign Policy in East Asia," *Current History* (December 1992): 412. 또한 다음의 그의 책을 보라. *Japan's International Relations* (Boulder, Colo.: Westview Press, 1991).
8) Inoguchi, "Japan's Foreign Policy in East Asia," p. 411.
9) Ibid., pp. 407-412.
10) 중국 외교부장 치엔치천이 제47차 유엔총회 전에 언급한 내용, 주 유엔 중화인민공화국 대사관의 1992년 9월 23일 언론보도문.
11) 제3세계가 직면한 주요한 문제 중 하나는 대부분(86%)의 외국인 직접투자가 1세계(선진국) 간에 일어나고 있다는 것이다. 그러나 나머지 14%에서 투자를 위한 경쟁자로써 중국의 중요성은 1989년에 사실로 나타났는데, 이때 중국은 제3세계에 대한 외국인 직접투자의 가장 큰 수혜자(16%)였다. 다음으로 멕시코(12%), 브라질(10%), 이집트(7%)가 뒤를 이었다. Rosmarie Philips and Stuart K. Tucker, *U.S. Foreign Policy and Developing Countries: Discourse and Data 1991* (Washington, D.C.: Overseas Development Council, 1991), p. 33.
12) Morton H. Halperin, David J. Scheffer, and Patricia L. Small, *Self-Determination in the New World Order* (Washington, D.C.: Carnegie Endowment for International Peace, 1992).
13) 변방 지역에 대한 베이징의 한족 이주 격려 정책으로, 소수민족은 자신들의 땅에서조차 소수 집단이 되어 가고 있다. 한족은 이미 티베트에서 다수집단이며, 내몽고에서 몽골족은 단지 전체 인구 중 16%에 불과하다. Halperin, Scheffer, and Small, *Self-Determination in the New World Order*, pp. 133-134.
14) Donald M. Snow, *Distant Thunder: Third World Conflict and the New International Order* (New York: St. Martin's Press, 1993) 참조.
15) D. Decker, J. Frieden, S. Schatz, and R. Sklair, *Post-Imperialism: International Capitalism and Development in the Late Twentieth Century* (Boulder, Colo.: Lynne Rienner, 1987); Leslie Sklair, *Sociology of the Global System* (Baltimore: Johns Hopkins University Press, 1991); George Sorensen, *Democracy and Democratization: Dilemmas in World Politics* (Boulder, Colo.: Westview, 1993) 참조.
16) 중국 외교부장 치엔치천(錢其琛)의 언론 발표문 1992. 9. 23, p. 6.
17) Alexander J. Yeats, *China's Foreign Trade and Comparative Advantage: Prospects, Problems, and Policy Implications*, Report no. 141 (Washington, D.C.: World Bank, 1991) 참조.
18) Harold Sprout and Margaret Sprout, *Toward a Politics of the Planet Earth* (New York: Van Nostrand Reinold, 1971), pp. 97-107.
19) Robert O. Keohane and Joseph S. Nye, *Power and Interdependence*, 2nd ed. (Glenview, Ill.: Scott Foresman, 1989), pp. 3-37.

# 최혜국대우 지위 연표

1934년　　　　　미국이 무역 상대국들에게 최혜국대우 지위를 적용.

1951년　　　　　무역협정연장법(Trade Agreements Extension Act, 공법 82-50) 제5조는 대통령으로 하여금 소련 및 중소가 이끄는 공산권 국가 모든 나라의 최혜국대우 지위를 정지할 것을 요구.

1951년 9월 1일　미국이 중국의 최혜국대우 지위를 정지.

1952년 7월 14일　미국이 티베트의 최혜국대우 지위를 정지.

1974년　　　　　잭슨-배니크 수정안(Jackson-Vanik amendment)은 대통령의 공산주의 국가들에 대한 최혜국대우 지위 권한을 제한. 대통령은 공산국가와의 통상무역협정 체결 협상에 앞서 반드시 의회의 동의를 얻어야 하며, 아울러 해당 국가가 이민의 자유를 보장하고 있음을 입증하거나 또는 이 요건의 적용을 유보받기 위해서는 적어도 해당국가의 이민정책이 개선되고 있어야 함.

1979년 10월 23일　카터 대통령이 중국과의 무역협정(1979년 7월 7일 서명)과 잭슨-배니크 수정안에 언급된 유보조항을 중국에 적용하는 것을 내용으로 하는 대통령 명령을 의회에 전달.

1980년 1월 24일　의회가 중국과의 무역협정을 승인.

1980년 2월 1일　무역협정이 발효되고, 이 협정은 동시에 1974년 무역법의 잭슨-배니크 이민 자유수정안(Jackson-Vanik freedom-of-emigration amendment)에 따라 중국의 최혜국대우 지위를 조건부로 회복시킴.

| | |
|---|---|
| 1990년 10월 | 하원 법안 4939호가 하원을 통과(384대30). 이 법안은 중국이 최혜국대우 지위 갱신을 위한 자격요건을 충족하려면 인권침해를 바로잡기 위한 일련의 조치를 취해야 한다고 명시. 상원은 이 법안에 동의하지 않았으며 다른 조치도 취하지 않음. |
| 1992년 2월 1일 | 중국과의 무역협정 갱신(1995년 1월 31일까지). |
| 1992년 3월 2일 | 중국의 최혜국대우 지위에 일정한 조건을 부과한 하원 법안 2212호에 대해 부시(George H. W. Bush) 대통령이 거부권을 행사. 하원은 재의결로 거부권을 번복하였으나(357대61), 상원은 재의결에 실패(60대38). |
| 1992년 9월 28일 | 하원 법안 5318호에 대해 부시 대통령이 거부권을 행사. 이 법안에 의하면 중국 국영기업이 생산한 상품에 한해 최혜국대우 지위를 취소하고, 중국 민간기업이나 외국과의 합작투자를 통해 생산된 상품은 부과된 조건들의 충족 여부에 상관없이 그대로 최혜국대우를 적용하여 수입. 1992년 10월 1일 상원은 대통령의 거부권 행사에 대한 재의결에 실패(59대40). |
| 1993년 4월 28일 | 하원 법안 1890호가 제출됨. 이 법안이 통과되면 중국이 이 법안에 제시된 인권 및 국제 안보 관련 조건들을 충족시키지 않는 한 대통령은 1994년에 중국 국영기업들의 최혜국대우 지위를 연장할 수 없게 됨. 하원 세입위원회와 규칙위원회에 법안이 회부됨. |
| 1993년 5월 5일 | 하원 법안 1991호가 제출됨. 이 법안이 통과되면 중국이 이 법안에 제시된 인권 및 국제 안보 관련 조건들을 충족시키지 않는 한 대통령은 1994년에 중국 국영기업들의 최혜국대우 지위를 연장할 수 없게 됨. 이 법안은 또한 강압적 낙태나 비자발적인 불임 수술의 중단을 명시. 하원 세입위원회, 국제관계위원회, 규칙위원회에 법안이 회부됨. |
| 1993년 5월 26일 | 상원 법안 1034호가 제출됨. 이 법안이 통과되면 중국이 불공정한 경쟁 우위를 획득하기 위해 자국 통화를 조작하고 있지 않다는 점이 확실하게 입증되지 않는 한 대통령은 1994년 중반에 중국의 최혜국대우 지위를 갱신할 수 없게 됨. 상원 재무위원회에 법안이 회부됨. |

| | |
|---|---|
| 1993년 5월 28일 | 클린턴(Bill Clinton) 대통령은 중국에게 부여한 잭슨-배니크 유보를 1년 연장하고 이에 따라 중국의 최혜국 대우 지위를 같은 기간만큼 연장한다는 대통령 결정을 고시. 클린턴은 또한 최혜국 지위를 조건부로 연장하는 대통령 명령 12850호를 고시. |
| 1993년 7월 21일 | 중국에 대한 잭슨-배니크 유보 연장을 막기 위해 상하원 합동결의안 208호가 제출되었으나 하원에서 통과에 실패(105대318). |
| 1994년 5월 18일 | 하원 의장 폴리(Thomas S. Foley)는 기자회견에서 무역 혜택의 철회는 '무역의 단절'을 초래할 것이며, 중국의 인권문제에 대한 미국의 "영향력을 강화시키는 것이 아니라 약화시킬 것"이라고 언급. 5월 16일 또 다른 106명의 하원 의원들이 중국의 최혜국대우 지위를 무조건적으로 갱신할 것과 인권 문제를 다루기 위한 양국 간의 위원회를 창설할 것을 요구하는 서한에 서명. 여기에는 하원 국제관계위원회 의장인 해밀턴(Lee Hamilton, 민주당 소속 인디애나 주 의원), 소수당 원내총무인 미첼(Robert Michel, 공화당 소속 일리노이 주 의원), 소수당 원내 부총무인 깅그리치(Newt Gingrich, 공화당 소속 조지아 주 의원) 등이 참여. |
| 1994년 5월 23일 | 크리스토퍼(Warren Christopher) 국무장관은 중국이 대통령 명령 12850의 두 가지 필수 요건을 충족하였다고 클린턴 대통령에게 보고. 두 가지 요건은 감옥에서 만든 상품을 미국에 수출하는 것을 중단하는 문제에 대한 협력, 그리고 특정 반체제 인사들의 가까운 가족들이 중국을 떠날 수 있도록 허용하는 것 등이었음. |
| 1994년 5월 26일 | 클린턴 대통령은 중국의 최혜국대우 지위를 연장할 것이라고 발표. 또한 인권 관련 조건들을 더 이상 무역 정책의 일부로 제기하지 않을 것이라고 발표. |
| 1995년 6월 2일 | 클린턴 대통령은 중국의 잭슨-배니크 유보와 최혜국대우 지위를 1년간 연장. |

2000년 10월 10일   클린턴 대통령은 중국에 대해 영구적 최혜국대우 지위를 부여하는 공법 106-286에 서명.

# 약 어

| | |
|---|---|
| ADB | 아시아개발은행(Asian Development Bank) |
| APEC | 아시아태평양경제협력체(Asia Pacific Economic Cooperation) |
| ASEAN | 동남아시아국가연합(Association of Southeast Asian Nations) |
| CCP | 중국공산당(Chinese Communist Party) |
| CSCE | 유럽안보협력회의(Conference on Security and Cooperation in Europe) |
| FAO | 유엔식량농업기구(Food and Agricultural Organization) |
| FDI | 해외직접투자(foreign direct investment) |
| FDSP | 연방보급조달관리청(Federal Directorate for Supply and Procurement) |
| GATT | 관세와 무역에 관한 일반협정(General Agreement on Tariffs and Trade) |
| GDP | 국내총생산(gross domestic product) |
| GNP | 국민총생산(gross national product) |
| IBRD | 국제부흥개발은행(International Bank for Reconstruction and Development) |
| IDA | 국제개발협회(International Development Association) |
| IFC | 국제금융공사(International Finance Corporation) |
| IMF | 국제통화기금(International Monetary Fund) |
| KMT | 국민당(Kuomintang) |
| MFN | 최혜국대우(most-favored nation) |

| | |
|---|---|
| NAFTA | 북미자유무역협정(Nation American Free Trade Agreement) |
| NATO | 북대서양조약기구(North Atlantic Treaty Organization) |
| NEPA | 국가환경보호청(National Environmental Protection Agency) |
| OECD | 경제협력개발기구(Organization for Economic Cooperation and Development) |
| PLA | 인민해방군(People's Liberation Army) |
| PRC | 중화인민공화국(People's Republic of China) |
| SARS | 급성호흡기증후군(severe acute respiratory syndrome) |
| SCO | 상해협력기구(Shanghai Cooperative Organization) |
| SEZ | 경제특구(special economic zone) |
| SOE | 국영기업(state-owned enterprise) |
| TVEs | 향진기업(township and village enterprises) |
| UN | 유엔(United Nations) |
| UNCTAD | 유엔무역개발회의(United Nations Conference on Trade and Development) |
| UNDP | 유엔개발계획(United Nations Development Programme) |
| UNESCO | 유엔교육과학문화기구(United Nations Educational, Scientific, and Cultural Organization) |
| UNHCR | 유엔난민고등판무관(United Nations High Commissioner for Refugees) |
| WHO | 세계보건기구(World Health Organization) |
| WTO | 세계무역기구(World Trade Organization) |

# 추천 웹사이트

Asia Pacific Economic Cooperation. http://www.apecsec.org.sg
Asian Development Bank. http://www.adb.org
Association of Southeast Asian Nations. http://www.aseansec.gov
*China Daily.* http://www.chinadaily.com.cn
*ChinaOnline:* The Information Network for China. http://www.chinaonline.com
*ChinaSite.com:* The Complete Reference to China/Chinese-Related Web Sites. http://www.chinasite.com
Embassy of the People's Republic of China in the United States. http://www.china-embassy.org/eng
*Far Eastern Economic Review.* http://www.feer.com
Ministry of Foreign Affairs of the People's Republic of China. http://www.fmprc.gov.cn/eng/default.htm
National Committee on U.S.-China Relations. http://www.ncuscr.org
People's Daily Online. http://english.peopledaily.com.cn
Permanent Mission of the People's Republic of China to the United Nations. http://un.fmprc.gov.cn/eng/index.html
United Nations Conference on Trade and Development. http://www.unctad.org
U.S.-China Business Council. http://www.uschina.org
U.S. Department of State. http://www.state.gov
World Bank. http://www.worldbank.org
World Trade Organization. http://www.wto.org

# 찾아보기

(1)
1954년 상호방위조약  180
1954년 제네바회의  182
1955년 반둥회의  182

(4)
4개 원칙  75
4개 현대화  1, 3, 5, 46
4세대  77-78
4인방  46

(5)
5·4운동  18

(6)
6자회담  227, 229

(9)
9·11 테러  152, 203

(A)
ASEAN 지역안보포럼(ARF: ASEAN Regional Forum)  271

(E)
EP-3 정찰기의 하이난섬(海南島) 비상착륙  202

(W)
WTO 가입  115-117

(ㄱ)
감상적 제국주의자들  173
개방  37
개방(glasnost)  142, 146-147
개방정책  5, 8, 91-92, 100, 109, 119
개체호(個體戶)  30
개혁(perestroika)  37, 142, 146; 개혁파  29, 60, 75
경제관계  232
경제레짐  92
경제특구  32, 47, 105, 107-108, 127
고르바초프(Mikhail Gorbachev)  4-7, 23-24, 60, 90, 141-142, 148, 235, 242, 340; 고르바초프의 개혁  147
골드만(Marshall Goldman)  149
공산당  30
공산주의  19, 23, 26-27, 29, 31
공유지의 비극  349-350
광둥(廣東)  38; 광둥성  69, 74, 79
국경분쟁 문제  130
국경지역에서 총격전  140
국공합작(國共合作)  133, 176
국민당  17-18, 40-41, 53-54, 57, 132
국유기업  93, 97, 104-105, 109-111
국제레짐  349
국제체제  21-24, 26

국제통화기금(IMF)　349
국제평화협력법　275
군비경쟁　220, 224
군비축소　144
극동지역　7
글로벌 공유재　292
글로벌 레짐　10-12, 33, 356
글로벌 안보　33, 355, 358
글로벌 체제　339-340, 358
기독교의 전파　173
기본법　53; 기본법 조항　53
김대중　229; 김정일　223, 225

(ㄴ)

난사군도(南沙群島)　236, 251
난징(南京)　175; 난징(南京) 학살　175
남북한 통일　228
남순강화　105
남아시아　7, 24-25
남중국해　28, 48, 220, 236, 240, 251; 남중국해 섬　241; 남중국해에서의 행동지침(Conduct of Parties in the South China Sea) 협정　235
내몽고　48-49
냉전　19-20, 22-23; 냉전체제　18, 23
네 마리 작은 호랑이　92, 98
네르친스크조약　130
노동단위　42
농업개혁　149
뉴델리협정의 조건　248
닉슨(Richard Nixon)　8, 21, 186; 닉슨의 중국 방문　187

(ㄷ)

다극적 국제체제　34; 다극체제　24
다자간 대화　343
다자적　346, 355, 357
다천섬　181

달라이 라마(Dalai Lama)　49; 달라이 라마에게 망명처　241
대만　4, 8-9, 24, 28, 38, 41, 48, 51-58, 69, 79, 81, 98, 107, 126; 대만국민당　22; 대만관계법(Taiwan Relation Act)　188; 대만해협　57, 208; 대만해협 위기　181
대약진운동　43-44, 46, 61, 137
대장정(大長征)　40, 133
대중노선　40
덩샤오핑(鄧小平)　5-6, 46-47, 51, 59-60, 67, 68, 74-79, 89-92, 95-96, 99, 101, 105, 107, 129, 147-148, 262, 340; 덩샤오핑의 미국 방문　188
동남아시아　7, 99; 동남아시아 지역안보　235; 동남아시아국가연합(ASEAN)　231; 동남아국가연합(ASEAN) 회의　271;
동맹　32-33; 동맹관계　34; 동맹국　23; 동맹체제　19
동북아시아 지역분쟁　250
동북지방　42
동아시아　24-28; 동아시아의 세력균형　206
동중국해　38

(ㄹ)

러시아　9, 39, 56
럼스펠드(Donald H. Rumsfeld)　202
레닌　131; 레닌주의　1, 29, 40, 43, 77, 91; 레닌주의자　75
레이건(Ronald Reagan)　189
로드(Winston Lord)　206
루즈벨트(Franklin Roosevelt)　176
류큐 열도　48
류화칭(劉華淸)　144
리덩휘(李登輝)　57-58
리콴유(李光耀)　269
리펑(李鵬)　76-77, 102, 106

(ㅁ)

마르크스  40, 441; 마르크스·레닌주의  75; 마르크스주의  1, 2, 40, 64, 90-91, 120
마샬(George C. Marshall)  177
마오쩌둥(毛澤東)  1, 6, 8, 18-21, 27, 40-47, 59, 62, 67, 70, 74, 90, 92, 101, 133, 186-187, 261,
마쭈섬  181
마카오  38, 48, 54, 81
마하티르(Mahathir)  233
맥아더(Douglas MacArthur)  41
맥킨리(William McKinley)  172
메이지 유신  261
무역갈등 초래  208
문화혁명  5, 43-46, 59, 61, 71, 77, 185-186
미국  9, 56, 95-96, 116-117
미사일 방어체제(MD: missile defense system)  226
미사일기술통제체제(MTCR)  194, 196, 307
미야자와 독트린  271, 273
민간기업  97, 101, 104-106, 109-110
민족자결권  346
민족주의  12, 17-18, 24, 26-28, 38-39, 41, 47-48, 58, 80-81, 91, 346; 민족주의자 80-81, 91, 17
민주주의  29, 31, 52, 59-60, 65, 347, 348, 353, 358

(ㅂ)

바르샤바 회담  183-184
백화제방  43
법치(法治)  37
베르사유 회의(Versailles Conference)  174
베스트팔리아 조약  340
베오그라드 주재 중국 대사관 폭격  200
베이커(James Baker)  194
베트남  6-7, 19, 79, 185, 238
보수파  29, 60, 75
보스턴 차사건(Boston Tea Party)  171
볼셰비키  40, 131
부분적 핵실험금지조약  138
부시(George H. W. Bush)  20, 22, 191, 288
북한  9; 북한 핵 프로그램  225; 북한의 우방국가로서 중국  227; 북한의 핵무기 개발  226; 북한지도자  224
분권화  72-73, 82
분리주의자  50-51
불량국가(rogue regime)  228
불평등조약  15-17, 20, 22
브레즈네프  141
블라디보스토크  142
비동맹  22, 32; 비동맹 운동 22, 345

(ㅅ)

사회주의적 시장경제  105, 111, 114, 118
산둥반도  38
상하이  55, 78; 상하이 공동성명(Shanghai Communiqué)  171, 187; 상하이협력기구(SCO)  152, 154, 252
상호의존  8, 11, 109, 112, 118
생산단위  42, 46
서유럽  8, 97
세계무역기구(WTO)  56, 115, 117, 128, 199, 344, 349
세계체제  19
세력균형  8, 19
센카쿠/댜오위  281; 센카쿠열도  236, 273
소련  6-7, 56; 소련 고문단이 본국으로 철수  137; 소련의 국경 침범  130; 소련의 아프가니스탄 침공  189, 242; 소련의 쿠데타 기도  145; 소련의

해체  145; 소련정부  6
소비주의  352
소수민족  47-48, 50-51, 80, 347
수카르노(Sukarno)  232
슈퍼컴퓨터 판매  197
스탈린(Joseph Stalin)  21, 45, 133-136; 스탈린 격하운동  137
스틸웰(Joseph Stilwell)  176
시사군도(Paracel Islands, 西沙群島)  236, 251
시장사회주의  46, 64
시장자본주의  64
시짱 자치구(西藏自治區)  244
신 경제질서  349
신 국제경제질서  350
신 마르크스주의  91
신 세계질서  23, 25, 351
신장(新疆)  10, 49-50, 79, 156, 163, 346
신제국주의  345
신해혁명  39
싱가포르  69
쑨원(孫文)  39, 132, 261

(ㅇ)
아담 스미스  2, 118, 127
아마코스트(Michael Armacost)  190
아세안  9; 아세안+3(ASEAN Plus 3)  235; 아세안과 중국 사이에 자유무역지대의 설립  234; 아세안지역안보포럼(ARF)  235
아시아 금융위기  232-233
아이젠하워(Dwight Eisenhower)  180
아편전쟁  16, 38
아프가니스탄  6
악의 축(Axis of Evil)  226
애치슨(Dean Acheson)  177
야조프(Dimitri Yazov)  146
양극체제  20-21, 24

양안(兩岸)  54; 양안관계  57
양자관계  357
양자적  346, 357
연방제  73
연방주의  73
연해지역  17, 32
영국  52
영유권 분쟁  236
영토회복주의  47, 48, 51
영해법(領海法)  236
예난(延安)  133
옐친(Boris Yeltsin) 7, 145
올브라이트(Madeleine Albright)  225
외교정책  20-21, 23, 26
외몽고  48, 49, 50
원자바오(溫家寶)  65-66, 77-79
웨스트팔리아  359; 웨스트팔리아 조약  290; 웨스트팔리아 체제  12; 웨스트팔리안  357
웨이징셩(魏京生)  59
위구르  50
윌슨(Woodrow Wilson)  174
유고슬라비아  134; 유럽안보협력회의(CSCE)  271, 275
유럽연합  24
유엔  22-23, 41, 57; 유엔 안전보장이사회  22, 28; 유엔 잠정통치기구(UNTA)  274; 유엔군  42; 유엔무역개발회의(UNCTAD)  345; 유엔헌장  26
의화단(義和團)  17; 의화단운동(Boxer Uprising)  173
이데올로기  21, 24-26, 33
이라크 자유작전(Operation Iraqi Freedom)  204
이라크와의 전쟁에서 승리  193
이라크의 쿠웨이트 침공  193
이샤에프(Viktor Ishave)  129
이슬람 분리주의  10

이주　31, 354
이중경제　103, 112, 122; 이중경제체제
　　93, 96, 119-120
인권　29, 63, 66, 80, 347, 348, 348;
　　인권문제　8
인도　9-10, 49, 241, 243; 인도와 파키
　　스탄　252; 인도와 파키스탄의 전쟁
　　가능성 243
인도네시아　69
인민공사　44
인민해방군　41, 45
인종-민족　33
일국양제(一國兩制)　51, 53, 54-55
일극체제　24
일본　8-9, 17, 24, 33, 38, 41, 56, 69,
　　97-98, 239; 일본군대의 파병　239

(ㅈ)
자본주의　19, 30-31
자오쯔양(趙紫陽)　60, 74
자유무역　16-17
자율성　21
자칼 외교　172
장정(Long March)　39
장제스(蔣介石)　40-41, 54, 132-133, 178
장쩌민(江澤民)　74, 77-79, 144, 239
저우언라이(周恩來)　19-22, 59, 132,
　　345
전후 헌법　259-260
정체성　22, 49
제1세계　2
제1차 국공합작　132
제2세대　77
제3세계　2, 20-23, 345-349, 351,
　　358, 359
제3세대　4, 77
제3차 코민테른　131
제4세대　5
제국주의　37

조공　13, 17
존슨(Lyndon Baines Johnson)　184
주권　17, 20-21, 25
주룽지(朱鎔基)　239, 244
중-아세안　232
중국　242; 중국 민족주의　4, 17; 중국
　　특색을 가진 사회주의　30; 중국-인
　　도 긴장완화　244; 중국-파키스탄
　　관계　245; 중국과 인도　246, 248;
　　중국과 한국 모두 국교정상화　222;
　　중국문화　38; 중국민족주의　3;
　　중국백서(China White Paper)　177-
　　178; 중국에 대한 포용정책　195;
　　중국외교정책　354; 중국의 경제개
　　발 모델　246; 중국의 아세안 국가에
　　대한 수출　233; 중국의 역할　10;
　　중국의 인도와 국경분쟁　245; 중국
　　인 화교　232
중국공산당　18, 26, 28, 32, 150-151;
　　중국공산당과 국민당 간의 내전　175
중국인민해방군(PLA)　280
중도파　24, 29
중러 군사협력협정　155
중러관계　6
중러조약　130
중미관계　7-8
중소 국경분쟁　140-141
중소관계　6
중소동맹　135-136
중소분쟁　137, 183
중소조약　135
중소핵기술협력조약　136
중앙아시아　7, 10, 24, 38, 50, 156, 157,
　　163
중인 국경분쟁　242
중화민족　1, 29, 80-81
중화인민공화국의 사실상 또는 법률상
　　승인　182
중화제국　3-4, 17, 47-48, 50, 70,

81, 251, 340
지방토지계약법 106
지역경제협력 344
지역안보체제 343
지정학 359
진먼섬 181
집단 안보행동 298
집단농장 42; 집단농장제도 44
집체(集體) 44, 46; 집체기업 101, 104, 106; 집체농장 72

(ㅊ)
천명(天命) 3, 4, 39, 41, 47
천수이볜(陳水扁) 57-58
천안문 3, 59, 76; 천안문 광장 주변의 시위대 192; 천안문 사건 12, 59, 61-62, 352-353; 천안문 사태 6, 51-52, 59, 61-62, 66, 77, 98, 105, 113, 121, 127; 천안문 학살 사태 196
철밥통 42, 93, 120
체코슬로바키아 139
첸지천(錢其琛) 143
초강대국 19-21, 23-24
최혜국대우(MFN) 16, 172, 192, 195, 198; 최혜국대우 갱신 198; 최혜국대우 지위 199
치엔룽 15
치외법권 16
치하오샨(遲浩田) 146

(ㅋ)
카터(Jimmy Carter) 64
칸(Abdul Qadeer Khan) 226
칼 마르크스 2
캄보디아 237-239
케네디(John F. Kennedy) 183
코너블(Barber Conable) 210
코소보 방어 200
쿠데타 145

크라스노야르스크(Krasnoyarsk) 142
크리스토퍼(Warren Christopher) 195, 197
크메르 루주(Khmer Rouge) 237-239
클린턴(Bill Clinton) 194
키신저(Henry Kissinger) 8, 140, 186

(ㅌ)
탈냉전 24, 32
탈레반(Taliban) 242
태국 238
테러주의 10; 테러리스트 50; 테러주의자 51
토지개혁 42
통일한국 230
트루먼(Herry Truman) 178
특별행정구 51, 53
티베트 4, 48-50, 68, 70, 346, 38; 티베트 자치독립운동가 190; 티베트문제 49

(ㅍ)
파룬궁 68
파키스탄 9, 241-243; 파키스탄과 인도 248; 파키스탄과 전통적인 우호관계 252
페레스트로이카 147
페리보고서(Perry Report) 228
평화를 위한 단결 결의안 300
포괄적 핵실험금지조약(CTBT) 252
폴포트(Pol Pot) 237
푸젠성(福建省) 38
푸지앤싱 69
푸틴(Putin) 7, 159
프랑스 56
필리핀 28

(ㅎ)
하나의 중국 원칙 57; 하나의 중국, 두

찾아보기 377

개의 체제　311
한 가족 한 자녀　323; 한 자녀 정책　325-326
한국　8-9, 19, 33, 69, 98
한국전쟁　41, 42, 136; 한국전쟁 발발　179
한반도에 있어서 핵무기 경쟁　250
한반도에서의 군비경쟁 종식　230
한반도에서의 위험한 핵무기 경쟁　230
한족(漢族)　38, 49-51, 68, 80, 346
한중관계　9
항미원조　42
핵능력　21
핵무기　224
핵확산금지조약(NPT)　194, 224, 252, 307
햇볕정책(Sunshine policy)　225, 229

향진(鄕鎭)기업　47, 101-102
헌팅턴(Samuel Huntington)　220
헤이(John M. Hay)　172
헤이그(Alexander M. Haig Jr.)　206
협력관계　10
홍위병　45
홍콩　4, 8-9, 16, 28, 38-39, 48, 51-55, 68-69, 75, 79, 81, 99-100
화교　9, 32, 38, 98-101, 355
회족　68
후아준도(華君鐸)　229
후야오방(胡耀邦)　59, 74
후진타오(胡錦濤)　77-79
훈센(Hun Sen)　238
흐루시초프(Nikita Khrushchev)　21, 136, 137

# 이 책에 대하여

최신완전개정판 『중국외교정책(China in World Politics)』은 과거와 현재의 중국외교정책 및 미래 중국의 정책 의제에 영향을 미치는 요인들을 소개하는 개론서이다. 저자들은 중국의 지역적, 국제적 역할이 갖는 새로운 동학에 대한 설명을 통해, 21세기 중국이 직면할 정치적, 안보적, 경제적, 사회적 쟁점들을 개괄하고 있다.

이 책의 각 장은 독자로 하여금 중국외교정책의 주요 쟁점을 분석하는 데 유용한 분석틀에 친숙해지도록 해준다. 중국이 선택할 수 있는 다양한 정책대안을 제시하고 있으며, 각 정책 대안을 데이터에 근거하여 설명하고 있다. 아울러 추천 문헌 및 인터넷 자료 목록은 물론 토론 및 연구 주제도 제시하고 있다.

**컨버그(Judith Kornberg)**는 FIT 전문대학 학장이다. **파우스트(John Faust)**는 이스턴 일리노이대학교(Eastern Illinois University) 정치학과 명예교수이며, 그리고 동 대학교 공공정책연구소 연구원이다.

이 책의 한글판은 국제지역연구소의 주관에 의하여 번역 및 출판되었다.

# 번역진 소개

**이진영**  jeanylee@inha.ac.kr

연세대학교 정치외교학과 졸업
연세대학교 대학원 정치외교학 석사
영국 런던정경대(LSE) 정치학 박사

현 인하대학교 정치외교학과 교수

KBS 라디오 한민족 하나로 진행
통일연구원 부연구위원
경희대 국제관계-지역학과 중국전임강사, 연세대 연구교수 역임

**주요논저**
"동아시아에 있어 인간이주와 지역협력의 필요성: 인간안보와 네트워크의 구축(日文)"
　　『朝鮮族의 글로벌 移動과 國際 네트워크(日文)』
"중국 민족주의의 발전과 21세기 동아시아 평화" (국제평화)
"1990년대 중국의 민족 및 소수민족 연구 경향에 대한 연구" (북방사논총)
"중국의 화교정책: 배제에서 이용으로 그리고 네트워크의 구축" (현상과 인식)
"Korean_Chinese Migration into the Russian Far East: A Human Security Perspective" (Siberia and the Russian Far East in the 21st Century: Partners in the Community of Asia)

**민병오**  mbo1996@hanmail.net

연세대학교 정치외교학과 졸업
미국 켄터키대학 정치학과 석사 및 박사과정 수료
영국 글라스고대학 정치학과 정치학 박사

현 국제지역연구소 연구위원

국회 정책연구위원 / 아태평화재단 연구원
켄터키대학 정치학과 강사 / 연세대학, 숙명여자대학 정치외교학과 강사 역임

**주요논저**

"Electoral Change and Voting Behaviour of Independent Voters in South Korea, 1992-2002" (박사학위논문)
"Foreign Policy Pragmatism and Domestic Reform: Linkages in the USSR and China(공저)" (Journal of Asian and African Affairs)

## 조혜경   chohk02@empal.com

서울대학교 인류학과 졸업
독일 브레멘대학 정치학과 졸업
독일 베를린자유대학 정치학 석사
독일 베를린자유대학 정치학 박사

현 금융경제연구소 연구위원

브라운대학 Watson Institute for International Studies 방문연구원
베를린자유대학 동아시아학과 초빙교수
베를린자유대학 정치학과 강사 역임

**주요논저**

*Chinas langer Marsch in den Kapitalismus* (Westfaelisches Dampfboot, Munster)
"미중 주도하의 세계경제 성장구도와 신자유주의의 함정" (세계화시대 한국자본주의: 진단과 대안)
"Sozialistische Fata Morgana in Kapitalistischer Wueste" (Kapitalismus Reloaded)
"Die USA: Ein unbequemer Patron fur China?" (Das Argument)
"Finanzmarktliberalisierung and Bankenprivatisierung in Suedkorea" (Korea Yearbook 2006)
"Vom langen Marsch zum groß en Sprung? China zwischen Rekordwachstum und Massenarmut" (Blaetter fuer Deutsche und Internationale Politik)
"Chinas langer Marsch in die neoliberale Weltwirtschaft" (PROKLA)